刘光裕 著

刘光裕编辑学文集

山东大学中文专刊

齐鲁书社
·济南·

图书在版编目（CIP）数据

刘光裕编辑学文集 / 刘光裕著. -- 济南 : 齐鲁书社, 2024. 10. -- (山大中文专刊). -- ISBN 978-7 -5333-4989-9

Ⅰ. G232-53

中国国家版本馆CIP数据核字第2024P77N37号

责任编辑　刘　强　李　煦
装帧设计　亓旭欣

刘光裕编辑学文集
LIU GUANGYU BIANJIXUE WENJI

刘光裕　著

主管单位	山东出版传媒股份有限公司
出版发行	齐鲁书社
社　　址	济南市市中区舜耕路517号
邮　　编	250003
网　　址	www.qlss.com.cn
电子邮箱	qilupress@126.com
营销中心	（0531）82098521　82098519　82098517
印　　刷	山东临沂新华印刷物流集团有限责任公司
开　　本	700mm×1000mm　1/16
印　　张	36.25
插　　页	5
字　　数	470千
版　　次	2024年10月第1版
印　　次	2024年10月第1次印刷
标准书号	ISBN 978-7-5333-4989-9
定　　价	168.00元

山东大学双一流建设『中国古典学术』专项资助项目

　　刘光裕（1936—2024），江苏武进人。山东大学教授。20 世纪 80 年代以来国内知名的、具有广泛影响的编辑学专家和出版史名家。他关于编辑概念的论述引发学界广泛关注与长期讨论；他是《中国出版通史》的发起人；他的中国古代出版史研究具有开创性，在出版史领域产生强烈反响。在经学、柳宗元研究、汉字文化等方面，刘光裕先生的作品也产生过重要影响。此外，他还两度主持《文史哲》杂志，对《文史哲》的发展贡献良多。

《山东大学中文专刊》编辑出版说明

　　《山东大学中文专刊》，是山东大学中文学科学者著述的一套丛书。由山东大学文学院主持编辑，邀请有关专家担任编纂工作，请国内有经验的专业出版社分工出版。山东大学中文学科与山东大学的历史同步，在社会巨变中，屡经分合迁转，是国内历史悠久、名家辈出、有较大影响的中文学科之一。1901年山东大学堂创办之初，其课程设置就包括经史子集等中文课程。1926年省立山东大学在济南创办，设立了文学院，有中国哲学、国文学两系。20世纪30年代至40年代，杨振声、闻一多、老舍、洪深、梁实秋、游国恩、王献唐、张煦、丁山、姜叔明、沈从文、明义士、台静农、闻宥、栾调甫、顾颉刚、胡厚宣、黄孝纾等著名学者、作家在国立山东（青岛）大学、齐鲁大学任教，在学术界享有盛誉。新中国成立后，山东大学中文学科迎来新的发展时期，华岗、成仿吾先后担任校长，陆侃如、冯沅君先后担任副校长，黄孝纾、王统照、吕荧、高亨、高兰、萧涤非、殷孟伦、殷焕先、刘泮溪、孙昌熙、关德栋、蒋维崧等语言文学名家在山东大学任教，是国内中文学科实力雄厚的学术重镇。改革开放以来，新中国培养的一代学术名家周来祥、袁世硕、董治安、牟世金、张可礼、龚克昌、刘乃昌、朱德才、郭延礼、葛本仪、钱曾怡、曾繁仁、张忠纲等，以深厚的学术功力和开拓创新精神，谱写了山东大学中文学科新的辉煌。总结历史成就，整理出版几代人用心血和智慧凝结而成的著述，是对学术前辈最大的尊敬，也是开拓未来，创造新知，更上一层楼的最好起点。2018 年 4 月 16 日，山东大学文学院新一届领导班子奉命成立，20 日履任。如何在新的阶段为学科发展做一些有益的工作，是摆在面前的首要课题。编辑出版《山东大学中文专刊》是新举措之一。经过一年的紧张工作，一批成果即将问世。这其中既有历史成就的总结，也有新时期的新著。相信这是一项长期的任务，而且长江后浪推前浪，在未来的学术界，山东大学中文学科的学人一定能够创造出无愧于前哲，无愧于当代，无愧于后劲的更加辉煌的业绩。

山东大学文学院

2019 年 10 月 11 日

目 录

讨论"编辑"概念

一、怎样理解编辑的概念

在我们汉语中，编辑一词既可作动词又可作名词。作动词用时，编辑一词当指编辑活动或编辑工作；作名词用时，编辑一词当指具有编辑身份的人。人们所以具有编辑身份，总是由于从事了编辑活动。因此，我们讨论编辑的概念，首先要弄清楚编辑活动的概念。

就编辑学的研究来说，当然要研究从事编辑活动的人。只是现实中从事编辑活动的人，他们往往同时从事写作等编辑活动以外的文化活动，还可能从事政治活动或有关的经济活动等。其实，人们在生活中常常同时担任几种不同的社会角色，这种现象并不奇怪。但是，编辑学必须研究真正属于编辑的那些问题，因此，编辑学的研究必须着眼于编辑活动，在人们从事的种种社会活动中，有必要从中区别出什么是编辑活动。由此出发，才可能认识哪些是属于编辑的问题，哪些是与它相关的，哪些是与它无关的，才可能进而发现编辑在社会生活中的本质、特征、作用以及规律等。这样看来，科学地确定编辑活动的概念，这可以说是编辑学中首先要解决的问题，否则，就等于在理论上搞不清楚编辑身份，甚至有可能搞错谁是编辑。

在近年来的编辑学论文中，有的已经注意到区别编辑活动和著作活动，于此笔者深有同感。因为这两种活动同属文化活动，性质上十分相近，关系又非常密切，可是要是混淆了这两种活动，编辑史可能成为写作史，编辑身份与作者无法分开，编辑学与创作论的界限也将消失。本文所谈编辑的概念，重在探讨编辑活动的概念，同时又留意区别于著作活动，不当处望批评指正。

孔子是编辑吗？

当今研究中国编辑史的人，几乎都认为孔子是中国最早的编辑，这方面还未见有异议。孔子是生于两千五百多年前的伟大思想家和伟大教育家，儒家学派的著名创始人，对中国古代文化有不可磨灭的重要贡献，那孔子为什么又被认为是编辑呢？一篇题为《历代编辑列传》的文章称孔子是"我国第一位大编辑家"，又说："关于孔丘所做的编辑整理工

作，相传为删诗书，订礼乐，赞周易，修春秋，编写整理出
六种课本，都和他的教育活动密切相关。"① 由此可见，称孔
子是编辑家，而且是大编辑家，理由无非是"编写整理出六
种课本"。关于"编写整理出六种课本"的工作，这当然属
于文化活动，又正如那位作者所说，这是与孔子的"教育活
动密切相关"的文化活动，现在称孔子是大编辑家，那么凡
是这类活动是否都可称为编辑活动呢？这里显然存在着对什
么是编辑应如何理解的问题，换句话说，编辑学应该在理论
上回答编辑的概念是怎样的。

编辑作为种种社会文化活动之一，它具有客观存在的因
而不能任意改变的质的规定性，人们的概念无非是对这种客
观存在所作的反映罢了。由此去考察编辑，一是编辑都从事
利用某种传播工具的传播活动，二是编辑活动都处于作者和
读者（或传者与受传者）的社会关系之中。当人们考虑什么
是编辑的时候，大概不能不注意这样两点。

现在我们先谈第一点，就是是否可以离开利用某种传播
工具的传播活动去谈论什么是编辑。

若问编辑做什么？一般都会回答是编书，或者是编刊物、
编杂志，如此等等。这样回答并不错。书籍、杂志、报纸、

① 见戴文葆：《历代编辑列传（一）》，《出版工作》1986年第1期，
第47、48页。

广播、电视等都是传播媒介，也称为大众传播工具，编辑活动就与利用传播媒介的传播活动联系在一起。传播是人类进行思想文化交往的一种社会性行为，在社会的进步和文明的进程中具有难以估量的重要性。在思想文化的传播中，凡是不通过传播媒介的传播活动，如个人之间谈话、小组讨论、教师面对学生讲课、演员面对观众演唱等，在这类活动中都不存在也不需要编辑。可是，凡是利用传播媒介的传播活动，这里都存在也都需要编辑，这就是早为人们熟知的书籍编辑、刊物编辑、报纸编辑、广播编辑等。世界上有不利用传播工具进行传播活动然而称之为"编辑"的吗？没有。以前没有，将来也不会有。

利用传播工具进行传播活动，这是编辑专业活动的重要特征。众所周知的事实是，编辑所编的书籍、刊物、报纸等，决不是要放在家里供自己使用，都是为了拿到社会上去供别人使用，而且一般是使用的人越多，说明编辑的成绩越大。这就是编辑的传播活动。编辑本人完全可能是某方面的著作家，甚至是著名著作家，但是，编辑专业活动的特征不是自己写作，而是传播。从编辑职业活动的要求看，由于传播自己的作品决不能完成任务，所以编辑必须以传播别人的思维成果作为自己的工作对象，编辑本人即使是著名著作家也必然是如此。

一般说来，作者总是致力于自己写作，编辑总是致力于社会传播。著作活动是表述作者自己的思维成果，编辑活动则是传播别人的思维成果。就作者来说，从事写作就可能产生了传播的意向，但是，在写作中产生的文稿能否通过传播工具到社会上去流传，这件事作者自己决定不了，这要看他的文稿对社会上的人是否有益和有用，以及有益和有用的程度如何。不论在古代还是在现代，总是有许多文稿自生自灭，其中原因，大多是缺乏社会传播的价值。所以写作中产生的文稿只具有传播的可能性，在当代社会中，把这种可能性变成现实性的是编辑。在没有编辑的古代，作者的文稿最后也可能到社会上去流传，不过这是一种自发的过程，时间需要很长，误差又是很大。自从有了编辑，编辑就把这自发过程转变成自觉过程，缩短了时间，误差也减少了。人类精神生产活动中出现著作活动和编辑活动的分工，是社会文明和进步的标志。这种情况与人类物质生产活动发展以后，出现生产和流通的分工十分相像，不过从历史过程看，前一种分工比后一种分工要晚得多。

　　现在我们来看孔子。孔子是否从事了利用传播工具的传播活动呢？没有。孔子的传播活动是面对三千弟子进行教学，这是面对面的直接传播，从事这类传播活动的不可能是编辑，而编辑是通过传播工具作间接传播，所以孔子并没有做过编辑的工作。《诗》《书》《礼》《乐》《易》《春秋》是从事教学中的孔子编写的六种教材，即所谓"六种课本"。就像今天不能把编写了教材的教师称作编辑那样，以孔子编写了六种教材为理由——尽管这六种教材非常重要——因此称孔子是编辑，还是站不住脚的。因为编辑与思想家、著作家、教师并不是一回事。至于把孔子称作编辑，还另有原因，那就是把编辑与编纂相混同，这个问题容后面详谈。

　　再谈第二点，就是是否可以不顾作者关系和读者关系孤立地谈论什么是编辑呢？

　　凡是在利用传播工具的传播活动中，都有作者和读者（观众），而编辑必然处于作者和读者之间。编辑不断把作者的作品（文稿）变成读者的读物，所以在编辑活动的范围内，必定同时产生作者关系和读者关系这两方面的社会关系。在利用传播工具的传播活动中，唯有编辑产生了居于作者和读者之间这种带有鲜明特色的社会关系，例如在出版行业中，除编辑之外从事印刷和发行的人员就不产生这种关系。

　　现实中的事物常常是很复杂的，人们不容易确定它的性质，有时候就需要从这事物与它事物的关系中去进行考察。比如教师是对学生来说的，其实教师本人也要学习，然而在学生那里无疑是教师；再如医生是对病员来说的，虽然医生本人并非不生病，但在对病员的治疗关系中就可确定谁是医生。这方法可以用来思考编辑。我国古代的编辑，往往同时又是藏书家、出版商、著作家、学者或官僚，明清时代的编辑家大都集这几种身份于一身。不过，情况无论怎样的复杂，

凡是编辑都必然居于作者和读者之间，又都一定具有起码的
作者观念和读者观念。

　　关于编辑处于作者和读者之间的关系问题，简单地说，
这种关系就是编辑利用传播工具，把作者的作品变或读者的
读物。说到孔子，他做了整理编订文化遗产的大量工作，这
属于研究活动和著作活动，从性质上看不是编辑活动，他自
觉地从事教学事业固然属于传播活动，但这不是利用传播工
具的传播活动。况且在孔子那个时代，社会上对传播工具利
用的水平还很低，这是因为书籍的原料是竹片和木片，制作
不易，体积庞大，使用起来又十分困难，全社会的知识分子
又很少，在这种情况下，把作品变成书籍读物是作者自己的
事，并不需要通过编辑这个中间环节。编辑产生的社会条件，
至少需以社会文化的普及程度和生产传播工具技术的进步状
况作为前提，孔子的时代还不存在这样的条件。因此，在孔
子的周围，我们看不见由于利用了传播工具因而处于作者和
读者之间的那种编辑所特有的社会关系。

　　再进一步看，孔子并没有编辑应有的那种明确的作者观
念和读者观念。《诗经》中有些作品并非民歌，本有作者可
查，可是孔子一概不说作者是谁。然而在编辑的观念中，总
是尽可能把作品的作者是谁告诉读者，因为编辑的地位是居
于作者和读者之间。就孔子来说，《诗》是他的教材，以完
成教学任务为目的，由于他面对的不是读者而是学生，所以

完全可以不说明作者是谁。其实，孔子对自己的作者身份也不那么重视。后来有人说他写了《易传》，可是他本人并未讲过，因而这件事成为历史上的一个难解决的疑案；他还说自己"述而不作"，看来他重视的是宣传自己的思想见解，而作者身份对他来讲是无所谓的。在那个时代，并非仅仅孔子是如此，许多思想家都不重视自己的作者身份。从编辑学的观点看，在对自己的作者身份还普遍不重视的社会中，以为已经出现了编辑家，这应是不可思议的事。

把孔子当作编辑家，从理论上看大致是把编纂活动看成是编辑活动，其实，编纂活动属于著作活动，所以这正是编辑概念中存在的混乱。如果是研究编辑史，说历史上谁是编辑，说对了或说错了，看来还不太要紧。可是，当总结编辑经验，把属于著作活动的历史经验上升为编辑学的理论，这就决不是有益的。精神生产活动中之所以出现著作活动和编辑活动的分工，就是因为两者担当着不同的社会职责。在当代社会，没有成熟而有力的编辑活动，就不可能有广泛而有生气的著作活动。编辑面对着全社会无数作者和读者从事传播活动，面临的总是复杂的未知领域，这里需要有特殊的创造才能和特别丰富的学识。编辑学探讨编辑活动的奥秘，可以帮助编辑顺利地完成自己的社会职责，可是在此，明确编辑的科学概念是应首先予以注意的，不然的话，很难产生科学的编辑学。

编纂和编辑究竟有无区别

在古代汉语中，编纂和编辑是同义词。语言是随着时代的变化而变化的，编纂和编辑在现代汉语中代表不同的事物，已经不是同义词。

从语源学的角度看，编纂和编辑在古代汉语中的词义都与"编"字有关系。"编"字产生很早，在金文、甲骨文中就有。《广雅·释器》称"编，绦也"，绦就是丝绳。到后来，用丝绳把竹简顺次排列成书简，这也叫作编。再到以后，把一些作品结集起来成文集，称编或编次。唐人刘禹锡在《柳君集纪》中说："遂编次为三十通，行于世。"这个"编次"，是指刘禹锡把柳宗元的作品集合排列成文集三十卷。要注意的是，古代对自己作品做这种工作也称编或编次，两者并无区别。此外，古人又称书籍为编。韩愈《进学解》中说："手不停披于百家之编"，这个"编"指书籍。

编代表丝绳，这早已被人们遗忘。用丝绳把竹简顺次排列称编，这对后代影响很大，许多由编形成的词语，都与此有关，其中包括编辑和编纂。

编辑一词，至迟出现于唐代。唐人写的《南史》、北宋《唐大诏令集》、唐人颜真卿的文集中都出现"编辑"一词，词义是从用丝绳把竹简顺次排列这一点演变而来。对于"编辑"的词义，古代汉语工具书中解释说："收集材料，整理成书"(《辞源》），或"搜集材料，以编成书"(《中文大辞典》)。"整理成书"或"以编成书"，都是指作者自己的著作活动，不过，这种著作活动的特点在于需要较多地收集和利用已有的材料，否则不能称编辑。至于给自己或给别人编文集，则称编或编次，古代大都不称编辑。

编纂一词，至迟也在唐代就有。《中文大辞典》解释说："编纂，编辑也"，完全看作是可以互训的同义词，这种看法是符合古代汉语中的情况的。唐人白居易在《河南元公墓志铭》中说："观其述作、编纂之旨，岂止于文章刀笔哉？"这话是称赞"河南元公"，认为他"述作"和"编纂"的用意，都不仅仅限于"文章刀笔"的著书立说。这里很明显把"编纂"和"述作"并列为作者著书立说的活动，两者的区别在于，"编纂"活动侧重于"收集材料，整理成书"这一方面。

这样看来，古代汉语中的编辑和编纂的词义，同为需要较多地收集和利用已有材料的一种著作活动，都不是今天所说的编辑概念。古人一般不说编诗编文，常说是吟诗作文，白居易所说"述作"指此。可是，古人把写历史著作称作"编史"，也称之为编纂或撰修等，就因为写历史著作不可能不大量收集和利用已有材料。在今天看来，写历史著作属于著作活动，并非编辑活动，这是毫无疑问的。

在古代，编辑活动长期处于不发展状态，因而很难形成接近现代科学意义上的编辑概念，在这种情况下，编、编辑、编纂三者作为同义词通行，代表同一类著作活动，对社会生活并无不良影响。在现代社会，编辑的特有概念已经随着生活中编辑专业活动的加强而逐渐形成，因此，在观念上注意区别编辑活动和著作活动，这对编辑学的研究尤其重要。

在英语等外国语言中，编辑和著作（写作）这两个词在语音和字形方面就有不同。英语作动词的编辑是 edit，作名词的编辑是 editor，报纸、杂志的主编是 chief editor；作动词的著作（写作）是 write，作名词的 writer 意思是作家、著作家、记者等。

由于古代汉语中编纂、编辑等是同义词，并不包含今天所说编辑的意思，而现代汉语在语音、字形方面与古代汉语有着密切的联系，因此，现在的人们不能根据语音和字形完全清楚地区别编辑活动和著作活动，相反很容易在概念上造成混淆。

今人通常有"编辞典"的说法。可是，如果根据这种说法中有"编"字，因而把"编辞典"的人都当成编辑，就是大谬不然。"编辞典"的工作当然需有编辑参与，但直接参加"编辞典"的人由于撰写了词条等，因而对这辞典有著作权可享，所以是作者而不是编辑。撰写包括辞典在内的任何工具书，都必须收集和利用大量的已有材料，按照古代汉语的习惯就称编或编纂，其实这主要是作者的著作活动。至于出版工具书的工作常常需有编辑来组织和主持，这应是另一回事。

再如今天的出版物上，有的作者署"著"，有的作者署"编"或"编写""编著"等。署"著"的，一般需是作者自己的研究成果。至于署"编"或"编著"的出版物，一般是作者在写作过程中较多地利用了别人作品和现成资料，如教科书、通俗读物、知识性特别强的作品等，大都采取这种写作方式，因而常常署"编"或"编著"，这也是沿用了古代汉语中编和编纂的词义。不过，不论署"著"，还是署"编"或"编著"，作者对作品都有著作权可享，法律上承认这两种都是著作活动。如果把这个"编"和"编著"视为编辑活动，这就大错特错了。

又如今人所称一种"主编"，随便举一个例子，人民出版社出版的《中国哲学发展史》，封面上署"任继愈主编"，这个"主编"，与报纸、杂志的"主编"（chief editor）不是一回事。前者是写作集体的主持人，有主持编写、主持写作等含义，后者是编辑集体的主持人，在某传播工具中主持编务。

现在再回过去看孔子，他所做的那些工作，无疑可以称是编纂，但是并非编辑学中所说的那种编辑。

相传是孔子"编写整理出六种课本"，其中《礼》和《乐》由于没有流传下来，情况如何已不得而知，作为古代政治文件选编的《尚书》，和作为解释《易经》的《易传》，这两种虽然都有本子流传下来，不过，流传下来的这个本子是不是孔子的，已无法弄清。在这"六种课本"中，以孔子删《诗》、作《春秋》最为可靠，所谓删《诗》，就是孔子对五百多年间产生的许多诗歌作品进行删选，终于选出三百零五篇，成为后人所说的《诗经》。所谓作《春秋》，就是利用鲁国保存的历史资料，孔子写成了在文字中含有褒贬意图的编年体历史学著作。所以孔子的删《诗》、作《春秋》，都有"收集材料，整理成书"的性质，大致可称为编纂，然而都没有今天所说编辑的内容。就删《诗》而言，这种工作的性质与今天的《唐诗选》《宋诗选》《朦胧诗选》相似，当然意义和作用大不相同；就作《春秋》而言，这种工作的性质与今天任何一种历史学著作相似，当然《春秋》是我国第一部编年体史学作品，而且在古代具有"经"的地位。所以从编辑学的观点看，孔子从事的是大致可称编纂的著作活动，在今天，他可以享有著作权，但他不是编辑。

　　孔子的情况是如此，历史上还有一些人的情况也是如此。如唐代的杜佑，他是中国第一部政治制度史《通典》的作者，又如宋代的司马光，他主持写作中国编年体通史《资治通鉴》，他们从事了编纂活动，是有杰出贡献的著作家，但并非编辑家。再如《吕氏春秋》和《淮南子》，这两种著作分别由吕不韦和刘安领导各自的门客编写而成，吕不韦和刘安本人如何参与写作过程，早已不太清楚，然而他们分别是各自写作集体的主持者，所以理应属于作者，不是编辑。看来要是混淆了编纂和编辑的概念，中国古代编辑史可能将是一笔糊涂账。

在现代社会，编辑早已是精神生产部门的一种相当广泛的专业，成为一种不可替代的社会分工，在这种情况下，编辑与编纂再作为同义语使用就是不妥当的。就学科而言，编辑学与编纂学是邻近学科，做编辑的人很有必要懂得编纂学，至于编辑本人又做编纂工作也并非不可，这正如编辑家完全可以又是著作家一样。但从编辑学的观点看，编辑是与编纂不同的文化活动，编辑学的研究必须着眼于客观的编辑活动，分不清什么是编辑，什么是编纂，必然有碍于对编辑活动的特点和规律的探讨。现实生活中的编辑必须遵从编辑活动的特有规律，去积极发展编辑的专业活动，因此编辑理应做真正属于编辑的事。再从法学角度看，编辑活动和包括编纂在内的著作活动的成果，分别受版权法中不同法律条文的保护。因此，明确编辑的概念，科学地区别编辑和编纂，这就是十分必要的。

编辑的概念如何？

"收集材料，整理成书"，《辞源》这样训释"编辑"是针对古代汉语，编辑的现代概念不是如此，这一点早已有人注意到。例如新版《辞海》（1979年版）这样解释"编辑"：

"指新闻出版机构从事组织、审读、编选、加工、整理稿件等工作,是定稿付印前的重要环节。"《辞海》的解释有别于《辞源》,原因在于《辞海》针对现代汉语。《辞海》的解释中,已经把编纂完全排除在编辑概念之外。

日本《出版事典》称编辑工作是"在一定的方针指导下制定出书计划,按计划收选书稿,创造性地施以加工整理,使其规格完备,成为一定形式的出版物。这是一项需要学识和技能的工作"[①]。这个说明与我国《辞海》基本一致,都是讲编辑工作做什么,都不包括有关著作活动的内容。这也表明我们主张把编辑与编纂相区别,正是大势所趋。

但是,仅仅说明编辑工作做什么,这对工具书来说或许是可以了,对编辑学理论研究来说犹嫌不足。科学概念是反映客观事物的,需在概念中揭示事物的本质特征。《辞海》等对编辑活动的说明,还没有从编辑在社会生活存在的多方面关系,去揭示它的本质特征,显示它应有的生动而丰富的内容。因此,我们能否从别的途径去说明编辑呢?

其实,编辑在现实生活中并不是孤零零的活动,与其它事物毫不相干的活动,相反,它总是依赖一定社会条件才产生和发展起来的,又是在受着社会方面的某种制约中进行的

[①] 转引自申非:《略谈编辑和编辑学》,《编辑杂谈》第3集,北京:北京出版社,1985年,第28页。

和展开的。所以我们不妨从社会生活系统中去观察编辑，在这方面，我们可以看到以下三点内容。

一、在社会生活中，编辑活动属于文化活动的范围，这样说意味着它不属于政治活动和经济活动。在文化活动这个系统中，编辑活动存在于利用传播工具的传播领域，不存在于其它领域。被称为大众传播工具的书籍、报纸、刊物、广播等是人类社会文明和进步的产物，而编辑的产生又是与人类对这些传播工具的充分利用分不开的。一方面是编辑不能离开传播工具，另一方面是要使传播工具充分发挥作用必须依赖编辑。编辑在传播工具中面向全社会传播来自历史和现实的思想和文化、知识和信息，这种传播迅速对社会生活产生广泛的影响。

二、在利用传播工具的传播领域中，这里不仅仅有编辑，还存在着作者和读者，也就是传者和受传者。编者、作者、读者这三方，构成这个领域中最基本的系统。这三方作为这个系统中的要素，缺少任何一方也不行，而编辑在这系统中的地位，是永远处于作者和读者之间。编辑居于作者和读者的中间地位，或称为这两方的矛盾中介，由此出发开展自己的活动，古今中外，概莫能外。对编辑来说，失去这两方关系或者不站在这两方之间，都是不堪设想的事，编辑本人将不成其为编辑。

三、再从编辑所在的具体环境看，对书刊编辑来说，就是在出版事业中，这里又存在着编辑、印刷、发行这三要素构成的系统。印刷和发行都具有经济活动的性质，这表明编辑这种文化活动与经济活动的关系十分密切。在编辑、印刷、发行这三者之间，一般需先有编辑活动，然后有关于印刷和发行的活动，出版业中某项精神产品的产生过程，一般都经历着这样的时间顺序。因此，《辞海》称编辑是"定稿付印前的重要环节"，而我们称编辑是出版前期工作，又称印刷、发行是出版后期工作。区分前期和后期是为了表明出版业三要素是互相依赖的系统；标举编辑是出版前期工作，又是为了表明编辑在出版业中的相对独立地位和举足轻重的重要性。

以上所说，实际上是编辑在社会生活中的三方面关系：一是编辑所从事的传播活动与社会文化、社会政治、社会经济等的关系；二是编辑与社会上的作者和读者的关系；三是编辑在出版事业中与印刷和发行的关系。这三方面关系是编辑所特有的，因而是它与众不同的关系，又是编辑在任何时候都要碰到因而是具有普遍意义的关系。从这三方面关系，我们不仅可以了解编辑做什么，而且可以看到编辑活动在怎样的社会条件下进行，在怎样的社会环境中展开。因此，从这三方面关系中形成编辑的概念，可能比较完整和全面，又有可能揭示编辑的本质特点。

根据这样的认识，对于编辑的概念我们拟作如下表述：编辑是在利用传播工具的传播活动中，处于作者和读者之间进行的种种出版前期工作。这表述是具体针对书刊编辑而言的，基本精神似也适用于其他编辑。

下面，再对这表述做一点进一步的说明。

首先，"在利用传播工具的传播活动中"，这句话意在说明编辑活动实际上是一种传播活动，这种传播活动又是利用传播工具进行的。这样说可以把著作活动和编辑活动完全区别开来。编辑家从来都是着眼于如何到社会上去传播，而著作家总是思考着自己如何写作。所以从精神产品的创作方面看，理应归功于勤劳而奋发的作者，可是，无数作者的作品能在全社会有条不紊地传播，广大读者能从这传播中及时地得到最大收益，出现这种局面又应归功于机敏而多才的编辑。这正是当代社会中写作和传播的分工。这句话又强调了传播工具与编辑活动密不可分，这一点很重要。现代社会的大众传播工具基本上是由编辑掌握，并使它不断运转的。从历史上看，编辑产生的社会条件最主要是传播工具（最早是书籍）在社会上被人们广泛利用，这又与物质生产部门是否为生产传播工具提供了先进技术和装备有关系。这个社会条件从我国古代看，大致是在雕版印刷发达的宋代开始逐渐成熟起来的，在此之前，只有零星编辑活动。到近代，我国编辑活动进入了崭新的阶段。编辑产生以后，又促使传播工具进一步社会化。对于传播工具，作者一般是从自己作品的流传方面去关心它。而编辑与此不同，因为编辑必须使自己掌握的传播工具被社会上人们利用以后才能得到劳动的补偿，所以编辑是从如何满足社会需要从而能被更多人利用的角度去关心传播工具的。因此，传播工具的产生和发展虽然有它自身的历史条件，但是由于编辑本身的命运与传播工具联系在一起，所以编辑是促使传播工具发达兴旺的主要社会力量。在人们的观念中，明确了编辑与传播工具的关系，这将是进一步理解编辑的社会目的、社会作用、社会价值、历史前途等的一个关键。

其次，"处于作者和读者之间"，这句话表明与作者和读者的社会关系是编辑所特有的。作者写和读者读的关系，无疑是一种古老的关系，从历史上看，早在编辑产生之前就存在。不过，随着社会的文明和进步，在作者和读者之间要使一方以写为目的和另一方以读为目的的关系，变得经济有效和协调一致，便愈来愈显得麻烦和困难了，在现代社会尤其是如此。社会文化领域出现的这种情况，与物质生产部门存在的生产和消费间的关系，非常相像。编辑自从在历史上产生那天起，就居于作者和读者之间，对一方写和另一方读的关系进行协调和节制，成为两方的矛盾中介和中间环节。当代社会的作者和读者从数量上看是如此之多，地域分布是如此之广，双方间的交往频率又是如此之大，如果没有编辑从中协调和节制，两方的关系将会变得无序和混乱，根本不能出现有效的联系。编辑由于居于作者和读者之间，可以利用手中掌握的传播工具，在作者那里促成生动而积极的文化创造活动，在读者那里促成活跃而有益的文化交往活动，同时又对作者和读者的活动起一种组织管理的作用。人们想掌握丰富多彩而又变幻莫测的编辑工作规律，当然需要熟悉编辑过程和编辑工艺，可是比这更重要的事情，还在于了解作为编辑自己与社会上的作者和读者存在着怎样的具体关系，社会上各种因素又在如何地影响着这种关系。编辑从中可以逐渐明白自己应该做些什么，和怎样去做这些事情，由此可知"处于作者和读者之间"这句话的重要性。

再次，"种种出版前期工作"，这句话既表明编辑工作的具体内容，又表明编辑在出版业中的地位和关系。这里所谓"种种"工作，一般说来有六项，即拟订选题、组约稿件、审读文稿、加工整理、发稿工艺、校读清样。在这六项中，以前三项最为重要。在相同的社会环境和物质技术条件下，前三项的工作情况可以决定一个单位事业的兴衰，所以无论在国内还是国外的编辑同行中，都最看重前三项，把它视作编辑的才能和水平的主要标志。不过对编辑来说，这六项工作是完整的编辑过程，它一端联系着作者的写作活动，另一端又联系着印刷和发行，并进而联系着读者。从作者那里得到的文稿，当编辑校读清样完毕，便完全进入印刷阶段。文稿由印刷厂赋予物质形式以后，便成为出版物，再经过发行部门进入商品交换领域，到达读者手中。作为出版前期工作，编辑活动自然要受到印刷部门的物质生产条件和发行部门的商品交换情况的影响，然而以商品身份出现在交换领域的出版物，它的内容是靠编辑确定的，它的形式是由编辑作出设计而后由印刷部门实现的，所以在出版业三部门中，编辑居于关键的和主导的地位。任何人一旦成为编辑，常常是成年累月地忙于编辑过程中那几项工作，编辑对社会的贡献就是在此做出的。但是，要对编辑活动形成全面的认识，进而产生科学的概念，却不可仅仅看到编辑过程中那几项工作，理由一如前述。我们提出的那个关于编辑概念的表述中，明确地包含着这样的意思，这是不难看出的。

（原载《编辑学刊》1987 年第 3 期，标题为《论编辑的概念》）

二、何谓编辑

在汉语中，编辑一词既可指编辑活动或编辑工作，亦可指具有编辑身份的人，两者在字音、字形上没有区别，就讨论概念而言，弄清了前者，大致也就弄清了后者。因此，下面主要讨论编辑活动的概念。

编辑与编纂

考虑何谓编辑，不能不首先注意把编辑活动和著作活动区别开来。这是为什么？编辑活动属编辑，著作活动属作者。与作者的关系和与读者的关系是编辑的主要社会关系，编辑工作的基本内容就是把作者的作品变成读者的读物，所以编辑工作的成败奥秘和活动规律，主要表现在与作者和读者的关系中。离开了作者关系和读者关系去谈编辑学，至多只能孤立地谈工艺过程，由此去看社会与编辑的联系必定是空泛的，这就是不得要领。所以编辑活动和著作活动在概念上区别不清，既不能形成对编辑活动的正确认识，又不利于通过编辑与作者和读者的关系去探讨编辑活动规律。因此，即便是所有人对这个区别不感兴趣，研究编辑学者也不能对此不闻不问。

就当前来说，编辑和编纂混为一谈是常见的和普遍的。中国编辑史研究中，几乎都把孔子、司马迁、司马光等人称为编辑家或大编辑家，这便是明证。司马迁对于他的《史记》，司马光对于他的《资治通鉴》，从现在情况看都是享有受版权法保护的著作权的，所以他们都是作者。我们难道可以把《中国通史简编》的作者范文澜称为编辑家吗？如果范文澜不称编辑家，那么，情形相同的司马迁和司马光怎么就称编辑家呢？这里存在的混乱，表现了编辑概念中的混乱。

实际上是把编辑和编纂混为一谈了，因此就把不是编辑的作者生拉硬扯视为编辑，甚至称为大编辑家。[①]

编辑是一种社会事物，又是具有某种历史过程的社会事物。这就使它与其它同类事物一样，一是存在着古今的差异。古代编辑与现代编辑有所不同，从前者到后者有一个发展变化的过程。二是并非在任何情况下都能做出非此即彼的判断。换句话说，在编辑与非编辑之间还存在着界限模糊的过渡地带，这表明必须注意编辑概念的复杂性。

但是，自古至今的编辑活动，必定存在着某种共同的特点。只有明确了适合古今编辑的共同特点，去解决古今差异与模糊地带问题，才能有合情合理的准则。这个共同特点，我以为有两点：一是凡是编辑活动，都是利用传播工具进行传播活动；二是凡是编辑活动，都一定处于作者和读者的社会关系中。所谓传播工具，即书籍、杂志、报纸、广播、电视等。世界上有不利用传播工具进行传播活动，然而可称之为编辑或编辑家的吗？没有，决没有。利用传播工具进行传播活动，必要的前提是有制造传播工具的产业，在古代便是出版业，在现代则有出版业、报业、广播业、电视业等统称为传播业。所以古代的编辑，总是产生于和存在于出版业中，在出版业中的编辑，处于作者和读者的关系中就是必然的事。

---

① 参见刘光裕：《论编辑的概念》，《编辑学刊》1987年第3期。

在出版业产生之前，编辑活动处于萌芽状态，这两个特点没有完全体现出来。现在，我们许多人认为在中国出版业产生之前，我国历史上已经诞生了许多编辑家或大编辑家。这牵涉到如何理解编辑。对于这样的重要问题，总应该在理论上作些说明才好，否则就是令人难以理解的。

在我们的编辑学中，编辑概念存在混乱，特别是把编辑与编纂混为一谈，原因之一是与我们使用的汉语有关系。在汉语中，编、编辑、编纂这些都是十分古老的词，沿用数千年到当代，尽管古今词义已经发生很大变化，但是汉字的字形是稳定不变的，人们因此误以为古今并无不同，误以为是一回事。所以在下面，且从语源角度谈三点意见。

一、编字的古义

编字，最早在甲骨文、金文中就见到，所以有人据此以为甲骨文时代就有编辑，赞成这种望文生义的人，现在已很少。《广雅·释器》称："编，绦也。"绦就是丝绳。到后来，用丝绳把竹简顺次排列起来成书简，称作编或编次。再以后，竹简不用了，代之用纸张，贯穿竹简的丝绳自然也用不着了。可是，把作品收集起来，整理排列成文集，事情相同，所以古人又称此为编，或编次。唐人刘禹锡在《柳君集纪》中说："遂编次为三十通，行于世。"这个"编次"，与丝绳毫无关系，是指刘禹锡把柳宗元临终前交给他的作品，集合排列成文集三十卷。要注意，对自己作品做这工作，同样可称编或编次。此外，古人亦称书籍为编。韩愈《进学解》："手不停披于百家之编。"这个"编"便是书籍，属另一种衍生义。

编代表丝绳，这早已被人们忘却。但是，用丝绳把竹简顺次排列称编，这对后代影响极大。顺次排列这一点，成为编这个词的基本的稳定的意义，历史上由编所组成的双音节或三音节词，几乎都与这一基本意义有关。如编户、编氓、编竹、编年体等古代词语，其词义或是把人、或是把物、或是把年代顺次排列，它们与这一基本意义的联系是很明显的。

从汉语中编字的古代意义看，它与我们前面提出的古今编辑应有的两个共同特点，根本没有联系。所以如果看到古代典籍中有与编有关的词语，就以为是今天所说的编辑，那就难免要出差错。

二、古代汉语中编辑与编纂是同义词

编辑与编纂两词，至迟到唐代都已出现。唐人写的《南史》、北宋《唐大诏令集》以及颜真卿文集中，都出现"编辑"一词，这是大家多次提到的。古汉语工具书这样解释"编辑"即"收集材料，整理成书"（《辞源》）或"搜集材料，以编成书"（《中文大辞典》），这是对的。因为"编辑"中的"编"，仍有顺次排列这一基本意义，其中"辑"同"缉"，有聚合的意思。编与缉合在一起，词义便如上所说。这个词义，与古今编辑应有的两个共同特点，风马牛不相及。

以编辑训编纂，见《中文大辞典》。这大体也是对的。不过，古代的编纂更有接近写作、著作的意思。纂，古代与撰通。撰既有集合的意思，又有写作的意思。《后汉书·曹褒传》中所说"撰定"，便是写定；古人说"撰人"，便是作者。唐以后，编写国史称修撰、编纂、编集等。韩愈写《顺宗实录》时的官职，就是史馆修撰。可是在唐以前，编写国史长期称著作，三国至唐的史官称著作郎，如撰《三国志》的陈寿的官职是西晋著作郎；撰《宋书》的沈约为南齐著作郎。《文献通考·职官》说东汉"使名儒硕学入直东观，撰述国史，谓之著作东观"。可见编纂与著作两词，那时并无多大区别。当然其中也可以做出区别：称著作必须是表达属于自己的思想、情感或研究成果；称编纂则是指较多利用别人作品或已有资料的一种活动，写国史称编纂便是如此。现代人看来，写国史属著作活动，当属无疑。所以古人所说编纂，一般属著作活动。编纂与编辑可互训，编辑一词在唐代意为收集材料整理成书，亦属著作活动。

三、在现代应用中，编辑与编纂不可相混

这个不可相混，主要是在编辑学中。因为编辑学必须研究属于编辑的事，把不是编辑的事视为编辑，这样，编辑学就很难说有多少科学性。比如称孔子为大编辑家。孔子做的事情，如《孔子家语》所说是"删诗述书，定礼理乐，制作春秋，赞明易道"。孔子对六经所做的这些工作，都利用了已有材料，就如章学诚说是利用了"《周官》之旧典"①。因此，以前称为编纂。孔子的直接目的是给学生作教材。试想，难道现在教师给学生编教材也称教师是编辑吗？现在不能称为什么孔子就能称？是否可以离开前面讲的那两个共同特点去看古代的编辑呢？不具备那两个共同特点而又能称编辑家的道理何在？要说其中道理，其实就是视编纂为编辑，因而使许多名副其实的著作家，成为名不副实的编辑家。在真正出版业出现前的一千多年间，我国大编辑家已产生一大堆，岂非天下怪事？照此推理，当今大编辑家应该到科学院和高等学校去寻找，到出版业去是找错了地方。编辑学中可以导出这种结论，反正不能算是一件幸运的事。

编辑的概念

"收集材料，整理成书"，《辞源》这样训释编辑一词是针对古代汉语，编辑的现代概念不是如此，这一点早已有人注意到。例如，新版《辞海》（1979年版）这样解释编辑："指新闻出版机构从事组织、审读、编选、加工、整理稿件等工作，是定稿付印前的重要环节。"这个解释，与《辞源》不同，已把编纂完全排除在编辑概念之外。日本《出版事

① 章学诚著，叶瑛校注：《文史通义校注》，北京：中华书局，1985年，第951页。

典》称编辑工作是"在一定的方针指导下制订出书计划，按计划收选书稿，创造性地施以加工整理，使其规格完备，成为一定形式的出版物。这是一项需要学识和技能的工作"①。日本的这个解释同样不包括编纂在内。这正是大势所趋，决不是哪个人的奇思怪想。

但是，仅仅说明编辑工作做什么，对《辞海》等工具书来说是可以了，对编辑学来说犹嫌不足，因为科学概念需揭示事物的本质特征。从此想来，我们能否从别的途径去说明编辑呢？

其实，编辑在现实生活中并不是孤零零的活动，与其它社会事物不相干的活动，相反，它总是依赖一定社会条件才产生并发展起来，又总是受社会方面的某种制约的。所以，我们不妨从社会生活系统中去观察编辑。在这方面，我们可以看到以下三点内容。

一、在社会生活中，编辑活动属于文化活动的范围，这意味着它基本上不属于政治活动和经济活动。在文化活动这个系统中，编辑活动属于传播活动，不属于艺术活动、科学活动和教育活动等。至于彼此存在着相关性，那是另一回事。被称为大众传播工具的书籍、报纸、刊物、广播、电视等是

---

① 转引自申非：《略谈编辑和编辑学》，《编辑杂谈》第 3 集，北京：北京出版社，1985 年，第 28 页。

人类社会文明和进步的产物，而编辑的产生和发展又是与人类对这些传播工具的越来越充分的利用分不开的。作为人类文明标志之一的大众传播工具，它与编辑有如下关系：一方面是编辑不能离开它而存在，另一方面它充分发挥作用必须依赖编辑。编辑利用传播工具向全社会传播来自历史和现实的思想和文化、知识和其他各种信息，对社会生活不断产生及时而广泛的深远影响。

二、在利用传播工具的传播领域，这里不仅仅有编辑，还必然地存在着作者（传者）和读者（受传者）。编者、作者、读者这三方构成这个系统中最基本的要素，缺少任何一方也不行。其中编辑永远处于作者和读者之间，居于矛盾中介地位，由此开展自己丰富多彩而有声有色的种种活动，古今中外，概莫能外。对编辑来说，失去这两方关系中的任何一方，即失去作者或失去读者，抑或不站在这两方之间，都是不堪设想的事，编辑本人将不成其为编辑。

三、再从编辑所在的具体环境看，对书刊编辑来说就是在出版业中，这里又存在编辑、印刷、发行这三要素构成的系统。印刷和发行都具有经济活动性质，这表明编辑与其他文化活动不同点之一是，它与经济活动存在着直接的联系。出版业中一种出版物的产生，总是先有编辑活动，然后再进入印刷和发行的过程，一般总存在着这样的时间顺序，所以《辞海》称编辑为"定稿付印前的重要环节"。我们拟稍作变

化，称编辑为出版前期工作，或称以印刷和发行为自己后续
工作的一种活动，用意在于表明出版业三要素互相依赖，其
中编辑居于举足轻重的核心地位。

　　以上所说，实际上是编辑在社会生活中的三方面关系：
一是编辑所从事的传播活动与社会文化、社会政治、社会经
济等的关系；二是编辑与作者和读者的关系；三是编辑与印
刷和发行的关系。这三方面关系是编辑所特有的，又是编辑
任何时候都能碰到因而具有普遍性的关系。由此不仅可以了
解编辑做什么，而且可以看到编辑活动在怎样的社会关系中
进行，在怎样的社会环境中展开。因此，拟对编辑概念作如
下表述：编辑是在利用传播工具的传播活动中，处于作者和
读者之间进行的种种出版前期工作。下面，对此表述再略作
说明。

　　首先，"在利用传播工具的传播活动中"，此话意在表明
编辑活动是一种传播活动，而且是利用传播工具或传播媒介
进行的。这样说既可区别于著作活动，又可区别于其他传播
活动。编辑家从来都是着眼于如何利用传播工具到社会上去
传播，而著作家总是思考着自己如何写作。所以从精神产品
的创作方面看，理应归功于勤劳而奋发的作者，可是无数作
者的作品所以能在社会上有条不紊地传播开来，广大读者所
以能从这传播中及时地得到最大收益，这又应归功于机敏而
多才的编辑。作者与编辑的社会价值标准并不相同，区别是

一在著作，一在传播。编辑学的研究不可把作者的价值标准错当成编辑的。要是编辑不务正业不搞传播，人人以著作自命，处处向作者看齐，那么，世界各国还要编辑干什么呢？可是假如没有编辑，当今社会的文化活动中将出现怎样的混乱状态呢？编辑理应做编辑的事，编辑学有责任讲清楚这个道理，这对全社会是一个贡献。

其次，"处于作者和读者之间"，此话表明与作者和读者的社会关系是编辑所特有的。作者写和读者读的关系，无疑是一种古老关系，历史上早于编辑产生之前就存在。不过，随着社会不断走向文明和进步，在作者和读者之间要使一方以写为目的和另一方以读为目的的关系，变得经济有效和协调一致，愈来愈显得麻烦和困难起来，在传播业发达的现代社会尤其如此，这就是编辑产生的历史必然性。所以编辑自从在历史上产生那天起，就居于作者和读者之间，对一方写和另一方读的关系进行协调和节制，成为两方矛盾的中介环节。当代社会的作者和读者从数量上看是如此之多，地域分布是如此之广，双方交往频率又是如此之大，如果没有编辑从中协调和节制，必定乱成一团，对政治、经济、文化影响至深至大的大众传播将不能存在下去。居于作者和读者之间的编辑，利用手中的传播工具，在作者那里促成了生动而积极的文化创造活动，在读者那里促成了活跃而有益的文化消费活动，编辑把这两种活动统一起来，自己在暗中起一种组织管理的作用。所以在当代，创造社会文化仅仅有作者是不行的，必须有编辑参与，编辑家成为社会文化名人也是必然的和理所当然的。

再次，"种种出版前期工作"，此话表明编辑在出版业中的位置，既有"前期"之称，便意味着把印刷、发行视为后期，又视为自己不可缺少的后续工作。就"前期工作"本身而言，一般认为有六项，通常称为六艺。这是大致的说法，并非在六艺之外，再没有别的工作内容。编辑这些工作，一端联系着作者的写作活动，另一端联系着印刷和发行，又进而联系着读者。作者的文稿，经编辑的手，通过印刷和发行，与社会上读者见面的时候，已成为商品。编辑工作本身不产生最终产品，必须通过印刷、发行形成最终产品。这最终产品即出版物是商品，这一点必须看到。从历史上看，出版物成为商品有不可磨灭的进步意义，这使文化产品突破封建阶级依靠政治权力（特权）对它的长期垄断，变成在商品流通中进行分配，在享有精神文化方面实现金钱面前的平等。出版业的出现，出版物成为商品，编辑的诞生，这三者是联系在一起的，三者的发展也是联系在一起的。出版物作为商品，它对于编辑的传播活动，对于编辑与作者和读者的关系，都有很深的影响。话得说回来，编辑活动只要以印刷、发行作为自己的后续工作，就一定有投入产出的问题，出版物成为商品就难以避免，就成为合乎规律的事。

1989 年 2 月

（原载中国出版科学研究所科研办公室编《论编辑和编辑学》，中国书籍出版社 1991 年版。后收入刘光裕、王华良合著《编辑学理论研究》，山东教育出版社 1995 年版）

三、再论何谓编辑

《编辑学刊》1990 年第 4 期刊登王华良的《试论界定"编辑"概念的方法论问题》以后，于 1991 年第 2 期刊登王振铎、姚福申的两篇商榷文章，引起学术界浓厚兴趣。其中，姚福申的《"编辑"辞义辨析》（以下简称《辨析》）一文，并非仅仅批评王华良，多涉及我的观点。本来，在编辑概念的理解以及编辑概念是否"泛化"的问题上，我与王华良文中观点是一致的，《辨析》批评我在情理之中，并无不妥。而我也不得不鼓起勇气，写这答辩文字，以谢批评，亦助读者谈兴。

两方争论，接火之处甚多。不过，分歧的关键，我看还在于怎样理解编辑的概念，亦即何谓编辑。1986 年夏天，我趁为一编辑讲习班写讲稿的机会，作《论编辑的概念》，刊于 1987 年第 3 期《编辑学刊》。此文收入由我和王华良合作的论文集《编辑学论稿》①，题目改为《怎样理解编辑的概念》。《辨析》引作商榷的文字，未注篇名，我自然可知皆在此文。1989 年春，我作《何谓编辑》一文，载于中国书籍出版社1991 年出版的《论编辑和编辑学》。此文系前文改作，基本观点如前，只是材料和论述有所不同。现在我的答辩，既然仍需以编辑概念为中心内容，所以题命曰"再论何谓编辑"。

两点共同认识

《辨析》虽属批评我的文字，然而都是为了繁荣编辑学事业，所以其中不会没有相同的认识。仔细拜读以后，我觉得至少有以下两点基本一致的认识。

一是我们都认为，在编辑学研究中，编辑活动和著作活动两者在概念上不可混淆。《辨析》不断对两者作出自己以为正确的区分。如认为"编教材有两种情况"，一种"属编辑活动"，另一种"属于著述性质"。该文第三部分的标题，便是"编辑与著述混淆的原因"，思考的着力处是为何混淆和如何区分。具体观点与我相左，这不必讳言。至于"著述"一词，常见于古代汉语，我宁可用现代汉语常用语"著作"一词代替。但是就主张区分以避免混淆而言，正是完全

① 刘光裕、王华良：《编辑学论稿》，济南：山东教育出版社，1989年。

一致的看法。

二是我们都认为，有必要界定编辑概念。作出区分以避免混淆的关键，主要在如何界定编辑概念。《辨析》这样说："在探讨当前编辑学原理时，涵盖古今的编辑概念也会显得内容空泛，对实践没有多少指导意义，这就需要界定一个能确切地反映当前编辑工作本质特性的定义。"关于界定概念的必要性，由于我早已写过两篇谈概念的文章，对此与《辨析》自然不会有分歧。只是我以为，编辑概念可以"涵盖古今"，又不"显得内容空泛"。《辨析》还说，这概念"可以有广义狭义之分，不必强求一致"，这是我理当表示赞同的。其实，学人们讨论学术，可患者在说理之不周；除非遇上碰不得的学阀者流，不让别人说半个不字，一般在学人之间总是有理尽可说理，谁也无法强制别人。只要是真正的学术讨论，谁想"强求一致"也是不可能的。

以上两点共同认识，其实也是当今许多人的共识。可见科学地界定编辑概念，确有非同一般的意义。其一是，编辑概念在编辑学中是最基本的范畴，犹如生物概念之于生物学，物理概念之于物理学，须臾不可无，两者共生共存。其二是，有怎样的编辑概念，就有怎样的研究对象和范围，编辑概念的不科学，必定造成学科内容的不科学。其三是，编辑学作为新兴学科，重视界定编辑概念，由此着手，可以使研究少走弯路，符合其它学科发展成熟中的成功经验。王华良提出编辑概念是否"泛化"问题，供大家讨论，我以为就有这方面的意义。

界定编辑概念的分歧

所说编辑概念，皆指编辑活动或编辑工作的概念。中国学者为此已提出许多界定，这也说明大家已是多么的重视。这众多的界定大体可以分为以下两大类。

一类认为编辑活动隶属出版活动，与后者不可分离。属于这一类的人数众多，具体表述又多有不同。如林穗芳认为编辑概念是"收集和研究有关出版的信息，按照一定的方针制定并组织著译力量实现选题计划，审读、评价、选择、加工、整理稿件或其它材料，增添必要的辅文，同著译者和其他有关人员一起通力协作，从内容、形式和技术各方面使其适于出版，并在出版前后向读者宣传介绍"①。与此不同，阙道隆提出的另一种界定是"编辑活动是对他人作品和资料进行收集、选择、整理和加工，使之适合传播目的与复制要求的精神劳动"②。陈景春所作的又一种界定是"编辑工作是人类社会精神产品生产流程的一个中间环节，它以物态化生产

---

① 林穗芳：《关于图书编辑学的性质和研究对象》，《出版与发行》1987年第2期，第7页。

② 阙道隆：《图书编辑学的研究内容》，《出版与发行》1987年第3期，第17页。

为目的，对精神产品的原稿进行选择和加工。"①。欧阳维诚则认为："编辑工作是指如何规划、组织、选择、转化社会信息为出版物，并使之广为传播、不断发展的全部过程。"② 类似的界定还有，不及一一列举。有的人的表述在不同文章中有些差别，恕我不能详述。总之，凡属这一类界定的编辑概念，不管有千差万别，共同的一点是，都认为编辑活动存在于出版业，是出版中有关人员的专业活动。

另一类认为，编辑活动可以隶属出版活动，也可以与出版活动无关。据我所见，这一类大多没有像上一类那样明确的理论表述，例外的大概只是杨扬。他明确认为："编辑活动有广义、狭义之分，广义编辑学可以把一切文化产品的准备、成形的规律作为自己掌握编辑活动特性的重要基础；狭义编辑学则探究专司文化传导中心环节的编辑从业者所进行的编辑活动。"③ 这里所说的"狭义"，是指出版业或传播业中的编辑活动；"广义"的概念，则包括"一切文化产品的准备、成形的规律"，就如杨扬所说，成为"各种各类的学术文化

① 陈景春：《编揖学的研究应更上一层楼》，《编辑学刊》1986 年第 4 期，第 4 页。

② 欧阳维诚：《关于编辑学研究的一些理解》，《编辑学刊》1989 年第 4 期，第 23 页。

③ 杨扬：《论编辑学的特性》，《编辑学刊》1986 年第 4 期，第 16 页。

活动及其从事者"①　的活动。这便包括出版领域之外的专业
活动了。杨扬本人用大量篇幅，列举王骥德的《曲律》和李
渔的《闲情偶寄》所讲如何"编"剧，作为"广义的编辑活
动"的例证。②　这说明，文艺创作等著作活动，都明白无误
地被包括到"广义"编辑概念中去了。其他人大都不像杨扬
那样有明确的表述，显得含糊其词，模棱两可。因此，尽管
概括和推论很容易背离原意，我在这里却不得不采用这个办
法。我认为下面这两种观点，皆属此类。一种是把"收集材
料，整理成书"作为编辑概念内容的。"收集材料，整理成
书"，是《辞源》对初唐和中唐的历史材料中偶然出现的两
三个"编辑"词语的释义。释义对象和释义本身皆与出版毫
无关系。对这释义，我将在后面论述。这里要指出的是，凡
是用这释义作为编辑概念的，不论是自己明确还是不明确，
实际上都是认为，编辑活动可以与出版活动无关，或者不相
干。王振铎认为，"收集材料、整理定稿"是"古代编辑活
动"。③　我想他当属此类。我细读《辨析》，认为姚福申所持
观点亦是如此。另一种是认为有书籍就有编辑的。从历史上
看，书籍的出现比出版的产生要早得多，即使在木版印刷出

①　杨扬：《论编辑学的特性》，《编辑学刊》1986 年第 4 期，第 16 页。
②　杨扬：《论编辑学的特性》，《编辑学刊》1986 年第 4 期，第 19 页。
③　王振铎：《编辑学学科建设与编辑概念的发展——兼答所谓编辑
概念泛化问题》，《编辑学刊》1991 年第 2 期，第 36 页。

现以后的长时期内，书籍也不是像现代那样非靠出版不可。有了著作活动，就一定会有书籍；有了书籍，却不一定就有出版。总之，书籍在历史上常常与出版无关。因此，凡是认为有书籍就有编辑的，不论自己意识到还是没有意识到，实际上都是认为，编辑活动可以与出版活动无关，或者不相干。

现在可以看出两派的根本分歧在哪里。在前一类的表述中，都可看到编辑活动与出版的密切关系。后一类从未完全否认编辑活动与出版的关系，还都承认当今出版业中存在着编辑，或者把"狭义"概念留给了出版中的编辑如杨扬。但是，后一派从不明确肯定编辑与出版的密切关系，至少在理论上不作公开的明确肯定；相反的是，后一派都认为编辑活动可以与出版活动无关，或者不相干，一如前述。因此，实际上分歧只集中在一点：编辑活动可以与出版活动无关或不相干。

但是，现代世界各国的工具书中对"编辑"的释义，都认为编辑是为出版做准备的，是隶属出版活动的。例如，苏联《百科词典》的释义是"加工作者的作品以供发表的过程"；英国《牛津词典简编本》的释义是"加工整理（文字材料）以供出版"；日本《出版事典》的释义是"在一定的方针指导下制定出书计划，按计划收选书稿，创造性地施以

加工整理，使其规格完备，成为一定形式的出版物"①；中国
《辞海》（1979 年版）的释义是"指新闻出版机构从事组织、
审读、编选、加工、整理稿件等工作，是定稿付印前的重要
环节"。由此可见，当今各国都认为编辑隶属出版，是为出版
做准备的，这可说是一个并无疑问的普通常识。

　　那么，《辞源》的"编辑"释义："收集材料，整理成
书"，难道错了吗？它并不错，还有《中文大辞典》的"编
辑"释义也是对的，因为它们的释义是针对古代汉语。古汉
语中"编辑"一词远非常用语，至今仅见三处，将来也不可
能发现很多。这三处，即《南史·刘苞传》《唐大诏令集·
颁行新令制》《颜鲁公文集·干禄字书序》，皆是工具书所
录，其词义大体是如此。古汉语中的编辑，与编辑学所说的
编辑，其间最大的区别在哪里？前者与出版毫不相干，后者
是隶属出版的。所以，我在《何谓编辑》一文中，为引注
意，曾生动地称两者是"风马牛不相及。"《辞源》是古代汉
语工具书。汉语的古今词义大有不同，并非编辑一词独然。
譬如要了解当今大学研究生中"博士"的含义，去查看《辞
源》的释义，结果同样是"风马牛不相及"。因此，将《辞
源》的"编辑"释义，拿来作为编辑学中界定编辑概念的根

---

① 转引自申非：《略谈编辑和编辑学》，《编辑杂谈》第 3 集，北京：
北京出版社，1985 年，第 28 页。

据，这样做就是错了。借用一句俗话说，叫作牛头不对马嘴。要注意，错的不是《辞源》或《中文大辞典》，错的是编辑学研究者。不过，现在一些人还是认为这样做是对的。这也不要紧。但是，这些人有必要在理论上作出说明。或者说明在编辑概念的界定中，应该特别容忍编辑活动与出版活动毫不相干这一点，这方面只要说出令人信服的道理来，就可以把与出版毫不相干的《辞源》释义，原封不动拿去作为界定的根据。或者说明古代汉语中的那个"编辑"，本来就是与出版密切相关的，若能拿出足够的证据来，或许可以达到目的。不论如何说明，都不能回避与出版的关系。要是以上说明无法实现，我看大概就只好承认，这种说法在理论上是站不住脚的了。

我注意到，用"收集材料，整理成书"去界定编辑概念时，遇到了难以避免的矛盾和困难。比如，王振铎指出它是"古代编辑活动"，其实有的人又认为它也可适用于现代。王振铎进而说它在"现代社会上仍然大量存在着"，还说它"本是'编辑'概念的一般含义"。这种提法，就使"收集材料，整理成书"这所谓编辑概念，从"古代"扩展到"现代"，称它是"一般含义"，更把它提高到古今编辑概念中不可或缺的最基本的内容这重要位置上。可是，实际上出版业中的编辑活动并非如此，所以前面提到的林穗芳、阙道隆、陈景春、欧阳维诚等人所作界定，竟是没有给予地位，视若无睹。这里的矛盾情况，人们不难看出来。而王振铎就说：
"用它（指'收集材料，整理成书'）来定义编辑还不准
确。"[①] 这样说并不妙，因为这里与他自己又矛盾起来了。按
照他上面的说法，至少"用它来定义""古代编辑活动"是
完全"准确"的，"用它来定义"古今"编辑概念的一般含
义"也是完全"准确"的，现在笼统说它"不准确"，岂不
是诚心要与自己过不去？结果便出现两种矛盾，既与事实相
矛盾，又与自己相矛盾。真是令人同情的左右为难哪！其实，
出版活动中如果有"收集材料，整理成书"这种事，承认它
是编辑工作的一种内容，这像承认其它内容一样，本不成问
题。现在的问题产生在，其一是谈编辑可以不问与出版的关
系，其二是还要拿它去作为界定编辑概念的根据，于是，必
然与出版中存在的事实形成无法解决的矛盾。有此矛盾，要
想不左右为难，那是不可能的。

　　在我看来，认为编辑活动可以与出版无关的这一派，已
经很难对编辑概念提出像另一派那样明确而不含糊的表述。
杨扬 1986 年所做的表述倒是十分明确的，可是他把著作活动
公开包括到"广义"概念中去了。公开这样说，现在已经是
人们忌讳的了。既然是不敢或者是不能公开说出编辑活动可

----

　　① 皆见王振铎：《编辑学学科建设与编辑概念的发展——兼答所谓
编辑概念泛化问题》，《编辑学刊》1991 年第 2 期，第 33、36 页。

以与出版无关的想法（公开说出就可以公开地包括著作活动），又是要坚持"收集材料，整理成书"是编辑概念，要坚持有书籍就有编辑，于是陷进把绳索套到自己脖子上的那种两难境地。因而使什么是编辑这个本是清楚明白的问题，弄得十分复杂而不可明白起来，无法作出可以自圆其说的回答。人似乎也变得糊涂起来了。对于编辑是否隶属出版这样的问题，只得以回避为上策。写文章只能多讲似是而非的例证，没有明确的编辑概念，更不愿接触另一方界定中提出的论点。或者是在编辑概念上模棱两可，含糊其词；是这样也是那样，不是这样也不是那样；兜圈子，绕弯子；如此等等。看起来，遇到的困难就在逻辑上，主要是无法自圆其说。

编辑活动隶属出版活动，这是普遍存在的客观事实。编辑学研究中不确认编辑对出版的隶属关系，进而不确认编辑活动存在于出版业（传播业），不确认编辑活动是出版业（传播业）中有关人员的专业活动，那么，编辑概念的"泛化"就是必然的。比如，认为李渔《闲情偶寄》是"对广义的编辑活动作了出色的集大成的说明"。①换句话说，编辑活动包括编戏曲评论，同理，还认为包括编小说、编历史等。再如，王华良文章中所引一些材料，认为教师"写讲义，实

---

① 杨扬：《论编辑学的特性》，《编辑学刊》1986年第4期，第19页。

质上在进行着编辑活动"，研究人员"在其撰写著作稿时，已潜隐着编辑活动"；认为有"著作者的编辑活动""阅读者的编辑活动"，等等。这些所谓编辑活动，都不在出版业，而在出版业之外，都不是出版中有关人员的专业活动，而是出版之外的戏曲作家、小说作家、历史学家、教师、科研人员等的专业活动。把属于人家的这么多的专业活动，其中大都是著作活动，另有教学活动等，纷纷说成是编辑活动，这不是编辑概念的"泛化"又是什么？凡是出版中编辑的专业活动，可称编辑活动，否则便不是。对这种说法，难道还有什么疑问吗？什么是"泛化"？就是研究者在自己头脑里，把什么是编辑这观念，"泛"到了出版业（传播业）之外，而把其它专业活动说成是编辑活动。例证如上。这表明人们的编辑概念不符合事实。在唯物论看来，应该纠正的，当然不是客观事实，而是人们的概念中不符合事实的部分。

　　"泛化"与否，自然应悉听尊便。但是，编辑学的全部任务，就是研究出版中编辑专业活动的理论和历史；它的对象和范围，简单说也是如此。"泛化"的结果，将使编辑学研究离开上述任务，越俎代庖，把别的专业活动包括在对象之内，还说这就是编辑活动，编辑的理论和历史就是如此。为此，有不同看法的同行提出问题进行讨论，于事业总是无害而有益的。

对编辑概念界定的一些看法

《辨析》在编辑概念上批评我，却偏偏回避我对编辑概念的界定，而且是完全回避了。例如，我认为孔子不是编辑家，是以我对编辑概念的界定为根据的，何况我文章题目就是"怎样理解编辑的概念"。《辨析》对我的界定未置一词，便以孔子为编辑家，令人不解。就具体问题而言，如《辨析》说：孔子"将原有的鲁国史官编写的编年大事记《春秋》，作了有限度的删削和文字加工，整理成现行本《春秋》"。此话大有可议处。鲁国《春秋》自孔子后无人见过，称"编年"可以，称"大事记"从《左传》看，不为有据。此为一。春秋学中从未听说的所谓"有限度"云云，谁作过对照的？臆测而已。此为二。没有以前通行本对照，怎可凭空称孔子《春秋》为"现行本"？古今无此说法。此为三。以上属一般历史知识问题。此外，孔子的"删削""加工"，古人称为春秋笔法，不可误以为是今天所说编辑加工、整理。孔子《春秋》用一万六千余字记二百四十二年历史，从中表现古人十分看重的春秋义理。庄子说"《春秋》以道名分"（《庄子·天下》），孟子说"孔子成《春秋》而乱臣贼子惧"（《孟子·滕文公下》），司马迁说孔子"作《春秋》以当王法"（《史记·儒林列传》）。根据这些古代学者的看法，春秋义理就是王朝政治学。这当然不是鲁国《春秋》所有，是孔子通过春秋笔法赋予的，历代春秋学者都认为这是孔子的思想。因此，孔子的春秋笔法从来都被认为是一种特殊写作笔法，它不可改称为编辑方法。编辑若用此法改稿，就一定要像孔子那样用自己的义理，去改变原稿思想内容，非惹得作者频频抗议不可。所以从《春秋》看，孔子是十分高明的从讲历史中讲王朝政治学的著作家，与编辑不沾边。不过，这类具体问题不妨暂时搁一搁。既讨论概念，不批评我的界定，就说如何如何，可谓尚未中的。要是《辨析》使用的编辑概念并不正确，从总的看，需要认错的就不一定是我了。因此，我愿重申自己的界定，以便再聆教益。再者，讨论中已涉及许多编辑史的问题。我借此机会把以往关于编辑史的想法，稍作补充，再归纳成几点，供读者讨论。

我的表述在《怎样理解编辑的概念》中是这样："编辑是在利用传播工具的传播活动中，处于作者和读者之间进行的种种出版前期工作。"《何谓编辑》中的与此相同。我在《当前的编辑学研究》① 中曾提出一稍繁的表述，与此并无原则区别，可参阅。

我这表述，属于前面所说两类中的前一类，即认为编辑活动隶属出版活动。在这一类中，林穗芳的表述以标举编辑工作内容的详尽为特色；阙道隆的表述以强调其优化、选择

---

① 　刘光裕：《当前的编辑学研究》，《编辑学刊》1988 年第 2 期。

为特色；而我的表述则重在指出编辑概念中包含的三个基本要素。其他人的表述亦各具特色。彼此角度不同，可以互补，无冲突之处。

我的编辑概念三要素说，既表明编辑活动在社会生活中的性质和地位，又表明它的三种社会关系。兹略作说明，详情请见原文。

一谓 "在利用传播工具的传播活动中的"，这表示其社会性质。编辑利用传播工具即传播媒介从事传播活动这一点，以此可以区别政治活动、经济活动以及同属文化活动的教育活动、艺术活动、科研活动等。这又表示它所具有的一般社会关系。编辑必须通过也是只能通过传播工具即传播媒介，与社会上的政治、经济、文化等形成密切的联系，与社会的过去、现在、将来形成密切的联系。这些联系，成为它的重要社会关系之一。它的社会效益，不论积极的还是消极的，都从这关系中表现出来。

二谓 "处于作者和读者之间进行的"，这表示它在传播过程中的位置。在传播过程中，编辑既不在开端，也不在终端，而是必然居于作者和读者之间，对一方写和另一方读的关系不断进行导向、净化和协调。它因此成为这两方矛盾的中介，从而在作者那里促成了生动而积极的文化创造活动，在读者那里促成了活跃而有益的文化消费活动。所以在当代社会，创造文化要是没有编辑参与，是绝对不行的。这又表示它所具有的一种特殊社会关系，即编辑与作者和读者的关系。编辑必须凭此关系，开展丰富多彩而有声有色的种种活动，无此关系便不能工作，亦将不成其为编辑。

三谓"为出版作准备的"，亦即"种种出版前期工作"。这表示编辑的具体工作内容，即大家熟悉的所谓编辑六艺和编后等。这又表示编辑在出版内部具有一种独特社会关系，即它必须与印刷、发行形成前后相衔接的共同体关系。在这共同体中，它居于核心地位，但必须依赖印刷形成最终产品，依赖发行即商品交换去实现产品分配。因此，这里就出现投入和产出的问题。编辑的经济效益，不论正当与否，都直接在这个社会关系中表现出来。

编辑概念中表示的以上三种社会关系，时时处处制约着编辑活动，从而显示其不可忽视的重要性。其中，最具有决定意义的是第二种关系。因为表现社会效益如何的第一种关系，归根结底又体现在编辑促使作者写什么和读者读什么上；表现经济效益如何的第三种关系，归根结底又体现在编辑使作者的什么样作品，通过何种方式和途径，成为读者的读物上。所以我曾说，编辑的种种社会关系，"最后大都集中体现在编辑与作者和读者的关系上"①。因此，全面地讲编辑社会

---

① 刘光裕、王华良：《编辑学论稿》，济南：山东教育出版社，1989年，第3页。

关系，应讲这三种；只讲一种，不及其它，难免导致这样或那样的偏差。但是，必须首先处理好第二种关系，才能同时处理好其它两种关系。其间的全面性和主次性，当是如此。

这样界定编辑概念，是因为我认为，编辑学就是研究出版中编辑的专业活动，不同意"泛化"，是因为它使编辑学离开出版中编辑的专业活动。这一点很重要。所以在这界定中，并不是不要编辑在出版中的那些具体工作，相反是为了便于在这些社会关系中去研究选题、组稿、审稿、发排、编后等工作。又由于社会关系的具体内容总是变化发展的，因此，这又是为了在这些社会关系的动态过程中去研究那些具体工作，以及编辑活动的本质、特征、作用等。从这样的编辑概念出发，便形成编辑学研究对象方面的所谓"关系说"。由此还提示一种在研究中令人向往的思维方法，即唯物辩证法。至于我在实际研究中总是力不从心，那是另一回事。

与这样界定编辑概念相联系的，是关于中国编辑史研究的一些想法。大致有以下几点：

一、"收集材料，整理成书"，这是《辞源》对"编辑"的释义，同样不可成为古代编辑史界定编辑概念的根据。理由之一是，编辑史理应研究出版中编辑活动的发展过程。此"编辑"与出版全无关系，一如前述，另请参阅《何谓编辑》所论。理由之二是，今天编辑学所说编辑，并非从古汉语"编辑"一词发展演变而来。它是外来语，是在十九世纪与

"出版""新闻""新闻纸"（"报纸"）等一起从日本语中借来的，它一开始就与新闻出版工作联系在一起。中国古代有出版业而无"出版"一词，这并不影响今人研究出版史；中国古代有"编辑"一词，但与编辑学的编辑含义有性质上的不同，又何必以此为据去搅乱自己的编辑史研究呢？

二、"有出版才有编辑，书籍编辑存在于并发展于出版业中。"此话见我的《中国编辑史研究的几个问题》。① 这个道理，恐怕很难推倒。因此，在《怎样理解编辑的概念》中，我指出古今编辑必然具备以下两个共同点：一是"都从事利用某种传播工具的传播活动"，在古代便是从事与出版有关的活动；二是"都处于作者和读者的社会关系中"，出版中的编辑皆有此关系。根据以上两点，我认为孔子根本不是编辑。对待古代由于专业分工未明而造成的编辑与非编辑的模糊性一事，需以是否为出版这一点作为界限。编纂与校雠一般与出版无关。但是，有为出版而编纂者，如明之冯梦龙；有为出版而校雠者，如清之顾广圻。凡是如此，皆是编辑。唐代润州刺史樊晃在杜甫死后编过一部最早的杜诗选集即《杜工部小集》，流传于当时，亦当视为编辑。因此，对于古代的编辑需细心寻找和分辨。

---

① 刘光裕、王华良：《编辑学论稿》，济南：山东教育出版社，1989年，第 145 页。

　　三、与此有关的是如何界定出版的概念。我在《中国编辑史研究的几个问题》中曾说："以社会传播为目的，利用机械或其它方法对著作物进行复制，此谓出版。"其要点是为社会传播而复制。古代的复制方法，我原以为是从木版印刷开始的。现在林穗芳提出抄本出版的概念，令我赞同。这样一来，中国出版史的产生期可从两宋提前到南北朝，编辑史的产生期亦可随着提前。因此，我需纠正以往的看法。不过，如何分辨抄本中的出版，其困难比雕版出版要大得多，因此也给编辑史研究带来困难。详细情况在此无法尽言。

　　四、从历史上看，编辑从无到有，其活动内容从简单到复杂，都与出版的产生和发展有关系。出版产生之前，编辑活动处于萌芽状态，那时候有书籍，有著作家，不会有编辑家。所以数年前我否认孔子是编辑家，至今不以为非。成熟而完备的编辑活动，只是在近现代出版史中才出现。

　　五、认为有书籍就有编辑。这种编辑史观的缺点之一是，可以使大部分古代编辑史与出版毫不相干，从而与近现代编辑史相矛盾，又可使人得出编辑事业的繁荣发展根本不需以出版事业的繁荣发展为前提这样的错误结论。缺点之二是，这样的编辑史必然与著书史，特别是与以编纂方法著书的历史相混，又必然与藏书事业中出现的校雠史相混。缺点之三是，这样的编辑史一定成为在历史上早负盛名的众多著作家、还有一些校雠家的出人意料的功劳簿，成为他们登峰造极而光辉灿烂的又一种历史；与此相比，在出版中做出贡献的真正编辑家，由于出现时间晚而不得不附于骥尾，甚至无人寻找，历史上编辑家的功绩和价值被著作家的强烈光芒掩盖起来了。凡此种种，岂能符合为出版科学贡献才智的编辑学者的心愿？

六、编辑史的研究需义不容辞地、又是理直气壮地树立与作者著作不同的编辑自己的价值观。在《编辑与传播场》①一文中，我曾把编辑传播与没有编辑参与的自然传播相比较，说明前者具有无比的优越性。又以宋代杰出编辑家穆修的事迹为例。唐代名家韩愈、柳宗元的作品，到北宋初年便已泯不可闻。穆修用二十余年收集整理韩、柳文集，并且出资刻版，亲自发行。后人因而可睹韩、柳之全貌，"文起八代之衰，道济天下之溺"其事，才有接踵而来之人。可见，人类虽有著作名家如韩、柳，要是没有编辑和出版，文化仍可能衰落和中断。从人类文明史看，编辑在传播中延续和积累文化、普及和发展文化，其作用是作者和其他人无法代替的，由此可知编辑独特的社会价值。与作者的著书史不相混的真正编辑史，便可具体地揭示编辑自己的又是至今未被人们重视的价值观。

---

① 刘光裕：《编辑与传播场》，《出版发行研究》1989 年第 2 期。

编纂和编辑

　　五年前，我作文论证古代的编纂，不是我们编辑学中的编辑，认为把两者相混，"中国古代编辑史可能将是一笔胡涂账"。① 对此，有人赞成，有人不赞成。后来，见韩仲民作《中国书籍编纂史稿》，我十分佩服作者不趋时尚，不以编纂史称编辑史的实事求是的态度。现在，《辨析》以"'编纂'就是'编辑'"这种针锋相对的观点，与我商榷。而我自己已有令人不快的"糊涂账"之论，多说无益。所以想到目录学和校勘学著作中早就涉及此事，不妨从中借一些不难找的材料来说明。这两种古老的学问，皆以历史典籍为研究对象，成果积累丰硕，这两个领域的专业学者在学识修养上自然比我这近年才考虑编辑史的人更可信赖。

　　由北京大学和武汉大学这两个图书馆学系（历史最久）合编的高校教材——《图书馆古籍编目》，其中谈到现在皆应称作"著作方式"的古代多种称谓。抄录原文于下：

　　　古籍中经常使用的主要几种著作方式：

------

　　① "看来要是混淆了编纂和编辑的概念，中国古代编辑史可能将是一笔胡涂账。"刘光裕：《论编辑的概念》，《编辑学刊》1987年第3期，第13页。

撰（著）：作者就一个问题全面、系统地阐述自己的意见。

编：将多种著作加以编排组织另成一书。

辑：集录散见的书或文章汇成一书。

注：对另一部书的内容、文字等进行解释。

修：政府机关主持编纂书籍的人，一般常题修。

纂：一般对奉公编、著的书，负实际责任者常题纂。

敕编：奉封建帝王命令所编著的书，一般常题敕编、敕纂、敕撰。①

长年累月处理古籍的目录学者，他们接触的编、辑、纂等，肯定比一般人要多得多。但他们把这些与撰（著）、注等放在一起，一概称之为"著作方式"，其中区别仅仅是"著作方式"的不同。迄今为止，没有一种目录学著作，称这些是编辑活动或编辑方式。

长期研究校勘学、文献学的张舜徽先生，著作颇多，他在《中国古代史籍校读法》第三编第二章"认识古人著述体要"中说："古代书籍的写作体例，大要可分为'著作'、'编述'、'钞纂'三大类。""所谓'著作'，在古代要求很

①　北京大学图书馆学系、武汉大学图书馆学系合编：《图书馆古籍编目》，北京：中华书局，1985年，第51页。

高，是专就创造性的写作说的"；"所论'编述'，是在许多可以凭借的资料的基础上，加以提炼制作的功夫，用新的义例，改编为另一种形式的书籍出现"；"钞纂""便是排比资料、纂辑成编的意思"。① 张舜徽所说"写作体例"，含义与上述"著作方式"相同，都属作者的著作活动。他所划分的三类，明确说是"写作体例"中的不同。没有一点意思认为，其中有什么可算是编辑。

张舜徽在该书还说，最早，著作"但称'作'"，编述"但称'述'"，钞纂"但称'论'"。对这三者的"不同价值"，古人的看法是"作"为最，"述"为次，"论"为又次。② 这个说法，据我所知，特别在东汉以前是有充分文献根据的，希望引起重视。在作、述、论，即著作、编述、钞纂之间依次递减的"不同价值"，中国古人本是指不同著作活动或著作成果的价值差等，与出版编辑不相关。这在一般情况下是可以成立的，当然不可一概而论。编述和钞纂的意思，相当于编纂。要注意，一旦今天有人把编述、钞纂或编纂改称之为编辑活动，麻烦就产生了，这个"不同价值"观，就凭空变成著作活动（"作"）优于编辑活动（"述""论"）的

---

① 张舜徽：《中国古代史籍校读法》，北京：中华书局，1962 年，第199~200 页。

② 张舜徽：《中国古代史籍校读法》，北京：中华书局，1962 年，第199~201 页。

价值差等了，凭空变成古代社会上一种根深蒂固地瞧不起编辑和编辑活动成果的错误思想。且看下面的情况。五经是编述，孔子自谓"述而不作"；汉代王充将孔子五经提升一等以示尊重，他在《论衡·对作》说："五经之兴，可谓作矣。"孔子的自谓以及王充的尊重，结果都在另一方面成为对编辑的一种轻视。《史记》作者司马迁在《太史公自序》中自称是"述"，又说"非所谓作也"，别人为示尊重，《后汉书·班彪传》就有"迁之著作"之说。结果同样也都成为对编辑的一种轻视。别人称《论衡》是"作"。为此，王充在《论衡·对作》中回答说："非曰作也，亦非述也，论也。论者，述之次也。"《论衡》之"论"，与《论语》之"论"一样，是钞纂之意。这样王充似乎更是瞧不起编辑的。所以误认为编述、钞纂或编纂是编辑活动，不可不顾这"不同价值"观。那样做，固然可以轻而易举地把古代许多名副其实的著作家，一下变成为名不副实的编辑家，可是，同时也在无意中给古人背上了这样一口黑锅：中国古代认为编辑活动（成果）的价值要低于著作活动（成果），这种错误思想已有两千余年历史，而且始作俑者不是别人，就是在近年被稀里糊涂称为编辑家的孔子和司马迁等人自己。请问，这样的不良后果能够逃脱得了吗？原因就在，一是以为编辑可以与出版不相干，因而就以编纂代编辑；二是有良好愿望而不明古代实情。总之，只要编辑概念不科学，这类麻烦还得不断出现。

现在问题又回到《辨析》那里。我不明白的是，编辑学为什么要在编纂问题上如此与其它学科唱反调？是为了多找几个所谓编辑家吗？理由还是其它学科中早就知道的编辑与编纂在古汉语中可以互训吗？

余论两则

文章至此，字数已到编者规定的限度。只能再简述两点，作为余论。

一、在我与《辨析》的分歧中，许多具体问题自然可以争论，但关键在于编辑概念的含义如何，亦即究竟何谓编辑。这个问题不讨论，别的问题就很难讨论下去。比如，《辨析》说，编辑与著述的概念在古代就分清了。此话倒是不假。但是，他所说的编辑是与出版不相干的。在我看来，这不是编辑学中的编辑概念，把这个与出版不相干的编辑概念拿到编辑学中来使用，恰恰就是我所说的混淆。理由如前。所以不弄清编辑概念，怎可说明什么是混淆？再如，《辨析》说司马迁作《史记》、司马光作《资治通鉴》虽"属于著述性质"，但应称他们为编辑家。理由是"书籍的体例设计、编纂成书的步骤和方法"这两条，"就其性质而论是编辑活动"，这又是完全离开出版来谈的。后一条"编纂"，可见前述。前一条"书籍的体例设计"，要是不联系出版中编辑的业务来论，这就决不是编辑活动，因为这是每一个作者写作时非做不可的事。若用《辨析》这一条标准去找编辑家，那倒容易。诸子中如《老子》《庄子》《孟子》《荀子》等，经学中如董仲舒《春秋繁露》、杜预《左传集解》、陆淳《春秋微旨》、朱熹《诗集传》等，文学理论如刘勰《文心雕龙》、司空图《诗品》、严羽《沧浪诗话》等，戏曲小说如关汉卿、王实甫、汤显祖、罗贯中、施耐庵、曹雪芹等人作品，这些都在"书籍的体例设计"方面有重大而有价值的创造。这样去找，古代编辑家决不是现在所说的四五十个，肯定可以再增加一两倍，或者说更大的编辑家尚未找出来。可是，编辑史这笔"糊涂账"，也就更加"糊涂"了。因此，《辨析》有必要说明：编辑活动为什么可以与出版不相干？我们的编辑学为什么要去研究不属于出版中编辑业务活动的那种所谓编辑理论和编辑史？至于其它分歧，尽可往后再说。

二、顺便谈一点《辨析》中难免的误解之处。文中说："这位作者毫无依据地将'编'与'编辑'说成是同义词。"有此误解，也应怪我。因为在《怎样理解编辑的概念》中，只举了《进学解》中"手不停披于百家之编"这个作名词用的"编"做例子。当时我想，自编辑一词在初唐出现后，"编"作动词用，在唐人集中至少更为常见。刘禹锡在《汝洛集引》中说："明年，予罢郡，以宾客入洛，日以章句交欢（指与白居易'章句交欢'——引者），因而编之，命为

《汝洛集》。"此见《刘宾客外集》。这个"编",岂不与"编辑"为同义词?有此一例,释"毫无"够了。文中又说,对于"编"字含义,"有些作者随心所欲地给以理解,于是人为地产生了许多问题。例如孔子编六经,有人解释为'孔子编写的六种教材'"。这话好厉害!可是,在我的"孔子编写的六种教材"之后,紧接着说"即所谓'六种课本'"。一看便知,我这是转述语气,转述前面引出的认为孔子是编辑家的作者的话:"编写整理出六种课本。"因此,"随心所欲"云云,实际上又是指责了与《辨析》观点一致而为我尊敬的一位作者。因我而无端受责,我想这是粗心大意所致,本意不会如此。至于"编六经",能否称"编写",请以我所说的《春秋》为例想去,五经中据说是孔子作的《易传》等也需注意。以上两例,仅事关个人,予以深咎,便失友好之旨了。

1991年8月于山东大学望云斋

(原载《编辑学刊》1991年第4期)

四、三论何谓编辑

自1991年刊出《再论何谓编辑》以后,我有幸得到姚福申等几位先生的批评。去年以来,又见到王耀先生的《关

于编辑、出版的概念和范畴的一点建议》（《出版科学》1993
年第 2 期）、李长声先生的《漫说一个三角锥，出版的》
（《读书》1993 年第 9 期），特别是林穗芳先生的《“编辑”
和“著作”概念及有关问题》（《编辑学刊》1994 年第 1
期），受益甚多。深感编辑概念这基本理论问题的研究已日趋
深入，不同观点的佳作并起，美不胜收，它或许可望成为出
版科学中收获最大的一次学术讨论。而近两年来，为这讨论
而询问和关心我的人颇多。于是想到联系自己的读书心得，
写这《三论何谓编辑》。

“作为著作方式一种”的编辑与
“作为出版工作一部分”的编辑
——两种不同的编辑

读书凡遇不可卒读者，大都不是因为观点相左，而是因
为内容空洞、逻辑混乱、语言粗劣等。可是，读林穗芳的文
章，你见到的总是资料翔实而新鲜，条理清晰而有序；文气
虽不如《庄子》之飞动、韩文之雄浑，却平和畅达，一气贯
注；无空洞过激之言，多朴实独特之思。可谓开卷有益。近
日，读他的《“编辑”和“著作”概念及有关问题》，风格依
旧，我认为是讨论中难得的佳作。

分析编辑概念，林先生像往常一样发挥自己熟悉国外资
料的特长，这次更运用大量我国古典文献资料，踏踏实实地

得出自己的结论。他说：

> 　　作为著作方式一种的"编辑"和作为出版工作一部
> 分的"编辑"代表不同的概念。因此，在探讨编辑概念
> 时必须注意区分"作品编辑者"（编辑作品的作者）和
> "出版社编辑"。①

这个思路，是先区分以编辑命名的两种不同性质的活动，然
后再区分从事这两种活动的人的不同角色身份。思路清楚，
合乎科学的逻辑，可令讨论双方都能感到豁然开朗。

　　为什么要先区分以编辑命名的两种活动？隶属出版科学
的编辑学，它的研究对象和研究范围是出版业中编辑活动的
内容、规律及其历史演变。但是，在我们汉语中，以编辑命
名的有两种活动：一种是在出版业之中，成为出版工作一部
分的活动；另一种是在出版业之外，作为著作方式之一的活
动。前一种是编辑学或出版学的研究对象，后一种不是编辑
学或出版学的研究对象。在这个问题上搞错了，影响的不是
研究者本人的荣辱兴衰，而是造成这门学科的研究对象的混
乱。其结果，就像是生物学去研究石头，动物学去研究花草。

---

　　①　林穗芳：《"编辑"和"著作"概念及有关问题》，《编辑学刊》
1994年第1期，第39页。

一门学科在它的形成期间，首要任务是确定自己特殊的研究对象和范围，否则，就非走弯路不可。当年讨论编辑概念时，有些人颇有陷于无谓的"概念之争"的疑虑。个别情况中并非没有这种倾向。但是，这次讨论，一开始就是围绕着编辑学的研究对象和范围，及其学科的特殊性质提出问题的，换句话说，是具有促进学科建设这明确目的的。我最初提出的"一笔糊涂账"之说①，无意伤害别人，仅是为此目的。只要围绕这个目的去讨论，就一定能兴利除弊，不论意见如何对立，都不会陷入无谓的"概念之争"。至于有人想搞无谓的"概念之争"，大家顾全大局不予理睬便了。现在，林先生对以编辑命名的两种活动作出科学的区分，我认为对编辑学的学科建设非常有益，肯定可以推动讨论的深入发展。

　　生活中对于同名同姓的人，总是容易搞错。但是，一旦在姓名之前，加上了籍贯、性别、年龄就不容易搞错了。道理与此相似，林先生对于以编辑命名的两种活动的明确区分，其科学价值集中表现在他所做的令人一目了然的表述上。一者称之为"作为著作方式一种的'编辑'"，另一者称之为"作为出版工作一部分的'编辑'"。虽然同名曰

---

　　① "看来要是混淆了编纂和编辑的概念，中国古代编辑史可能将是一笔胡涂账。"刘光裕：《论编辑的概念》，《编辑学刊》1987 年第 3 期，第 13 页。

"编辑"，其性质的根本区别在哪里？一是"著作方式"之"一种"，二是"出版工作一部分"。此可谓言简而意赅，明晰而严谨。

什么是"作为著作方式一种的'编辑'"？林先生分析的典型事例，就是孔子"删诗"而成《诗经》。现在许多人说这是"编辑"，林先生分析的结论也是"编辑"。但他认为，这不是"作为出版工作一部分"的，而是"作为著作方式一种"的编辑。说句拗口的话，这叫做此编辑不是那编辑。他认为孔子作《春秋》是编著，司马迁作《史记》也是编著。编著与编纂同义。在古代，编纂与编辑可以互训，现代则应分开。而这编纂，也是著作方式中的一种。这样把编辑、编纂都视为著作方式中的一种，在文献学、图书馆学中也是常见的。这算是我对林先生补充的证据。

既然如此，那就产生这样一个问题：像司马迁作《报任安书》、曹丕作《典论·论文》、陶渊明作《桃花源记》、杜甫作《春望》、韩愈作《原道》等，又该如何看待？当然，这些皆称著作，但此著作为狭义的著作概念。上述著作方式中的著作则为广义的著作概念。在现代汉语中，著作的含义有广义、狭义之分；广义可以包括狭义，但狭义不可替代广义。这是最要注意之处。司马迁作《报任安书》等著作（狭义），同样也是著作方式中的一种。换言之，著作方式是个大家族，编辑、编纂、著作（狭义）等都是著作方式这个大家族中的成员。它们之间当然存在着区别，然而作为著作方式，它们的性质是相同的。这种看法，在中国还没有人想要研究编辑史之前，就早已在文献学、图书馆学等学科中存在很长时间了。在当今中国学术界，一些编辑史研究者把本来在著作方式这个大家族中的编辑、编纂，拉出来另立了门户，名之曰"编辑史"。实际上，多半是著作史。其它学科依然还是把它们放在著作方式这个大家族中。"编辑史"中那种做法，除了自己，不可能得到学术界承认。

　　什么是"作为出版工作一部分的'编辑'"？这也就是出版业中存在的一种专业活动，其名曰编辑。就其活动内容和操作形式看，其中一部分是与作为著作方式之一的编辑或编纂相同，然而更多的是不相同，如选题、组稿、审稿、版式等。既有部分相同之处，又是同名曰编辑，两者如何区别？按照林先生的表述，只需看其是否"作为出版工作一部分"。我看这个办法，最为简单明了。在出版业出现以后，社会上当然还有不是"出版工作一部分"的编辑或编纂，其数量可能比以前还多。这也好办，还是把它们放到著作方式这个大家族中去。这样就在不同情况下都能区别清楚。

　　对于从事同名曰编辑这两种活动的人，他们的角色身份如何区分？林先生对从事"作为出版工作一部分的'编辑'"的人，说这是"出版社编辑"，其名字在今天图书中总是"印在版权记录页上"。这也就是现在表示人们职业特征的那个"编辑"。林先生对从事"作为著作方式一种的'编辑'"的人，说这是"作品编辑者"或"编辑作品的作者"，其名字在今天图书中"通常印在扉页上"，"享有著作权"。我完全赞成根据从事活动的不同性质，去区别角色身份的做法。这个原则是很对的。只是想就"作品编辑者"这个角色名称，讲一些看法。

我要讲的第一点是，"作品编辑者"这名称不如"编辑作品的作者"好。理由是，"作品编辑者"容易与"出版社编辑"相混同。而"编辑作品的作者"其主词为"作者"，它在汉语的习惯中更能代表从事某种著作活动的人的身份；此外，又可用相同方式形成"改编作品的作者""校注作品的作者"等与它相并列的种种名称，皆含义明确又不会产生混淆。至于以狭义著作为著作方式的人，习惯上早已称为"作者"。第二点是，需要有与这些单独概念相应的普遍概念。以各种著作方式形成文字作品的人，其普遍概念可以名之曰"作者"，成就大者名之曰"著作家"。理由是，以"作者"为普遍概念，就可以在"作者"前面加上修饰语，形成单独概念，如"编辑作品的"作者、"校注作品的"作者等。简单明确，而且符合汉语构词规则。但是，称"大作者"并不符合汉语习惯。因而，称"著作家"最好，可以表示都是以"著作方式"取得成就的人。"出版社编辑"或称"编辑"，这本身也是普遍概念，其成就大者称"编辑家"，正与另一方的"著作家"相对应，都是名实相副，又与前后左右的概念不会混淆。这大概就是两千多年前古人所说的名实之辩。当然，我这是个人的建议而已。据我所知，在中国当今除编辑学以外的所有学科中，被林先生称为"编辑作品的作者"的那些古人都还保留着"作者"的身份。唯独在编辑学、编辑史中，他们已经改变了角色身份，被称为编辑、编辑家或大编辑家。我大概是最早起来反对这样做的。去年见李长声在《读书》著文①，亦表示反对。这位先生擅长以散文笔法写学术文章，而且见多识广，颇能中的。只是文笔过于活泼犀利，惹得一些人不高兴。由此使我想起良药苦口与讳疾忌医这两句话。

　　林先生分清了两种编辑概念。而王华良先生在四年前就提出"编辑概念的泛化"问题。有些先生不承认有这个"泛化"，其实，这个"泛化"是实实在在地存在的。这就是如王华良所指出的，抓住脑力劳动操作上的共性大做文章，把两种编辑概念，还有其它离奇古怪的编辑概念，放在一起煮。于是，论也好，史也好，成为一锅稀饭，一盆浆糊，一团乱麻。若想理清这个乱麻，恐怕非再有十年工夫不可。我总记着陶渊明的这句话："来者之可追。"（《归去来兮辞》）所以，我认为总是早清理比晚清理好，当以学科建设为重，个人利

---

① 李长声：《漫说一个三角锥，出版的》，《读书》1993年第9期。

害为轻。那么，被挖苦讽刺几句，也是值得的了。

崇祯刻本《忠义水浒传》署"罗贯中编辑"
——对《辞源》"编辑"释义的两点补充说明

"收集材料，整理成书"，此为人们熟知的《辞源》对编辑一词的释义。对古代汉语来说，此释义大体是对的。我不成器的一个原因，大概就是好读杂七杂八的书。不过，倒是积累了一些材料，可以对《辞源》这个释义作两点补充说明。

第一，古代汉语中"编辑"这个词决非常用语，常用的是与它同义或近义的"编""辑""编次""纂"等。在这些词中不论哪一个词，拿林先生所说这两个编辑概念来看，都不表示"作为出版工作一部分"的"编辑"这个概念。

到两宋，公私刻书业特别是在南宋的杭州，已经相当兴盛。然而，在两宋典籍中，含义是"作为出版工作一部分"的"编辑"这样的词是查不到的，这种含义的"编""辑""编次""纂"等也是查不到的。经元到明，中国的出版业蓬勃发展。江苏的南京、苏州、常州、扬州，浙江的湖州、杭州，安徽的徽州，福建的建阳，以及北京等地，皆是明代刻书重镇，书坊林立。明代末年的李卓吾、冯梦龙等著名文人亲自参与出版活动。但是，在明代的典籍中，含义是"作为出版工作一部分"的"编辑"这样的词是查不到的，这种含义的"编""辑""纂""编次"等也是查不到的。清代的李渔是著名作家，他本人又在南京以"芥子园"名义刊印自己的和别人的作品，还印卖信笺等，实际是经营一家出版社。我正在读《李渔全集》，也是看不到其中有含义是"作为出版工作一部分"的"编辑"，以及这种含义的"编""辑""纂""编次"等。在古代典籍中，要是有人能拿出哪怕是一个来，让我看到那就太好了。有此希望，然而无此可能。当然，这毫不说明古代出版业中没有编辑活动，以至没有编辑和编辑家。这是另一回事。但是，可以说明，当今不少人把古人所说"编辑"，以及与此同义或近义的那些词，拿来与"作为出版工作一部分"的"编辑"相提并论，混淆起来，是没有什么道理的。理应区别的概念不作区别，反倒硬放在一起，掺乎起来，只能搞乱了自己的思维，也搞乱了别人的思维。于是，编辑史事实上成为一笔糊涂账，或者是糊涂账一笔。在我看来，中国古代编辑史研究不解决这个问题，就会在邪路上奔跑，跑得愈快，大部头著作愈多，给后人留下的笑柄愈多。此话肯定是并不中听，却未必不是逆耳忠言，苦口良药。

第二，古代汉语中"编辑"这个词，以及与其同义或近义的"编""辑""编次""纂"等，意思都是表示一种著作方式。《辞源》那个释义本也是讲如何"成书"，是一种"成书"方式，亦即著作（广义）方式。我现在要提供古代写小

说、写剧本以及演戏方面的材料。这些新材料，进一步证明
这些词的含义，在历史上长期地和稳定地限制在著作方式这
个范围之内，并且与出版工作中的编辑没有任何联系。

在中国历史上，小说的首次刊刻是在明代中叶（那时候
多称"话本"）。在刊本上，那时候作者署"撰""集撰"
"纂修""编次""编辑"等皆可。下面是《水浒传》现在可
见的最早四个版本上作者的不同署名方式。资料来源为鲁迅
的《中国小说史略》：

1. 明代崇祯末年刊刻的 115 回本《忠义水浒传》，署
"东原罗贯中编辑"。

2. 有李贽序及批点的 100 回本《忠义水浒传》，署"施
耐庵集撰，罗贯中纂修"。

3. 有杨定见序的 120 回本《忠义水浒全书》，署"施耐
庵集撰，罗贯中纂修"。

4. 清金圣叹 70 回本《水浒传》，署"东都施耐庵撰"。

《水浒传》的作者是何人说法不一。它的第一个刻本是
明中叶嘉靖年间的大贵族武定侯郭勋所刊的 100 回本《忠义
水浒传》，此称郭本，可惜已佚。据《百川书志》载，此本
署"钱塘施耐庵的本，罗贯中编次"。现在学者一般认为，
《水浒传》是施耐庵、罗贯中合作的。施耐庵是原作，所以
署"的本""撰""集撰"；罗贯中是在此基础上整理加工，
所以署"编次""编辑""纂修"。但是，罗贯中一生决无把

《水浒传》刊刻出版之事。他无出版之事而对小说原作做整理加工之事，无疑是小说作者之一。所以，罗贯中在今天必定署"著"；但是，他在明代署"编次""编辑""纂修"。可见，出版业发达以后的明代，人们所说的"编辑"，并不是"作为出版工作一部分"的那个编辑，只是表示一种著作方式。

古代小说的作者，并非像罗贯中那样在原作基础上做了整理加工之事才署"编次"，像施耐庵那样的原作者同样署"编次"。而且从总的看，古代小说作者以署"编次"居多。下面的例子，都是明末清初刊刻的著名小说的作者署名方式：

《金云翘》，署"青心才人编次"。

《玉娇梨》，署"荑狄散人编次"。

《好逑传》，署"名教中人编次"。

李渔的《无声戏》和《十二楼》，皆署："觉世稗官编次"。

同一罗贯中为同一《水浒传》署名，一署"罗贯中编次"，一署"罗贯中编辑"。"编次"与"编辑"的含义本是十分接近。而上述《金云翘》等小说的作者，在今天皆应署"著"，然而当时皆署"编次"。可见，这个含义与"编辑"十分接近的"编次"，直到明末清初，根本不是"出版工作一部分"的那个编辑，它只表示一种著作方式。

直至清末民初，受古人用语的影响，还有一些人称写小说为"编辑"。包天笑在他所著《上海春秋》的作者"赘言"中说:"愚侨寓上海者将及二十年,得略识上海各社会之情状,随手掇拾,编辑成一小说,曰《上海春秋》。"① 民国五年(1916 年)出版的杨尘因所著《新华春梦记》(又名《洪宪演义》),张苇在其"序"中说:"共和复活,尘因一日持洪宪朝事目,就予商为竹枝词,登诸报端,告之国人。予曰,不若掇拾而编辑之,裒然成帙,与吾国人观鉴焉之为愈也。尘因然之,遂成是书。"② 看来在 20 世纪初,上海一批文化人尚称写小说为"编辑"。这显然也是表示一种著作方式。

与写小说称"编次"相似,古人写剧本,多称"编"。我查《录鬼簿》、明《太和正音谱》,无不称"编"。如《录鬼簿》云:

前辈已死名公才人,有所编传奇行于世者。

又云:

---

① 包天笑:《上海春秋》,上海:上海古籍出版社,1991 年,"赘言"。《上海春秋》分上下两部,上部成书于 1924 年,下部成书于 1926 年,大东书局出版。
② 魏绍昌编:《鸳鸯蝴蝶派研究资料》上卷,上海:上海文艺出版社,1984 年,第 308 页。

　　养人才，编传奇，一时气候云集。

今天的中国人，受古人用语的影响，仍有称写剧本为"编戏"的。

　　在古代，"编辑"一语偶而亦见用于演戏。陶宗仪《南村辍耕录》中《院本名目》云：

　　教坊色长魏、武、刘三人，鼎新编辑。魏长于念诵，武长于筋斗，刘长于科泛，至今乐人皆宗之。①

这段引文在中国戏曲史界人人皆知，是记载金代的院本演员革新创造表演技艺的最重要资料。中国戏曲到金代，尚处于草创时期。魏、武、刘三人是教坊名角。他们率先把"瓦肆"中的各种表演技巧，搜集起来，整理加工，综合到舞台表演艺术中去。所以，这三人是对中国戏剧表演艺术的形成立过大功的人。"鼎新编辑"指此。"鼎新"，即改革创新。这个"编辑"，就是把各种表演技巧搜集起来，整理加工，综合到舞台表演中去。这是用了"编辑"的衍生义，并未脱离其本义是表示一种著作方式这个范围。此语言现象，与现

_____

　　① 陶宗仪：《南村辍耕录》卷25，北京：中华书局，1959年，第306页。

在把原用于文学的"创作"一词，扩展到称唱歌、拍电影等为"创作"相似。

古人写小说多称"编次"，亦可称"撰""集撰""纂修"等，偶称"编辑"；写剧本则多称"编"。这可归为一类。另一类则是史书、类书、总集、选集等，称"撰""纂""纂修""编""辑"等。在古人看来，这两类在著作方式上有共同性。这个共同性，在秦汉以后的人们心目中，是与诗、与文相比较而存在的。古人写诗、写文，不论写的是优秀诗文还是粗劣诗文，都可称"著"、称"作"。古代没有编诗、编文的说法。这是为什么？在古人看来，写诗、写文是表达作者自己的见解、经历、情感等，因而称著或作。前面两类，都需要搜集本来不属于作者而属于别人的资料、材料；在此基础上作者再作整理、排列的工作，则一般称编、辑、编次等；在此基础上作者再作改造、加工的工作，则一般称纂、撰、纂修等。当然，总是有例外。像对于名著《史记》，古人也称"著作"。再如，东汉至唐初，撰述国史亦称著作；其间数百年的史官称著作郎。排除这类例外，区别便是上面所说那样。所以，图书馆学、文献学把著、编、辑、纂等皆视为"著作方式"上的差别，这是对的。那么，宋元开始大量出现的小说、剧本不也是表达作者自己的思想、情感，为什么不称"著"？这是具有现代人特点的想法。并非与现代人一样想的古代人，注重的是写小说、写剧本需要收集材料、加工整理成作品这一点。文学史研究者在这方面的丰硕成果表明，宋元话本和元曲中绝大多数作品可考出材料出处，这些材科一般取自史书、志怪、传奇、笔记、类书、传说、所见所闻等。离开这些材料靠艺术想象写小说或剧本，还是后来的事情。因此，宋元写话本、写剧本，都称"编"。后来，写小说逐渐称"编次"居多，当然也可称"撰"。这种语言习惯便延传下来，而偶称"编辑"亦在情理之中。所以，小说、剧本的称"编""编次"等，也是从著作方式的特点上着眼的。

　　总之，古代很少使用的"编辑"一词，以及与它同义或近义的那些常见的词，它们的含义，没有一个是"作为出版工作一部分"的那个"编辑"，都是表示需要搜集属于别人的资料、材料，在此基础上再作工作的那一类著作方式。从秦汉至清代，除作者自己所写诗、文以外，其它的几乎所有作品都是由这类著作方式形成的。

　　当今，大多是脱离了出版史来研究编辑史，其实主要就是研究作为著作方式之一的编辑和编纂。因此，大都是明确表示依古人所说"编""辑""编次""纂""纂修"等来搜集材料，去划定自己的对象和范围。例如姚福申先生在《"编辑"辞义辨析》中，明明白白地说"编辑学的研究对象"，是"书籍的体例设计、编纂成书的步骤和方法"等①。总之，就是研究"成书"方式或"成书"方法。他是毫不含糊地明确认为应该而且必须离开出版去研究编辑史的学者。

我在七年前就反对这种观点，并且断言这样做的结果是，"编辑史可能成为写作史"，"中国古代编辑史可能将是一笔胡涂账"。②究竟如何姑且不论。我现在要说的是，按照这种逻辑去做，把古人同样称为"编"或"编次"的戏曲和小说都搜罗进来，那么，就一定会如我早在《再论》中指出的那样，像"关汉卿、王实甫、汤显祖、罗贯中、施耐庵、曹雪芹等人"，个个都可以轻而易举、照样不需什么论证地称之为大编辑家，从而使古代赫赫有名的编辑家"再增加一两倍"，③如此在数量上岂不更加显得雄壮浩大？然而这样也就更加暴露出荒唐无聊。要坚持自己论点的正确，就应该把自己的基本逻辑贯彻到底。现在，我又提供了许多小说、戏曲方面称"编""编次"等的具体材料，特别是提供了"罗贯中编辑"这个至今还是独一无二署"编辑"的极为难得的珍

①　姚福申：《"编辑"辞义辨析》，《编辑学刊》1991 年第 2 期，第 39 页。

②　以上两句见刘光裕：《论编辑的概念》，《编辑学刊》1987 年第 3 期，第 9、13 页。

③　刘光裕：《再论何谓编辑》，《编辑学刊》1991 年第 4 期，第 15 页。

贵材料，不知有无胆大的勇敢者，愿意向这个更深的深渊走去？

"世界上除了著作的书，是否也还有编辑而成的书？"
——谈姚福申的"著作概念唯狭义"

讨论中观点的交锋，往往令你受益而深感愉快。不过，常识问题的纠葛，总是令人头痛；即便如此，总也是需要解决。

"世界上有否编辑而成的书"？这是姚福申先生在《"编辑"概念的再辨析》（《编辑学刊》1992 年第 1 期）中，作为小标题特地向我提出的问题。其实，这样把"著作的书"与"编辑而成的书"，看成是两回事，首先是缺乏出版常识。现在，"世界上"的"书"，一般都是先由作者采用不同著作方式，其中包括著作（狭义）的方式、翻译的方式、编辑的方式、校注的方式、编纂的方式等，写出书稿。这个书稿按照世界上著作权法的通例都是作者享有著作权并受法律保护此项权利的著作（广义）。至于在古代，我知道有与出版编辑无关的所谓"编辑而成的书"，那些书我早在七年前那篇文章中就认为是著作史或书籍史研究的对象。因此，我总认为，有关这两种"书"的有还是没有的讨论，对编辑学研究毫无意义，反而可能陷入有人已经提出警告的无谓的"概念之争"。

针对《辨析》的批评，我的《再论》仅仅轻描淡写地提过两点辩驳。一是他批评我"毫无依据地将'编'与'编辑'说成是同义词"，我顺手举刘禹锡集中一例回答；一是他认为只能称"孔子编六经"，批评我个人"随心所欲地"称"孔子编写的六种教材"，我只得亦作回答。只提两处，只是想指出前者是少读古人原作，后者是少读现代人作品。需知类似材料实际上数倍于此，提多了总是有伤雅观。《再辨析》中据我统计重要者又有十处以上。下面，围绕"著作的书"中"著作"这个论题，再提两处。

一是关于著作权问题。我在《再论》中认为，古代"排比资料，纂辑成编"的"钞纂"，属于著作。对此，姚先生不屑一顾地讥讽说：

> 要是这一理由成立，将别人作品收集、整理一下就成了自己的著作，词典里就不该有"剽窃"一词，法院也大可不必为著作权开庭了。①

请看，说得如此绝对，而且词锋锐利，咄咄逼人。不过，话说得极端自信，笔下却是相当粗心，这就难免不犯常识错误。

---

① 姚福申：《"编辑"概念的再辨析》，《编辑学刊》1992年第1期，第21页。

且看"排比资料，纂辑成编"，或所谓"将别人作品收集、整理一下"的实例。如姜义华等编《港台及海外学者论中国文化》上下两册，由上海人民出版社出版；又如魏绍昌编《鸳鸯蝴蝶派研究资料》上下两卷，由上海文艺出版社出版。可以去问这几位近在上海的先生，这两本书算不算他们"自己的著作"？他们对此有没有著作权？姜、魏两先生肯定坚持认为是他们享有著作权的"自己的著作"，而且反对想否认其属于自己拥有著作权的"著作"的任何说法。那么，这是否就等于他们侵犯别人的著作权呢？他们是否就应该在"法院"里承认自己有"剽窃"行为和侵权行为呢？我想姚先生终将发现错误出在自己身上，我不必再举我国《著作权法》中的有关规定。看来对著作权知识只有一知半解，而谈论它却如此自信而勇敢，又痛快淋漓地去挖苦别人，这算是一种什么样的精神气概，恐怕只有天晓得了！

二是姚先生只知道著作的狭义概念，我名之曰"著作概念唯狭义"。换言之，大家都难以相信他不知道现代汉语中著作一词另有广义概念，不懂得著作有广义、狭义之分。所以挑选这个语言常识来谈，是因为他的文章要与我讨论一个重要论题，就是编辑与著作的区别，因此读者对此也可能颇有兴趣。我举例来说明。

《再辨析》引出我《再论》下面这段话：

　　他（指张舜徽先生）在《中国古代史籍校读法》第
三编第二章"认识古人著述体要"中说："古代书籍的
写作体例，大要可分为'著作'、'编述'、'钞纂'三大
类。"……张舜徽所说"写作体例"，含义与上述"著作
方式"相同，都属作者的著作活动。①

在这段话中，著作的狭义概念和广义概念的区别是明显的。
既然说是"著作、编述、钞纂三大类""都属于作者的著作
活动"，那么，"三大类"中与"钞纂"并列的"著作"，自
然是其狭义概念；"著作活动"中的"著作"由于其含义可
以包括前面"三大类"，当然是其广义概念。姚先生根据自
己的需要，接着用他自己的话做这样的转述：

　　言下之意，张先生把写作体例分为三大类：著作、
编述、钞纂，而"写作"与"著作"含义正同，所以
"钞纂"便不是编辑而是著作了。②

他这个转述，其目的是要批评"钞纂"是著作这种观点。但

---

　　① 刘光裕：《再论何谓编辑》，《编辑学刊》1991 年第 4 期，第 14
页。
　　② 姚福申：《"编辑"概念的再辨析》，《编辑学刊》1992 年第 1 期，
第 21 页。

是，他把我说的"钞纂""属于著作活动"，悄悄地改成"钞纂"是著作。在现代汉语中，凡著作活动、著作方式、著作权等词，皆是著作的广义概念；单说著作，则既可是广义，又可是狭义。我原来文字中的意思是："钞纂"不是"三大类"中与其并列的"著作"，而"属于著作活动"，就是广义著作。经他这么一改，意思全变了。在此，姚先生思维中出现的第一个失误是，不理睬一切对著作的广义与狭义的明确区分，只信任自己头脑里的"著作概念唯狭义"。本来，他由于不承认另有广义著作，因而只知"钞纂"不是狭义著作，却完全不知它又是广义著作。现在，他既已转述出"钞纂"是著作，若从狭义著作角度看就一下子变成明显的错误，因而喜洋洋地以为稳操胜券，就立刻不加分析地对我进行抨击。他抨击的根据就是我刚刚说过的著作权。这里，他思维中出现的第二个失误是，甚至连有关著作权的书都不屑去翻，就轻率地断定著作权只适用于狭义著作，根本不知著作权维护的是广义著作的权利。因此，做出"钞纂"作品不是"钞纂"者本人享有著作权的"自己的著作"这错误判断。这样就在抨击中，马上闹出要追究凡以为是"自己的著作"的"钞纂"者有"剽窃"和侵权罪的笑话。我无意出他洋相，仅仅是为防守，不得已在前面列举姜、魏两先生的实例来证明这是笑话，又避免真的出现对簿公堂这更大的笑话。

这个事例之所以值得重视，在于姚先生仅仅不知道著作另有广义概念这个常识，因而接二连三地产生理解上和判断上的错误，终于做出本想挖苦别人，结果成为挖苦自己的倒霉事情。这就是吃了"著作概念唯狭义"的亏。

姚先生在《再辨析》中，把我文章中不少广义著作，像前面那样悄悄地都变成狭义著作；然后，再频频进行自以为战无不胜的批评，自然是免不了对我冷嘲热讽。恕不一一列举。因此，不断地令我哭不得，笑不得。即便有气量的人，也会为自己被这样曲解而深为不满，甚至气愤，我自然不能感到愉快。不过，我还是认为他并非有意曲解，确实是不自觉的。包括他批评我时不断出现的判断错误（如著作权问题等）和逻辑混乱，以至闹出不止一个笑话，统统是不自觉的。探究其中原因，主要在于"著作概念唯狭义"，不承认著作有广义、狭义之分这个语言常识。

我仔细研读姚先生批评我的两篇文章，觉得他的几乎全部有关编辑学的观念，都是建立在以下两个以为不可动摇的基本观点之上。一是，他在《辨析》中认为编辑与出版无关；《再辨析》改为"我以为编辑与出版没有必然联系"。此类问题，我已谈过，不再重复。二是，"著作概念唯狭义"。他在《辨析》中批评"著作概念的泛化"，便是由此产生出来的问题。料想这也是读者关心的。因此，再结合出版学对他的"著作概念唯狭义"，作稍深入一些的探讨。

姚先生的狭义著作概念来自何处？来自古代汉语。中国古人所称"著"或"作"，皆用著作的狭义概念，这是事实。四年前我写《何谓编辑》①，曾经这样解释古代那个狭义著作和编纂的区别："称著作必须是表达属于自己的思想、情感或研究成果；称编纂则是指较多利用别人作品或已有资料的一种活动，写国史称编纂便是如此。"此解释，与姚先生大概并无原则分歧。姚先生在《辨析》中斩钉截铁地说，著作与编辑或者著作与编纂在古代早就"划清了界限"。其实，就是古代以那个狭义著作概念去"划清了界限"。他认为这样的"划清"，足够现在编辑学研究用的了；现代人之所以划不清，讨论来讨论去，仅仅是因为不明白那个古代的区别。可见还是那个"著作概念唯狭义"在那里作怪。我不得不长期地反复琢磨他所问的那句话："世界上除了著作的书，是否也还有编辑而成的书？"终于透过其言不达意处，悟得其原意可能不是问"书"，而是问我狭义的著作和出版领域外的编辑有无区别？如此悟其原意，我首先只得假定这"书"全是古代的书；然后，再装着忘记现在的著作有广义概念，装着忘记现在有出版业中的编辑。害怕困难，不装成不知这些现代常识的古代人，就别想弄明白。大概他没有见过我的《何谓编辑》。因此，以为我不知道他那个似乎是深奥莫测的古代区

_____

① 《何谓编辑》完成于1989年，收录于中国出版科学研究所科研办公室编《论编辑和编辑学》（中国书籍出版社1991年版）一书。

别,又以为人们一旦知道他这个古代区别,编辑概念讨论中的问题就能轻轻松松地解决。其实,弄清这个区别很容易,当今文献专业、图书馆专业的大学生都知道的。而我正是当年发现这个区别,不适合用于编辑学的研究,才提出问题讨论的。

因此,就著作概念而言,我与姚先生的分歧在于:他认为与编辑概念相区别的就是狭义著作,而他这个著作概念来自古代;我认为与编辑概念相区别的必须是广义著作,而我通常用的是"著作活动"这个词。此皆有各自文章为证。

现代汉语中的著作一词分广义和狭义,古代汉语中无此区分。现代汉语的狭义著作与古代的著作含义大体一致。而广义著作概念是现代特有而为古代所没有的,需着重说明。不论广义著作还是狭义著作,都是既指该活动,又指该活动的成品。

广义著作概念在现在是常见和普通的。大学里若统计科研成果,必有多少本著作这一项,这个著作肯定是广义的。著作权法适用于广义著作不用说了。再如,若把学术著作与翻译著作这两个名词放在一起,这个著作就知是广义的了。我《再论》引用《图书馆古籍编目》中的话"古籍中经常使用的主要几种著作方式"①。这"著作方式"中的著作也是广

---

① 北京大学图书馆学系、武汉大学图书馆学系合编:《图书馆古籍编目》,北京:中华书局,1985年,第51页。

义的。图书馆学中不能没有广义著作概念。下面，再看我国通行的《普通图书著录规则》列出二十六种"著作方式"，其中包括："著""编著""辑、编、编辑""主编""改编""缩写""讲（口述）""搜集、整理""译、节译""编译""校""注""句读、标点""作曲""绘""摄"等。在这里，二十六种"著作方式"之一"著"，是狭义著作。"著作方式"之"著作"为广义著作概念，它包含那个狭义著作，还包含其它二十五种。因此，作为"著作方式"之一的"辑、编、编辑"，和作为"著作方式"另一种的"搜集、整理"，两者皆包含在广义著作概念之中，其活动可称著作活动，其成品可称著作，皆受著作权法保护。对此不必大惊小怪。实际上，当今的著作概念还在扩大，不仅文字作品，还有音像制品也可称著作。从形式逻辑上讲，广义著作是普遍概念，狭义著作是与它相对应的单独概念。现代社会生活需要广义著作这个普遍概念，人们的思维和交流因此才方便，处理著作权之类的许多实际问题也才方便。因此，现代人的著作概念不能不分广义、狭义，尽管我国古代只用其狭义。

前年，为了否定王华良先生提出的"编辑概念的泛化"，姚先生在《辨析》中针锋相对地论述他发现的一个似乎是根本性的错误，就是所谓"著作概念的泛化"。即便从如何使用"泛化"这个词看，也可认为，王华良是对的。姚先生是错的。这是为什么？由于编辑学研究的是"作为出版工作一部分"的那个编辑,现在有些人把编辑学中的编辑概念扩大到"作为著作方式一种"的那个编辑,甚至更远的地方去。针对这种现象,王华良称之编辑概念的"泛化",不管是否同意他的观点,从使用语言的要求看是正确无误的。姚先生与此不同。他所说的"泛化",是指我和王华良用来区别编辑的"著作概念"中包含了不在出版中的编纂。实际情况是,今人所说广义著作概念本就是包含编纂的,比如,《规则》就是如此。我们无非是使用了大家早已使用的广义著作概念,不论观点如何,这里不存在"泛化"与不"泛化"的问题。但姚先生据此称之为"著作概念"的"泛化",从正确使用词语的角度看,他起码是把"泛化"这个词就用错了。需要再进一步看,在"著作概念"问题上,与其说是反对我和王华良指出的"泛化",不如说是反对现代汉语中早已存在着的"泛化"最为确切。同早已为社会公认的进步的语言事实作对,岂是明白人做的事?难道为了不"泛化",就再回到古代去?就不准使用广义著作概念?这能行得通吗?

现在,再看出版业中为什么非使用广义著作概念不可。从一个出版社的编辑工作看,至少要处理上述二十六种著作方式中七八种著作方式形成的书稿。除"著"这狭义著作外,一般还有"编著""主编""译、节译""辑、编、编辑""搜集、整理"等,要把这些著作方式形成的书稿变成书籍。再从所有出版社看,要处理所有二十六种著作方式形成的书稿，把它们变成书籍。所以，必须形成包括上述二十六种的广义著作概念，才可能形成出版业中共同的行为观念和行为规范，包括确立职业道德，确定有关编辑工作的规章守则，制订《普通图书著录规则》，制定《出版法》《著作权法》等。没有广义著作观念，只有狭义著作概念，连出版业内部的业务交流都变得十分困难。

由此看来，出版业中的编辑工作不可能不与广义著作打交道。对编辑学来说，使用编辑概念就不能不与广义著作相对应，如果编辑学使用的编辑概念是与狭义著作相对应，由于狭义著作只是二十六种之一，那么其余二十五种就无法概括进来。当然，也可以为这个概念另外命名，可是著作权等广义著作概念早已存在，这样做也是行不通的。使用语言的人，同时也被语言使用，结构主义这个观点是相当深刻的。所以，今天讲汉语的人，只能在著作这个词中区分广义和狭义，别无他法。因此，编辑学中的编辑概念，不能不与著作这个词的广义概念相对应。但是，这个广义著作概念，除包含狭义著作外，还包含如《规则》所列出的"辑、编、编辑"和"搜集、整理"等，这些皆称著作。这就可能产生新的麻烦，就是容易与"作为出版工作一部分"的那个"编辑"概念相混淆。人们不能不想出另一个办法，用是不是"出版工作一部分"作为明显标志，去区分包含在广义著作中的"辑、编、编辑"和"搜集、整理"等。这对于编辑学、出版学形成科学体系来说，是必不可少的工作。非从这里起步，编辑学才可能成为科学，此话并非言过其实。

再回过去看姚先生反对所谓"著作概念的泛化"，这其实是拒绝在编辑学中使用广义著作概念，诚心诚意地又是坚韧不拔地希望别人和他一起去使用一千多年前木版印刷尚未出现时就形成的狭义著作概念。我不同意这样开倒车，于是在《再辨析》中一再地被挖苦讽刺。禁不住令人想起古代西班牙那位心地善良又勇敢无比地与风车作战的骑士先生。这算我的一点小小回敬。

最后，我敢断言，一旦姚先生纠正自己头脑里的"著作概念唯狭义"，知道并且接受了广义著作概念，进而再明白编辑学中的编辑概念必须与广义著作相区别，那么，他批评我的基本观点都将瓦解。他的几乎是全部的编辑学观念也将瓦解。这仅仅是逻辑判断而已，并无"强求一致"之意。

从我的提纲上看，尚未写的一个小题目是：到出版中去研究编辑。想说的主要意思是，要结合出版工作去讲编辑学理论，结合出版史去讲编辑史。然而本文已经过长，只好搁笔了。

1994 年 4 月于山东大学南苑望云斋

（原载《编辑学刊》1994 年第 3 期）

五、四论何谓编辑

——关于"出版"界说的讨论

出版概念与著作概念一样，是界定编辑概念时必须注意的重要相关概念。我在《三论何谓编辑》① 中曾集中讨论著作概念，本文借与刘辰先生商榷的机会，探讨出版界说。

在近年的编辑概念讨论中，出版界说已经受到重视。起因是去年林穗芳先生在《"编辑"和"著作"概念及有关问题》② 中，写了一小段委婉批评刘辰所提出版概念的文字。刘辰因而写了长文为自己辩护，此文曰《从编著合一到编著分离》（以下简称《合一》）③，被《出版发行研究》以两期连载这种方式刊登出来，不得不引起学界注意。刘辰的《合一》，并非仅仅批评林穗芳，同时也是批评我的。而且，他对我的批评以前就有，在1991年《编辑学刊》第2期拜读他的《"编辑"界说之比较》（以下简称《比较》），到1992年《编辑学刊》第2期拜读他的《编辑特征与编著区分》（以下

① 刘光裕：《三论何谓编辑》，《编辑学刊》1994年第3期。
② 林穗芳：《"编辑"和"著作"概念及有关问题》，《编辑学刊》1994年第1期。
③ 刘辰：《从编著合一到编著分离》，《出版发行研究》1995年第2~3期。

简称《特征》），意识到他用尖锐言词批评的对象主要是我。不过，去年我写《三论何谓编辑》，对此只字未提。这次《合一》除以更尖锐的词句一再批评我，还对自己在"讨论中较少见到……反驳的意见"①表示颇为焦急。下面我的"反驳的意见"主要针对刘辰的出版界说，因为这个问题的分歧在学界有普遍性，公开讨论的意义更大一些。

城门失火　殃及池鱼
——一个无效的出版界说

讨论出版界说，首先要明确的是汉语日常用语中的出版含义，并非出版科学中的科学含义。刘辰自己在1991年《比较》中的出版界说大概来自日常习惯用语。例如《比较》说："出版的定义也在不断发生变化，初期的出版是单一的，今天的出版是大批量的。"②（着重号是引者所加，下同）联系上下文我体会此话意思似乎是，"出版的定义"是从书籍的手抄"变化"到书籍的印刷。该文还说，今天"著作活

---

①　刘辰：《从编著合一到编著分离（上）》，《出版发行研究》1995年第2期，第47页。

②　刘辰：《"编辑"界说之比较》，《编辑学刊》1991年第2期，第44页。

动"产生的"初稿","是编辑采集出版的对象"。^① 这个"出版",也是指书籍的印刷,即包括装订在内的印刷,这样把出版仅仅理解为印制书籍,看上去是承袭了日常习惯用语中的出版的含义。例如,今天出版社中的出版部便是管理书稿印刷事务的;再如,大学里的出版科是管油印或铅印讲义的。把日常习惯用语中的出版含义作为科学概念,是当今学术界常见的一种错误。

其实,日常习惯用语中的出版含义与出版科学中的出版含义,大有区别。在出版科学中,出版是指包括编辑、印刷(复印)、发行这三个基本环节的独立而完整的社会过程。研究出版科学,需摒弃习惯用语中的出版含义。今天一些人喜欢从古汉语中接受编辑概念,又喜欢从习惯用语中接受出版概念,此两者皆非出版科学中的科学概念,因而对于学科的形成和发展有害而无益。

由于承袭了习惯用语中的出版含义,刘辰在《比较》中认为,编辑与出版是并列的两件事。如说"书籍编辑、出版与传播的过程",这便是把编辑与出版按先后次序并列起来。前面提到,他认为作者的"初稿"是"编辑采集出版的对象",这便是把出版视为编辑"采集"以后的一项工作。总

---

　① 刘辰:《"编辑"界说之比较》,《编辑学刊》1991 年第 2 期,第43 页。

之，在他看来，出版过程本身是不包括编辑的；编辑不在出版过程之中，而在出版过程之外，基于这种与科学含义背道而驰的认识，他又在《比较》中这样修订编辑界说："把现代编辑的内含进一步修定为'收集材料，整理出版'。"① 由于他的"修定（订）"在定义项中改用"出版"二字，作为被定义项的"编辑的内含（涵）"就一定可以包含出版，也就是把出版理解为编辑之后的一个工作环节，并表示出版对编辑的从属地位。由此可见，令他感到十分满意的这次"修定（订）"，未能化腐朽为神奇，反而是增添了新问题，这就是把编辑与出版的关系颠倒过来了。这也表明，不科学的编辑概念与不科学的出版概念是经常联系在一起的，两者很难截然分开。

首次明确提出自己的出版界说，刘辰是在《比较》刊出一年后的《特征》里。他这样说："'出版'一词，国际通用的界说是'公诸于众'。"②

按照常理，科学上的新说应该先加以论证，然后再应用。刘辰对自己这个独一无二的新说，除了上面这句话，未加任何论证就当作毋庸置疑的正确界说，用到自己的"编著合

---

① 刘辰：《"编辑"界说之比较》，《编辑学刊》1991年第2期，第44页。

② 刘辰：《编辑特征与编著区分》，《编辑学刊》1992年第2期，第5页。

一"论中去了。他看着别人写了数万字去证明中国古人所说"编辑"不是出版中的编辑，竟若无其事地断言："这不是论证而是结论。"对自己呢，拿了自己想出来的这一句话，视为定论去充当"编著合一"论的出版学根据，犹能心安理得地觉得十分正常。当年我读《特征》见此，只能有莫名的惊叹而已！

对于出版科学中这样一个重要的界说，偌大中国无人对刘辰提出异议，倒是非常不正常的。刘辰在受到林穗芳的批评以后，在《合一》中为自己界说做了如下说明：

> 应该从这些出版形式的特殊性中抽象出什么共相来作为该类对象的本质规定呢？只能是上述传播形式共同表现出的社会功能。因为这些出版形式各自呈现出千差万别的特殊性，只有他们的社会功能是相同的。这个功能就是把信息"公诸于众"，即把信息向大众传播，简称传播。所以"公诸于众"就是各种出版形式的共相，用这个共相作本质规定，足以把出版与世界上千千万万的其他事物区分开来。①

---

① 刘辰：《从编著合一到编著分离（上）》，《出版发行研究》1995年第2期，第47页。

这是作者为论证界说而讲的最重要一段话。与没有论证相比，总是好了一些。从这段话的语气看，作者是多么的自信。读者通过这些意思有点重复又有点难懂的话，可以大致了解刘辰是怎样把那个界说想出来的。

根据这段话，刘辰形成界说的途径无非是这样两个要点。第一点，认为要"从这些出版形式的特殊性中抽象出共相"。换句易懂的话说，是把握各种出版的共同特征。第二点，他所需的"共相"终于被"抽象"出来，这个"共相"就是"公诸于众"。其唯一根据是，出版的共同社会功能就是"把信息'公诸于众'"。刘辰的界说就是这样被他想出来的。平心而论，这第一点从道理上讲大致是对的。刘辰以外的许多人，早就从这一点出发，把握了出版的特征，从而正确地界定了出版概念。其中刘辰谈过的林穗芳于1990年刊出的专论最可重视。刘辰从其第一点出发，这与别人相同。但是，他另有与别人不同之处，促使他不可能沿着把握出版特征的道路去正确地界定概念。其中根本原因是带有普遍性的老问题，就是那个割不断理还乱的错误编辑概念。

林穗芳等人早已界定过出版概念。刘辰为什么要另为出版作界说呢？因为经过多年的争论，情况变得复杂起来。面对另一派的基本观点，即"编辑是出版的重要环节，没有出版就没有编辑"，刘辰认为必须予以"赞同"，不"赞同"在道理上完全说不过去。我毫不怀疑他公开表示"赞同"的真诚心情。但这仅仅是一方面。另一方面，刘辰心中有比这个"赞同"更加重要的原则。刘辰把自己一派的观点概括为四点，其中第一、第二两点可称为两个"坚持"，就是继续坚持"孔子是我国第一位编辑家"，继续坚持"收集材料，整理成书"是编辑学中的编辑界说。这两个"坚持"，其实是一回事。如果是不"赞同"只"坚持"，那刘辰就用不着出版概念。如果是只"赞同"不"坚持"，那就可用现成的正确出版概念。问题集中在既要"赞同"，又要"坚持"，而且以"坚持"为最高原则。在此情景中，需要找到这样一个出版概念，它可以在承认"有出版才有编辑"的前提下，去确保孔子等人的编辑家称号。困难在于，这样的出版概念世界上没有，凡是正确的出版概念只能用来说明孔子等人不是编辑家。于是，非从旁门左道就找不到自己所需要的那个出版界说。这种思路，在当今编辑学界是颇有代表性的。

现在话再说回来，刘辰界定出版概念时由于胸怀着确保孔子等人的编辑家称号这个不可动摇的宗旨，因此，虽然是从其并非有错的第一点出发，然而思维不可能沿着把握出版特征这个方向前进，必然沿着确保孔子等人做成编辑家这个方向前进，因而不可能不偏离正确方向。结果，他头脑里"抽象"出来的那个"共相"，即"公诸于众"，根本不是"足以把出版与世界上千千万万的其他事物区分开来"的出版特征。从中获得的出版界说唯刘辰自以为正确无误，实际上恰恰相反，它不能不存在严重问题。

"把信息'公诸于众'"是出版的社会功能吗？当然是的。但是，在出版之外具有这种社会功能的事物实在太多，又太容易找到。因此，这不可能是出版独具的特征，不可能成为出版界说的依据。下面，且列举几类事例来说明。

第一类，时装表演以及所有以观众为对象的舞台表演，如音乐、戏剧、曲艺、杂技、健美、名模等的表演，皆具有"把信息'公诸于众'"这个社会功能，无此功能就不会有以观众为对象的所有舞台表演。第二类，出土文物展览以及面向公众的任何展览会、展览室、展览厅、展览馆，以至包括商品展销等，无不具有"把信息'公诸于众'"这个社会功能，无此功能便不会有五花八门的种种展览。第三类，凡是面对公众的讲话，诸如领导的报告、学者的讲演、推销商的街头宣传、政治家的竞选演说，甚至包括在公共场合的大声吆喝，皆具有"把信息'公诸于众'"这个社会功能，无此功能就不会有人面对公众去讲话。此外，还有十字街头的交通信号、马路边上的广告牌、布告栏里的告示、电线杆上的寻人启事，等等，这些同样具有"把信息'公诸于众'"这个社会功能，无此功能就不会有这些事物。传播学从传播途径去分类，可把世界上所有传播分为"私下"和"公开"两类。此见《传播学概论》第七章①。两类中属于"公开"一类的传播，大多有此功能，所以我不愁再轻易地举出事例来。

看到上面这些事例，再去看刘辰十分自信地说"公诸于众"这个界说"足以把出版与世界上千千万万的其他事物区分开来"，将作何感想呢？如遇胆大妄评者曰"不值一驳"，恐怕也是奈何不得的。

鉴于上述原因，把"公诸于众"当作出版界说，与没有界说相差无几。换句话说，这是无效的出版界说。由于其不妥之处过于明显，当初读《特征》时险些使我错误地以为是玩笑。有位朋友力劝我，不要与开玩笑的"学术"打交道。读了《合一》，终于明白这是比玩笑要严肃得多的事情；况且即便是开玩笑的"学术"，在编辑学界也有人喝彩捧场。这是现实。

在《合一》中，作为提出界说的根据，除了出版的共同社会功能是"把信息'公诸于众'"这一条，我再也找不到了。至于刘辰说"'公诸于众'是出版的本质规定"，其实，这是把"社会功能"升格为"本质规定"，换个说法罢了，意思没有两样。用刘辰这个办法，你同样可说"公诸于众"是电线杆上张贴寻人启事以及诸如此类几十种事物的"本质

---

① 施拉姆、波特：《传播学概论》，陈亮等译，北京：新华出版社，1984年。

规定"。说成是"本质规定",无非让人觉得难懂一点,论其内容还是老一套。所以"公诸于众"作为出版界说,还是无效。关于"验证"界说,刘辰自己有一个标准。他说:"正确的界说,应该能指出事物质的特征,能够用来有效地区分该事物。"① 不妨用他自己的话去"验证"自己的出版界说是否正确。看上去,答案只能是不正确。因为他这个界说只能用来任意地混淆出版与非出版的界限,此外别无用处。不过,从他这段话,可知刘辰对什么是"正确的界说"心中尚不糊涂。他承认"有出版才有编辑"本来也是对的。其失误首先在于,以确保孔子等人的编辑家称号作为其界定出版概念的出发点和宗旨。凡如此不管刘辰还是别人,非出错误不可。因为孔子等人事实上不是编辑家,非要他们做编辑家,结果就殃及刘辰界定出版概念。可谓城门失火,殃及池鱼。此路不通,可引以为戒。

真的还是假的
——所谓"国际流行的出版概念"

刘辰写文章,也许比一般人更喜欢夸张。比如,把"公诸于众"作为出版界说已经不妥,而《特征》还说这是"国

① 刘辰:《"编辑"界说之比较》,《编辑学刊》1991 年第 2 期,第 42 页。

际通用的界说"。这样的夸张不着边际，已经明显地离谱了。这样的离谱若是偶尔为之，总得允许一念之差。可是，到1995 年的《合一》，竟是有增无减。如说"国际通行的'公诸于众'的出版概念"；又说"'公诸于众'这个国际流行的出版概念"；再说"'公诸于众'这个国际上流行的概念"等①。这样不厌其烦地重复一个意思，远不如拿出例证来让人看一看有用，实际是他没有例证可拿。结果，就不能不给辩友留下虚张声势的印象。

尽管如此，刘辰认为出版概念具有"国际"性还是有道理的。中国有出版，外国有出版，因此，出版概念不能只适用一个国家。这个"国际"性并非各国只用一个出版概念，而是指各国的出版概念具有某种相通的内容或共同的原则。

关于国际通用的出版概念，不妨先看当今两个国际公约中的界定。《世界版权公约》（1971 年巴黎文本）第六条：

> 本公约所用"出版"一词，系指：对某些作品以一定的方式进行复制，并在公众中发行，以供阅读或观赏。

----

① 以上三处分别见刘辰：《从编著合一到编著分离》，《出版发行研究》1995 年第 2 期，第 47、48 页；《出版发行研究》1995 年第 3 期，第 47 页。

《伯尔尼公约》（1971 年巴黎文本）第三条第三款：

> "已发表作品"应理解为在其作者同意下出版的著
> 作，不论其复制件的制作方式如何，但考虑到这部著作
> 的性质，复制件的发行在数量和方式上需要满足公众的
> 合理需要。

以上两例，都是法律条文，界说内容有两个要点。其一是关
于复制。前一例的"以一定的方式进行复制"，后一例的
"不论其复制件的制作方式如何"，此两者皆指出版中的复
制，同时表示复制方式可以是多样的，并不限于印刷。其二
是关于发行。前一例的"以一定的方式进行复制，并在公众
中发行"和后一例的"需要满足公众的合理需要"，皆指出
版中的发行。由此可见，以上两例的界说中都标举了出版
过程中的复制和发行这两项内容，这是什么原因？因为法
律条文旨在维护版权和防范侵权，而实际的侵权行为总是
表现在出版过程的复制和发行这两个环节，因而其界说中
标举这两项内容，就可以界定出版，进而达到维护版权和
防范侵权的目的。但是，复制和发行中表现出来的实际侵
权行为，大多来自出版过程中编辑这个环节。因此，一旦
出现侵权问题而诉诸于法，一般都要追究编辑的责任，而
且编辑常常负有主要责任。由此可见，法律条文的界说中

只标举复制和发行，毫不说明出版概念中是否包括编辑，实际上是包括编辑的。要不的话，出了版权问题，编辑倒可以超脱轻松了。

我国自 1991 年起实施的《中华人民共和国著作权法》，是遵循国际惯例制定的。其出版界说，见《中华人民共和国著作权法实施条例》第五条第六款：

> 出版，指将作品编辑加工后，经过复制向公众发行。

该条例第五条第五款，则是界定发行：

> 发行，指为满足公众的合理需求，通过出售、出租等方式向公众提供一定数量的作品复制件。

将此与以上两个国际公约中的出版界说相对照，可知基本精神完全一致。如"发行"为"满足公众的合理需求"，此措辞也与《伯尔尼公约》一致。而我国这个出版界说中，标举了编辑、复制、发行这三项内容。我们前面谈过，那两个国际公约的界说中虽然只标举复制、发行这两项内容，但实际上又都是包括编辑的。所以，彼此并不矛盾。这些都是被国际承认并且可以在国际间通用的界说。

刘辰在《合一》第三部分中，在他提出那个无效的出版界说之前，出人意料地在出版概念问题上竟把中国人数落个遍。他先是指责中国学术界对"'出版'概念的研究很不够"。接着指出存在的问题：几乎所有人"理解出版带有若干随意性"；包括《中华人民共和国著作权法实施条例》的出版概念在内，"所有这些概念都是狭义的出版概念"；如此等等①。总之是别人统统有错，唯他刘辰提出"公诸于众"以后中国才算有了正确的出版概念。这种高论，可能给乐意与刘辰为徒的"多数研究者"带来何种不良影响，倒使我更为担心起来。这些暂且搁在一边。现在要说明的是，《中华人民共和国著作权法实施条例》中的是不是"狭义的出版概念"。

其实，世界上较早的出版都是仅指书籍、图画、报纸、刊物的出版，也就是"狭义"出版概念。例如，《不列颠百科全书》（14版）：

> 出版是对书写的著作物的选择、复制和发行。

在这个界说中，"选择"指编辑，所以它标举的是编辑、复制、发行这三项内容。其中，"书写的著作物"表明仅指文

---

① 刘辰：《从编著合一到编著分离（上）》，《出版发行研究》1995年第2期，第47页。

字作品。可知这个界说是狭义的，自然也是正确的。近几十年来，由于出现音像出版等，出版概念才由原先的狭义，发展到包括音像出版等的广义概念。要标举编辑、复制、发行这三项内容，只是需要把界说中作品或出版物的含义由文字作品、图画作品扩展到音像作品等，把复制的含义由印刷技术扩展到电子技术等，特别是复制的含义不限于印刷，便可以类推。总之，无需作原则性的更动。比如，《伯尔尼公约》(1971 年巴黎文本) 第九条第三款："所有录音或录像均应视为本公约所指的复制。" 这样便扩大了复制的含义，便可使该公约的出版概念扩大到音像出版。

《中华人民共和国著作权法实施条例》中第五条，界定"复制"含义时，并不限于"印刷"，还包括"录音、录像"等。因此，《中华人民共和国著作权法实施条例》中的出版概念，是包括音像出版等的广义概念。刘辰平白指责它是"狭义的出版概念"，究竟是因为未读原文，抑或是不懂法律条文，岂敢妄测。然而，他断言凡广义的出版概念，就一定要用他那个"公诸于众"，肯定是信口开河而已！

并非像刘辰所说，中国人除他之外，其他人都对出版概念懵然无知。就编辑概念讨论中的情况而言，较早界定出版概念的人中，可能就有笔者。此见我的《中国编辑史研究的

几个问题》（1989 年）①，1991 年的《再论何谓编辑》② 又曾
重申，于此不赘。当今中国研究出版概念用功最深的学者，
首推林穗芳先生。他的长篇论文《明确"出版"概念　加强
出版学研究》，刊于 1990 年第 6 期《出版发行研究》。其中征
引资料，特别是征引国外资料之详赡，分析之细致，为我迄
今所仅见。"参照国内外有关书刊的可取的说法，并考虑现代
出版事业的发展"③，据此，林穗芳界定出版概念如下：

　　选择文字、图像或音响等方面的作品或资料进行加
工，用印刷、电子或其他复制技术制作成为书籍、报纸、
杂志、图片、缩微制品、音像制品或机读件等以供出售、
传播。现代出版工作包括编辑、制作、发行、管理等
环节。④

他另有一个简要界说：

---

①　《中国编辑史研究的几个问题》一文完成于 1988 年，刊于《编辑
之友》1989 年第 1 期，标题为《编辑史研究的几个问题》。后收入刘光裕、
王华良合著之《编辑学论稿》（山东教育出版社，1989 年）。
②　刘光裕：《再论何谓编辑》，《编辑学刊》1991 年第 4 期。
③　林穗芳：《明确"出版"概念　加强出版学研究》，《出版发行研
究》1990 年第 6 期，第 15 页。
④　林穗芳：《明确"出版"概念　加强出版学研究》，《出版发行研
究》1990 年第 6 期，第 15 页。

　　"出版"就是"选择作品复制发行"。①

林穗芳这个界说的优点，其一是包括了编辑、复制、发行这三项内容，具有界说的完整性；其二是"作品"的含义和"复制"的含义皆已扩大，具有界说的现代性和广义性；其三是表述语言较为严谨，具有界说的精确性。此外，中国还有不少在这方面研究有成就的学者。我再举一位与林穗芳一样既是编辑学家又是翻译家的学者，因为他们对国外情况总是了解得多一些。这就是王耀先先生。他在《出版科学》1993 年第 2 期发表《关于编辑、出版概念和范畴的一点建议》，其中提出出版界说如下：

　　　　现代国际国内对出版比较通行的涵义，认为是选择对社会有用的精神产品，加工复制成一定的物质形式，并向社会广泛传播的行为。出版活动包括了编辑、复制和发行活动，出版物包括了图片、书、刊、报、音像制品和电子出版物。

这个界说与林穗芳大体一致，只是具体表述稍逊，我亦表赞

----

　　① 林穗芳：《明确"出版"概念　加强出版学研究》，《出版发行研究》1990 年第 6 期，第 15 页。

同，然而更主张采用林穗芳的界说。

根据前面这些国外国内的出版界说，可以概括出两个共同的原则。其一是，在界说中一般标举编辑、复制、发行这三项基本内容；有时标举复制、发行这两项内容也是可以的。其二是，界说中的作品的含义、复制的含义以及出版物的含义可以适当扩大，以适应出版概念的扩大。

再就其中第一个原则而言，与社会上其他事物相比，出版所独具的特征，在于它具有编辑、复制、发行三个基本环节。它的与众不同的存在方式是这三者的统一，它所有的社会功能都是由此而生。在这三者中缺少任何一方，出版都将不能存在下去。拿书刊出版来说，解放前的商务印书馆和中华书局把编辑、印刷、发行三者合在一起，成为一个企业的三部分，此可谓三合一。解放后我国把编辑、印刷、发行三者分开，形成出版社、印刷厂、新华书店三足鼎立的局面，此可谓一分三。这两种不同的情况，今天在国外皆有。可是不论何种情况，凡出版业必须由编辑、印刷、发行这三个部门构成，凡出版行为或出版活动必须有编辑、印刷、发行这三个环节，这在国内国外古代现代都是相同的。书刊出版是如此，其它出版也是如此，大同小异而已。至于古代最早的出版仅仅是书籍出版，对此，同样需要根据这出版界说中的三项基本内容去看。林穗芳说："'出版'是一种行业活动，在历史上有人复制（包括抄写）图书向公众出售并以此为业之后才出现出版业的萌芽。"① 此话是对的。出版业的萌芽也就是出版活动的萌芽，它总是发生在复制和发行成为社会分工中的一种专业活动之后，成为一种专业的复制活动究竟出现在官府，还是贵族家庭，还是商人坊间，这个区别并不重要。成为一种专业的发行活动是否具有赢利目的，这个区别并不重要。但是，只有复制和发行成为社会分工中一种专业活动才是出版业或出版活动萌芽的标志。在这萌芽时期的编辑活动，一般是微弱的。出版业经萌芽一旦形成，它必然是一种行业活动。这种行业活动，可能分布在官府、贵族和民间；最初总是出现在城市，然后再扩展到其他地区。编辑活动则是随之发展起来，愈来愈显出其重要性。这类出版史的内容，本文无法多谈，仅仅说明出版界说的原则同样适用于出版史。

回过去看刘辰一再强调自己的出版界说是"国际通用"或"国际流行"，其真实性如何，读者不难判断。

不应再有的错误
——出版与大众传播的关系

刘辰为论证自己界说而提出的唯一理由，就是本文在前

---

①　林穗芳：《"编辑"和"著作"概念及有关问题》，《编辑学刊》1994年第1期，第40页。

面分析过的"公诸于众"是出版的共同社会功能。此外别无
理由，有也只是它的同义反复罢了。其一是"'公诸于众'
是出版的本质规定"。作者郑重其事地把这句话作为《合一》
的小标题。其实，无非是在用语上把"社会功能"变成"本
质规定"，其中道理并无两样。所以这对于界定出版概念来
说，除了是同义反复，一点作用没有。其二是"传播乃是出
版的第一要义。"乍看倒是一个新说法，可是，试从传播学角
度想，世界上凡具有传播作用的事物，包括秘密文件、悄悄
话之类属于"私下"的在内，有哪一样不以"传播"为"第
一要义"？不过，刘辰所说的"传播"是"把信息'公诸于
众'，简称传播"①。所以，这句话的实际意思是"'公诸于
众'是出版的第一要义"。这样就又回到原来的命题，无非
是在用语上把"本质规定"再变成"第一要义"，其中道理
与"社会功能"并无两样。按刘辰这个说法，"传播"也是
时装表演、文物展览等无数事物的"第一要义"。所以这对
于界定出版概念来说，除了是同义反复，一点作用没有。所
以说来说去，该是无效的界说还是无效，无法变成有效的。

　　有一件事使我无法理解，就是说到最后，竟用不少文字

①　"'公诸于众'这个国际上流行的概念可以作为出版的本质规定
（或称大众传播，简称传播）。"刘辰：《从编著合一到编著分离（下）》，
《出版发行研究》1995 年第 3 期，第 47 页。

去把出版与大众传播相混同起来。为出版作界说，照理应把出版与大众传播中的非出版区别开来。把两者混同起来，岂非节外生枝而又自相抵牾？如此糊涂令人惋惜。所以，我称之为不应再有的错误。

不过，刘辰的逻辑常常与正常的逻辑有很大不同。比如，他说："我们可以看到'公诸于众'和'大众传播'两个概念的微细的差别。"① 其实，一般人"看到"的是这"两个概念"的巨大差别，他"看到"的却是"微细的差别"，这就不符合正常的逻辑。根据这个话，刘辰自己或许是想通过与大众传播相混同，来加重"公诸于众"这个界说的份量，当然也可能另有欠考虑等其他难以说清楚的原因。究竟如何，则是不得而知。

刘辰把出版与大众传播相混同，《合一》在这方面有两个新奇的观点。

第一，刘辰说："一切目的在于公诸于众的大众传播形式均在出版的外延之内。"②

国内外的传播学著作皆认为大众传播有六类。如《传播学概论》："大众媒介——报纸、杂志、书籍、电影、无线电

---

① 刘辰：《从编著合一到编著分离（上）》，《出版发行研究》1995年第2期，第48页。

② 刘辰：《从编著合一到编著分离（上）》，《出版发行研究》1995年第2期，第48页。

广播、电视。"① 而刘辰断言一切"大众传播形式均在出版的外延之内",这样就把电影、无线电广播、电视都囊括到"出版的外延之内"。此话谁能相信?毫无事实根据,信口开河而已。我想,只要知道大众传播是什么,共分几类,说话就再也不会如此轻率。

第二,刘辰说,出版学和大众传播学"二者面对着同一个对象(各种大众传播形式)"。②

就刘辰而言,即认为一切"大众传播形式均在出版的外延之内",再说这"面对着同一个对象"倒也感到顺当。横竖是自己随心所欲。可是实际上,这两者不可能"面对着同一个对象"。大众传播学"面对"的"对象"是报纸、杂志、书籍、电影、广播、电视;出版学"面对"的"对象"不可能是电影、广播、电视,只能是报纸、杂志、书籍,再加最近发展起来的音像出版等。而过去的出版学,主要是研究书籍、杂志的出版。再从"出版的外延"看,在今天大体只占大众传播中的一半天下,因此,这两门学问在研究对象方面的区别从来是明确的和明显的。谁见过包括研究电影、广播、电视这三者在内的出版学著作呢?不可能见过,因为这样的

---

① 施拉姆、波特:《传播学概论》,陈亮等译,北京:新华出版社,1984年,第155页。

② 刘辰:《从编著合一到编著分离(上)》,《出版发行研究》1995年第2期,第48页。

出版学著作世界上从未出现过。只要读过出版学和大众传播学著作，就知出版学不可能与大众传播学"面对着同一个对象"。

　　但是，刘辰作文往往如天马行空，又常常不需要事实根据。所以，他像实有其事一样地去比较"面对着同一个对象"的"大众传播学与出版学的差异"。进而这样指出："概括说来，前者重视各种传播形式整体结构、机制与社会功能的研究，后者则往往侧重作为媒介机构的机制与功能的研究。"① 这样的"概括"，只有天知道有什么根据。然而请注意，刘辰"概括"出来的"差异"是，大众传播学比出版学仅仅多研究一个"整体结构"；除此之外，出版学就与大众传播学一样，即研究"各种传播形式""作为媒介机构的机制与功能"。"差别"几乎不存在了，"出版的外延"似乎真的包含一切大众传播了，而且说得像自己看见过一样。

（原载《出版发行研究》1996年第1~2期）

---

① 刘辰：《从编著合一到编著分离（上）》，《出版发行研究》1995年第2期，第48页。

六、古代撰述国史称"著作"考

　　长期以来，编辑学界流行这样一种观点，就是认为中国古代称撰述国史为编辑，或称为编、为纂、为编纂，就是不可以称之为著作。首先对这种新奇观点提出质疑的，可能是我。1989 年，我在《中国编辑史研究的几个问题》①　中引证《文献通考》中一段话："故使名儒硕学入直东观，撰述国史，谓之著作东观。"我想马端临这样权威的话总是可以相信的，这足以说明上述流行观点不符合历史事实。以后，我又在几篇文章中申述自己观点，陆续补充了《后汉书》《晋书》《宋书》等文献资料中的一些证据。可是，我这不同意见引起众多反对，还见有人断言："有编辑而成的书"如《史记》，它不是"著作的书"。在一门学科中竟是如此一窝蜂地不顾事实真相，《文献通考》中数百年来公认的正确结论竟是弃之如敝屣，这除了令人吃惊还是令人吃惊。现在已是十年之后，我有必要把相关资料汇集起来，作《古代撰述国史

　　① 《中国编辑史研究的几个问题》一文完成于 1988 年，刊于《编辑之友》1989 年第 1 期，有删节，标题为《编辑史研究的几个问题》。文章全文收入刘光裕、王华良合著之《编辑学论稿》（山东教育出版社，1989年）和《编辑学理论研究》（山东教育出版社，1995 年），收入书中的文章标题为《中国编辑史研究的几个问题》。

称"著作"考》，依旧是澄清事实而已。

从"述、作"到"著作"

孔子说过"述而不作，信而好古"（《论语·述而》）。从语源学看，汉代出现的"著作"一词是从先秦这个"述、作"发展演变而来的。"述"与"作"是一对关联词，其词义需联系起来考察。下面，引《礼记·乐记》中一段话：

> 知礼乐之情者能作，识礼乐之文者能述。作者之谓圣，述者之谓明。明圣者，述作之谓也。

《礼记》是秦汉之际儒家著作的一个总集，共 49 篇，《乐记》是其中之一。这段话对"作"与"述"所作解释，代表秦汉之际儒家学者的观点，时间在可见文献资料中又是最早，因而最具参考价值。在此需要注意，先秦"作"与"述"两者的词义区别兼有这样两层意思：一是两者本身具有的词义区别，二是两者同时又代表主体身份的高下。

先说两者本身的词义区别。

《说文》："作，起也。"《广雅·释诂》："作，始也。"因此，"作"在此的本义是创始、兴起等的意思。《说文》："述，循也。"郑玄《礼记·乐记》注："述，谓训其义也。"因此，"述"在此的本义是遵循、训释、解释等的意思。

再说两者同时又代表主体身份的高下。

这就是所谓："作者之谓圣，述者之谓明。明圣者，述作之谓也。""作"与"述"分别代表圣人、贤人这不同的主体身份，这一点今人尤需看到。"明圣者，述作之谓也"，就是贤明者与圣人的不同造成了"述"与"作"的区别。创始、兴起之"作"是唯圣人才能有的事，遵循、训释之"述"才是贤明之人可能具有的。

训释"述、作"时不能只注意前一层意思，要记住这两层意思。后一层意思容易被忽略，但它是构成语境的主要内容，忽略了就会离开当年语境去训释古代词语，导致理解错误。

回过去看孔子所说"述而不作"。从此话的字面上看，意思是孔子所作六经等事只是"述"，不是"作"。再从"述""作"的本义看，此话表示孔子只是遵循、训释前代圣人创始的思想和事业，自己并无创始、兴起之事。孔子说过"信而好古""吾从周"等话，况且所谓"六经皆史"，由此认为六经是"述"并不违背事实。但是，六经中有没有孔子"作"的成分呢？实际上肯定是有的。举例说这《春秋》中的义理，具体如"五十凡例"。晋人杜预解经时泥于"述而不作"的字面意思，因此认为《春秋》"五十凡例"不是孔子所作，是周公所作。至唐代，经学家赵匡就以充分的证据论证了"五十凡例"决非周公所作（见陆淳《春秋啖赵集传篡例》卷一《赵氏损益义》,《古经解汇函》本);近代经学大师章太炎同样认为"五十凡例"不是周公所作(见章太炎《国学讲演录·经学略说》)。不是周公所作,理应是孔子所作。可见,拿当时的标准来衡量,六经中不可能没有孔子"作"的成分,实际上是"述"中有"作"。但是,由于"述、作"同时又表示圣人和贤人这样不同的主体身份,凡自称"作"就等于是自比圣人,这对于以尊圣相号召的儒家来说是万万不可接受的。所以儒家学者一般不能自称"作"。即便六经是"述"中有"作",孔子还说是"述而不作"。这并非只是自谦,更重要的是表示推崇圣人。至于杜预,他理解"述而不作"时只看"述""作"的本义,看不到这两者同时又代表主体身份的高下。于是这位经学家离开了前代语境去作训释,不能不出差错。

不过,"述、作"的语境在汉代尚未消失,汉代人大都明白"作"与"述"的词义区别有上面所说的两层意思。汉代著作家因为受"作者之谓圣"这种观念的影响,为避嫌自比圣人而不敢自称"作",为表示谦虚也不自称"作"。在此情况下,自谓时干脆纷纷"不言作而改言述"(班固《汉书·叙传》)。这几乎是一种风尚。

因此,司马迁在《太史公自序》中,针对别人把他"作"《史记》与"作《春秋》"相提并论,特地说明他的《史记》是"述"不是"作":

> 余所谓述故事，整齐其世传，非所谓作也。

其实，说"作"《春秋》与"作"《史记》，这样使用"作"从词的本义讲是贴切的，由此去看有人把这两者相提并论并无不可。但是碍于"作者之谓圣"这观念，司马迁否认《史记》是"作"（"非所谓作也"），只承认是"述"。与此相似，班固在《汉书·叙传》中自谓"述汉书"。对于班固的这个"述"，唐代著名学者颜师古注道：

> 班固谦，不言作而改言述，盖避作者之谓圣，而取述者之谓明也。

从这个"述"字，颜师古终于看出是"班固谦"。所以司马迁也是"谦"，而王充却是更"谦"，他说自己的《论衡》是：

> 非曰作也，亦非述也，论也。论者，述之次也。（《论衡·对作》）

请注意颜师古的"班固谦，不言作而改言述"。这种理解因为把握了古人话语的语境，所以是正确的。读古书最难处尚不是字面意思，而是弄懂当年的语境。其实，仅就"作"的

本身词义讲，《史记》《汉书》《论衡》都是当之无愧地可称
"作"。

对自己不称"作"，可是对于别人在汉代还是可以称
"作"的。司马迁、班固、王充等人无不称孔子六经是
"作"。《太史公自序》中壶遂所说"作《春秋》"之"作"
也是一例。再如王充说："五经之兴，可谓作矣。"（《论衡·
对作篇》）尽管孔子说了"述而不作"，但是称五经为"作"
在汉代从无异议。如前所说，司马迁自谓《史记》不是
"作"，可是几十年后的班彪就称《史记》为"迁之著作"
（《后汉书·班彪传》）。原因何在？这里不存在需要避嫌和自
谦的问题。

语言的变化受社会环境的影响很大。"著作"和"著述"
几乎同时在西汉与东汉之间出现，这是为什么？简单说是为
了在词语应用中摆脱"作者之谓圣"这观念的约束。随着儒
学在全社会的强化，"作"这个词似乎只能被圣人专用了，
由此而来的麻烦是非圣人的"作"如何指称呢？"述、作"
在文人生活中是常用词，躲也躲不开的。可是，经常使用的
"作"碍于"作者之谓圣"，自称或称人多有不便；像班固等
人那样"不言作而改言述"，终究不是语言的良策。于是加
上一个"著"字，成为双音节的"著作"和"著述"就能解
决问题。古人本是惯用单音字词，极少用双音节词，这两个
双音节词却是当年不得不用的。《史记》中我查不到"著

作",但在《老子传》《虞卿传》① 等篇中屡见"著书"一语。《广雅》:"著,明也。""著书"的"著"又有撰述的意思。"著作""著述"两词的意思固然与先秦的"作""述"相似,其中最大的不同是前者不再具有"明圣者,述作之谓也"这一层意思,这样就使当年语言中的困难迎刃而解。比如,在司马迁之后数十年,班彪称《史记》为"著作"。"著作"这个词在此,既明白无误地指称《史记》是"作",又不会造成把司马迁比作圣人这种误解。

从"著作"到"著作东观"

率先使用"著作"一词者可能是公元一世纪的班彪、班固父子,更早的尚待寻找。下面列举三例:

1.《后汉书》卷四十上《班彪传》载班彪所论:"若迁之著作,采获古今,贯穿经传,至广博也。"班彪是西汉至东汉之人;《汉书》最早为班彪所作,死后由班固续作。班彪生于公元3年,死于公元54年。此"著作"指《史记》,是迄今所见资料中最早一例。

2.《文选》卷一班固《西都赋》:"又有承明金马著作之庭,大雅宏达,于兹为群,元元本本,殚见洽闻,启发篇章,

① 见《史记》卷63《老子韩非列传》;《史记》卷76《平原君虞卿列传》。

校理秘文。"班固生卒年为公元 32—92 年。"金马"为汉未央宫的金马门，西汉著名文人东方朔及主父偃、严安等人在此待诏。"承明"指长安承明殿，文人经常聚会于此。此"著作"是指谋篇作文、校理典籍等。

3. 《文选》卷四十五班固《答宾戏》："取舍者昔人之上务，著作者前列之余事耳。"班固这文章的写法是，通过回答"宾"的设问来说明自己观点。上面所引是"宾"的话，其意思是，对于自己的前程需慎重选择，古人的选择是以立德为先，立功为次，有关立言的"著作"之事是放在最次的。班固反驳这观点时以孔子、陆贾、董仲舒、刘向、扬雄等为例，强调著作的重要性。此"著作"泛指经子文章。

从以上材料，可知最初在汉代出现的"著作"概念中，就包括撰述国史，如称《史记》为"著作"。此外，还包括经子文章；还包括校雠整理典籍，如"著作之庭"的"校理秘文"。在汉代，"校理秘文"的人和事很多。

自东汉开始，著作概念有广义、狭义之分。广义的著作如上述，狭义的著作就是撰述国史。自东汉至唐初，人们使用狭义著作比广义著作更多一些。古代汉语中著作的广义狭义之分，与现代汉语中著作的广义狭义不是一回事。本文不谈现代汉语中的著作。

与"著作"相比，古人更经常使用"著述"一词。两者有相同的义项。比如班固说："承明金马著作之庭。"《三辅黄图》则云："承明殿著述之所也。"这就是同一事物既可称"著作",又可称"著述"。广义著作与著述的概念大致相同。但是,专称撰述国史的狭义著作一般不可改用著述;著作郎更不能改称著述郎。此外在用法上也有些区别。至魏晋自谓多用著述,鲜称著作,其中包含自谦的意思。班固《答宾戏》序文云："永平中为郎,典校秘书,专笃志于儒学,以著述为业。"(见《汉书·叙传》或《文选》)这个"著述"是班固自谓。古人多以"著作"称人。不过,以"著述"称人,亦无贬义。自从"著作""著述"两词通行以后,先秦的"述、作"就逐渐被取而代之。汉末赵岐《〈孟子〉题辞》云："孟子退自齐梁,述尧舜之道而著作焉。"《孟子》在汉代的地位与一般子书无异。按先秦"述、作"概念,孟子"述尧舜之道"只能称"述",汉末就可以称"著作"。汉代广义著作包括先秦"述"和"作"的本义,摒弃了有关"明圣"之别的内容,这就为圣人以外的人称"著作"铺平了道路。

　　出现以撰述国史为其内容的狭义著作,并能广泛通行起来,其原因主要是受东汉所谓"著作东观"这重要历史事件的影响。东汉以后的数百年间,不论改朝换代,撰述国史皆称"著作",史官皆称"著作郎"。对此,史书有确凿记载。《晋书》卷二十四《职官志》:

> 著作郎，周左史之任也。汉东京图籍在东观，故使名儒著作东观，有（著作——引者）其名，尚未有（著作郎其——引者）官。魏明帝太和中，诏置著作郎，于此始有其官。

《宋书》卷四十《百官下》：

> 汉东京图籍在东观，故使名儒硕学著作东观，撰述国史。著作之名，自此始也。

上面两则材料不妨合在一起读。所谓"著作东观"，历史事实就是一批又一批学者奉命在洛阳东观这皇家藏书之地写作《汉记》，即后代所说《东观汉记》。此书唐代尚存，宋佚。《宋书》说的"撰述国史"，具体讲就是奉命写作《东观汉记》。东汉朝廷委派几代名儒去写作《东观汉记》，引起重视，东汉人于是专名曰"著作"。久而久之，形成了撰述国史称"著作"的习惯。到三国魏明帝时，进而把史官名之曰"著作郎"；至唐初中国史官皆称"著作郎"。历史上的事实就是如此。

《东观汉记》后来成为范晔《后汉书》的主要取材来源。这是一部东汉官修的当代史，按照《史记》体例修撰东汉各朝史事，由历朝的史官分别执笔。写作时间很长，参加的人很多。起初是明帝命班固、陈宗、尹敏、孟异等撰史。班固以后，有安帝时的刘珍、李尤等撰史，自此开始，《后汉书》多记为"著作东观"。《晋书》《宋书》都说东汉时已经称撰述国史为"著作"。现在我将《后汉书》中记为"著作东观"的材料汇集于下，可做参考。

1. 《后汉书》卷五十九《张衡传》："永初中，谒者仆射刘珍、校书郎刘騊駼等著作东观，撰集《汉记》。"永初是汉安帝的年号，时间是公元107—113年。刘珍等人是继班固等以后"著作东观"的第二批学者。

2. 《后汉书》卷五十二《崔寔传》："迁大将军冀司马，与边韶、延笃等著作东观。"

3. 《后汉书》卷六十四《延笃传》："桓帝以博士征拜议郎，与朱穆、边韶共著作东观。"

4. 《后汉书》卷八十上《边韶传》："征拜太中大夫，著作东观。"

以上2、3、4三则材料中的崔寔、延笃、朱穆、边韶等人是在刘珍等以后"著作东观"的又一批名儒。这些学者开始奉命到东观"著作"的时间，据刘知几《史通》卷十二《古今正史》考证，是桓帝元嘉元年，即公元151年。到东汉灵帝熹平年间，又有马日磾、蔡邕、杨彪、卢植等最后一批名儒奉命"著作东观"。一直到董卓之乱，写作《东观汉记》之事才不得不中止。

从东汉明帝开始，到蔡邕于192年去世，"著作东观"差不多延续了一个半世纪。时间这样长，人数这样多，而且参与者都是当时中国最有名望的学者。所以，"著作东观"这件事影响很大，留下的印象很深，终于使"撰述国史"称"著作"成为国人的语言习惯固定下来，以后又是数百年不能更改。

汉代史官名称是太史令。后来的史官之所以称著作郎，原因全在撰述国史称"著作"。最早设著作郎的时间是三国魏明帝太和年间。这太和年号的起迄时间是公元227—232年。有关著作郎的详情非本文能谈，《晋书》《宋书》《隋书》《旧唐书》等史书职官志以及《史通·史官建置》皆有详细记载，可参阅。我要说明的一件事是，自曹魏太和年间设置著作郎这史官以后，魏晋以来的贵族子弟纷纷以著作佐郎（著作郎的助手）和秘书郎作为入仕谋官的首选。南朝有谚云："上车不落则著作，体中何如则秘书。"（《颜氏家训·勉学篇》）当年能做得上著作佐郎、秘书郎的，都是一些特别有权势的贵族子弟。所以著作郎品阶不算高，清望却是相当高。由此可以想见，史官名曰著作郎在其时无人不知，撰述国史称著作在当时士大夫中同样是无人不晓的。以至唐代刘禹锡还说："著作乃撰论之地，惟史才是居。"（《代杜司徒谢男授官表》）刘禹锡是九世纪的人了，依旧记得著作局的官员是史官，自然也知道撰述国史称著作。

"著作"与"编辑"

迄今为止，可知历史上最早的"编辑（缉）"一词，晚于班彪所说"迁之著作"大概五百来年，其词义却与撰述国史相关。因此，我说过："'编辑'与'著作'在修撰国史范围内最初本是词义非常相似的同义词。"① 对此同义现象，兹补作考证于下。

《魏书·李琰之传》："修撰国史……前后再居史职，无所编缉。"李琰之是北魏大臣，做过国子祭酒、太常卿等高官；博学儒雅，曾任著作佐郎、著作郎。"前后再居史职"指屡领著作郎；"无所编缉"指修撰国史无所作为。《北史》作者唐代的李延寿是李琰之的第五代族人。在《北史·序传》中李延寿详细地介绍先人李琰之，同样提到李琰之"修撰国史"，并说"前后再居史事，无所编缉"。《北史》这个材料采自《魏书》，因而无甚差别。

《魏书》作者魏收是北魏到北齐时人，卒于北齐武平三年、公元 572 年。李琰之是六世纪人。据此可认为《魏书》这个"编辑"出现在六世纪。据现有资料，这个"编辑"是最早的，其词义为"修撰国史"，故可说与狭义著作同义。

---

① 刘光裕：《"有出版才有编辑"——谈编辑的产生和发展》，《编辑学刊》1996 年第 6 期，第 6 页。

但是，班彪所说"迁之著作"的时间大约是一世纪初，两者相隔已有五百来年。

由于著作概念在古代有广义、狭义之分，上面例证中的"编辑"不与广义著作同义，只与狭义著作同义。因此，我说："'编辑'与'著作'在修撰国史范围内最初本是词义非常相似的同义词。"有人引用我这句话时，无端删去了"在修撰国史范围内"这几个字，这个意思就与事实大有出入。

与史官称著作郎这件事联系在一起的狭义著作，其含义因此显得比较稳固。但到唐代初年，著作郎不再领史职。这个历史变动对语言中的狭义著作产生了重大影响。《旧唐书》卷四十三《职官二》：

> 历代史官隶秘书省著作局，皆著作郎掌修国史。武德因隋旧制。贞观三年闰十二月，始移史馆于禁中，在门下省北，宰相监修国史，自是著作郎始罢史职。……天宝已后，他官兼领史职者，谓之史馆修撰，初入为直馆也。
> ……
> 著作局：著作郎二人，佐郎四人。……著作郎、佐郎掌修撰碑志、祝文、祭文。

从史料可知，"著作郎始罢史职"是贞观三年，公元 629 年。从此以后，著作郎的任务就是"修撰碑志、祝文、祭文"。

唐代贞观以后的史官不再称著作郎。按唐代规定，朝官兼领史职者皆称"史馆修撰"。因此，"修撰"一词开始通行起来；新词"修撰"逐渐代替"著作"表述撰述国史。东汉以来的狭义著作不能不渐渐在语言中消失，"著作"与"编辑"的同义随着就变成"修撰"与"编辑"的同义。

　　初唐人使用"编辑"比以前明显增多，史家中爱用"编辑"的，我想可能就是李延寿。他恰好碰到史官从著作郎改称修撰，本人在贞观年间"兼直国史"（《新唐书》卷一百二《李延寿传》），亦即兼领"史馆修撰"。他的南北两史写成于显庆四年，即公元659年。初唐所撰国史以李延寿所用"编辑"为多，词义大体是收集材料并加工整理。下面，列举《北史》卷一百《序传》中两个以撰述国史为其词义的"编辑（缉）"。这《序传》实际是作者自序，学的是班固《汉书·叙传》的写法。

　　1."家本多书，因编缉前所修书。"这话是李延寿说他父亲李大师家中收藏的南朝、北朝的史书本是很多，李大师对这些前代史书加工整理以此撰写《南史》《北史》。

　　2."既家有旧本，思欲追终先志，其齐、梁、陈五代旧事所未见，因于编缉之暇，昼夜抄录之。""家有旧本"，指李大师所作而未完成的南北两史。"因于编缉之暇，昼夜抄录之"，意思是李延寿自己在"编辑"南北两史之暇，昼夜抄录父亲李大师的旧本。

以上两个"编辑",都有整理加工已有史料以撰述国史的意思。其概念含义,与狭义著作相同。这时社会上正是狭义著作与修撰同时通行并交替之时,因此说"编辑"与狭义著作和修撰同义并无不可。再往后就只见"修撰"与"编辑"同义。到宋代,司马光在《资治通鉴》上署的就是"奉敕编集"。唐代以后,历史上撰述国史称著作这件事,也就在人们记忆中渐渐地淡忘了。

(原载《编辑学刊》1998年第4期)

七、关于"面向市场"及其它

——《现代编辑学·序言》①

书籍的作者总是在完稿以后考虑写"序言",而且多是请别人来写。本书的"序言"却是在拿到清样以后不容分辩地交给我来做,不由得令我感到为难。其实,为本书出力最多的并不是我,而是主编李海崑和责编马惠敏两位编审。他们两个开始策划是在三年之前,即1993年下半年的一次学术会议上。以后,李海崑便积极联络山东省内可以合作的作者,

---

① 李海崑主编,刘光裕副主编:《现代编辑学》,济南:山东教育出版社,1996年。

拟订章节提纲，设计全书框架，分配写作任务，做一个主编应该做的工作。马惠敏则为合作撰稿做组织协调工作，做堵漏拾遗方面的事情，这位很讲认真的责编，不愿意在本书中留有自己退休前的遗憾。我到1994年初夏才应这两人之召而入围，最后又是应这两人之约而用四个来月的时间去做全书的统稿工作。可庆幸的是，我们三年来的合作非常愉快。这《现代编辑学》可说是山东省编辑学界愉快合作的成果。产生这样愉快的合作，大体是因为这两位主事的仁者大度。我做副主编，多半是坐享其成而已。现在把"序言"摊派给我，不能不是勉为其难。不过从另一面看，策划者并不是我，写作提纲和组织工作主要出自上述两位主事者，所以由我来向读者介绍情况，或许也有某些方便之处。

据我所知，本书之所以命名曰"现代编辑学"，是因为两位策划者最初确定的宗旨就是阐明编辑活动的"现代性"内容，以适应改革开放以后的现代编辑学习和应用的需要。记得在第一次集体讨论提纲时，主编李海崑便这样提示大家：凡现代编辑在工作中碰到的主要问题，皆应在本书中有所反映；既具有理论色彩，不陷于经验总结和繁琐叙述，又密切联系出版业的实际状况，具有实实在在的实践性和可操作性。总之，要充分体现编辑学的"现代性"。这个意见得到全体执笔者的赞同。在参与讨论的执笔者中，除我一人是教书匠外，其余都是学养甚深的老出版，多做过"老总"或"社长"等。工作经验丰富是不消说的,又都经历了改革开放的前后对比,对现代编辑面临的困惑和挑战,以至种种甜酸苦辣,多了如指掌。这就为研究本书提纲准备了较好的条件。提纲的讨论会是马惠敏组织的。她的办法是把执笔者统统召集来,关在大楼里一整天,优待供应吃喝,使这些白发苍苍的老头也觉得非认真严肃起来不可。讨论的气氛热烈而融洽,记得山东美术出版社原社长耿本清、山东人民出版社的金明善、山东科技出版社的聂方熙、《医学科普》的刘龙云等都提出了许多中肯的意见。根据讨论中的意见,修改了原来提纲中的一些章节内容,又增添了原来没有的章节。现在书中有关经营、宣传与促销、职业道德、著作权法等章节,便是根据讨论意见增添的。如此认真的集体讨论有过两次,提纲也随之而修改过两次。一边是畅所欲言,一边是从善如流,于是便能集思广益,最后形成这样一本《现代编辑学》。

这两三年的友好合作,在我心中颇留下一些令人难忘的回忆。印象最深的自然是李海崑、马惠敏两位朋友。李的脾性是耿介爽快,马的做事则严谨正直。这在我看来皆为不可多得,因而虽然来往无多,经常数月不见一面,然而彼此相处甚洽,相见甚欢。在学术观点方面,我的有些编辑学见解曾在国内引起多年争执,这是众所周知的事。我颇愿固执己见,却无意强加于人,这是我当初被召参加合作时的主要顾虑。在观点上我与海崑先生原来多有一致之处,这可以我为他的《出版编辑散论》所写的书评为证。不过,我俩并非没有一点分歧,在此期间,有过一次十分认真的争论。记得这次争论已临近春节,当面争论未有结果,他因此回去连夜审读我所写的几乎所有有关论文。不料就在这春节期间,他在电话中郑重其事地通知我,他完全同意我的观点,而且说这是尊重科学,并非出于私情。海崑先生的年龄长我一旬,如此虚怀若谷,每当忆及,总是令我感激不已。在本书作者分工撰稿期间,马惠敏所做督促工作最多。人做事无不有长处和短处,作者写作也是如此。老马总是希望本书作者做到扬其长而避其短,以确保书稿的质量;既要求严格,又处事有度。对书稿情况她了解甚为全面,我奉命统稿时,幸赖面授机宜,因而可以有的放矢,省力许多。不过,我也是在数月之内伏案埋头,逐章逐节地仔细斟酌。凡发现的疏漏,或者由作者自己,或者由我代劳,一一改过来。今年一个春节,我就是在这埋头统稿中度过的。文字改动大的数章,还由我孩子在电脑上重新打印出来,其用意都是为减少差错。未敢有懈怠之心,未敢存马虎之意,这或许就因为我的合作伙伴皆如此认真严肃地对待工作。

现在,清样已经整齐地摆在我书桌上,与读者见面已为时不远。凭数月统稿中得到的印象,谨向读者介绍本书内容的以下两个特点。

其一,本书的研究对象严格限定在出版业中书刊编辑的范围之内。

编辑学的研究对象在我国学术界长期混乱不清。颇为盛行的一种观点，就是把教师编讲义、学者写通史、研究人员收集整理资料等都视为编辑学的研究对象。《现代编辑学》的一个与众不同处，就是与这类流行的观点完全地划清了界限。不仅在现代的范围内划清了界限，而且同时在古代历史的范围内划清了界限。至今还有些人认为，不确认历史上的孔子和司马迁等人为编辑家，似乎就说不清楚古代编辑到现代编辑的历史发展。其实不然。《现代编辑学》根据可靠的历史资料，坚持"有出版才有编辑"这种编辑史观点，强调在汉语中有必要"分清两种编辑"的概念。在此基础上，又论述了"古代编辑"和"现代编辑"的各自特征。这可说是对上述观点的一种回答。此请参见第一章第一节"编辑的产生和发展"。在其它有关章节中，无不体现这种见解。

从学术界的情况看，其实如今最有必要着力研究的就是书刊编辑学。在刊物中，有一部分接近新闻，另一部分接近书籍。书刊编辑学中的刊物编辑是指后一部分。除书刊编辑学外，另有报纸编辑学或新闻编辑学。从学科建设的状况看，前者在中国只有十来年的历史，尚处于趋向成熟的阶段；后者却比前者早数十年就出现并且成熟起来了。因此，踏踏实实地研究书刊编辑学，最具有迫切的现实意义。据说有人现在就想把书刊编辑学与报纸编辑学合并起来，或者以前者兼并后者，我以为这不过是想入非非，理由是两者的差别太大。报纸编辑工作的对象主要是新闻，书籍编辑工作的对象主要是以科学、艺术、文化等为内容的文稿；报纸编辑工作的重点大致是组织报道、选择新闻、版面艺术三大项，书籍编辑工作的重点大致是选题、组稿、审稿三大环节。因此，把书刊编辑学与报纸编辑学勉强凑合在一起，或者是彼此貌合神离，或者是失去各自特点，总之都是没有实际意义的。另有人想把出版业中的编辑和出版业以外的电视编辑、电影编辑等凑合在一起，搞所谓"大"编辑学。在我看来，这更是一种想入非非，理由是彼此的差别更大。比如，编辑活动在出版业中居于"核心地位"，而在电视业、电影业中并不具有这种"核心地位"，其重要性远低于导演、演员、节目主持人、摄影等。再如，电视直播节目中的编辑常常兼做文字作者和导演工作，其合作者是节目主持人和摄影师等；电视艺术节目的编辑，其主要任务是挑选电视艺术片，并作一周的次序安排，对这电视片的内容则是不可轻易更改。凡此，皆与出版业中编辑的工作大异其趣。故而搞所谓"大"编辑学，更是没有实际意义的。当今中国已经进行独立的学术活动的，主要是书刊编辑；而与他们休戚相关的正是书刊编辑学。在我看来，与其是经常想入非非，做"大"编辑学之类美梦，不如脚踏实地去研究书刊编辑学更为有益。当务之急是，先把书刊编辑学的基础弄结实，然后，再去管别的事儿不迟。

当初李海崑、马惠敏的倡议中全无一点想入非非的东西，我赞赏编辑学界存在的这种脚踏实地的作风。如今读者所见的《现代编辑学》，其中每一章每一节都是为书刊编辑而写的，与其工作有关的主要问题大体皆在于此。比如第九章"编辑手段现代化"，就是为现代编辑所急需而设立的；又如"现代编辑管理"这一章，其内容是编辑界亟待解决的问题。诚然是并非尽善，可议处可能不少，然而，这里说的是与书刊编辑真正有关的道理，尽量为他们做好工作提供排难解惑的便利。在本书作者看来，编辑并非完全"为人作嫁"，编辑的业绩形成在出版业中，集中表现在出版物上。这业绩属于编辑自己，既非叨光于别人，又无须自怨于"为人作嫁"。做好从选题开始的每一项工作，包括纠正每一个错用标点或错别字，直到把优秀出版物奉献给读者，这就是编辑为自己建立起的璀璨丰碑，其夺目的光辉不逊于任何其他行业。不避王婆卖瓜之嫌，我以为本书这些实实在在的东西要比花里胡哨的标新立异有用得多。花里胡哨的标新立异可以耸人听闻，然而我这些合作者的作风，大都就是无心于闻达，着意于实实在在做事而已。

其二，本书自始至终体现现代编辑如何面向市场这一重要内容。

所谓面向市场，是指面向社会主义市场经济的出版物市场。当代出版业并非不能从事出版市场以外的经济活动,但这不是我们这里要谈的。编辑活动就其性质而言是文化活动,这并无疑义;编辑活动在通常情况下需要面向市场,这同样并无疑义。《现代编辑学》的作者们经主编倡议,进行了郑重其事的讨论,一致认为要在书中全面体现面向市场这一重要内容。大家并非不知当前社会上对出版业面向市场的意见分歧,犯忌的可能并非绝对没有。可是,大家着重研究的是如何把这个问题谈得全面而正确。

现代编辑需要面向市场,其根本原因不在编辑活动本身,而是在出版业和出版物方面。出版物是出版业的专有产品。在生产出版物的过程中,编辑具有不可或缺的关键作用。出版业的社会价值包括编辑的社会价值在内,皆取决于出版物本身是一种新型高效的传播媒介。不妨拿成为出版物的书籍与非出版物的书籍相比,前者具有生产效率高、流通范围广、传播速度快、效果好等优点,因而前者具有后者无法相比的强大生命力和社会作用。但是,生产出版物需要消耗人力物力和资金,换言之,需要经济学上所说的投入。于是,不能不像其他所有经济行为一样出现投入和产出的问题。因此,出版物自它产生那天起就有可能成为商品;当然,人们也可以不把它当作商品。出版物在中国成为商品至少已有一千年以上的悠久历史。在古代,出版物商品化的程度有一个从较低到较高的发展过程。现代社会由于对出版物的需求迅猛增长，出版业不断扩大生产规模，不断采用先进技术和先进设备，结果形成出版业的产业化。又由于现代读者的需求更为多样化和复杂化，出版物通过商品交换去满足读者需求，在一般情况下比其他方式更为可行和有效。因此，现代社会虽然仍旧可以不把出版物作为商品，但从总的方面看来，出版业的产业化和出版物商品化程度的提高是必然的事情，是无法避免的趋势。既然出版物既是精神文化产品又是商品，具此两重属性，那么，编辑活动面向市场就不是要不要的问题，而是如何正确对待以及在面向市场时如何兴利除弊的问题。这方面的内容，读者大体可以在本书中专论出版物的第三章和其他地方了解到。

　　集中论述如何面向市场的是十二章"现代编辑与经营"，这里讲了"编辑与市场""现代出版呼唤经营型编辑人才""现代编辑经营策略"这三方面内容。有关内容在其他各章也有所涉及。如第十章"现代编辑的基本素质"谈及经营观念、开拓能力、策划能力等；第四章"选题与组稿"谈及选题与市场竞争的关系；第八章"宣传与促销"谈及编辑与发行流通的关系；如此等等。市场既非神仙又非魔鬼。市场行为在对社会产生正面作用的同时，也完全可能产生负面作用。故而从社会方面看，不能不针对市场行为设置兴利除弊的机制和采取相关的措施。为此，出版物市场必须有健全的制度去规范市场行为，同时依靠及时而有效的社会舆论去监督市场行为。就社会规范而言，首先是法律规范，在这方面立法需全，执法需严。本书除有专章讲著作权法外，在"基本素质"一章又强调"守法遵纪"。其次是道德规范，本书有"现代编辑的职业道德"一章较多地论述了这方面内容。从有关面向市场的内容看，《现代编辑学》在同类著作中大概是谈论最多的。读者当能理解本书在这方面的努力。

最后我要说明的是，本书为山东省编辑学界的集体创作，历时几近三年，分工详见"后记"。撰稿人无不勤勉，几易其稿，然学无止境，不免疏漏和差错。既命我统稿，便有完善的责任。无奈虽是战战兢兢，伏案数月，却难补自己学有所偏，力有不逮。时至今日，心中亦喜亦忧。喜的是新书问世在即，大家的辛苦有了结果。忧的是臻于全美尚远，罪当在我。好在当今同类著作甚多，因而可能得到的批评也会很多。批评可以使人进步。我想决非仅仅是自己，而是本书所有作者都会欢迎学界同道的批评，从而使自己不断进步的。

（原载《编辑之友》1996 年第 6 期，标题为《〈现代编辑学〉序言》）

八、关于出版概念

近年来，我国编辑学界认为"编辑与出版并无必然联系”的人已见减少，同意编辑活动是出版业或传播业中的一种专业活动的学者日渐增多。不过，何谓出版这早已存在的分歧，却又在京、沪两地的刊物上公开争论起来。编辑概念与出版概念或许将长期困扰中国学术界，尚难说这是幸抑或不幸。笔者曾数次撰文谈编辑概念，此文则谈出版概念。

日常用语中的“出版”含义并非科学概念

日常用语中出版一词的含义，经常是指书籍的印刷制作。比如，出版社中设立的“出版部”或“出版科”，就是管理文稿在编好以后所需印刷制作方面的工作。再如，一些所谓的“出版学校”，实际上只有印刷专业或者再加校对专业。然而，现在所有的印刷机构还是称其为“印刷厂”，不称其为“出版厂”。再进一步看，最近十来年的各地以出版命名的科研机构如“出版研究所”等，其研究对象并不限于印刷，更注意编辑和发行；最近十多年，各省市新编的《出版志》，其内容并不限于印刷，同时还包括编辑和发行等。因此读者不难发现，上面所说“出版部”“出版科”“出版学校”中“出版”一词的含义，与“出版研究所”、《出版志》中“出版”一词的含义，两者并不一致，甚至是差别相当大。前者仅指书籍的印刷制作，后者则包括编辑、印刷、发行三方面。

出版一词在日常用语中用来指称书籍的印刷制作，大体是沿袭了历史上形成的习惯。记得在20世纪50年代的高等学校中设有"出版科",其职责就是印制教师编写的教材,而且一律是油印,当时一般没有条件铅印。出版一词中的"版"字就是中国古人发明的木版印刷中的"版"。对于木版印刷,古人常称之为"开版""镂版""刻版""刊行""板行"等。由此沿袭下来,促使出版一词指称印制书籍,进而成为汉语中的一种语言习惯,这是完全可以理解的。

但是,日常用语中的词义与科学用语中的词义有时是一致的,有时并不一致。造成不一致的原因往往是,日常用语中的词义未经科学逻辑的规范。比如,自古以来中国人常有"人情物理"这种说法,这个"物理"指事物或事情中的道理,与物理学中的"物理"在词义上大不相同。所以,"人情物理"中的"物理"不能成为物理学中的科学概念。出版一词在日常用语中的含义由于未经科学逻辑的规范,因此作为科学概念是不正确的。

在出版科学中,出版的含义是指包括编辑、复制、发行这三个基本环节的独立而完整的过程。日常用语中的出版仅仅指称书籍的印刷制作,换言之,仅仅指称上面三个基本环节中复制这一环节,以偏概全,所以是不科学的概念。比较来看,上文提到的"出版研究所"、《出版志》中"出版"一词的含义是较为科学的。因此,"出版学校"既然以印刷为教学专业,改名"印刷学校"更加贴切;出版社中的出版部或出版科改名生产部或生产科，也是更加贴切。在出版学、编辑学的研究工作中，若把出版概念仅仅理解为印刷制作，难免铸成大错。现在一些人喜欢从古汉语中接受编辑概念，又喜欢从日常用语中接受出版概念，此两者皆不是出版科学中的科学概念，对于学科的建设和发展有害而无益。至于我国的出版概念只限于书籍和刊物，习惯上把报纸排除在出版之外，这种做法是否妥当也是值得研究的。

"公诸于众"是无效的出版界说

就像研究出版学不能不涉及编辑概念一样，研究编辑学不能不涉及出版概念。笔者于 1988 年撰《中国编辑史研究的几个问题》，其中曾提出出版概念，此文刊于 1989 年第 1 期《编辑之友》①。笔者于 1991 年撰《再论何谓编辑》② 时曾重申。1990 年，林穗芳于《出版发行研究》刊出论出版概念的专文：《明确"出版"概念　加强出版学研究》③，此文为我

---

① 《中国编辑史研究的几个问题》一文完成于 1988 年，刊于《编辑之友》1989 年第 1 期，有删节，标题为《编辑史研究的几个问题》。该文全文收入刘光裕、王华良合著之《编辑学论稿》（山东教育出版社，1989 年）和《编辑学理论研究》（山东教育出版社，1995 年），收入书中的文章标题为《中国编辑史研究的几个问题》。

② 刘光裕：《再论何谓编辑》，《编辑学刊》1991 年第 4 期。

③ 林穗芳：《明确"出版"概念　加强出版学研究》，《出版发行研究》1990 年第 6 期。

国学界中迄今对出版概念研讨最深者。1992 年刘辰先生在
《编辑学刊》第 2 期《编辑特征与编著区分》一文，提出有
关出版概念的如下新见解：

"出版"一词，国际通用的界说是"公诸于众"。①

1994 年，林穗芳在《编辑学刊》第 1 期刊出《"编辑"
和"著作"概念及有关问题》，顺便批评了刘辰的上述新见
解。1995 年，刘辰撰《从编著合一到编著分离》刊于《出版
发行研究》第 2、第 3 两期，严厉反驳林穗芳的批评。于是，
出版概念的争论便为学界重视，刘辰的上述新见解是否正确
亦为大家所关注。

刘辰自己在 1992 年那篇文章中，并未为提出新的出版界
说而进行任何论证。到 1995 年的反批评中，刘辰为论证新见
解终于讲出自己唯一的根据如下：

出版的"社会功能""就是把信息'公诸于众'"。②

─────────────

① 刘辰：《编辑特征与编著区分》，《编辑学刊》1992 年第 2 期，第
5 页。

② 刘辰：《从编著合一到编著分离（上）》，《出版发行研究》1995
年第 2 期，第 47 页。

　　他以充满自信的语气明确指出，把出版的这个"社会功能"作为出版界说，就"足以把出版与世界上千千万万的其他事物区分开来"。

　　我以为，刘辰这个理由是站不住的。"把信息'公诸于众'"，固然是出版具有的社会功能，但是，这个社会功能并不是出版所独具的，而是出版与社会上其他许多事物共同具有的，因此不能成为出版界说的根据。

　　在此，且列举几类事例来说明。第一类，时装表演以及所有以观众为对象的舞台表演，如音乐、戏剧、曲艺、杂技、健美、名模等的舞台表演，皆具有"把信息'公诸于众'"这个社会功能，无此功能，就不会有以观众为对象的所有舞台表演。第二类，出土文物展览以及面向公众的任何展览会、展览厅、展览馆，以至包括商品展销等，皆具有"把信息'公诸于众'"这个社会功能，无此功能，便不会有五花八门的种种展览。第三类，凡是面对公众的讲话，诸如领导的报告、学者的讲演、推销商的街头宣传、集上小贩的叫卖、政治家的竞选演说，甚至包括在公共场合的大声吆喝，皆具有"把信息'公诸于众'"这个社会功能，无此功能，世界上就不会有人面对公众来讲话。除此之外，还有十字街头的交通信号，马路边上的广告牌，布告栏里的告示，电线杆上的寻人启事或换房启事，如此等等，无不是同样具有"把信息'公诸于众'"这个社会功能，无此功能，就不会有这些事物。传播学从传播途径去分类，可以把世界上所有传播分为"私下"和"公开"两类。此见《传播学概论》①第七章。两类中属于"公开"一类的传播，大多有此社会功能，所以我不愁再轻易地举出事例来。

如果以其"社会功能""就是把信息'公诸于众'"为理由，认定"公诸于众"是出版界说，那么，以同样的理由，完全可以把时装表演、出土文物展览以至前面列举的所有事物，统统都确认为出版。如此看来，刘辰提出的这个界说，甚至是不能把出版与时装表演、出土文物展览等等事物相区分开来，不能与布告栏里张贴告示、电线杆上张贴启事等等事物相区分开来，所以这是一个完全无效的出版界说。他自己还说"足以把出版与世界上千千万万其他事物分开来"，如此夸大其词，恐怕连他本人也很难真的相信这一点。

出版概念的不科学，足以在出版学、编辑学中造成一系列错误观念和错误判断。本文之所以论及，用意亦在此。提出"公诸于众"作为出版界说，考其原委主要是为了拿这个出版界说作为根据，去说明孔子等人已经做了所谓出版工作，而且是所谓出版中的编辑家。殊不知拿了"公诸于众"这个出版界说，同样可以把时装表演、出土文物展览、布告栏里

---

① 施拉姆、波特：《传播学概论》，陈亮等译，北京：新华出版社，1984年。

张贴告示、电线杆上张贴启事等等无数事情错认为出版工作，如果你需要的话，同样也可以从中找到你想要的不管是张三李四来做出版家和编辑家的。真不知这算是怎么一回事？是学术还是儿戏？

著作权法中的出版概念

著作权，英文是 copyright，亦译作版权。在我国，著作权和版权是同义语。一般说来，法律用语较为精确。所以，我们来看看中国和国际上著作权法中的出版概念是怎样的。中国有出版，外国也有出版，凡出版必定有共同的特征，国际间的出版概念必定有共同的准则或相同的内容。

颁布于 1990 年的《中华人民共和国著作权法》是在改革开放以后遵照国际惯例制定的，基本原则与国际上同类法律相一致。其中出版界说，见《中华人民共和国著作权法实施条例》第五条第六款：

出版，指将作品编辑加工后，经过复制向公众发行。

该《实施条例》第五条第五款，则是界定发行：

发行，指为满足公众的合理需求，通过出售、出租等方式向公众提供一定数量的作品复制件。

该《实施条例》第五条第一款，则是界定复制：

> 复制，指以印刷、复印、临摹、拓印、录音、录像、翻录、翻拍等方式将作品制作一份或者多份的行为。

我国著作权法中的这个出版概念，标举了编辑、复制、发行这三项基本内容，是明确而完整的概念。

下面，再看当今两个国际公约中的出版概念。

《世界版权公约》（1971 年巴黎文本）第六条：

> 本公约所用"出版"一词，系指：对某些作品以一定的方式进行复制，并在公众中发行，以供阅读或观赏。

《伯尔尼公约》（1971 年巴黎文本）第三条第三款：

> "已发表作品"应理解为在其作者同意下出版的著作，不论其复制件的制作方式如何，但考虑到这部著作的性质，复制件的发行在数量和方式上需要满足公众的合理需要。

对于以上两公约中的出版概念，可注意以下两点。一是界定中皆标举复制和发行这两项基本内容。关于复制，两公约都表示复制的方式是多样的。如用这样的语言表述："以一定的方式进行复制"，"不论其复制件的制作方式如何"，这两种表述中都表示复制的方式是多样的，亦即包括印刷以外其它种种复制方式。中国著作权法中则明确列举多种不同的复制方式，彼此含义是相同的。关于发行，两公约都强调面向公众，如说"在公众中发行"，"满足公众的合理需要"。这与中国著作权法中对发行的界定完全一致。二是两个公约的出版界定的义项中未标举编辑。为什么不标举编辑？因为这是旨在维护版权的法律条文。从法学观点看，凡实际的侵权行为，都表现在出版过程的复制和发行这两个环节中。编辑这个环节中存在的侵权问题，在未经复制和发行之前尚不构成实际的侵权行为；凡未经编辑而在复制和发行中表现出来的，都构成实际的侵权行为。因此，法律上要求在定义项中标举复制和发行这两项去界定是不是出版，以便确认其中是否存在侵权行为。比如盗版，就有经由编辑环节与不经由编辑环节这两种情况。但是凡经由编辑环节而在复制和发行中表现出来的版权纠纷，按照国际惯例，编辑一方要在法律上负主要责任。如此看来，两个公约的出版概念实际上在复制和发行之外还是包含编辑的。

　　从上面三种法律条文可以看出，界定出版概念时不论采用何种表述方式，从防范侵权出发则在界定中可以标举复制和发行这两项基本内容，完整的出版概念中都需标举编辑、复制、发行这三项基本内容。

　　界定出版是为了把出版与非出版区别开来。不能把两者区别开来，相反却能把两者混淆起来，这是无效的界定。与社会上其他事物相比，出版所独具的特征是什么？在于出版具有编辑、复制、发行这三个基本环节，借此便可把出版与其他事物区分开来。凡出版都具有这三个基本环节，或者说，具有这三个基本环节的便是出版。因此，科学研究中使用出版概念，其含义皆需包括编辑、复制、发行这三项基本内容。我国著作权法中的出版概念，简明扼要，基本上适于在科研中使用。然而需注意复制、发行、作品等的含义在我国著作权法中另有界定，以免胶柱鼓瑟造成误解。

电子出版与出版概念的扩大

　　近年来，出版概念面临的挑战是电子出版和电子出版物的迅猛崛起。数十年前尚无电子出版，所以以往的出版概念是建立在印刷出版这个基础之上的。电子出版采用了高科技，技术先进，方兴未艾，前途无量。它的产品就是电子出版物，其中又分音像制品、电子数据库、电脑软件、电子报纸、电子图书等几大类。电子图书中的只读光盘（CD-ROM），信息储存的密度非常大，可录入文字、声音、图像、色彩等多种信息而成为多媒体，保真度高，经久耐用。它的不方便处是必须通过电脑才能使用。在电脑普及的情况下，电子图书主要是只读光盘，它的优越性就非常明显。当前我国仅仅是音像制品较为普及。但在发达国家，电脑软件、电子数据库也早已普遍使用，电子报纸特别是电子图书已经显示出强劲的发展趋势。电子出版物是一种以磁带、磁盘、光盘等为载体的崭新的传播媒介。与以纸为载体的印刷出版物相比，电子出版物中有些是印刷出版物中从来没有的，如音像制品、电脑软件等；有些是印刷出版物所具功能的延伸、扩展和完善，如电子数据库、电子图书等。它不可能完全替代印刷出版物，然而完全能够与印刷出版物并驾齐驱并独领风骚。

　　电子出版与印刷出版的重要相同之处，在于同样需要经历编辑、复制、发行这三个基本环节。以中国出版的电子图书为例。凯普计算机软件系统公司出版的《中华国粹—京剧脸谱集锦》、世界针灸学会多媒体制作中心出版的《中华针灸大成》、北大方正集团出版的《中国烹饪》等，这些电子出版物首先需经历确定选题、约请作者创作、审查作者的作品这些编辑工作，然后再进行复制和发行。所以，电子出版兴起以后，作为出版概念的那三项基本内容并无变化。但是与此相关的下列概念的含义，皆有变化。一是出版物，其含义由原来的印刷出版物扩大到电子出版物。二是作品，其含义由原来的文字作品、图像作品等扩大到电脑软件以及音像制品、电子图书中的作品等。三是复制，其含义由原来的印刷复制扩大到电子复制。四是发行，其含义由原来的出售、出租等方式扩大到电脑联网等。

有人以出现电子出版为理由，批评我国著作权法中的出版概念是"狭义概念"。认为当今的出版概念中应该包括电子出版，这种看法是对的。但是，我国著作权法中的出版概念，即"出版，指将作品编辑加工后，经过复制向公众发行"，这并不是只适用于印刷出版的"狭义概念"。因为《著作权法实施条例》对作品、复制、发行这几个概念都做了界定，以适应印刷出版和电子出版，从而使其出版概念不仅适用于印刷出版，同时又适用于电子出版。类似情况亦见于国际公约。例如，《伯尔尼公约》（1971年巴黎文本）第九条第三款："所有录音或录像均应视为本公约所指的复制。"这样便扩大了复制的含义，便可以使该公约的出版概念扩大到音像出版。在我国研究界，较早注意电子出版引起出版概念扩大的是林穗芳、王耀先等人。他们重新界定的出版概念，定义项中都包含编辑、复制、发行这三个基本内容，只是对作品、复制、出版物等的含义做了新的规定。

朝气蓬勃的电子出版既已引起出版概念的扩大，要求我们重视研究以下两个问题。一是如何使出版管理从印刷出版扩大到电子出版，这个管理包括著作权、选题、内容是否符合社会规范等各个方面，这成为当务之急。二是如何沟通印刷出版和电子出版。比如印刷出版物中的工具书有些可以转化成为电子出版物，两者相沟通，可以降低成本，增加收益。

在工具书、数据资料读物、书目文献读物、教育读物、儿童读物等领域，电子图书在很大程度上可以利用和改进印刷图书现成的成果来发展自己。两者相沟通所产生的效果十分明显，现在的出版社就有可能较为容易地做成这件事。当今电脑正以很快的速度进入中国的家庭，因此考虑如何沟通印刷出版和电子出版，进而发展电子出版业，是一件很重要的事情。

（原载《编辑学刊》1996 年第 3 期）

九、有关编辑学理论的几点想法

近日，编辑学会将讨论编辑学理论框架，讨论对象是湖北《出版科学》1999 年第 1 期所刊《〈编辑学理论纲要〉构想》等三篇文章。本人不揣冒昧，撰此"几点想法"，聊供同行参考与批评。

关于应用科学

近年来，对编辑学是不是应用科学这一问题，认识上似乎已较为一致。明显的进步是，编辑学刊物上的玄学文章比以前少了一些。在编辑学的性质是应用科学这一问题上取得认同，其意义是有利于为研究和发展确立方向。在人文科学中，教育学和社会学等，都属应用科学，它们的科学地位和科学作用是举世公认的。语言学是古老的基础科学。近年来，语言学中的应用语言学发展最快，特别是语言的计算机应用更成为世界性的课题，其重要性显而易见。所以，不能认为应用科学低一等。

应用科学的理论必须面向实际工作，因此，理论的可操作性，以及可以通过实践对理论进行验证，是其不可忽视的基本特征，其理论形式经常表现为公式、定理、原则、规则等。如社会学中的恩格尔系数、马太效应等，教育学中的直观性原则、循序渐进原则等，经济学中的边际效率、投入产出分析等。应用科学的研究重点，不是解决一般认识问题，而是为解决问题提出具有可操作性的科学原理。譬如，面对如何解决产品质量问题，应用科学的主要任务是提出一套保证产品质量的具体方法，因此管理科学中的质量管理终于成为一套可操作的科学原理。管理科学之所以成为一门应用科学，就在它的科学原理是可操作的。质量的重要性这类认识问题当然要讲，但仅仅停留在讲重要性上，尚不可算是应用科学。除了要解决认识问题，关键是提供可操作的方法或原理。应用科学的特殊作用在此。

应用理论与具体的技能、技术的根本区别是，它具有普遍性；但从另一面看，它的适用范围一般较小，有较多的条件限制。例如，教育学中的直观性原则适用于初级教育，社会学中的恩格尔系数适用于测量居民的生活水平等。对应用理论来说，切忌作空泛的，或一般化的研究。譬如，经常强调经济效益与社效益的统一，这无疑是必要的，然而这样一些正确无误的道理讲得再多，也不能成为应用理论。应用理论的任务，是为这个统一提供具体方法或原理。研究应用理论为什么特别困难？为什么难有进展？为什么经常令人望而却步？基本原因就在，它必须提出这样一些足以解决问题的可操作的方法、原理或规则等。这种具体方法或规则，一般只在一定范围内适用，在另一些范围又要提出另一些具体方法或规则。其实，达到在一定范围内适用的目的，就足够了。企图发明一个在任何范围都能促使两个效益统一的方法或规则，就像想发明一个包医百病的仙丹一样，至多是良好愿望而已。

把其它学科中的一般原理应用到本学科中来，譬如把主体与社会环境的一般原理应用到编辑学中来，这是必要的、有益的。但是，如果一般地讲主体与社会环境的作用与反作用，这在所有学科中经常遇见，这就成为一般的或普通的道理。就应用科学的要求而言，这可以算是第一步。与此相比，更重要的是研究与这社会环境产生互动的具体模式或规则，以及在这具体社会环境中进行操作的方法或原理。

与应用科学的上述特征相联系，应用科学中通常使用的研究方法是实证的方法。前些时候，常见有人用逻辑演绎的方法研究编辑学，第一步是寻找所谓逻辑起点，结果产生一些谁也读不懂的论文。实证作为一种研究方法的特点是，先确定研究目的，从此出发，或做调查，或查资料，或进行实验，在此基础上进行分析研究，得出初步结论后必须再作验证。比较、类型、调查、统计等，其实都属于实证的范畴。离开这种实证的方法，不能产生适于应用的理论，这在科学史上几乎没有例外。近半个世纪以来对实证论的批评，影响人们对实证方法的认识和使用，大概是应用科学在发展中经常遇到的一种思想障碍。

因此，创立一门应用科学的难度不可低估。西方人创立现代教育学，从夸美纽斯（1592—1670）算起，用了二百来年；西方人创立现代社会学，从孔德（1798—1857）算起，也用了上百年。创立具有应用科学性质的现代编辑学，如果想在两代人手里完成，多半还要靠方法对头、路子正确才有可能。

关于研究对象

对一门学科来说，确定其性质、对象、范围是首要的事。它重要的原因之一是，为了保持内容的完整性与系统性，避免内容方面的不统一、不一致，避免逻辑上出现混乱与自相矛盾。编辑学的研究对象是什么，眼下学界有不同意见，这不令人奇怪。不过，研究对象的不同，直接造成研究内容方面的差异；任何对象凡经确定，都具有规定其研究内容的作用。对科学研究来说，实现对象与内容的统一，乃是维系学科本身系统性与完整性的不可缺少的条件。对象与内容的不统一，必然是学科体系的混乱与自相矛盾。

我读《编辑学理论纲要》，觉得其中有不少精彩的见解，另外又有这样的感受，就是《纲要》在研究对象与研究内容的关系方面，似乎掉进了自己设置的陷阱之中。这里的研究对象与其研究内容，实际上是不相关的两张皮。

先看研究对象是什么？《纲要》第一部分"编辑学的研究对象和范围"："编辑学以编辑活动作为自己的研究对象，包括存在于新闻、出版、广播、影视等各个行业的编辑活动。"接着，在"编辑学的相关学科"又说："编辑学的研究对象不限于出版业的编辑活动，还包括各种传播媒介的编辑活动。"根据上述说明，可知作者明确反对"限于出版业的编辑活动"，同时坚持把"各种传播媒介的编辑活动"，作为自己的研究对象。

这样规定自己的"研究对象"，一般讲未尝不可。我为什么说是两张皮呢？《纲要》远没有把这个研究对象贯穿到自己的研究内容之中。研究对象与研究内容实际上是分裂的，所以成为两张皮。其主要表现，有以下两方面。

其一，超越"各种传播媒介的编辑活动"这个研究对象规定的范围。

　　最明显的例子，就是"编辑概念"。《纲要》第二部分"编辑概念"："编辑指以传播信息、知识为目的，对原稿或文字、视听资料进行设计、组织、选择和加工整理等工作，也指从事这种工作的人，即编辑工作者。"就这"编辑概念"而言，我以为也可适用于"各种传播媒介"以外的活动。譬如，老师为教学的需要而编参考资料，这件事符合"以传播信息、知识为目的"，也符合"对原稿或文字进行设计、组织、选择和加工整理"，因此老师为教学需要而编参考资料也就变成编辑工作。不仅老师编教学参考资料是如此，企事业单位内部经常也有类似的事。造成这样的不一致，我想可能是"概念"确定在前，对象确定在后。不过，在"以传播信息、知识为目的"之前，若加"在各种传播媒介中"，至少可以避免这类混淆。

　　其二，不能覆盖"各种传播媒介的编辑活动"这个研究对象规定的范围。

　　例如，称编辑活动的特征是"选择性""加工性""中介性"。这个特征，至少不适用于"各种传播媒介"中的电影编辑和电视编辑。

　　在电影片、电视片的制作中，编辑只作文字加工整理等工作。在此，具有选择权的是制片人和导演，决不是编辑，因此这里的编辑不具有"选择性"与"中介性"这两项特征。在电视节目中，某些专题节目如电影、电视频道的编辑，其职责限于选择可以公开播放的电影片或电视片，并作适当的次序安排，编辑无权"加工"，所以不可能具有"加工性"。须知对这些具有著作权的作品作无端加工，属侵权行为，是法律严格禁止的。

再如，称编辑活动的功能是"设计功能""组织功能""优化功能""调控导向功能"。至少其中"设计功能""组织功能"这两项，不适用于电影、电视编辑。编辑在电影片、电视片的制作过程中的地位和作用，不说是微不足道，也可说是相当不重要。

由此进而可知，《纲要》中至少有"编辑主体""编辑对象""编辑过程""编辑风格"这四大部分内容，背离电影编辑、电视编辑的实际情况。同时也可这样说，在《纲要》全部内容中，除"编辑与传媒"这一部分稍有例外，其它部分都不是真正谈电影编辑、电视编辑。

又如，"编辑过程的三个阶段"中的第一阶段，主要讲编辑的选题与组稿。可是，对报业中的新闻编辑（不是副刊编辑）来说，选题与组稿的工作是微不足道的。新闻编辑的工作，首先是对各新闻通讯社传发来的与本报记者部采写的新闻稿进行选择，然后加工，再制作标题，拼制版面。所以，这个"三阶段"只适于书刊编辑，不可用于新闻编辑。

我想，《纲要》的内容，大体是以出版编辑中的书刊编辑为对象撰写的；研究对象，可能是在内容确定之后，另外加上去的。结果，不能不造成上面所说的两张皮。

关于书刊编辑

就谈书刊编辑而言，《纲要》显得颇为成功；其中，最好者为"编辑风格"这一部分。我从挑毛病的角度，谈点想法。

其一，关于编辑活动的特征。我想补充的是，编辑活动本身不能形成最终产品，它必须与复制活动相结合才形成最终产品，必须与发行结合才能完成产品的社会分配。这个特征，对编辑活动的存在与发展，随时都有重大影响。

其二，关于编辑的"设计功能"。《纲要》云："设计功能：通过具体选题，设计各种文化产品的内容与形式。通过选题计划和选题规划，对文化生产进行总体设计，建构国家的、民族的和时代的文化大厦。"这样说，我以为夸大了编辑的设计功能与组织功能。理由之一是，无论在自然科学还是社会科学中，凡是学术价值高的著作，一般都是先有研究人员的研究课题，后有编辑的选题。要编辑为研究人员设计高水平的研究课题，一般说，既无此必要，也无此能力和水平。理由之二是，理工科技领域的所有设计，包括工程、机构以及种种产品等的设计，这一类数量巨大的重要文化产品，都属科技人员或部门领导人的事，从来不需要编辑在这里发挥设计与组织功能。理由之三是，文艺类产品中的舞台艺术，包括音乐、舞蹈、戏剧、曲艺等，它们的产生与演出，与编辑的设计与组织从来无关。理由之四，在电影、电视类文化产品中，发挥设计功能与组织功能者，是制片人与导演，不可能是编辑。不必再举其它例证，据此可以说明，编辑对国家、民族、时代的文化产品的设计与组织，仅仅在一定的和有限的范围之内存在。夸大编辑的设计与组织功能，并无事实根据。

其三，关于编辑规范。我以为编辑规范，主要是法律规范、道德规范、工作规范三项。不提法律规范，不妥。文字规范与技术规范，可归到工作规范之中。

其四，关于"社会效益第一原则"。作为"编辑活动应该遵循的准则"，我以为应该提"社会效益与经济效益相统一的原则"，如此才是完整的内容。

（原载《编辑之友》2000 年第 4 期）

十、良好愿望与科学概念

读了《出版科学》1993 年第 2 期王耀先先生《关于编辑、出版的概念和范畴的一点建议》，感想颇多。不禁想写这篇短文，来凑个热闹。

所谓"概念之争"

王耀先文章在叙述了当今编辑学、出版学研究的成果以后说："我觉得，在这些活动中，有一个带有基础性质的问题，即关于编辑、出版的概念和范畴的问题，值得认真重视和实施，以努力避免在理论研究和实际工作中产生混乱和消极影响。"这段话有两个要点。一是认为此概念问题的重要性，是"带有基础性质的"；二是认为由此概念问题，可能导致在"理论研究和实际工作中产生混乱和消极影响。"诚哉斯言，我不能不表示完全赞同。

关于出版概念，王耀先说：现代国际国内"比较通行的涵义，认为是选择对社会有用的精神产品，加工复制成一定的物质形式，并向社会广泛传播的行为。"关于编辑概念，王耀先说："出版活动包括了编辑、复制和发行活动"，"对出版物的编辑研究十分重要，但应从属于其出版研究，而出版研究又从属于对社会科学文化的积累、传播事业的研究"。以上基本观点，我以为又是应该表示赞同的。王先生文章偏重谈论概念不科学对"实际工作"的"消极影响"，如说，当今所称的"出版部或出版科""出版学校""出版专业"等，皆与"出版"这概念不相符合。此话大有道理。不过，我想习惯已成自然，要改却不那么容易。王先生还说："报刊社则不用出版命名，并规定出版社要再出报刊必须另行报批，这种做法值得研究。"于此，我深有同感。不过，这牵涉到体制问题，要改大概更其困难。凡此皆可以说明，此概念问题是"带有基础性质的"，不可不予重视。

至于我自己，更重视此概念问题与"理论研究"的关系。在刊于 1987 年《编辑学刊》的《论编辑的概念》一文中，我曾断言，由于编辑概念的混乱，"中国古代编辑史可能将是一笔胡涂账"。其实，不只古代编辑史是"一笔胡涂账"，编辑学理论在一定程度上也将是"一笔胡涂账"。我从未放弃这个众所周知的所谓"胡涂账"之论。

事情再回到 1990 年。上海的王华良先生作《试论界定"编辑"概念的方法论问题》，刊于该年《编辑学刊》第 4 期。由此，引起了最近几年的热烈争论。王华良的文章，主旨是批评编辑概念的泛化。他认为，编辑概念是编辑学理论中"最需要明确"的"基本概念"。所谓"泛化"，实际上就是在理论上把不是编辑学中所说的编辑，看成是编辑，进而又作为编辑学的研究对象来加以研究。这是编辑学学科建设中的一个关节点。王华良在文章中说："不少编辑学的理论观点或研究模式要进一步发展，也面临着一个非解决基本概念问题不可的紧要关头：要么从基本概念的科学化走向新的理论突破，逐步实现学科体系的完整化；要么沿着基本概念的含混、泛化，回到原先的混沌。只有认真对待，别无其他选择。"现在读这段话，仍可感到情真意切。在这场讨论中，我写了长文《再论何谓编辑》，刊于 1991 年《编辑学刊》，既是重申自己观点，又是支持王华良的主张。对于王华良提出的编辑概念"泛化"问题，有人以为是无谓的"概念之争"。两种意见的分歧主要在，编辑活动是否从属出版活动。王华良和其他一些人坚持认为从属出版活动，另一些人则认为可以与出版无关。所谓是否从属出版，这是就古代编辑而言，对现代编辑来说，则从属于包括出版在内的大众传播事业。其中道理是一样的，而且皆属普通常识。这个问题我们争论了多年，却是至今未得共识。

良好愿望及其他

编辑学、出版学的研究中，为什么先出现何谓编辑的争论？现在又出现何谓出版的争论呢？这概念的争论，不可能不关系到学科研究的对象和范围。比如，"生物"的概念如果包括山上的石头，那么，生物学就当然应把石头作为研究对象。同样的道理，编辑的概念如果既包括编辑活动又包括著作活动，那么，编辑学就当然应把出版业或传播业以外的著作活动作为研究对象。于是，就会出现所谓教师的编辑活动、著作者的编辑活动、小说家的编辑活动等稀奇古怪的名称，而孔子、吕不韦、司马迁、刘义庆等皆顺理成章地成为编辑名家或大家。1993 年，在《读书》杂志上看到一篇文章。其中说，把孔子、吕不韦等人称为编辑，可谓"这鸭头不是那丫头"；而当今的一些出版史、编辑史，"不过是把中国通史的细部放大，清晰了，可并没增加什么"。① 看上去，这位作者的见解与我的"一笔胡涂账"之说倒是相接近。相反，有人把中国编辑活动说成是在甲骨文时代就出现了。

王华良先生在研究了姚福申先生的"编辑"概念以后，指出姚先生心目中的"编辑"概念，不是指出版业或传播业中的那个专业活动，而是泛指社会上某种"精神劳动的操作特点"。这个操作特点，大致就是"对他人作品和资料进行搜集、选择、整理和加工的工作"。既然是"精神劳动的操作特点"，自然可以与出版业或传播业毫不相关。王华良的文章刊于1992年第3期《编辑学刊》。事实上，当今一些人认为，编辑学的研究对象就是这个"精神劳动的操作特点"，远非出版业或传播业中的那个专业活动。所以，编辑学应该属于思维科学，而不是属于出版科学。可是，恕我直言，这样的编辑学是不可能建立起来的。

多年来，我们为什么在编辑概念问题上出现争论呢？我被视为争论中一方的代表者，在《再论何谓编辑》中提到两个原因。一是"有良好愿望而不明古代实情"；二是"为了多找几个所谓编辑家"。归纳起来，可做一点，就是出于良好

---

　　① 李长声：《漫说一个三角锥，出版的》，《读书》1993年第9期，第39~40页。

愿望。

出于怎样的良好愿望？当初吸引我们去研究编辑学的原因很多，其中之一便是，社会上自上而下地流行着编辑是简单劳动的看法。关于这一点，我们在学校做编辑的，感受还可能更多一些。为了摆脱那个简单劳动说的困扰，我们去寻找编辑劳动的复杂性，并从理论上和历史事实中去说明这个复杂性。我当初就有这方面的热情。在思维领域，有时候真理和谬误的区别可能只在一步之间。在说明编辑劳动的复杂性时，如果不首先划清编辑活动与非编辑活动的界限，换句话说，如果不首先确定编辑学研究的对象和范围，那么，就可能把不属于编辑劳动的复杂性说成是编辑的；同样的原因，也就可能把历史上一些名副其实的著作家错当成编辑家。失之毫厘，差之千里。

在科学研究中，研究者的良好愿望是可贵的，可是仅有良好愿望是不够的。

就拿编辑是简单劳动还是复杂劳动来说。把孔子和司马迁等人说成是编辑家，就能证明编辑是精神劳动中的复杂劳动吗？其实不能。在孔子心目中，唯周公可称"作"，自己的六经只是"述"，又自谓"述而不作"。他认为，"述"与"作"相比，"述"是低一等的。司马迁在《太史公自序》中称《史记》是"述"，又明确说"非所谓作也"。司马迁同样认为，"述"是比"作"低一等的。以至后来的王充，在回答别人称他的《论衡》是"作"时说,《论衡》"非曰作也,亦非述也,论也。论者,述之次也"。(《论衡·对作》)他认为《论衡》比"述"还要低一等。总之,不管他们的说法是否包含谦虚的意思,却是都认为,在"作"和"述"之间,存在前者高于后者的价值差等。这个价值差等,本是指著作活动内部的事情,其中不无道理。现在一些研究者把"作"视为著作活动,"述"即编述等视为编辑活动。这样虽然可以使孔子和司马迁等人成为名不副实的编辑家,接着而来的问题是,最早与著作活动("作")相比,认为编辑活动("述")是简单劳动的不是别人,正是孔子和司马迁等名家。就实现良好愿望而言,结果就是事与愿违。

北京有个中国出版科学研究所,湖北办了个刊物称《出版科学》。看来,一般人都以为编辑学是属于出版科学的。然而,我国出版科学研究以编辑学为重点,又以编辑学研究者为最多,相比之下,出版学和出版史的研究显得相当冷清。我想,今后的研究工作不妨向出版学和出版史适当倾斜。这样做,更有利于解决出版领域的实际问题;到一定时候,今天编辑学中争论不休的问题,或许更容易求得相同和相似的认识。争论本身毕竟不是目的,发展学术事业才是大家翘首企盼的。

(原载《出版科学》1994年第2期,标题为《也谈编辑、出版的概念》)

十一、批评与事实

——就"两种编辑"答陈仲雍先生

陈仲雍先生写《也谈"两种编辑"》①（以下简称《也谈》）批评我，已是两年多前的事了，为此写答辩我一直颇为犹豫。挨批评已习以为常，学术上有不同意见是正常的。我对《也谈》感到不满的是批评失实。对一般的失实，我总是看过就忘。这一次，却是异乎寻常，令人吃惊。不过，写这种答辩文章，别人不免难堪，自己为此也并不好受。如此犹豫过后，便逐渐淡忘起来。本以为我的退让，可以平息烽火。不能料到，《也谈》自1997年问世，去年西安出版的一编辑学文集全文转载，最近又见《中国编辑研究（1998）》全文转载。如此接连地重复刊登出来，令我茫然不解。无可奈何之下，只能把答辩写出来。澄清事实，只是为了更好地进行讨论与批评。另外，我郑重吁请学界朋友，共同重视端正学风，以使学术沿着健康的道路发展。

---

① 陈仲雍：《也谈"两种编辑"》，《出版科学》1997年第3期。

《也谈》批评的"两种编辑"不是我们的

——假想出来的批评对象

"两种编辑"概念是我与林穗芳先生共同提出来的，时间是 1994 年。

事实经过是，我在《三论何谓编辑》中首次以"两种不同的编辑"作为小标题。我这文章刊于《编辑学刊》1994 年第 3 期，《编辑学理论研究》[①] 一书收录。我这"两种编辑"概念，直接依据林穗芳《"编辑"和"著作"概念及有关问题》中的观点。林文刊于《编辑学刊》1994 年第 1 期，《中外编辑出版研究》[②] 一书收录。我们两人所说"两种编辑"的原文，现抄录于下：

> 作为著作方式一种的"编辑"和作为出版工作一部分的"编辑"代表不同的概念。[③]

[①] 刘光裕、王华良：《编辑学理论研究》，济南：山东教育出版社，1995 年。

[②] 林穗芳：《中外编辑出版研究》，武汉：华中师范大学出版社，1998 年。

[③] 林穗芳：《"编辑"和"著作"概念及有关问题》，《编辑学刊》1994 年第 1 期，第 39 页。

这句话，由林穗芳文章提出。接着，我在文章中征引古今材料，做深入的论证与阐述。以上有文章为证。

因此，所谓"两种编辑"，其一是"作为著作方式一种的'编辑'"，其二是"作为出版工作一部分的'编辑'"。此外，我们从未有过别的表述。

到1995年，林穗芳又对"两种编辑"的基本区别，在我们已有表述的基础上，做了如下说明："第一种编辑是著作方式的一种，编辑主体是作者，对所编成的作品享有著作权；第二种编辑是出版工作的一部分或一种专业工作，编辑主体是编辑工作者，对所编辑的稿件（作者交来的作品）无著作权，在信息传播过程中处于作者和读者之间的中介地位。"[①]

我们提出"两种编辑"概念，其实是1985年以来，学术界对编辑概念进行了长期讨论的成果之一。区别这"两种编辑"，其目的是为了在编辑学、出版学中科学地界定学科研究的对象与范围。在此同时，我们为什么反对在编辑学中把"收集材料，整理成书"作为编辑定义？原因就是，编辑学中使用这个编辑定义，必定混淆"作为著作方式一种的'编辑'和作为出版工作一部分的'编辑'"这两个不同概念，进而混淆学科研究的对象和范围。这些观点，成为我、林穗

---

① 林穗芳：《做好编辑学理论研究的奠基工作》，《编辑学刊》1995年第6期，第14页。

芳、王华良等人文章中一再阐明的内容，在此不必重复。

对于我们这"两种编辑"概念，学界有不同意见，我们概表欢迎。《也谈》批评"两种编辑"概念，把矛头针对我们，并无不可。令人无法理解的是，《也谈》的批评不根据我们那个表述，却以杜撰的概念取而代之。

《也谈》文章是这样开头的："'两种编辑'的观点，是在近些年的编辑学研究中提出来的。它认为的'两种编辑'，一种是《辞源》修订本所说的'收集材料，整理成书'的编辑。这是'第一种编辑'。另一种编辑，论者对其基本内容的表述是：'依照一定的方针开发选题，选择和加工稿件以供复制向公众传播。'这是'第二种编辑'。"《也谈》用这些话，向读者介绍我们提出的"两种编辑"观点。这样介绍，是为后面的批评作基础。

请把《也谈》这段话，与我们的表述，以及林穗芳1995年那段话，做对照。从表面看，《也谈》是复述林文中的"第一种编辑"与"第二种编辑"。再看具体内容，《也谈》将《辞源》的编辑定义，加上林穗芳的编辑定义，这两者捏合在一起，自作主张地称之为"两种编辑"。可见，暗中用了调包之计，我们表述的原意，已经荡然无存。这还是我与林穗芳所说的"两种编辑"吗？根本不是了。我们从未说过这样的"两种编辑"。《也谈》引用过我"这鸭头不是那丫头"之语，看来，陈仲雍一定看过我这文章，不会不知道我们那个表述。可是，为什么又要如此调包呢？

《也谈》调包以后的"两种编辑"，与我们所说的"两种编辑"相比较，其概念含义的区别在哪里？在我们这里，"收集材料，整理成书"在"作为著作方式之一"时，与出版编辑是具有不同性质的另一种"编辑"；在《也谈》那里，"收集材料，整理成书"被说成在任何时候都是与出版编辑无关的另一种"编辑"。我们对"两种编辑"的表述本来是正确无误的，《也谈》调包之后立刻具有明显错误。我与林穗芳从未使用过《也谈》这样的"两种编辑"概念。据查考，这"两种编辑"概念是陈仲雍首次提出来的，此前未见。

我与王华良从1985年开始，主张编辑学研究的编辑应该是出版业或传播业中的编辑，因此反对把"收集材料，整理成书"作为编辑学中使用的编辑定义。那时候，我们尚未提出"两种编辑"概念。在1994年，我与林穗芳提出的"两种编辑"，其概念一开始就很明确，如前所述。

现在，陈仲雍把两个不同的编辑定义，按照自己的需要捏合在一起。接着，写文章向公众宣布说，这就是应该批评的"两种编辑"概念！这个概念不属于我，也不属于林穗芳，陈仲雍偏偏说是我们的，岂非天大冤枉？这样写，岂不是误导读者吗？文章一再转载，已受误导的读者不知有多少！

学术上不同意见的争论本是光明正大之事，对我们作批评从来不妨尽兴抒写。为什么要杜撰这样的"两种编辑"概念，再加到我们头上，作为批评的靶子呢？

可以这样使用引文吗？
——更像是一种游戏

《也谈》中引文不少，几乎都是断引，一概不注出处。读者想知原意是什么，查对无门，无可奈何。其中引我文章最多，这是批评的需要，在情理中。一般说来，引文中难免出现少量差错，以不斤斤计较为宜。可是，《也谈》引文差错之严重，一般人绝对想不到。现在，我将其中一段文字原样录下，借此看其如何使用引文。《也谈》说：

　　有些论者认为，今人把"收集材料，整理成书"这种"著述活动"称为"编辑"，是一种历史习惯，是沿袭了旧的说法；而古人把这种"著述"称为"编辑"，是因为它们"本是词义非常相似的同义词"。并举例说，明清写话本小说的就有自署为"编辑"的，因为它们常常"是在收集了丰富有趣的材料资料以后再作整理加工而成的"。不过，论者认为，"在现在看来，小说作者在自己所出版的著作上毫无疑问应该署'著'。"这就是说，"在现在看来"，古人把"著述"称为"编辑"还是不妥当的。①

这段文字，由引用我的文字连缀而成，其目的不用说是为了批评我。这里的引文，全部出自我的《"有出版才有编辑"——谈编辑的产生和发展》，此文刊于《编辑学刊》1996 年第 6 期。在这短短三百来字中，作者使用引文却有以下三种方法。

一、任意删改，变准确为谬误。

我在《"有出版才有编辑"——谈编辑的产生和发展》中说："'编辑'与'著作'在修撰国史范围内最初本是词义非常相似的同义词。"② 我这观点是有充分材料根据的，随后作长文《古代撰述国史称"著作"考》③，可参阅《也谈》引用我这句话时，把"在修撰国史范围内"与"最初"都删除了。没有了这个范围与时间的限制，这个准确命题就变成不准确，所以这是删不得的。在删节之余，陈仲雍又在前面加上这些字："古人把这种'著述'称为'编辑'。"这样一

① 陈仲雍：《也谈"两种编辑"》，《出版科学》1997 年第 3 期，第 7 页。

② 刘光裕：《"有出版才有编辑"——谈编辑的产生和发展》，《编辑学刊》1996 年第 6 期，第 6 页。

③ 刘光裕：《古代撰述国史称"著作"考》，《编辑学刊》1998 年第 4 期。

来，把我原文中明白无误的内容全部改掉，变成不知所云了。

二、移花接木，阴差阳错。

《也谈》将我那句话删改之后，接着写道："并举例说，明清写话本小说的就有自署为'编辑'的。"其实在《"有出版才有编辑"》一文中，我接着那句话所列举的，是唐以前有关古代修撰国史称"著作"的几个事例。我在这文章中，确也列举过明清小说中的有关例证，然而这是在另一段的另一语境之中，说明的是另一种意思。现在经陈仲雍引用以后，我似乎是用明清小说，作为"'编辑'与'著作'在修撰国史范围内最初本是词义非常相似的同义词"的例证。这真是天晓得，岂不是笑话闹大了？面对如此移花接木，颠三倒四，令你啼笑皆非之余，只能唉声叹气了。

三、无中生有，诿过于人。

在"并举例说"这句话之后，《也谈》继续写道："论者认为，'在现在看来，小说作者在自己所出版的著作上毫无疑问应该署"著"。'这就是说，'在现在看来'，古人把'著述'称为'编辑'还是不妥当的。"《也谈》的"论者认为"，当然是指我。"在现在看来"这句话，《"有出版才有编辑"》一文确实说过。但是，我说这话，是把古代小说作者在自己作品上署"编""编次""编辑"等，与现在小说作者署"著"做比较。通过这种比较，我以史实无可辩驳地证明，把"收集材料，整理成书"作为编辑学中使用的编辑定义，在古代编辑史中也是不正确的。我认为，古代小说作者在作品上署"编辑"是完全正常的，这成为我论点的有力根据之一。《也谈》中的"'在现在看来'，古人把'著述'称为'编辑'还是不妥当的"这种话，或者意思类似的话，我从未讲过。特别是，这样说与我论点相左，所以，在我所有文章中连它的影子也找不到。这样的无中生有，倒像变戏法。

《也谈》这类引文错误，我毫不夸张地说是比比皆是，大多是任意理解，胡乱引用。由于是断引，又不注出处，读者一般看不清其中存在的错误，或笑话。这里若将错误一一列出，占用篇幅，怕刊物与读者受不了。我曾将《也谈》交请一位大学同事核对引文。结果我同事称：这样做大概是涉世未深，否则岂有不怕真相大白之时？我苦笑着答道：真相要是不能大白呢？

我们从不否认"收集材料，整理成书"
可以是编辑工作的一部分
——盖在我们的"两种编辑"概念本是无隙可击

《也谈》指责我们的"两种编辑"概念，主要错误就是所谓"否认现代编辑中'第一种编辑'也是编辑工作的一部分"。《也谈》的第一个小标题，就是这样尖锐地提出问题："'第一种编辑'同出版专业编辑无关吗"，文章中引出我说的"这鸭头不是那丫头"之后，马上不合逻辑地对我观点作如此推断："似乎'第一种编辑'同出版专业编辑是不相干的。"《也谈》的上述批评，其共同意思就是，我们否认"收集材料，整理成书"可以是编辑工作的一部分。陈仲雍在文章中还列举了自己在出版社工作的事实，说明"收集材料，整理成书"可以是编辑工作的一部分，以证我们之误。

不过，《也谈》对我们的这个批评，除有不合逻辑的推断，通篇没有从我们文章中举出哪怕是一个实例作为证据。所以，这是在没有任何实际证据的情况下，放心地、大胆地进行的批评。我可以保证，这方面的实际例证陈仲雍是找不到的。因为他这个批评，与存在多年的事实是完全背离的。

我早在1991年写的《再论何谓编辑》中，就说过这样两段话[①]：

> 出版活动中如果有"收集材料，整理成书"这种事，承认它是编辑工作的一种内容，这象承认其它内容一样，本不成问题。
>
> 有为出版而编纂者，如明之冯梦龙；有为出版而校仇者，如清之顾广圻。凡是如此，皆是编辑。

---

① 刘光裕：《再论何谓编辑》，《编辑学刊》1991年第4期，第9页、第12页。

由此可见，我在没有提出"两种编辑"之前，就确认"收集材料，整理成书"可以是"编辑工作的一部分"。这比陈仲雍的批评，时间上早了六年。在我们看来，"收集材料，整理成书"，既可以是一种著作活动，也可以是"编辑工作的一部分"，两者的区别需以是否从属于出版工作为界限。所以，在反对把"收集材料，整理成书"作为编辑定义的同时，我们从未否认"收集材料，整理成书"可以是"编辑工作的一部分"，相反是一再公开承认这个事实。这样做，倒不是怕陈仲雍那样的批评，而是使我们的理论观点更趋全面和完善。

我在1994年写的《三论何谓编辑》中，又这样说：

> 什么是"作为出版工作一部分的'编辑'"？这也就是出版业中存在的一种专业活动，其名曰编辑。就其活动内容看和操作形式看，其中一部分是与作为著作方式之一种的编辑或编纂相同，然而另有更多的是不相同的，如选题、组稿、审稿、版式等。既有部分相同之处，又是同名曰编辑，两者如何区别？按照林先生的表述，只需看其是否"作为出版工作一部分"。①

在谈出版编辑时，我认为"就其活动内容看和操作形式

---

① 刘光裕：《三论何谓编辑》，《编辑学刊》1994年第3期，第2页。

看，其中一部分是与作为著作方式之一种的编辑或编纂相同"，这与上面《再论》中说那"一部分"的意思一样。在此同时，我又指出"更多是不同的"，指出区别"两种编辑"的关键是"看其是否'作为出版工作的一部分'"。这再次证明，《也谈》的这个批评，纯系子虚乌有。

有上述文章为证就足够了，我其他文章中的例证无须再举。总之，只要以事实为根据，陈仲雍这个批评就永远无法成立。

现在，不妨再从另一面为陈仲雍着想。在我们"两种编辑"概念的表述中，是否存在逻辑方面的疏漏，可能造成陈仲雍所批评的那种误解呢？

在此，只得重复我们的表述："作为著作方式一种的'编辑'和作为出版工作一部分的'编辑'代表不同的概念。"① 在这个表述中，"收集材料，整理成书"唯有在"作为著作方式一种"时，与出版编辑才是不同性质的另一种"编辑"。在这个表述中，当"收集材料，整理成书"不是"作为著作方式一种"时，就完全可以被"作为出版工作一部分的'编辑'"所包括。因此在阐明"两种编辑"概念时，我既可以理直气壮地确认："就其（即出版编辑）活动内容看与操作形式看，其中一部分是与作为著作方式之一的编辑

① 林穗芳：《"编辑"和"著作"概念及有关问题》，《编辑学刊》1994 年第 1 期，第 39 页。

或编纂相同",我又可以同样理直气壮地强调:"这鸭头不是那丫头。"这是因为我们的"两种编辑"概念,其含义与实情相符合,语言表述又是无隙可击。

这个具体表述,本出自林穗芳之手。我认为用词恰到好处,逻辑严谨,无可挑剔。因此我想,只要看清了我们的表述,就不会产生误解。至于对我们的表述并未看清楚,或者不想看清楚,那是另一回事。

那么,《也谈》批评我们的"否认"与"无关",又是怎样产生出来的呢?

《也谈》对我们的批评,其基本步骤有三。第一步,杜撰出一个"两种编辑"概念,加到我们头上。第二步,依据这个杜撰概念,推定我们否认"收集材料,整理成书"可以是出版编辑工作的一部分。第三步,以这种没有真凭实据的推断为前提,旁若无人地进行种种看似有力的抨击。在此同时,如果想在某个地方需要引用我们的文字,方法大体如本文第二部分所说。

所以,关键是杜撰了"两个编辑"概念。由于"收集材料,整理成书"既可能是"著作方式之一种",也可能是"编辑工作的一部分"。而陈仲雍在自己杜撰的那个概念表述中,对以上两种情况不做区分。结果在这杜撰的概念中,造成"收集材料,整理成书"在任何时候都是与出版编辑对立的。于是,就可以轻易地推断出《也谈》中的"否认"与

"无关"来。既然问题产生在那个杜撰的概念，这个责任自然应当由陈仲雍自己来负。

文章写到这里，心情并不轻松。编辑学中有许多内容需要讨论，可是我却硬着头皮写这劳什子。本以为我的一再退让，足以平息烽火，省却这答辩，可以省心省事，也算我的一种快活。孰料两年多来，这批评一再刊登出来。不过我想，与学风问题相比，个人荣辱并不重要。繁荣学术，以端正学风为首要的大事。如果从这件事开始，编辑学界的学风因此受到重视，并且真正端正起来，那就是最大的希望了。

（原载《编辑学刊》1999 年第 6 期）

十二、我赞成"科学"与"求实"
——答李明伟先生

我到近日才有机会拜读李明伟先生发表在去年《编辑学刊》第 5 期上批评我的文章：《科学　求实——有关编辑学研究的一点看法》。给我一个良好印象是，在引用批评对象的文章时，一一注明出处。这样做的好处是，便于读者核实查对，给人以愿对批评负责的感觉。每年我都有幸挨学界朋友不少批评，常见的另一种做法是，将我文章中的话打上引号后进行种种批评，却不注明是谁的文章，出于何处，有意弄得读者一头雾水。这种做法，我称作暗箭。我不敢想暗箭会绝迹，但更赞成明枪。在暗箭式的批评中，凡有曲解与中伤，读者无法辨认；当挨批一方提出申辩，就以并未指名为由，马上变成禁止反批评的法宝。与此相比，李明伟明枪实弹，至少表示愿意给挨批的人一个申辩机会。

以"科学　求实"为题，我以为颇有针对性。时下学界，忽略科学性与求实态度者，屡见不鲜，痼疾深重。作者称"从逻辑分析的角度论证"我理论中的"不科学性"，剔除了"不科学性"对我定有好处；至于所说"逻辑分析"，当今作文不讲逻辑者，天下者滔滔也，我不能不表赞同。

不过，对他的批评内容，我不敢苟同。既有不同意见，以平心静气讨论为好，这大概也符合批评者的本意。我依从批评者的题目，从"科学"与"求实"两方面出发，讲几点不尽相同的意见。

第一，李明伟作"逻辑分析"时，可惜的是自己率先犯了简单逻辑错误。

李文批评的重点是针对我《"有出版才有编辑"——谈编辑的产生和发展》①这篇文章，批评"有出版才有编辑"

---

① 刘光裕：《"有出版才有编辑"——谈编辑的产生和发展》，《编辑学刊》1996年第6期。

这个观点。为节约篇幅，我只引出文中结论如下："从这几个论证当中，只能推出有出版必然有编辑。出版是编辑的充分条件，但绝不是充要条件。因此，'有出版才有编辑'是错误的推理判断。"①

我赞赏作者的直率。不过，我若是也用直率话来回答，只能遗憾地指出，他这个结论与事实不符。辩友既喜欢用"逻辑分析"，我就从"逻辑分析"着手，看他错在哪里。

一、从三段论法的要求看，上面这段话中前提空缺，作者的结论是依靠无前提判断做出的，因此是凭空得来的。

我自1986年撰写第一篇论编辑概念的文章以来，至今已有十数年，一共写了近十万字文章论证我的编辑概念（具体文章将在后面谈到）。在这些文章中，同时也从理论与史实两方面，论证了编辑产生的必要条件是出版。现在，李明伟宣称出版"绝不是必要条件"，那么编辑产生的"必要条件"究竟为何物呢？这一点，作者应该讲清楚，却是偏偏不讲。不讲编辑产生的"必要条件"为何物，就急忙否定我的判断，逻辑上犯了"前提空缺"的毛病，这个判断成为无前提判断。那么，这是不是逻辑学上容许的"前提省略"呢？为

_____

① 李明伟：《科学　求实——有关编辑学研究的一点看法》，《编辑学刊》2000年第5期，第22页。我的《"有出版才有编辑"——谈编辑的产生和发展》一文中，在发表时，"出版是编辑的充分条件，但是绝不是充要条件"一句，"充要"为"必要"之误。

此目的，我两次查遍全文，包括查找近似的表述在内，还是找不到他那个"必要条件"为何物。他这个"前提"在这里是否可以允许省略呢？不可以。因为编辑学界谁都知道，这是两派激烈争论多年的老问题，怎能容许贪图省事而省略掉？针对多年争论的学术问题，作者在前提空缺情况下进行推断，旁人很难确切知道他批我的那个结论，是从什么地方，用什么法子变出来的。我想，作者心里藏着的那个前提，怕是了无新意，故而以不向读者说明为上策。从形式逻辑角度看，作者已经不把三段论法放在眼里，也许是气虚而火盛的缘故。不过，这种无前提判断，给人的印象却是武断，是横竖不讲理，奉劝以尽量避免为妥。

二、为了做出自己需要的结论，作者在暗地里调换了我的编辑概念，并且违反了形式逻辑的同一律。

我说"有出版才有编辑"，等于是说出版是编辑产生的必要条件，这个结论是根据我及我一方学者持有的编辑概念做出的，又是我十数年来的近十万字文章中，从理论与史实两方面反复论证过的观点，也是编辑学界一派学者的共同观点。现在，李明伟突然宣称："'有出版才有编辑'是错误的推理判断。"我在虚心考虑的同时，感到十分突然。

从我及我一方的编辑概念出发进行推断，"有出版才有编辑"是完全正确的判断。那么，作者为何突然说在我的逻辑系统中，这是"错误的推理判断"呢？在这里，存在一个读者朋友不易发现的秘密，就是他暗中调换我原来文章中的那个编辑概念。他的编辑概念是什么样的，仍旧不愿意明白讲给你听，原因不详。从上下文考察，可知是用"收集材料，整理成书"这个编辑概念，也许是比这更大或更宽泛的编辑概念，来置换我原来的编辑概念。编辑学界无人不知，这类概念恰恰是我及我一方学者十多年来一贯反对的。可是，凡是从"收集材料，整理成书"这个概念出发，鉴于历史上在有出版之前就已经有"收集材料，整理成书"的事，因此出版就不能成为编辑产生的"必要条件"。若从比它更大或更宽的编辑概念出发，效果也一样。这个道理，说穿了浅显无比。就我辩友而言，为了在"逻辑分析"中做出不利于我，只利于自己的结论，简便办法就是将我原来的编辑概念，置换成我一贯反对的编辑概念。当李明伟指责"有出版才有编辑"时说："出版是编辑的充分条件，但绝不是充要条件"，这时偷换概念的工作早已神不知鬼不觉地完成了。实际上他说的"编辑"概念，已经不是我原来所说的。不如此偷换概念，他没有可能也没有办法从"逻辑分析角度"批评我。

　　我为何又说是违反了形式逻辑基本规律之一的同一律呢？仅仅偷换概念，尚不足以宣布我的逻辑判断是"错误的推理判断"。为此目的，辩方朋友需要亲自作一推理过程。于是，就从"收集材料，整理成书"这类编辑概念出发，去推断我的"有出版才有编辑"，进而断定我的"'有出版才有编辑'

是错误的推理判断"。这是辩友自己的一个简单推理过程，其中出现两个不同的编辑概念，前一个是他自己的，后一个是我的。从形式逻辑要求看，岂不是违反同一律？

从"逻辑分析的角度"考察此文，归纳起来说，以偷换概念、无前提判断、无论证判断这三类毛病居多。像指责我是"空穴来风"呀，"无中生有"呀，"严格说总是个谬论"呀，诸如此类的抨击，所用方法，大抵不出上面三种。一般人读过之后，难以弄清楚他推理的前提是什么，判断的根据是什么；只看见批评我的那些结论，接二连三地朝你奔腾而来，目不暇接之余，大概都有点眼花缭乱。

为何重视"逻辑分析"，却又犯了俯拾即是的逻辑错误？个中原因，我看是未能知己知彼。我有关编辑概念的近十万字文章，包括《"有出版才有编辑"——谈编辑的产生和发展》在内，有两个特点：一是为书刊编辑学中的编辑概念之争而写的；二是严格按照区别两种编辑概念的理论逻辑写成的。这位辩友既然视出版编辑学为仇敌，足以肯定他的理论逻辑与我不同。就我的理论逻辑而言，不敢自称是铜墙铁壁，深信决非豆腐渣工程。看来这位辩友非常讨厌"这鸭头不是那丫头"的忠告，这完全是他的自由。可是，当分析我的理论逻辑时，如果不顾一切地将这鸭头当成那丫头，"逻辑分析"时想不犯错误就是不可能的了。这样说，我决无意思要对方同意我的逻辑，而是讨论如何分析与批评我的逻辑。古

人云，"知己知彼，百战不殆"。以"知己知彼"劝人，期待
"百战不殆"而已。

第二，我看最大的败笔，是作者布下大棒战术。

现在，我先引李明伟这段话："有没有另外什么编辑活
动，不是想象不想象的问题，需要调查取证依据事实。研究
不限于出版编辑而是所有编辑活动的普通编辑学，不超越才
是不正常的。至于说'游离''挑战'，我看是在学术上对殖
民统治思想的招魂。"① 上面这段话，值得所有关心学术严肃
性的人注意。

我前面说过，作者气虚而火盛。从这段话看，火气更是
特别大。批评对象除我之外，又有了别的人。一是批王华良。
作者先引出王华良的话："离开出版业、传播业会有另外什么
编辑活动，是不可想象的。"他这段话的前半部分，批的就是
王华良。二是批王波、王锦贵。作者先引出这两位先生的话：
"随着编辑学的壮大而壮大的还有一种学科独立的倾向，直接
构成了对出版学的游离和挑战。""至于说'游离''挑战'"
云云，就是批这二位。他的引文仍旧一一注明出处，我赞成
这种作风。

读到这里，最令人吃惊的，是他说"我看是在学术上对

---

　　① 李明伟：《科学　求实——有关编辑学研究的一点看法》，《编辑
学刊》2000 年第 5 期，第 23 页。

殖民统治思想的招魂"。这句话明显不妥。一是做出这种判断,作者没有任何论证,没有提出任何根据。作者的诸多无论证判断,以此为代表。二是大棒战术。这个"对殖民统治思想的招魂",是无缘无故、无根无据、平白地给对方扣上一顶政治性大帽子。作者多以大棒赠我,比如"总是个谬论"之类,与此相比,又似乎算客气了。

作者的直接指向,是王波与王锦贵。他们二位的文章,题为《论编辑学是出版学的分支》,刊于《编辑之友》1999年第 4 期。按照李明伟的逻辑,谁坚持"编辑学是出版学的分支",谁就是"在学术上对殖民统治思想的招魂"。挥舞这根大棒,自然也是吓唬所有坚持"编辑学是出版学的分支"之人。我想,持此观点者,中国怕有不少。还听说,有人要将中国编辑学会归由中国出版协会管辖。由此看来,可疑是"对殖民统治思想的招魂"之人,怎能仅仅是这两位?

这样的大棒战术,容易令人想起"文革"中的极左之风,太不得人心。全无"科学"与"求实"可言。我心里弄不明白,无名之火为何这样大,究竟受了何种刺激或影响?又是为何出此下策,走这一步也曾考虑后果否?

恕我直言,刊物编者的处理,并非没有可议之处。此文是在《出版发行研究》与《编辑学刊》同时发表。这类一稿两投,编者受骗固然难免,可是《出版发行研究》刊出时,将"对殖民统治思想的招魂"这段话，以及相关的话，还有其他出言不逊或节外生枝的话，统统删除；编者并有说明：作者是"河南大学新闻编辑出版科学研究所研究生"。《编辑学刊》未做这种工作。两相比较，《编辑学刊》似乎更强调文责自负，而我更赞成《出版发行研究》的做法，如此显得更慎重一些，对保护年轻人亦有好处。

第三，了解近二十年的编辑学研究历史，也许有助当今讨论。

仔细考察文章中的话，李明伟之所以挥舞大棒战术，为的是维护他心中钟爱的所谓"普通编辑学"。那个普通编辑学究竟为何物，他仍旧不给你明白讲出来。从他一再视"出版编辑学"为仇敌看，从王华良不同意"超越大众传播媒介去研究编辑活动"而他立即表示敌意看，我猜想他的"普通编辑学"是超越一切传播媒介的，或者如他说是"站在整个社会文化大系统的高度"之上的。总之，是大得不得了的，又是谁也没有见过的。作者学着《共产党宣言》的口气，自称这个普通编辑学是"新生事物"，据说别人"不加斟酌地视为洪水猛兽"；又暗示我们，这里将诞生"像亚当·斯密和卡尔·马克思这样的天才"。我之所以挨批，还有王华良、王波等人之所以挨批，原因可能在这里。

我既然已有视"新生事物"为"洪水猛兽"之罪，照理不便再说什么。但是我想,年轻人有可能不了解历史,我结合自己亲身经历,将以往有关史实做简要介绍,也许对读者思考问题,对有关讨论,有点参考作用。

一、我国的编辑学之热,最初就出现在出版业内部,时间是二十世纪的八十年代初,研究内容以出版社中编辑业务为主。

"文革"结束以后,编辑学开始受重视时,出版社内部的编辑业务讲座,是它早期的主要形式。1981年,商务印书馆率先举办"编辑业务讲座",主讲者为陈原、曾彦修等诸多著名专家。以后,同类讲座纷纷在北京、上海等地出版业内部出现。教育部高教一司从1984年开始,也在哈尔滨、上海等地举办全国学报编辑讲习班。我与王华良都在1984年的哈尔滨为全国学报编辑讲过业务知识。有鉴于此,当年我国编辑学的研究力量,主要由出版社与高校学报这两部分人组成,进而逐渐发展成为今天的研究队伍。

出版业中的编辑业务,是当时研究的基本内容。以1990年以前出版的著作为例。如《实用编辑学》(阙道隆主编,1986)、《实用编辑学概要》(俞润生编著,1987)、《编辑学概论》(朱文显、邓星盈著,1988)、《图书编辑学概论》(高斯、洪帆主编,1989)、《书籍编辑学简论》(张玟、林克勤著,1989)、《科技编辑学概论》(王耀先主编,1989)、《编辑学论稿》(刘光裕、王华良著,1989)等,这些著作有些从名称就知是图书编辑学，至多兼及刊物。翻一翻这些著作，里面讲的都是出版业中的编辑业务。与这个内容有些不同的，大致有两种。一是萧汉森等人的《编辑学概论》（1989），全书十章中有一章，讲广播电视电影编辑；另一是王振铎、司锡明主编的《编辑学通论》（1989）。

当时既研究出版业的编辑业务，报纸也属出版，为何大家不注重报纸编辑学？除研究者大都来自出版社与高校学报，比较熟悉书籍与刊物业务外，还因为我国习惯上是把出版与新闻分开的，而且报纸编辑学早已在新闻学中成为一门比较成熟的学问。因此即使涉及，像朱文显的《编辑学概论》讲了新闻编辑，仅仅是全书十一章中的一章而已，内容仍以书刊编辑为主。

由此可见，八十年代开始的中国编辑学，它的主流是图书编辑学。笼而统之是称编辑学，具体内容则以研究出版业中的书刊编辑业务为主。这种局面，到今天稍有变化；但从著作数量的统计资料看，并未发生根本性的改变。说图书编辑学或书刊编辑学属于出版学，或者说它是出版学的分支，不能算什么过错。

二、编辑学界首次重要学术讨论的起因，是对"收集材料，整理成书"作为编辑学的编辑概念提出质疑。这场争论，实际上是图书编辑史学家中的编辑概念之争。

　　1986年我撰《怎样理解编辑概念》一文①，1987年刊出后频频转载，大概在五次以上。撰写经过，我在《编辑学理论研究·再版后记》②已有说明。该文分三部分："孔子是编辑吗""编纂和编辑究竟有无区别""编辑的概念如何"；基本观点是认为"收集材料，整理成书"不能成为编辑学使用的编辑概念。从此开始，揭开了长期讨论编辑概念的序幕。

　　需提请注意，我质疑的编辑概念中有"整理成书"这句话，而我一位辩友就称编辑是不同的"成书方式"。我并不同意这种观点，可是就此足以证明，当时争论双方研讨的对象是一致的，就是图书编辑学，或曰书刊编辑学。因此，凡以新闻编辑学为业的人，不需要也不可能参加我们间的争论。

　　1990年的湖南衡山会议上，我首次听到胡光清先生将全国编辑学观点分为两派：一派认为有书籍就有编辑，另一派认为有出版才有编辑。后来他曾将这观点写成文章，刊于《编辑学刊》③。今天若将当年出现的众多编辑概念搜集起来，可知其中绝大多数，或者是从有书籍就有编辑的角度界定的，或者是从有出版才有编辑的角度界定的。所以胡光清将全国

---

　　①　该文发表于《编辑学刊》1987年第3期，刊出时标题为《论编辑的概念》。

　　②　刘光裕、王华良：《编辑学理论研究》，济南：山东教育出版社，1995年。

　　③　胡光清：《关于编辑概念的理解》，《编辑学刊》1992年第2期。

编辑学观点这样区分为两派，符合事实。凡承认这个事实，就等于承认当时全国编辑学界研究的，基本上都是图书编辑学。认为图书编辑学或书刊编辑学属于出版学，正常情况下当然是正确的。

我1986年对编辑概念的表述是："编辑是在利用传播工具的传播活动中，处于作者和读者之间进行的种种出版前期工作。"①1988年，我又做如下说明，我这表述"是针对书刊编辑而言，基本精神似亦可与其它编辑相通"②。所说"其它编辑"，就是书刊编辑以外的传播媒介编辑。像我这样公开主张研究书刊编辑学的，当时是多数人。我们谁也不曾想过，热心研究书刊编辑学，会给很久以后才听说的所谓"普通编辑学"，产生什么威胁。

总之，首先由我质疑而引起的这场争论，一开始就是图书编辑学中的编辑概念之争。双方如果不在研讨对象是图书编辑学上具有共识，这个争论就不可能产生，产生了也不可能长期争论下去。

李明伟那个"普通编辑学"，据说作为一门学科，比图书编辑学不知要高明多少倍，因此不愿"归拢到出版学旗

---

① 刘光裕：《论编辑的概念》，《编辑学刊》1987年第3期，第15页。

② 刘光裕：《当前的编辑学研究》，《编辑学刊》1988年第2期，第5页。

下"。这类说法，都是个人自由。与图书编辑学相比，"普通编辑学"的性质既已大不相同，它的编辑概念也早已变味了。因此，如果"普通编辑学"要讨论编辑概念问题，拿到以往编辑概念之争去，岂不是找错了门，走错了路？因为以往编辑概念之争，仅是为建设图书编辑学而形成的。

三、图书编辑学中的编辑概念之争，到 1994 年事实上已经告一段落。

编辑概念之争自 1986 年我提出质疑之后，在 1990 年至 1994 年间，进入高潮。1990 年，王华良在《试论界定"编辑"概念的方法论问题》中批评"编辑概念"的"泛化"；1991 年，王振铎、姚福申二位先生针对王华良观点，分别撰文，奋起商榷。我也于 1991 年撰《再论何谓编辑》，进一步阐述自己观点。其间，还出现其他学者的一些重要文章。

到 1994 年，林穗芳先生刊出重要论文《"编辑"和"著作"概念及有关问题》（《编辑学刊》1994 年第 1 期）。林穗芳本人是资深的出版编辑，且精通多种外语，无论从出版界还是教育界看，都是难得的人才。他在 1987 年所撰论文《关于图书编辑学的性质和研究对象》（《出版与发行》1987 年第 2 期）中，根据国际术语学命名规则，建议以英语 redactology 作为"编辑学"的国际用语，对此美国同行有好的反应。他又是出版学研究的得力倡导者，如撰《明确"出版"概念加强出版学研究》（《出版发行研究》1990 年第 6 期）等论文，并有专著《中外编辑出版研究》（华中师范大学出版社，1998 年）。林穗芳在 1994 年那篇文章中，翔实论证了"编辑"与"著作"这两个概念。他根据作为我国国家标准的《普通图书著录规则》与《中华人民共和国著作权法》等权威资料，以充分的理由，将"著作"概念区分为狭义著作与广义著作两种；进而又认为，"作为著作方式一种的'编辑'和作为出版工作一部分的'编辑'代表不同的概念"。① 他的观点令人信服之处，在于通过中国与外国的两部分可靠资料，一一作翔实论证。我读了林穗芳文章，兴奋之余，立即撰《三论何谓编辑》（《编辑学刊》1994 年第 3 期），以作响应。我这《三论》，接续林的论点做进一步发挥，同时补充我国历史上更多的新鲜文献资料；全文三部分："两种不同的编辑""对《辞源》'编辑'释义的两点补充说明""谈姚福申的'著作概念唯狭义'"。

　　1986 年开始的图书编辑学中编辑概念之争，到 1994 年林穗芳《"编辑"和"著作"概念及有关问题》与我《三论何谓编辑》发表之后，基本上已告一段落。我这样说的理由是：就我一方看，观点大致都已公之于众；就辩友一方看，从这

---

　　① 林穗芳：《"编辑"和"著作"概念及有关问题》，《编辑学刊》1994 年第 1 期，第 39 页。

一年以后，再也不见有正面对垒的有分量论文。

1994年后我撰长篇论文，从数量看不少，内容大致都是以前观点的进一步发挥与补充，特别是补充新的证据或文献资料。譬如，1995年撰《四论何谓编辑》（《出版发行研究》1996年第1~2期），基本内容是界定"出版"概念；1996年撰《"有出版才有编辑"——谈编辑的产生和发展》（《编辑学刊》1996年第6期），重点是说明古代编辑为何必然与出版相联系，又具体说明古代编辑与现代编辑的异同；1997年撰《古代撰述国史称"著作"考》，意在用丰富可靠的文献资料，为"著作方式之一种的'编辑'"作难以辩驳的论证。这些文章中的基本观点，其实都是早已有的。林穗芳所撰《试论独立的编辑职业的形成》（《编辑学刊》1994年第6期）、《做好编辑学理论研究的奠基工作》（《编辑学刊》1995年第6期）等，除了与我有相似一面，另可能比我更注意联系实际，对原有观点做进一步阐述。

再看我辩友一方的情况。对我方的批评，以旁敲侧击为主。重要者据我所知，如陈仲雍先生批我的"两种编辑"观点。我回答说，你这观点，我《再论》就讲过，《三论》重申，时间上比你起码早了六年。他竟答曰，这些文章自己没有读过。不读别人文章，也敢大张旗鼓地批评，这事儿真新鲜，真有趣。再如李明伟先生，他的"逻辑分析"与大棒战术，已如前述。因此我总感到，以前辩友那种敢于正面对垒的有气势的文章，如胡光清、姚福申诸先生的文章，颇为遗憾地再也读不到了。原因不详，或许是有些辩友的兴趣，已经不在图书编辑学了。

四、最早对"大"编辑学明确提出质疑的，可能仍旧是我。

我始终认为，编辑学最有必要研究的又是最有希望的，是书刊编辑学或图书编辑学。1996年，我为山东教育出版社出版《现代编辑学》而写《序言》中，有一段话涉及"大"编辑学。比如说："在我看来，与其是经常想入非非，做'大'编辑学之类美梦，不如脚踏实地去研究书刊编辑学更为有益。当务之急是，先把书刊编辑学的基础弄结实，然后，再去管别的事儿不迟。"这里所说"大"编辑学，是指把传播业中各种媒体的编辑业务凑合在一起而成的编辑学。我以为，各种媒体的编辑业务差别太大，勉强放在一起讲，只能各讲各的，并无实际意义。2000年春天，参加北京召开的阙道隆先生《〈编辑学理论纲要〉构想》讨论会。该《构想》是在原来书刊编辑学基础上，再用"大"编辑学观点加以改进的。我以《有关编辑学理论的几点想法》为题，讲了三点意见：关于应用科学、关于研究对象、关于书刊编辑，重点分析《构想》中有关"大"编辑学部分的不合理与不科学。（此文刊于《编辑之友》2000年第4期）会上，有人与我持有相同观点。最后，我听阙道隆对大家说：我还是研究书刊编辑学，"大"编辑学让更高明、更有学问的人研究吧。阙公最后究竟怎样，我不清楚。就我而言，胆敢当面提不同意见，是因为阙公既学富五车，又虚怀若谷。对"大"编辑学的质疑，我有上面两篇文章；同好诸友作平心静气的讨论，愿闻教益。只是对大棒战术有点恐惧，此心未知能获谅解否？

上面所说"大"编辑学，或许还够不上李明伟"普通编辑学"那样的"大"，暂且不算一回事，因此我有胆再说几句话。就"大"编辑学而言，与其说它是"新生事物"，不如说是"待生事物"更合乎事实。将这类八字未有一撇的"待生事物"的作用，夸大为"洪水猛兽"，若不是神经过于脆弱，一定就是故意自作多情了。俗话讲得好，是骡子是马，牵出来遛遛再说。"待生"期间，我看以少说大话为宜。至于别人提出质疑，可能是爱护的另一种方式，无须视为敌人。如果有一天美梦成真，为祝贺编辑学家族中增加一个新成员，我愿献上一束鲜花。

2001 年 3 月于山东大学

附：《辞海》对"编辑"释义的修改

在 1979 年版的《辞海》上，"编辑"一词的释义是："指新闻出版机构从事组织、审读、编选、加工整理稿件等工作。是定稿付印前的重要环节。指从事编辑工作的人员。"

1989 年版把释文的第一义项改为"新闻出版和电影等机构从事组织、审读、编选、加工整理稿件等工作。是定稿付印（或摄制）前的重要环节。"

1999 年版的释文改为"组织、审读、挑选和加工作品的工作，是传播媒介工作中的中心环节。用电子计算机处理信息时增删修改数据、编排程序的一项工作。根据特定要求选择若干作品或者作品的片断，汇集编排成为一部或一套作品的著作方式。指从事编辑工作的人员。我国新闻出版专业技术职务之一。"实际上把义项由以前的两项扩大到五项。

林穗芳先生为《辞海》的这一改动，专门撰文指出："新的释义更充分、更明确地界定了编辑活动的范围……第三个义项的设置，意义尤为重大，它反映了学界在 90 年代对编辑学的核心范畴'编辑'概念研究所达到的新水平。""1994 年以来越来越多的学者主张或赞成区分作为著作方式之一种的'编辑'与作为出版等专业工作一部分的'编辑'。《辞海》作为一部权威工具书，在新版确认'编辑'可以是一种著作方式，并设一个义项说明作为一种著作方式的'编辑'在性质上不同于作为传播媒介工作一部分的'编辑'，意义深远。"

（王华良编）

（原载《编辑学刊》2000 年第 2 期）

出版业与编辑学

十三、编辑学研究的方法问题

在研究方法方面，有两个问题值得重视，一是始终坚持马克思主义的基本原理，二是广泛借鉴其它学科的一些观点和方法。

先讲坚持马克思主义的基本原理。

马克思主义对于各种学科，都重视理论与实践的统一。因此，我们所研究的编辑学，自然应是能在中国应用的科学。中国的编辑学不可能与西方的编辑学完全两样，所以凡是西方的编辑学或出版学中对我们适用的东西，不妨大胆吸收，或者改造以后吸收。可是，西方的编辑学也还不那么成熟，所以对吸收也不能抱太大的希望。从另一方面说，不论我们的编辑学要不要在前面加上社会主义这个词，它总是不可能与西方的编辑学完全一样。原因在于我们的编辑学，要能指导在社会主义国家进行的编辑工作，而这个社会主义国家又是中国，不是别的国家。且举例来看，我们的编辑工作要讲坚持四项基本原则，这个内容就是西方编辑学中没有的。在对待出版事业中的经济利益和社会效益的关系上，我们不是可以不顾经济利益，但与西方资本主义国家相比，我们应该更加重视对国家和人民的社会效益，这一点也是大家公认的。再像下面一些具体问题也应考虑。中国历史古籍的数量是世界上最丰富的，因而整理重印古籍是编辑业务中一个不可少的内容，这就使中国的编辑学必须包括版本、目录、校勘方面的知识；中国用汉字印刷，在版式工艺方面有特殊要求，中国人对书籍装帧等有特殊的审美趣味。诸如此类的问题，我们当然不能央求国外的编辑学来解决。因此，我们必须建立中国自己的编辑学，这方面尽可大量吸收国外的有用东西，但最终必须是具有中国特色的编辑学。在这里，重要的一条是要坚持马克思主义的理论联系实际这一原则。

坚持马克思主义的基本原理，有必要注意整理和研究经典作家和革命家的编辑思想和编辑活动经验。马克思、恩格斯、列宁、毛泽东、周恩来、刘少奇等有关编辑出版的思想和经验相当丰富，系统总结后既可写成专著，又便于成为编辑学中的重要内容。再是要努力地和不懈地用辩证唯物论和历史唯物论的基本观点去看待和分析编辑现象。这一点可能更加重要。

以往的编辑学，重在研究编辑过程和编辑工艺，在这方面取得了决不可轻视的成果。编辑过程和编辑工艺以后不仅要研究，而且这个研究还要加强和发展。举世瞩目的电子技术急待应用到编辑出版工作中来，由此可能使编辑工作产生一系列连锁反应式的变化，编辑学难道可以回避这类工艺性、技术性特别强的问题？根本不可能。

以往的编辑学成就固然不小，但它有一致命的弱点，就是孤立地看待编辑工作。尽管我们口头上承认编辑工作是一种社会文化活动，但是，我们的研究还是只看到编辑部内部所做的那些事情。当然，研究这些事情十分必要，问题在于老是孤立地看待这些事情，就会严重地影响编辑学的理论建设。应该承认，这个问题至今没有得到很好解决。

比如，当我们从理论上说明编辑工作的社会作用和意义时，由于眼光只盯着编辑过程和编辑工艺，因此翻来覆去只在文稿身上打主意。所以一般总是说编辑对文稿的加工修改多么重要，其中的创造性作用有多大，又说是编辑从中培养和发现了作者，等等。其实编辑的工作和作者的创作不必相提并论，因为编辑与作者的价值标准不尽相同。编辑的加工修改等工作应如何去看？首先，在一般情况下不合格的稿件不应约来，约来了责任就在编辑，再麻烦也理应作处理，以免贻害读者，又使出版社赔本。再者，编辑加工修改的实际情况并不一样，有些时候工作量很大，难度很高，可也不要忘记有不少作品并不需要大动干戈，稍做改动即可发排。所以编辑在这方面的作用无疑存在，然而若是强调过头，作者心中往往不服。至于说编辑有培养作者的作用，这实际是从文稿身上生发出来的，一般由于编辑看中了该文稿有传播价值，因而作一定处理后付印出版，出版后作者的知名度自然就随着提高。其实，作者主要是由学校和社会培养出来的，而作者写出作品来又得靠他自己的艰苦努力，作品常常是作者自己数年心血的结晶。编辑通过文稿对作者有所培养或帮助，这是事实，然而这方面作用也不能说过头。

马克思主义的辩证唯物论和历史唯物论是科学的世界观，它为编辑学提供了坚实的方法论基础。根据这个科学的世界观，我们就必须把编辑活动真正看成是一种社会文化活动。所谓真正看成，当前最主要是不能离开社会生活，孤立地看待和研究编辑工作，这是其一。其二是，编辑工作既然是社会文化活动，它本身必然具有错综复杂的社会联系，因此，必须进一步看到它的这种社会联系，并考察对它的影响，这影响又常常表现为相互作用。这个社会联系包括编辑与同时代的经济、政治、文化等方面的联系，与过去和将来这方面的联系，与印刷、发行方面的联系等。这些社会联系，最后大都集中体现在编辑与作者和读者的关系上。其三是，编辑工作本身以及它所具有的错综复杂的社会联系，都是具体的

和历史的现象，因此，不可离开了具体的历史环境去看待它
们。所以现代的编辑工作不可与古代的编辑工作等量齐观，
社会主义中国的编辑工作又不可与西方资本主义国家的编辑
工作等量齐观，尽管它们彼此之间存在着许多相同和相通之
处。在此，马克思主义关于经济基础和上层建筑的理论，对
编辑学也是适用的。其四是，编辑工作本身以及它所具有的
错综复杂的社会联系，都是处于不断的运动和发展的过程中
的，凝固不变的老一套在编辑领域也是没用的。因此，必须
结合具体的历史环境去研究编辑的产生和发展，以及今后的
发展趋势。

以上四点，其中基本内容大致属于马克思主义哲学中的
老生常谈。这个基本内容作为研究方法，经典作家曾经用它
成功地研究了社会中的经济现象、政治现象、文化现象等，
然而现在有些人反而对它有些陌生了。把这种方法拿来研究
编辑现象，建设编辑学理论，其优越性自不待言。当然在具
体工作中，又难免出现认识与实践之间的矛盾，所以决非一
件容易事。尽管面前的困难还是很多，依靠这种方法，成功
的希望却增大了。

试再以编辑工作的社会作用为例。如果我们从具体历史
环境的社会联系中去看编辑工作，又从历史的运动发展中去
看编辑工作，对它的社会作用就会得到一些新的认识。从历
史上看，编辑作为文化活动中一个专业是随着大众传播事业

的兴起而正式诞生的，它活动的内容、范围和规模又是随着大众传播事业的发展而发展的。没有大众传播，就不会出现编辑，当然没有编辑，大众传播事业也兴盛不起来，决不可能具有现在这样的巨大威力。再是大众传播本身的发展，它又与社会生产力的水平、制作传播媒介的科学技术、社会文化的普及程度和社会政治体制等相联系。从这个意义上说，编辑在历史上并非从来就有，在古代，编辑必然与书籍的出版有这样那样的联系。顺便讲到，我们关于中国编辑史的研究中大都不太重视这一点。为此，申非早在1983年就提出中国古代的编纂不可一概视为编辑。其实，校雠何尝不也是如此？我国古代有为出版而从事校雠的，最著名的如清代顾广圻，经他校勘出版的古籍至今公认是靠得住的珍本，顾广圻自然是编辑。但是，另有与出版不沾边的许多学者和藏书家也做校雠工作，怎可能称他们为编辑呢？编辑史总得是真正研究编辑的历史，不可与其它文化史混同起来，从而为编辑的产生、发展，为编辑活动的内容和作用的演变等，提供可信的历史记录，以提高今人对编辑的认识。

对于编辑的社会作用，我们不妨从以下方面去讲。一是在大众传播中的作用。关于这方面的作用，我曾撰文归纳为导向作用、净化作用和协调作用这样几项。事实上并非有了传播技术，社会上就一定会有良好的传播事业。明代木版印刷业发达，刻书工价便宜，据说读书人凡能中榜，都要刻一部书稿，可作者自刻的这些书籍，结果绝大部分自生自灭了。后来有人为此慨叹说："此等板籍，幸不久即灭，假使尽存，则虽以大地为架子，亦贮不下矣。"① 可见书籍传播如果完全听凭作者自己，不经编辑这个环节，就会出现上述混乱现象。商务印书馆原本是由几个印刷工人凑资办起来的一个印刷企业，而商务在我国近现代史上发挥传播文化的作用，主要是靠了编辑家张元济以及他所领导的编辑队伍。由此看来，编辑的导向、净化、协调这三种作用，是使利用大众传播工具的传播活动从无序走向有序的重要机制，又是使这种传播成为有效以及使效果达到优化的重要机制。二是促使人类文化活动趋向高度社会化的作用。这一点前面已经谈到，现在再补充一些内容。文化活动的高度社会化包括教育事业、图书馆事业等，而编辑则是通过发挥传播工具的威力，成功地形成了社会上无数读者和许多作者之间在文化活动中的相互依赖关系。所以今天的作者离不开读者，读者也离不开作者，而作者本人更多时候是作为读者。文化活动趋于高度社会化，结果是大大提高了全社会的精神消费水平，质量不断提高，内容不断丰富，又有力地提高了全社会的精神生产的积极性。现代社会文化活动高度社会化的此种情况，在编辑活动不发达的古

---

① 叶德辉：《书林清话》，北京：古籍出版社，1957 年，第 185～186 页。

代是不可能出现的。三是对社会经济、社会政治等方面的促进作用。这方面的作用是通过编辑的以上两方面作用进一步产生出来的，具体情况不再细讲。如此看来，我们过去对编辑的社会作用还是讲得不够充分，而且认识中多有不足之处。

总之，只要把编辑工作真正作为一种社会文化活动来考察，又从错综复杂的社会联系方面去分析这个活动，就一定能从中发现值得探讨的重要理论问题，把马克思主义哲学作为编辑学方法论的基础，它的可靠性无可置疑。依靠这个方法论，再依靠大家坚持不懈的共同努力，我们就可能取得成功。

下面，再讲研究编辑学应该借鉴其它学科的一些观点和方法。

有人把科学研究方法论分为三个层次。一是哲学方法论。这就是哲学世界观为科学研究提供的方法论，它总是最原则也是最抽象的。二是一般科学方法论。如逻辑学提供的思维方法，系统论、控制论、信息论提供的思维方法等。三是具体科学方法论。如考证之对于历史学，训诂之对于语言学等，都具有方法论意义，它与一般科学方法论相比，区别在于它只适用某个科学或有限一些学科，而一般科学方法论则适用范围更广。

上面这个意见能否成立，可以讨论。但是，对我们编辑学的研究来说，在依靠马克思主义的哲学方法论之外，肯定还应该借鉴和吸取其它学科的一些观点和方法，以供研究之需。特别是在今天各学科间互相交叉和渗透成为一种潮流的时候，更要注意这一点。

在编辑学本身的内容中，恐怕该包括情报学、图书学、出版学、校勘学、编纂学、版本学、目录学等学科中的一些东西。就它研究方法的借鉴而言，编辑学似有必要特别重视传播学、社会学、社会心理学等，下面，我们简单谈谈这三门学科，对编辑学研究在方法借鉴方面的意义。

传播学认为传播现象是人类社会非常广泛普遍的现象，所以传播学并非专为编辑而设。传播学和大众传播学一般认为兴起于 20 世纪 30 年代，又逐渐形成于二次大战以后的美国。它应用社会学、政治学、语言学、心理学、新闻学等学科的成就和方法，研究传播现象，是当今国外相当流行的新兴学科。传播学研究成果集大成者公认是美国人威尔伯·施拉姆。近年来，我国出版国外传播学著作已有好几种，一些大学如复旦大学、中国人民大学等都已开设传播学课程。可以想见，传播学将在中国发展起来。

传播学既然并非专为编辑而设，因此，对编辑学来说不能希望从中找到多少现成拿来就可用的思想或理论。所以它对编辑学研究的意义，更多是在观点和方法上的启发，这方面，传播学中至少有以下三点值得我们注意。

第一，传播学把任何传播活动，包括大众传播活动，都严格地作为一种社会活动来研究。如施拉姆说："传播是社会得以形成的工具"，"没有传播，就不会有社区；同样，没有社区，也不会有传播。"① 所以传播学和大众传播学是把社会性作为研究传播现象的出发点（传播学的创始人中不少是社会学家）。报纸是大众传播工具之一。我们不妨把以往的报纸编辑学和它做比较，说明两者有所不同。以往报纸编辑学，都是研究报社编辑部内部所做的那些具体事情。例如，我国出版的一本《报纸编辑学》，全书九章的标题依次是："绪论""新闻的选择""稿件的修改""稿件的配置""新闻标题""版面""报道的组织""图片编辑""副刊编辑"。大众传播学虽然同样是以报纸等大众传播工具作为研究对象，可是完全撇开了新闻采访、新闻写作以及报纸编辑这些具体工作问题，结果为编辑提出了"把关人"（Gate keeper）理论。"把关人"，亦可译为"守门员"，它本是传播学家卢因提出来的新概念，原意是指在信息源那里产生的信息，一般都不是直接传到受传者那里，而要经过许多选择、过滤、改造的人，即所谓"把关人"才能到达受传者那里。在大众传播学中，"把关人"系指编辑、出版者和发行人等。编辑正是处于信源和信宿之间，亦即作者和读者之间，在这信息流动过程中担当的是"把关人"的角色。"把关人"理论，

---

① 施拉姆、波特：《传播学概论》，陈亮等译，北京：新华出版社，1984年，第2~3页。

揭示出编辑在传播过程中的作用和地位（这一点还不能说已经达到完善，其实有关编辑的完善理论应靠编辑学自己提出来）。发现这个概念，必须着眼于传播的社会过程，而不能把眼睛仅仅盯着编辑部内部。由此可以给编辑学以启发，应该把编辑活动真正视为社会活动，又应从社会生活过程中去考察编辑现象，这样做有助于形成特有的概念、范畴和理论。

第二，传播学侧重于研究传播的过程、功能和效果。传播学的研究范围，包括传播的含义（概念）、传播的途径、传播的社会控制、传播媒介的体系和组织等，但是，重点是研究传播或大众传播的过程、功能和效果，其中尤重效果。研究方法大致上是受当今社会学中流行的结构功能学派的影响，对以上课题都作相当细致的结构分析，又经常用模式来表达，颇有简明扼要之利。[①] 仅就效果研究来说，它们非常细致地研究大众传播对个人、对群体、对文化、对社会怎样产生效果，以及产生怎样的效果。这种研究方法的一个优点是，虽属理论研究，然而接近应用，重实效而不尚空疏，所以值得我们借鉴。大众传播产生的效果，其实是综合性效应，最后又大都体现在受传者（读者、观众、听众）身上。所以在

---

① 可参阅麦奎尔、温德尔：《大众传播模式论》，祝建华、武伟译，上海：上海译文出版社，1987年。

研究内容和研究方法上要重视传播效果，结果必然是重视受传者和重视读者，相反，不重视传播效果，也不一定重视读者。杨祖希著文呼吁改变重作者而轻读者的格局①，我早就深有同感，可是真要改变这种格局，大概非重视研究传播的功能，特别是传播的效果不可。从编辑实际工作中看，若不把传播效果强调到一定高度，就有可能把支持水平低的作者和出版不合格的书籍皆视为编辑自己的成绩，而不以为是问题，在此情况下，读者又怎能被编辑学重视起来呢？

第三，传播学中有一些论点或模式，我们作适当改造以后有可能被编辑学利用。例如，传播学创始人之一拉斯韦尔于 1948 年提出的"五 W 公式"，被认为是描述传播过程的经典性公式。这"五 W 公式"即是：传者是谁（who）、传播什么（what）、通过什么渠道（which channel）、受传者谁（whom）、取得什么效果（what effect）。1958 年，另一美国人布雷多克对这公式做了补充，主要是在取得什么效果前，加上"在什么情况下"（环境因素）和"为了什么目的"（意志因素）这两个问题，因此又称"七 W 公式"。这个公式用有关编辑的内容解释以后，至少对编辑学有很大参考价值。再如韦斯特利—麦克莱恩的大众传播研究模式，由于它是专门针对大众传播的，又显示了信息反馈路线，所

---

① 杨祖希：《编辑学的特点和框架》，《编辑学刊》1987 年第 1 期。

以与拉斯韦尔的"五W公式"相比，更接近编辑学。诸如此类的改造利用，大概要结合我们编辑学的实际研究工作进行。实际做起来了，可以改造利用的东西就可能会发现多一些。

关于社会学和社会心理学，早已有人提到要研究编辑社会学和编辑心理学，这个意见是对的，只是对普通编辑学的研究来说，其实也应注意借鉴这两门学科。

一般来说，社会学是以社会生活和社会中各种具体问题作为研究对象的。编辑活动既是一种社会活动，那么社会学理论中的一些概念、范畴，就有可能被编辑学吸收。比如，社会学中讲社会控制。传播学著作中所讲大众传播的社会控制，其实就是从社会学中移植过去的。那么，在编辑学中讲了编辑的社会作用以后，是否也应该讲一讲编辑的社会控制呢？这就很值得我们考虑。在编辑的社会作用中强调的是编辑活动的能动性和自由，因此，很有必要通过讲编辑的社会控制，再明确一下自由和秩序（纪律）的关系。再如，社会学中讲人的社会化。编辑的传播活动无疑将影响社会上各种人特别是青年人的社会化过程。现在西方社会学著作纷纷研究大众传播对人的社会化的影响，编辑学本身恐怕不能回避这个问题。除此之外，社会学中经常使用的社会调查、社会实验等方法，对编辑学的研究也有价值。不久前，见到一本日本人写的《新闻学概论》[①]，其中有"论读者"一节，这一节有以下七个小标题：1. 为什么要重视读者；2. 读者的扩大；3. 阅读时间与阅读内容；4. 选择内容的结构分析；5. 报纸内容的阅读方法；6. 对报纸的期待；7. 对报纸的评价。从这些小标题看，已表现出在新闻学中存在的社会学特色，而它对每一个问题的说明，又大量采用社会调查、社会统计得来的资料。这无非是一个例子，给人一点启发是，既然新闻学可以这样做，编辑学为什么不可以这样做呢？倒不必亦步亦趋，但编辑学借鉴社会学的路子是肯定走得通的。

　　只要认为编辑学研究的对象、范围应该包括作者和读者以及编辑自己，那就必然要牵涉到心理学问题，因此，心理学和社会心理学就是编辑学值得借鉴的学科。例如，一个人从不懂怎样做编辑到会做编辑的过程，称作角色化的过程，也叫编辑角色的获得。研究这个过程，就应采用社会学和社会心理学的知识，诸如研究角色规范包括编辑的业务规范和伦理规范问题、编辑职业意识的形成问题等，这都是很有实际意义的。社会心理学研究从众心理和逆反心理，这个问题至少值得研究编辑选题时注意。当一种新思潮向人们袭来时，一开始往往是从众心理占优势，过一段时间，又可能产生逆

---

① 和田洋一：《新闻学概论》，吴文莉译，北京：中国新闻出版社，1985年。

反心理，编辑应该懂得如何应付作者和读者中的这种心理变化。社会心理学中的认知不协调理论，也可能对编辑学有用。所谓认知不协调理论，就是一个人遇到与自己原有认知（思想、态度、信念、意见）不一致的或对立的另一种认知，从而产生认知不协调，它可以在心理上形成一种张力（紧张状态）和排他性，又产生不愉快心情，克服这个不协调以后就会感到心里愉快。认知不协调的心理体验，大概是人人都有的。根据这个认知不协调理论，我们出版物的内容应与读者对象原有的知识水平、思想观点等既保持联系，又适当拉开距离。保持联系，是为使出版物避免在读者身上产生强烈的认知不协调，因为这种不协调可能使读者在心理上对出版物的内容产生排他性和反感；适当拉开距离，是为使出版物对读者产生他自己可以克服的认知不协调，以使读者能从这克服中产生愉快心理。这些随便想到的例子，并非真正研究，只是想说明社会心理学对编辑学的研究确有作用。至于其它学科对编辑学在方法借鉴方面的意义，只得一概从略了。

近几年来，全国编辑学研究似已形成热潮。大家翘首以待出现研究成果。如果研究工作不能取得对人们较有吸引力的进展，那么现在刚开始出现的热潮难免会过早地冷却下去。因此，有必要重视方法问题和学风问题，注意及时总结经验教训，不断进行学术讨论，以保证编辑学研究的健康发展。春天的播种是为了秋天的收获，人们都期待着编辑学研究中的丰收季节尽早到来。

（原载《编辑学刊》1988 年第 3 期）

十四、编辑学的对象和范围

有时候，我们似乎以为编辑学的对象和范围问题早已明确解决了。可是，细想起来，觉得并非如此，其中颇有值得再加探讨之处。作为新兴学科之一的编辑学，若想在基本理论研究上有所突破，除需重视研究方法之外，还应重视研究的对象和范围。下面，先讲对象问题，再讲范围问题。不当之处，犹望指正。

一

这里所说编辑学，当然指书籍编辑学或书刊编辑学。在刊物中，仅包括学术类和知识类刊物，一般不包括纯新闻类刊物。关于编辑学的对象，一般认为是编辑活动，对此大家并无异议。可是，任何编辑活动就作为研究对象来说，其意义和重要性是不是一样的呢？实际上却是不完全一样的。

至此，我们且举一例。1989 年《出版工作》第 3 期载《"畅销书"三人谈》一文，其中谈到近些年我国有的出版社非常热衷于出版以下两类图书："一类是基本上由各级组织和机关团体包销的图书。这一类书大都是学习文件或宣传材料，是'公家'用公费购买，然后发给读者的"，这一类图书基本上没有进入图书市场，"很少有个人购书者"；另一类图书"虽然进入了图书市场，并拥有较多的个人购书者，但它的发行工作实际上是借助于行政手段或硬性措施的"。如一些"夜大""函院"或其它单位硬性规定非买不可的种种"参考书"等。前一类我们且名之曰公费包销读物，后一类且名之曰行政推销读物。该文又认为："这两种做法，都有悖于平等的商业竞争原则，丝毫也看不到现代商业文明的精神，同时也很难说得上优质及合理的效能。"这个评论并非没有道理。客观地说，这两类读物中相当部分是必要的和有存在价值的，其中亦有优秀者，编辑中亦不乏精于业务而又勤于职守之人；然而也有相当部分确属于滥竽充数，或者并无传播价值，这无疑是事实。就编辑活动而言，这两类读物由于是公费包销或行政推销，因此，从选题开始的一系列环节与其它读物有所区别，遇到的困难和问题并不一样。作为编辑学的研究对象，这两类读物的编辑活动就显得不够典型，这应为大家承认。

再举一例。目前我国高等学校都办有学报。从编辑活动的观点看，这类学报作为刊物与其它刊物相比，其作者大多是本校有关人员，一般不用校外作者的文稿（个别学报除外）。因此，编辑的选题、组稿、审稿之类工作基本上需限定在本校范围之内。这个限定对编辑来说十分重要。编辑心中有一选题，若在校内作者中找不到组稿对象，一般只得作罢，审稿时又不能不考虑校内作者群的水平和要求等情况。尽管学报编辑在工作中遇到的学科种类特别多，学术难度又很大，但是，由于作者限定在本校范围之内，必然影响选题、组稿、审稿工作。作为普通编辑学的研究对象，它固然具有特殊性，将来或许可以形成学报编辑学，但一般说来同样显得不够典型。

社会上的编辑工作，门类很多。从传播媒介的区别看，有书籍编辑、刊物编辑等。从读物性质的区别看，有政治读物编辑、文艺作品编辑、理论著作编辑、历史著作编辑、科普读物编辑、辞书编辑、翻译作品编辑等。由于不同门类的编辑工作，有可能形成不同门类的编辑学，所以从理论上讲，部门编辑学可以出现很多。这些部门编辑学的对象，比较起来还是容易确定的。一般编辑学或称普通编辑学，由于必须兼容并包书籍和刊物中的各类编辑，不可局限于某一门类编辑之内，其对象就不那么容易确定。所以当考虑一般编辑学的对象时，就有必要注意典型形态和非典型形态问题。

所谓典型形态，是指编辑工作的一般规律在其中表现得比较充分，因而具有代表性；所谓非典型形态，是指一般规律相对说来在其中表现得不那么充分，因而不那么具有代表性。前面谈到的两个例子，都属于非典型形态。

我们进行科学研究，由于现实中存在的对象纷繁复杂，五花八门，因此常常需从自己的对象中区分出典型形态和非典型形态。通过这种区分，进而考察其共同规律以及它的变态。这种情况在许多学科中都存在。例如在历史研究中，亚细亚生产方式以中国和印度为典型，奴隶社会以希腊和罗马为典型；关于喀斯特地形的研究，在中国以广西桂林和云南、贵州一带为典型；如此等等。要是不注意区分典型与非典型，地理学者见到了普通的石炭溶蚀地貌，就匆忙断定喀斯特地形就是如此，由此得到的有关认识岂不就是大谬不然？其中道理不难明白。

编辑学有自己独特的研究对象。这便是编辑活动。要是没有独特的研究对象，就不可能也没有必要形成一门编辑学。在现代社会，编辑活动已经在人类文化活动中成为相当普遍又十分重要的一种活动，这表明研究编辑学具有重要意义，所以建立编辑学并非仅仅是人们的一种意愿，而是社会的客观需要。但是，在着手研究时又要注意区分对象中的典型形态和非典型形态，这一点不可忽视。着眼于典型形态，从中发现编辑工作的共同本质和规律；再考察非典型形态，由此识别编辑规律的常态和变态。这样进行研究，可以少走弯路，收事半功倍之效。

接下来的问题是，如何在理论上界定编辑学研究对象中的典型形态和非典型形态。典型与非典型之分，不可根据门类差别来作出，因为不同门类的编辑工作几乎都有可能存在典型和非典型。这个区分也不可根据是否存在所谓"六艺"① 来作出，因为前面谈到的公费包销读物和行政推销读物的编辑工作中，同样有所谓"六艺"，换句话说，非典型中也可能有"六艺"。所以，有必要针对各类编辑工作，提出区分典型和非典型的科学方法。为此，我们先要看编辑工作的一般性质是什么。

　　关于编辑工作的一般性质，我曾在《编辑的业务观念（上）》② 一文中归纳为以下三点：（1）在社会生活中，编辑活动属于社会文化活动；（2）在社会文化活动中，编辑利用传播工具（书籍、杂志等）在作者和读者之间从事文化传播活动；（3）在文化传播活动中，由于编辑活动必须以印刷和发行为自己的后续工作，又由于编辑活动的最终产品即出版物是商品，因此它带有经济活动的性质。以上三点，其实是近几年编辑学界经常谈论的，我无非是作了归纳。若再简单一点说，编辑工作是利用传播工具的文化传播活动，同时带有经济活动的性质。这个"带有"云云，毫不否定它是文化

---

　　① 指编辑过程中的"六艺"：选题、组稿、审读、加工、发排、校对。

　　② 刘光裕：《编辑的业务观念（上）》，《出版工作》1989 第 5 期。

传播活动，相反是突出它这种文化传播活动的特点。不承认这个"带有"，不利于编辑事业和出版事业，此已为事实所证明。现在，我国多数人赞成对出版社采取"事业单位，企业管理"的方针。这个方针看似矛盾，其实不矛盾，由于符合如上所说的编辑出版工作的一般性质，所以是正确的。对这方针提出异议的，大都是因为对这一般性质的理解上有片面性。或者偏于是文化传播活动这一面，或者偏于它带有经济活动性质这一面，无论偏于何方，都不是正确的。

　　编辑活动的典型形态，理应是比较完全地体现编辑活动的这个一般性质。现在，我们再进一步考察这个一般性质。在社会生活中，这个一般性质一定是集中地体现在编辑与作者和读者的关系中。编辑活动之所以是文化传播活动，是因为编辑利用书籍、刊物等传播工具，在作者和读者之间传播社会所需的文化。在当今的文明社会中，作者作为精神文化的生产者，读者作为精神文化的消费者，在这两者之间利用传播工具进行文化传播，就非通过编辑这个中介不可，舍此一般无法进行。编辑活动之所以又带有经济活动的性质，是因为编辑在作者和读者间进行的文化传播，一般是通过出版物的商品交换这个途径来实现的。出版物作为商品，它的消极意义经常是伴生出唯利是图、损人利己、危害社会之类现象。至于它的积极意义，一是打破了历史上曾经存在过的对精神文化产品的权力垄断，促使精神文化产品进一步面向社会，适应广大读者的利益和需要；二是促使出版业采用新的传播技术以降低成本，进而为社会文化的普及和发展创造必要条件。如此看来，编辑的文化传播通过出版物的商品交换来实现，这是历史进步的必然，它的消极意义只能通过多种社会控制手段来严加防范。

由于编辑活动是在作者和读者间进行的文化传播活动，又由于此活动需通过出版物的商品交换来实现，从此去看编辑活动的典型形态和非典型形态，两者的区别皆表现在编辑与作者和读者的关系中。借助这个关系来确定，典型形态的两个条件为，一是编辑的非限定性作者，二是编辑的任意性读者。非典型形态的两个条件为，一是编辑的限定性作者，二是编辑的非任意性读者。对这几个陌生概念我们要赶紧做一点解释，免得给读者增添麻烦。

对编辑来讲，作者的限定性与非限定性，是指编辑征求和录用文稿时，文稿作者是否需限定在某组织范围之内。例如，当今中国多数学报的作者，皆限定在本校范围之内；一个单位的内部刊物，其作者大都需是本单位成员。此皆称限定性作者。因为此类编辑活动有必要把作者规定在某组织系统之内，录用该组织系统以外的作者的文稿，是编辑的例外行为。某组织或某单位的出版机构，若向作者征求文稿时不受该组织或该单位的限制，这就属于非限定性，同人刊物的作者若不限于"同人"，而向全社会征稿，亦属非限定性。

我国几乎所有出版社包括大学出版社在内，其作者皆属非限定性。至于编辑周围已然形成的作者群，此群体只要不受某组织限制，便与是否具有限定性无关。

在编辑的传播过程中，出现在读者面前的是商品形式的出版物。商品都可以进行等价交换。因此，出版物作为商品，在读者那里就是谁愿意掏钱购买，它就可以成为谁的读物（阅读与购买间的差别，在此暂时不计）。编辑的任意性读者，系指出版物成为读者的读物，是读者在商品流通过程中进行任意选择的结果。编辑的非任意性读者，系指出版物成为读者的读物，是通过组织手段或行政手段作出某种强制性规定的结果。在当前，前者属多数情况，不必举例。后者如前面谈到的公费包销读物和行政推销读物便是，当然并不限于这两例，类似情况相当多，并非少见。

编辑活动的典型形态，必须同时具备非限定性作者和任意性读者这两个条件。编辑活动的非典型形态，则是限定性作者和非任意性读者这两者兼有，或这两者占一便是。这样区分是为便于编辑学的研究，决不是为区分编辑工作本身的优劣高下。因为非典型形态在多数情况下同样是适应了社会的需要，因而具有存在的合理性和必要性。比如大学学报由所在学校出资兴办，因而就有理由把作者限定在本校，除非该校自己愿意不作此限定。内部刊物的情况亦是如此。再如任何结合得比较紧密的组织，从政党到群众组织，以至国外的宗教团体等，为加强本组织内部成员间的联系，都可能要求所属成员经常阅读本组织的专门读物，因而做出了某种带有强制性的规定，这样形成了非任意性读者是不可避免的，外人通常不必说三道四。无论属于典型形态与否，编辑本人都有如何把工作做好的问题，又至少都应反对粗制滥造和唯利是图。

　　但是，研究编辑学，却有必要首先着眼于典型形态。这是为什么呢？因为与非典型形态相比，典型形态的非限定性作者这一点，表明编辑选择作者具有更大的自由度，而作者是编辑的文稿来源；典型形态的任意性读者这一点，表明读者选择编辑所编出版物具有更大的自由度，而读者是编辑的最终服务对象。换句话说，非典型形态中编辑选择作者的自由度较小，再是读者选择编辑所编出版物的自由度亦较小。对编辑学来说，首先重视研究典型形态，至关重要。其重要性表现在：（1）具有这种作者关系和读者关系的典型形态，在当今出版业中属常例和多数；（2）典型形态由于具有这种作者关系和读者关系，因而给编辑带来更大的困难和考验，又使编辑有可能在克服了这更大困难以后，在文化传播方面为社会创造更大的效益和价值，为编辑在事业上发挥创造性提供更广阔的天地；（3）典型形态中的这种作者关系和读者关系，始终深深地影响着选题、组稿、审稿、加工以至编后的每一个环节，更能充分表现编辑活动的一般规律；（4）再由此去研究非典型形态，便容易识别编辑规律的常态和变态，既利于研究一般编辑学，又利于研究部门编辑学。再补充一句，这样区分典型和非典型，抓住了特征，又不困难复杂，所以是简便易行的。

二

一般说来，有怎样的对象，就有怎样的范围，研究的对象和范围是有联系的。可是，一些古老学科也在那里讨论其对象和范围问题，因为随着人们认识的提高，对研究对象和研究范围的看法就有可能产生相应的变化。编辑学不是一门古老学科，相反是年轻学科。关于它的研究范围今日众说纷纭，这方面我以为需明确以下几点。

第一，编辑学与其相关学科在研究范围方面不可相混。

任何学科几乎都有自己的相关学科。例如文艺学，它的相关学科至少有文学史、语言学、社会学、心理学、哲学等。编辑学也有自己的相关学科。既称相关，大概总是既有联系，又不等同。编辑学与其相关学科在研究范围方面的关系，可以分为以下三类。一类是大致上都以编辑活动为研究对象，只是由于着眼点不同，引发与编辑学在研究范围方面的差异。最明显者如编辑史，它与编辑学有共生共荣的密切关系。但是，编辑史是对编辑活动做历时的考察，重在研究史实的发展变化；编辑学是对编辑活动做共时的考察，重在研究规律的逻辑表现。两者在研究范围上有些不同的偏重。再如出版学，它的研究对象固然包括编辑活动，但它需对编辑、印刷、发行三者视为一体，其中印刷特别是发行的比重不可能不大。编辑学虽然也要从编辑活动联系到印刷和发行进行研究，但不可能有出版学中那样大的比重。出版学和编辑学两者侧重点的差别，一定会表现在研究范围上。另一类是由于都以文化活动为研究对象，因此与编辑学在研究范围上不可避免地出现某些交叉和重叠，这方面有图书学、编纂学、版本学、目录学、校勘学、工艺美术、情报学等。编辑学中若讲工具书，不可能不讲编纂学；若讲翻印古籍，不可能不讲版本学、目录学、校勘学等。诸如此类，皆是此例。编纂学本身并非编辑学，版本学、目录学、校勘学本身亦非编辑学，两者的研究对象本有不同，但在研究范围上与编辑学存在着交叉和重叠之处。再一类是由于都以社会活动作为研究对象，因此从观点方面可能对编辑学的研究范围产生重大影响，这方面有哲学、社会学、社会心理学、传播学等。这种影响，包括新问题的提出、新领域的出现，以及重点转移、重新描述现象、重新说明规律等等。近年来，我国许多编辑学者的研究工作中都体现出这类影响。这也表明，编辑学的研究对象是比较稳定的，相对而言，研究范围则经常有所变动。其它学科中的情况，大致也是如此。

　　第二，从整体上去把握，必须把编辑活动赖以存在的社会关系包括在研究范围之内。

从狭义上去理解编辑活动，其内容常常是指编辑部门内部所做的几项工作，这便是选题、组稿、审稿、加工、发排以至编后的一系列工作。这些工作，凡是编辑几乎人人都做，并且是经常做的。它们大致上代表了编辑业务的内容。这些工作中的每一项，都有特殊的要求和规范。其中在加工、发排诸工作中，还存在特殊的工艺要求。比如加工中如何整理文字、修饰语句、纠正错别字、统一符号、订正资料等；发排时如何处理版式、讲究装帧等，既有知识性、学术性，又都带有很强的工艺技术性。这样理解编辑活动，由此构成编辑学的研究范围，基本上便是前面所说那一系列工作。这样做当然并非没有道理，并且在这方面已做出了可观的成绩。

问题在于编辑活动是一种社会文化活动。文化活动都是具有社会性的。而编辑活动是伴随着文化活动的高度社会化形成的，因此它始终充分地面向社会。关于这一点，我在《编辑学研究的方法问题》一文中曾作论述。[①] 因此，编辑活动最不宜离开它的社会关系，作孤立的研究。最近，见张如法著《编辑社会学》中说："迄今为止，对编辑现象的研究主要是封闭式的，重在探讨编辑系统内部的规律与工作运

---

① 《编辑学研究的方法问题》发表于《编辑学刊》1988年第3期，收入刘光裕、王华良合著《编辑学论稿》（山东教育出版社1989年版）。

行方法。实际上，任何事物的内部运动，都是要受外部条件的影响与制约的。……如果不能从内部跳出来，如果不能超越编辑系统自身……那么就会'不识庐山真面目，只缘身在此山中'了。"①此话说得不错。因为编辑部内的那些业务工作，都与社会有密切的联系。比如拿选题来说，若没有社会上作者的合作，编辑的任何优秀选题都将成为一纸空文。再如加工，这工作是为使书稿文字变成印刷媒介以后，能符合政治、伦理等种种规范以及印刷符号的种种规范，以利在社会上传播，而发排中考虑版式和装帧又是为了便利阅读和吸引读者。编辑劳动的具体对象总是文稿。编辑尽管在文稿上倾注心血，可是文稿属于作者，不属编辑自己。编辑的最终产品是出版物，可是出版物是为供读者使用，并非为供编辑自己使用。编辑这个专业的社会价值，正是能够促使社会的一些作者与无数读者联系起来，完成文化传播的任务。假如没有这个社会需要，社会上就不必有编辑。所以，从选题开始到编后这一系列工作，始终依赖于并存在于编辑所特有的社会关系中。因此，不仅仅是编辑社会学，同时也是普通编辑学，以至部门编辑学，都需把编辑所特有的社会关系，最主要是编辑与社会上的作者和读者的关系，在文化活动中

①　张如法：《编辑社会学》，开封：河南大学出版社，1993年，第1~2页。

形成相互影响、相互制约的互动关系。这种关系显得极其丰富多彩。此外，编辑活动的社会关系还有两类。一类存在于出版系统内部。这一类关系中又可分为两种，其一是编辑与印刷、发行之间的合作互利关系，其二是编辑与编辑之间的关系，包括同一单位编辑之间和这一单位与其它单位编辑之间的合作或竞争关系。另一类存在于出版系统外部，即编辑活动与社会上政治的关系以及与经济的关系、文化教育的关系等。一般说来，这两类关系归根结底都集中地反映在编辑与作者和读者这三者之间的多种多样而又变化多端的关系中。

以上社会关系，是编辑活动赖以存在的社会条件。借用现象学的话说，亦可称是编辑活动的存在方式，失去这些社会关系，编辑活动肯定无法存在。因此，广义地理解编辑活动，其内容是应该包括这些社会关系的。不过，传统的理解大都是狭义的理解，即指编辑部门内部所做的那几项工作。这就使编辑学的研究范围受到局限，就如张如法所指出的是"封闭式"，忽略了处于编辑部外面的那些社会关系。有鉴于此，我在 1988 年 10 月举行的华东高校文科学报研究会年会上，曾提出编辑学的范围需是内部研究和外部研究的统一。把编辑活动赖以存在的社会关系包括在研究范围之内，从道理上讲是符合历史唯物论的基本原理的，因而是可取的。

第三，在学科建设中，研究对象和研究范围应统一起来考虑。

　　在任何学科中，研究对象和研究范围都是有区别的。讲对象时，大致偏于定性，确定该学科研究的是哪一类事实或现象等；讲范围时，大致是偏于定量，确定该学科研究的区域和边界在哪里。这个边界，当然不能像中国象棋中的"楚河汉界"那么清楚明确，因为学科的边缘地带大都存在过渡区或交叉区。但是，既是一门学科，它的范围总有个大致的边界。因为客观世界无比丰富复杂，没有一个大致的边界，研究者面对如此复杂的客观世界，如何下手整理事实材料，进而做深入的研究呢？建设一门新学科，有必要慎重考虑对象、范围、方法这类问题。这种工作做得好，可以使学科的建设和发展显得较为顺利，研究中多出成绩。在这方面，许多古老学科早已有丰富的经验，值得编辑学留意和借鉴。

　　在任何学科中，它的对象、范围、方法三者基本上是应该统一的。三者的区别，自不待言。在此要注意，三者之间要是没有统一关系，必定使得内容杂乱无章，缺乏内在的逻辑和系统。关于编辑学的方法问题，我早已撰文，请参见《编辑学论稿》一书，于此不赘。就编辑学的对象和范围来说，近几年提出研究范围中应包括编辑社会关系，特别是编辑与作者和读者的关系，这方面人数渐见增多，呼声日高。但是，仅仅在范围方面提出这个问题，不在对象中科学地区分典型形态和非典型形态，还是不能达到目的。典型与非典型的主要区别，其实在于后者的社会关系不如前者完整而全面。所以，区别典型与非典型的科学意义，就是使编辑学研究的对象、范围、方法三者能够统一起来。

这个三者的统一，相当重要。因为你是想去研究编辑的社会关系，可是，研究对象却没有着眼于典型形态，由于不可能看清楚社会关系的全部内容，于是得到的认识难免还是不那么正确。研究对象的位差，必定造成研究范围的位差，这样最好的方法也不能发挥作用了。现在，大家十分重视研究编辑规律，这是对的。其实，编辑工作的重要规律大都表现在社会生活中。我在《编辑的业务观念》中把编辑业务分为文化战略、社会传播、商品经营三方面。事实上，这三方面的业务规律基本上皆可说是社会规律，其它如编辑培养、编辑管理、编辑道德等方面的重大原则，都需与它们相适应而不是相违背。编辑规律既然具有鲜明的社会性，那么，编辑学的对象、范围、方法三者皆注重社会性，求得三者的统一，这对研究编辑规律，对编辑学的建设和发展，肯定将是有利的。

1989 年 12 月改毕于山东大学望云斋

（原载《编辑学刊》1990 年第 1 期）

十五、论编辑与作者和读者的关系

社会上有各种编辑，如报纸编辑、广播编辑、刊物编辑、书籍编辑等，从工作性质看又可分为新闻编辑和学术编辑等。它们之间既有差别，又有共同性，任何编辑都与作者和读者存在着某种关系，这便是共同性之一，我们这里所谈的问题在编辑专业中是带有普遍性的，在编辑学中属于基本理论的范围，不过我们的具体论述，侧重于书刊编辑方面。

一

编辑与作者和读者一定有某种关系，对此世人并无异议，问题是应该如何认识和看待这种关系。我们觉得有必要从理论上加以研究、探讨。

（一）从社会精神活动中的情况看，编辑是作者和读者这两者关系的中介。

在社会生活中，一方面作者创作作品，另一方面人们阅读作者创作的作品，这样构成社会精神活动中一种普通的又是重要的关系，即作者写和读者读的关系。编辑的活动，产生在两者的这种关系中。一般说来，作者的思维成果总是经过编辑的手，变成某种读物，再转交给读者。这种广泛存在的现实表明，编辑的地位处于作者和读者之间，编辑是作者和读者这矛盾两极的中介。我们考察编辑、作者、读者这三者关系，首先要注意编辑的中介地位。

写作是有别于物质生产的一种精神生产，因而又可以认为作者是精神生产中的生产者，读者是精神生产中的消费者。用这种方法去考察作者和读者的关系，便可以发现两者间既存在着互相依存的关系，又存在着矛盾对立的关系。

先从互相依存的关系看。作者向读者提供精神产品，这就是说明读者依赖着作者，或者作者的情况影响着和决定着读者，可是在此同时，作者又依赖着读者。因为作者的精神产品唯有被读者阅读和接受以后，才能在社会生活中发生作用，作者的劳动才有意义，劳动目的才能实现，所以离开了读者，作者是难以存在的。

再从矛盾对立的关系看。人类精神产品尽管常常带有作者个人的特性，但从社会生活的角度观察问题，作者从事的是具有社会劳动性质的精神生产，目的是为了社会上的读者，所以他的精神产品必须与社会上读者的需要相符合，这样才可能有所价值。若就作者写作的具体动机讲，无疑是多种多样的，有的作者说是为了"自娱"，有人说是为了自我抒发和自我排遣，然而不论是什么，只要他的思维成果成为读物，这就说明决非仅仅是为了自己，而是为了要在社会上寻求读者，因此，在作者和读者间就要产生矛盾，如在生产和需要的关系问题，在写作的个人动因和社会目的的关系问题上，以及在其它方面，两者发生矛盾是难以避免的。

　　以上用哲学观点说明作者和读者实际是一对矛盾，现在进而讲编辑是这对矛盾的中介。自然界和社会界的许多矛盾有中介，中介的作用大都在于促使事物达到和谐和统一。编辑作为中介，就是在两者矛盾中发挥协调作用和净化作用，我们通过对这两种作用的介绍，可以大致知道编辑在这两者关系中的中介地位。

　　先说协调作用。

　　在生活中，如果作者的写作可以离开社会的协调机制，而自动地满足读者的种种需要，那么，编辑的工作就完全成为可有可无的了。可是在当代社会中，这实际上是不能成立的假设。因为读者对精神产品的需要是多种多样的，又是错综复杂的，而且不断发展，变化难测，在文化飞快发展、知识迅速更新的当代社会，更显得如此。作者理应了解读者，然而由于了解当代读者的需要已经成为一种复杂而艰巨的工作，因此作者对此不可能都一清二楚。另外，作者的劳动大都处于分散状态，又采取个体方式，他们的写作总是与自己的兴趣、爱好和个性结合在一起，这种劳动不经过协同和合作，很难和越来越复杂多样的读者需要相吻合和相一致。因此，相当于物质生产中存在的那种生产和需要的矛盾，在精神生产中经常发生，读者需要的作品供不应求，或者无处寻觅，不需要的作品却堆积如山，对正在形成的新的需要又无人过问，如此等等。生活中存在着这种情况，表明编辑作为社会分工出现是有必然性的。编辑的特殊地位是与作者和读者都有密切联系，社会上具有这种地位的，可说是唯编辑而已。这地位十分有利于及时掌握作者读者双方的信息，从而成为对双方都最了解的人。因此编辑可以通过拟定编辑计划、确定选题、组织出版等工作，把处于分散状态的作者，有意识地按一定方式聚合在自己周围，促使他们的劳动同读者协同起来，围绕着满足读者的种种需要这个目标进行。这种作用，便是协同作用。诚然，编辑的作用并不是也不可能是消除精神生产和读者需要的社会矛盾，但能沟通作者和读者的联系，协调两者的产需关系，使精神生产处于有条不紊的状态。

再说净化作用。

对于读者来说，必定是要求作品符合他们的期待，诸如具有科学性、进步性和创造性，符合花最少时间有最大收获原则，符合社会意识形态中的各种合理规范，等等。然而从作者方面看，往往由于水平限制，由于思想认识上的局限，由于思维活动中必然有的不可测性等，造成精神产品的质量普遍存在着很大的不确定性。众多作者提供的作品，其中往往有些从质量上看是不成熟的和低劣的，此外有些还可能是有害的作品。作者方面存在的这种无法改变的状况，不符合读者的要求和利益，需要有编辑参与其间。对越来越庞大复杂的精神生产起一个净化的作用，就是对作者提供的作品进行筛选过滤和加工整理，使读物的质量不断提高，同时避免质量低劣的和有害的作品流向社会。这种净化作用旨在维护读者的利益，又促进作者的事业发展。

从全社会看，编辑的上述协调作用和净化作用，又是对精神生产实现社会化的组织和管理的一个重要手段，并为克服其间无政府混乱状态，提供一种可靠的社会机制。

在编辑、作者、读者这三者关系中，只有编辑才能发挥协调作用和净化作用，原因就在于它是两者矛盾的中介。编辑本身理应在作者和读者间，正确地发挥这些作用；另外，如果人们不尊重编辑的这种作用，可能造成精神生产中的失控和混乱。

（二）从编辑本身的情况看，编辑与作者和编辑与读者这两种关系，是编辑最基本的社会联系。

编辑的具体工作是创造某种读物，或者报纸，或者杂志，或者书籍。创造读物要有一定的物质材料，如纸张、油墨、印刷机械等，此外便是需要作者提供作品。编辑创造读物是供读者阅读和使用，满足读者的需要。这样的工作特点，形成编辑以下两种社会联系：一是编辑与作者的联系，在这个联系中，作者依靠编辑把自己的作品转交给社会，编辑又依靠作者为自己提供作品；二是编辑与读者的联系，在这个联系中，读者依赖编辑为自己提供合格的读物，编辑又依赖读者使用和接受自己创造的读物。这是两种互相依赖的关系，又是稳定而牢固的联系。编辑作为社会成员自然有共同性的社会关系，然而这两方面的关系则是编辑所特有的。从与作者的关系看，假如没有作者不断地提供作品，特别是优秀作品，编辑怎能创造出读者需要的读物？编辑本人即使又是作者，可是仅仅依靠自己写作不可能完成编辑的社会职责。就满足读者的需要来说，就发挥协调和净化作用来说，编辑都需要广泛团结作者。再从与读者的关系看，编辑创造的读物，读者只要对它持不欢迎和不理睬的态度，编辑的劳动便失去实际的意义，甚至编辑本身存在的价值也将成为问题。编辑工作的优劣成败，由谁来检验？由谁来评定？从根本上说是由读者而不是别人，所以编辑决不可离开读者。

编辑与作者和读者的关系，制约着编辑工作，从而形成一条原则，即团结作者为满足读者的需要服务。编辑对作者的团结和合作，与对读者的服务，这两方面不可偏废。不过，为读者服务毕竟是最终目的。团结作者为满足读者的需要服务，它作为编辑工作的基本原则之一，几乎影响编辑工作的所有方面。违背这个原则，编辑工作就失去了意义。

二

现在仅就编辑与作者的关系，再谈三个相关的问题。

（一）在社会分工中形成的合作关系

从历史上看，编辑的出现总是比作者要晚一些。在文化不发达的社会中，由于读者很少，作者更少，社会精神生产中的协调问题和净化问题还没有成为一种突出的社会问题，与此相适应，便是编辑没有从作者队伍中明确分离出来。我国在宋元以前，作者和编辑的区别一般说来是不明确的。从宋元开始，特别到明清时期，印刷业日益繁荣，编辑逐渐成为有别于作者的一种专业。编辑作为一种社会分工的出现，以及成为社会上普遍性的专业，乃是人类文明的产物，是文化进步的标志，因为只有当社会文化高度繁荣时，才需要编辑来担任作者和读者的中介这个角色。随着社会文化的发展，特别是随着印刷术的进步和商品性出版物的增多，社会上出现越来越多的作者，同时也造就出一支可观的编辑队伍。在当代社会，由于有关的协调问题和净化问题越来越显得复杂而重要，编辑的地位和作用因而更加为人们所注意。

在精神生产过程中，从事写作的作者固然是直接生产者，那么，编辑是否参加了生产过程呢？比如一项大型出版计划，作者往往有几十以至几百人，历时数年以至几十年，编辑的工作从拟订计划开始，其间负责对各种文稿进行加工修改，直到计划完全实现，工作才告结束。实现这种计划，如果没有编辑参与，这几十以至几百个作者怎能有良好的分工和合作？怎能保证读物的质量？出版一本刊物又何尝不是如此？

编辑正是通过协调作用和净化作用参加了精神生产过程。其中只是分工不同。

编辑和作者的关系是在不同分工条件下的彼此合作和支持的关系。可以说是双方谁也不能没有对方的支持和合作。编辑在某种意义上是代表社会和读者对作者的活动既提供方便的条件，又加以某些限制，由于有所限制，所以自从有了编辑，就可能有作者对编辑的埋怨和不满；另一面是双方的合作，促进了文化事业的繁荣和发展。巴金说过这样的话："真正爱护作家的是好的编辑；同样，好的编辑也受到作家的爱护。"① 这话说得很对。

(二) 为了读者是合作的基础

联系作者和编辑的纽带是什么？是作品。编辑创造读物需作者提供作品，作者又需编辑把自己作品转交给社会上的读者。这样通过作品，把各不相关的两方联系在一起，以至在编辑周围能够形成一个作者群。

由于联系作者和编辑的纽带是作品，又由于读物是在社会上可以与货币进行交换的商品，因此，作品一旦变成读物，就可能带来某种经济利益，即现在作者所得的稿费和出版单位的利润，这是一点。另一点，读物在社会上流传，有可能

---

① 巴金：《致〈十月〉》，见北京出版社编：《编辑杂谈》第 2 集，北京：北京出版社，1983 年，第 210 页。

带来名誉和地位，当然首先是给作者带来名誉和地位。这样便使围绕着作品展开的关系中，出现了名和利的问题，获得这种正当的利益是允许的。但是，认为编辑和作者的关系仅仅是如此，却是不对的。

编辑和作者围绕着作品还有一个更重要的共同目的，就是为了读者。作者写作和编辑把作品变成读物，从根本上说都是为了满足社会上读者的需要。离开这个根本目的去追求名和利，就有可能走上为社会所不容的歪门邪道，损害多数读者的利益。出现这类问题，编辑可能比作者负有更大的责任，因为编辑理应发挥协调作用和净化作用，维护读者和社会的利益。为了读者，这是在编辑和作者之间建立正常关系的伦理基础和政治基础。从伦理观点看，为读者服务是两者共同的高尚道德理想。从政治观点看，由于革命利益和人民利益是一致的，因此，真正把为了读者作为共同目标，其中必然包含着为革命服务的精神，也体现着无产阶级的党性原则。

（三）编辑的知人善用和一视同仁

编辑处理文稿，应有认真负责的精神，应坚持不与庸俗作风为伍，此外，由于编辑实际上是计划的制订者和执行者，在此比作者具有更多的主动权，所以在处理与作者关系时，要知人善用，一视同仁。

所谓知人，就是编辑应该成为真正了解作者的知己。编辑总是早于读者率先熟悉作者，一般说，编辑比读者更了解作者。从工作要求看，编辑很有必要了解作者，因为处理文稿时，处处都要涉及作者。如文稿退修，要根据作者的业务潜力，并注意发挥作者的积极性；给文稿提意见，要考虑作者的写作过程情况，甚至要参照作者性格特点以采取相应方式；改稿要和作者思维逻辑和语言风格相一致。做这些事情，必须与作者合作，因此了解作者的专业和才能、思想和性格等情况，对编辑来说是必不可少的。所谓善用，就是善于发挥作者的长处。作者都是既有所长，又有所短，编辑与作者打交道，要注意扬其所长，避其所短，这样做有利于保证读物的质量；编辑向作者约稿，一般应和作者的兴趣、爱好、擅长相一致，短期约稿更须是作者即将脱手的成果，这可以提高约稿的成功率。善于利用和发挥作者的长处，这是优秀编辑必须具备的条件之一。

所谓一视同仁，是指录用文稿以质量为标准，对作者一视同仁。这公认是属于编辑的优秀品质。其实，这里主要是两个问题，一是如何对待名家和非名家的文稿？二是如何处理熟人和非熟人的文稿？编辑重视名家的作品，这不可视为问题，读者岂不也是对名家作品感兴趣？成问题的是，对名家作品不论质量如何，一概予以照顾；对非名家的作品求全责备，难予录用。所以关键在于是否以质量为准。叶圣陶主持《小说月报》时，他刊登了巴金的处女作《灭亡》。这时巴金正在巴黎留学，谈不上有什么名气，与叶圣陶素不相识，但叶圣陶不仅把《灭亡》刊登出来，还通过编者言论给予赞扬，这样做是着眼于作品质量当时属于上乘，作者又是青年学生。这种以质取稿，而不是以名取稿的做法，值得学习。对青年作者的支持，应重在帮助修改提高，不能只是降格录用。编辑在用稿问题上要秉公办事，破除私情，如果置读者需要而不顾，为私人关系所左右，降格录用文稿是违背编辑道德的，是不能允许的。

三

关于编辑与读者的关系，有必要再进一步谈几个问题。

（一）为读者服务是最终目的

人们常以"为他人作嫁"来形容编辑，这个"他人"指作者。此话并非没有道理。一部书稿问世，一篇文章刊登在杂志上也一样，其中必定包含着编辑的许多辛劳和心血，只是最后人们往往只知道作者是谁，而不知道编辑是何人。从这些地方看，编辑的工作是为作者服务的。但是，我们再进一步想下去，便可发现编辑为作者所做的那些工作，都必须有利于读者，而不能相反，编辑的整个工作，归根结底说都是为了保证读者得到符合自己需要的合格读物。为读者服务是编辑的最终目的。

叶圣陶主持《中学生》杂志时说过："读者诸君的满足，

也就是我们的欣慰"，"每一篇文章应使大部分的读者能够了解，否则就是对不起读者"。这种一切为了读者的编辑宗旨，是使《中学生》获得成功的主要原因。

既是著名作家，又有长期编辑生涯的巴金，他为刊物讲过这样一句话："刊物是为读者服务的。用什么来服务呢？当然是用作品。读者看一份刊物，主要是看它发表的作品。好文章越多，编辑同志的功劳越大。倘使一篇好作品也拿不出来，这个刊物就会受到读者的冷落，编辑同志也谈不到为谁服务了。"又说："编辑不可能跟读者对着干，硬要编一本没有人要看的刊物。刊物没有人要看，一定办不下去，编辑也得改行。"① 巴金强调为读者服务的这些话，值得重视和深思。

（二）编辑听命于读者的需要

编辑的具体任务是创造合格的读物去满足读者的需要。完成这个任务，就能促进文化事业和学术事业的发展，就能有利于我们的政治和经济。对于自己创造的读物，编辑总是希望受到这部分或那部分读者的欢迎，特别是希望受到广大读者的热烈欢迎，这就是最高的奖赏。有人说读者是编辑的上帝，意思大概是强调读者的重要性。从编辑工作来看，读

_____

① 巴金：《致〈十月〉》，见北京出版社编：《编辑杂谈》第 2 集，北京：北京出版社，1983 年，第 209~211 页。

者的需要是制订编辑计划和实现编辑计划的主要根据，是编辑的战略思想和策略思想的重要来源，因而编辑掌握有关读者需要的信息，具有特殊的重要性。

读者都生活在社会中，社会生活中的许多因素，诸如政治和经济情况的变化，社会习俗和社会思潮的变化等，这些都可能影响读者对读物的需要，对此不可不予注意。如三中全会决定以经济建设为中心任务，全国因而出现学习现代经济管理的热潮，有关管理科学的普及读物和专门读物就成为全国性的一种普遍需要。这类情况如能及时掌握，就可能在编辑部制订出合乎时机的对策。

读者对读物的需要，是一种客观存在，对它进行系统的具体的分析，这有利于编辑确定做什么和怎么做。读者的需要有近期性需要、中期性需要和长期性需要的区别，又有普遍性需要和非普遍性需要、迫切需要和非迫切性需要的区别，对此要不失时机地作出恰当的估计。再者，读者需要中又有假象和非合理因素，例如一种错误的社会思潮可能造成一股强烈的读者需要，可是当读者清醒过来以后，就会迅速抛弃这种需要，所以编辑需要保持冷静的头脑，不是一味地随波逐流或推波助澜，对于那些非合理因素，有责任引导读者走向正确的轨道。

（三）读者的信任取决于读物的质量

一般情况下，读者并不与编辑直接打交道，因而编辑容易忽视读者这无形的巨大存在而一意孤行。不过，读者完全可以对编辑的工作作出评价，这主要是通过读物。对编辑来说，读物牢靠的质量，这是取得读者信任的保证。

关于读物质量，大致可以从外在质量和内在质量这两方面来看。就内在质量而言，一般要求读物具有科学性、进步性和创造性，但各类读物的具体要求有所不同。如学术性著作重在论证严密，资料翔实，能成一家之言；普及性读物重在正确、简明、生动；文学作品重在审美价值和认识价值的统一；新闻作品重在真实性和时效性等。就外在质量而言，包括印刷清晰程度，以及版面款式、装帧艺术等。要提高读物质量，编辑需有许多外在因素的配合，如需有作者提供优秀作品，有条件应用科技新成果等，但是，编辑有比较大的主动权，有能力的编辑可以调动作者的积极性，所以编辑在提高质量方面大有可为。具体说来，要重视以下几点。首先，应有明确的质量追求。应创造条件逐步明确质量目标，吸引更多的优秀作品，使读者对读物的信任感不断提高。其次，应有一丝不苟的严谨作风。实际上读物质量可以看作是编辑的能力、水平、作风等形成的综合效果。对编辑来说，读者第一与质量第一两者是一致的，质量第一的观念就表现为一丝不苟的作风，力求尽善尽美，尽量使读者获得最优读物。读物的外在质量主要是由编辑赋予的，如版面款式的美观大方，装帧的精美端正，以及印刷术的改进等，这些都以有利于读者的阅读为目的。读物的内在质量主要来自作者，但编辑有为读者选择和推荐的责任，况且内在质量与读者收获大小关系最大，所以对文稿需精心审阅，仔细斟酌，应当是在每一个环节上都不马虎从事，这是对读者高度负责精神的具体表现。再次，是要重视整体质量。因为这是衡量刊物和书籍的一个重要标准。因为整体质量对人们最有吸引力，编辑必须加以留意。

（本文根据1985年6月在《高校文科学报文摘》编辑部举办的编辑讲习班上的讲稿整理而成——作者）

［原载《河南大学学报（哲学社会科学版）》1985年第6期］

十六、编辑与印刷、发行的关系

现在我们的出版社，其职能主要是编辑。出版业由编、印、发三方组成，编辑活动是其中之一。从编辑活动存在的社会条件看，它必然处于这样三种社会关系中：一是它与印刷和发行的关系；二是它与作者和读者的关系；三是它与社会的经济、政治、文化以至历史发展的关系。就这三种关系而言，以第二种关系最具代表性和复杂性。但是，编辑必须在第一种关系中形成书籍，并完成书籍的社会分配，在此之后，才能出现第二种关系和第三种关系。本文要谈的，就是这第一种关系。

出版业是编、印、发三方的共同体

所谓共同体，是指编辑、印刷、发行三方在出版业中形成整体，彼此之间互相依存，谁也离不开谁，三者休戚与共，盛衰相随，难有一枝独秀的情况。

从历史上看，编辑、印刷、发行三方的命运就是联系在一起的。出版业产生的历史条件大体有二：一、从社会需要方面看，是人们对文化传播的需求程度的提高；二、从物质技术条件看，是继造纸术发明以后，又发明印刷术。直接影响文化传播需求的因素，是社会上书籍品种的数量和需要书籍的读者数量的增加，这又与社会的教育水平和文化水平的提高有联系。出版业为人类做出的一个重大贡献是，使书籍可以批量生产，这就要有物质技术作为基础。造纸术的发明为书籍的批量生产迈出了重要一步，但形成出版业的条件尚不成熟。在唐代，纸张已经相当普遍地被人们应用，但书籍多为自抄自藏自用，皇家是如此，私人也是如此。据《旧唐书·职官志》，国子监"有六学"，其中之一是"书学"，即学习抄书或书写的专业。①

_____

① 《旧唐书》卷44，北京：中华书局，1975 年标点本，第 1891 页。

再如，唐代弘文馆有"楷书手三十人"①；集贤殿书院有"书直、写御书一百人"②；秘书省有"楷书手八十人"③。皇家机构中抄书之盛，由此可见。唐代私人的书籍，凡需藏、需用的，或者亲自抄，或者雇人抄。自己著作，如白居易的《白氏文集》，他自己的想法是抄五部，分藏五处。唐代的抄书，可说是印刷业的前期形态。林穗芳同志提出抄本出版的概念，是可取的。只是抄本中的出版与非出版，今天不易分清。一般说来，为了自藏自用而抄，不以社会传播为目的，不能认为是出版。据古籍中零星记载，唐代的长安、洛阳皆有"书肆"，卖的多是儒家经典、佛典以及流行的诗作、传奇之类。书籍买卖虽比前代为盛，但其发展受到读者自抄自用的限制。自唐代发明雕版印刷术以后，到两宋才较为广泛被应用。雕版印刷适于对书籍作批量生产，其好处是质量高、成本低、速度快，这是抄本无法与它相比的，所以更有利于从数量上去满足人们对书籍的需求。

应用雕版印刷以后，接着遇到的问题是，如何将由它批量生产的书籍进行社会分配，亦即使这些不同品种的书籍被各地方的对书籍怀有不同需要的读者得到。在这方面，古代

---

① 《旧唐书》卷 43，北京：中华书局，1975 年标点本，第 1848 页。
② 《旧唐书》卷 43，北京：中华书局，1975 年标点本，第 1852 页。
③ 《旧唐书》卷 43，北京：中华书局，1975 年标点本，第 1855 页。

早已有两种办法。一是通过政治权力进行分配，皇帝的赐书、赐藏便是。如唐代柳宗元家藏有皇帝赐书三千卷。二是通过商品交换进行分配，如汉、唐的"书肆"和两宋的"书棚""书铺"便是。古代凡是由权力分配的东西，一般总是稀罕难得之物，实质上这是政治上的特权分配，对书籍分配来说也是如此。雕版印刷使书籍变得不那么稀罕而难得，就使赐书的意义变小了，所以宋代皇帝赐书反而不如唐代多。自宋代开始，书籍通过商品交换进行社会分配的部分愈来愈多，在此同时，读者自抄自用的方式始终未绝。于是，书籍买卖即发行业便逐渐地发展起来。印刷业和发行业的出现，立即反过来刺激作者的积极性和读者的需求。而印刷业只能从数量上去满足需求，如何使批量生产的书籍适应复杂多样而变化多端的读者需求，这就要靠编辑的聪明才智了。编辑活动的加强，有可能保证出版业始终与社会文化发展相符合，进而促使整个出版业不断发展壮大起来。我国最早的出版业，如宋代临安、建安、建阳等地的书铺、书坊，常常是书商兼做印刷、发行、编辑之事。有些官员和藏书家亦兼做出版之事，其中，编、印、发三者初步分工已有，然而分工未明；就编辑活动而言，尚未具有现代形态。这是古代出版业的特点。可是，出版业中只要有印刷、发行、编辑三方，一定是互相依存，荣则共荣，衰则共衰，这又是古今一样的地方。

　　编辑、印刷、发行三方的专业内容大不相同。编辑属文化工作，印刷属科学技术，发行属商业经销。但是，出版业必须由这三者组成，缺一不可。有的出版物属赠送品，如一些宗教宣传品等，无需发行，这属于许多事物都有的那种例外。在通常情况下，没有发行业，正如没有编辑业或印刷业一样，出版业是不能存在的。编辑选择文稿，印刷把它复制成册，发行负责向读者销售。出版业正因为有这三者形成有机整体，它才充满了生机和活力。三方中任何一方，如果脱离了另一方或另两方，正常工作便无法进行下去；而任何一方的工作要是出现了困难和故障，又难免要影响到另一方或另两方。出版业对社会做出的重大贡献，一般属三方共同努力的结果；出版业所得利益，一般亦由三方分享。出版业的繁荣，必定是三方的共同繁荣；反之亦然。

就现代出版业的机构体制而言，编辑、印刷、发行三方可以合而为一，结成一个企业。解放前的商务印书馆、中华书局便是如此。当今国外一些大型出版机构也是如此。此外，也有编辑与印刷或编辑与发行两方结成一个企业的。由于三方的专业内容不同，因此，从经营和法人的角度，三方彼此独立，自立门户，发展业务，这当然也是可以的。现在我国出版业实行的，便是这种一分为三的体制。这种情况国外也有。三合一体制和一分三体制，各有长短。就我国当今实行的一分三体制来说，有必要在认识上特别强调，出版业是三方的共同体。因为既然是自立门户，彼此独立，就可能淡化相互依存观念，而滋生自我孤立意识。

编辑在共同体中居核心地位

在出版业这三方共同体中，编辑居于核心地位是不难看清楚的。编辑工作是出版工作的起点。编辑部门如果不编书，那么，印刷厂就得停工或半停工，书店就无书可售，出版业就几乎要瘫痪了。在相同的社会条件和物质技术条件下，出版业的繁荣主要靠编辑。清末的商务印书馆本是以经营印刷业务为主，事业上有起色，然而发展较慢。1902年，张元济去创建了强有力的编译所。在编辑活动的带动下，商务印书馆的出版业务全面展开，迅速成为中国最大的出版企业。由此可见编辑在出版业中的作用。再就出版物的质量和社会效益而言，都是首先取决于编辑。因此，在通常情况下，编辑在出版业中的地位最重要，责任也最大。

但是，从另一方面看，编辑离开了印刷和发行，便无法存在。这可以从以下三方面去看：

一、编辑无法在自己的活动中直接形成可以用于社会传播的产品

编辑在自己工作中最后完成的，只是编好了的文稿。这文稿不能拿出去与读者见面，它必须依靠印刷业转化成为可以用于商品交换的产品，再依靠发行业送到读者手中。只能如此，别无它法。出版业作为一种文化事业，它以传播人类

精神文化产品为己任。就社会文化而言，首先需有传播，然后才有普及、提高和积累等。而编辑在出版业中决定传播什么、不传播什么，决定传播的对象、方式、渠道和时间、地点等，此可谓举足轻重。可是，要是没有印刷厂把文稿复制成书籍，没有书店把书籍拿出去在社会上销售，编辑不仅无所作为，一事无成，而且连自己是否能够存在下去，也将立刻成为问题。所以，并不只是编辑决定印刷和发行的命运，同时也是印刷和发行决定编辑的命运。

二、编辑活动必须以印刷和发行的可能性作为自己的条件

编辑在处理任何一种文稿时，一开始就需考虑这样两个问题：是否有可能印刷？是否有可能发行？凡是限于条件而不能印刷的文稿，或者凡是印刷以后无力发行的书籍，都有可能成为编辑的无效劳动，至少暂时是无效劳动。这将造成一种社会浪费，使编辑一方蒙受经济损失。因此，这类文稿一般在选题阶段就被有经验的编辑排除在外。不仅如此，熟练的编辑处理文稿时，除考虑有关文稿内容的种种问题外，又总是努力为印刷提供方便、创造条件，努力为发行提供方便、创造条件。编辑这样做，并非仅仅是为了印刷和发行的利益，同时也是为了自己的利益。编辑部门作为出版业三方的核心，若用损害印刷的经济条件或损害发行的经济条件的办法，去谋取自己的利益，肯定是不明智的，最终可能导致

危害自己。编辑业的繁荣，是与印刷业和发行业的繁荣互为条件的。对这三方来说，很难有独自繁荣的可能性。

三、编辑的劳动价值必须等到印刷和发行的工作完成以后才能实现

从社会效益的角度看，编辑的劳动价值只能产生在所编书籍被读者阅读和利用以后。当编完文稿，尚未付梓，其社会效益可谓尚不存在，至多只能说是潜在的。在印刷完毕，把一部文稿变成几千册、几万册以至更多的书籍，其社会效益还是潜在的，不是现实的。把印制好的书籍送到发行部门，还堆在仓库里或插在门市部书架上时，其社会效益仍不是现实的。只有在书被买走，到达读者手里被阅读了，其社会效益才开始成为现实。再从经济效益的角度看，情况大致相同。当文稿编完，编辑部门投入了人力物力，但还处于只有投入而无产出的阶段。当文稿付梓，编辑部门继续投入大量资金作印刷费用，由此形成产品即书籍。编辑部门把书籍交给书店，完成商品与货币交换的过程，这时候才从中得到收益。如此看来，编辑的劳动价值必须依赖印刷和发行才能实现。

从以上论述，又可得出这样两点认识：

第一，在编、印、发三方中，唯编辑有可能也有必要关注出版工作的全过程，再加上其本身工作的重要性，因而编辑部门从中可以起关键的和领导的作用。

第二，编辑理当特别重视发行工作。在这三方组成的共

同体中，印刷一方由于主要是依靠技术装备工作的，因此，当资金和技术装备问题解决以后，面临的是共同性问题，即如何加强管理，这就使印刷一方相比而言具有较大的独立性和稳定性。发行一方的情况则不同。它总是面对变化莫测的读者市场。从出版社推向市场的书籍总是很多，来市场寻求书籍的读者又总是个性和爱好各异，足以影响市场的还有社会上的时代风尚、政治演变、经济兴衰、人口结构变迁等因素，因而读者市场的稳定性小，相反是变动多，起伏大。其困难和复杂程度，决不比经营百货公司小。所以发行业经常成为国内外出版业的瓶颈，这是不奇怪的。对此，必须有充分的认识。编辑一方与发行一方，以适当方式结成经常性的伙伴关系，这就是十分必要的了。

三方密切合作，才能互利互惠

编辑、印刷、发行三方既然处于出版业这共同体中，彼此间存在着共荣共衰、一方有难三方受累的关系，那么，除了三方进行密切合作，便不能有别的出路。在这合作中，编辑部门理当是主角，其地位重要，责任也是最大。三方的业务内容并不相同，由此形成的三方职责和利益也不相同。因此，三方的合作需以下面三个要点为基础：一是明确职责，三方各负其责；二是责任与利益相联系，合理分配利益；三是彼此多做谅解支持之事，不存扯皮拆台之心。目前，我们出版界的困难不少，我从中试举二例，说明这种合作的必要性。

一、适销对路与对路经销

出版物压库是近年来令人头痛的事。究其原因相当复杂，或者是出版物本身并非适销对路，或者是虽适销对路而未对路经销，总之原因不在一方，非彼此合作不能解决问题。

应该使出版物适销对路，这属于编辑职责范围之内的事，也与印刷有关。编辑部门要是把不适销对路的图书送到书店，书店即便有三头六臂，也是销不出去的。

对路经销是发行部门即书店的事。而卖书之难，难在一是要懂书，二是要了解读者。以前北京琉璃厂的古籍书的经营者，其版本目录知识可与学者相当，如能写《贩书偶记》之类，从此可知卖书者是一定要懂书的。书店里书籍的品种很多，涉及许多专业知识，经营者理应大致懂得每一种书的内容特点、版本区别、应用范围等。做到这一步，自然比经营百货、杂货要困难得多，至少要求有更多的文化知识。再从读者对书籍的需要看，它与人们对家用电器、衣服鞋帽的需要不同。书店的求售者，其特点是对所需的共同性小，迫切性低。所谓共同性小，是指人们对书籍的所需，因人而异，因而难以捉摸。当然，教科书、政治学习材料等少数品种是例外。所谓迫切性低，是指多数人是碰着所需书籍才买，四处寻求者少；或者是衣食以外有余钱才买，稍有拮据便是需要也不买，节衣缩食去买书的人总是少数。因此，卖书者要了解读者的所需，其难度也是很高的，非与读者广泛交往，视之若亲友不可。可见，经营者要是不懂书，不了解读者，就不可能有对路经销。只要是书店不能对路经销，出版社来的对路适销的书也就难免躺在仓库睡大觉了。

由此可见，书籍压库，责任不在一方，互相埋怨，不能解决问题。两方相比，我以为主要责任由编辑一方承担较为合理，因为书籍是否出版是由他来决定的。在此基础上，再探求合作的机制，可能较为妥善。

二、关于品种多、印数少的问题

我国出版社从 1977 年的 114 家增加至现在的 500 家左右。图书品种从 1977 年的 1.3 万种增加至现在的 8 万种以上，而平均印数则急剧下降。据王益同志统计，1989 年的平均印数，只有 1978 年的 38%。[①] 平均印数下降，导致出版社成本上升，效益降低，出版亏本书的能力大减。这就是近年人们议论纷纷的品种多、印数少问题。

围绕这个问题，发行一方（书店）和编辑一方（出版社）互相埋怨。书店埋怨出版社的书不适销对路，心存亏损顾虑而不愿订货。由于订货萎缩，目前平均印数有继续下降

---

① 王益：《对当前出版形势的一点看法——"萧条"、"不景气"辨析》，《出版工作》1990 年第 8 期，第 9 页。

趋势。出版社埋怨书店经销无能，造成适销对路的好书卖不出去。于是，书店喊卖书难，出版社喊出书难，似乎责任都不在自己，而在对方。两方的埋怨，其实都有道理，可是又都不全有道理。从书店方面的问题看，连为纪念顾颉刚先生而由中国一流学者撰写的论文集，出版后在中国大陆都推销不到1000册，这岂不是太小看了中国学术界？这不是对路经销的无能又是什么？从出版社方面的问题看，低劣、平庸、雷同的书籍源源推出，读者在门市部书架上一见就摇头，这种书不压库又有什么办法！出版这类书籍的责任，在于编辑的水平低或滥送人情等。可是，经济损失却要书店负担，这是讲不通的。因此，在我看来，编辑和发行双方，必须在明确职责和合理分配利益的基础上，寻求适销对路和对路经销的合作机制。

现在大家应该承认这样一个现实，十来年前那种少品种、大印数的时代是一去不复返了。在中国这样一个拥有一亿以上读者的大国，一年只有一两万、两三万个品种出版是不正常的，品种多一点倒是正常的、合理的。品种既要多一点，印数再像以前那样动不动以数万计，一般说来，这也是不可能的了。所以，书店经营必须适应多品种这个现实，出版社工作必须适应多数书籍只能是比十来年前印数少这个现实。但是，书店不能接受低劣、平庸的品种多，出版社不能接受只能印一千或数百这样的少印数。为此，出版业应该具有遏制出版低劣品种和鼓励经销多品种的内在机制。

　　首要问题是，书店缺乏经营多品种的积极性。究其原因，一是书店有经营教科书这个旱涝保收的铁饭碗，因此经营品种的多少，无关自己生计。为此，我以为教科书可指定书店专营，其收益，可抽取提成，按来于何处、用于何处的原则，作为出版或教育方面的基金。由此鼓励多数书店，去专心经营多品种。二是书店心存亏损顾虑。平心而论，经营批量小的书籍，书店的困难实在是大。比如，一种书一次进十本，一旦有两本卖不出去，就无利可图。书店的正常经营怎能维持？工资发不出怎么办？品种既多，经营批量在多数情况下一定就小，随着而来的是经营风险就大得多。对书店来说，这种明知无利或要亏损的事情，在一般情况下，是不能做的，即使愿做也是难以持久的。再从另一面看，书店的对路经销，必须以出版社的书籍适销对路为前提。因此，书籍的经营亏损由书店来承担也是不合理的。从事物质生产的厂家都能对产品实行"三包"，出版社怎可不对自己的书籍销售负责？需知书店的亏损顾虑一日不解除，经营多品种的积极性就没有提高的可能性。我赞成把征订包销，逐步改为寄售代销，余货限期可退。把书籍销售的亏损风险，由书店转移到出版社。这样做有两利：一利于提高书店销售多品种的积极性；二利于提高编辑编书的责任感，防止片面追求品种而轻视质量。

在这合作机制中，出版社的职责是使图书适销对路，切实遏制低劣、平庸品种，提高书店经营多品种的积极性，读者的买书难就可得到缓解，出版社一些好书的印数就可能提高，这是其一。其二是重版也可顺利一些，使一版亏本的书籍，通过迅速的重版做到保本或盈利。但是，编辑工作必须为书籍提供令人爱不释手的质量。有此质量，出版社便不必为寄售代销而胆战心惊，相反可以充满信心。若不能提供此等质量，经济损失由自己负责是天经地义的。

诚然，出版业"三难"中的是非曲直，几句话难以说清，但其中主要症结是，书店缺乏经营多品种的内在机制，责任却并不全在书店。要是逐步实行教科书专营和寄售代销体制，并使这个体制得以完善，此棋一着，我以为或许可得全盘皆活之效。再加之以思想教育，出版业的合作可更为密切。

（原载《出版发行研究》1992 年第 3 期。后收入刘光裕、王华良合著《编辑学理论研究》，山东教育出版社 1995 年版）

十七、编辑的业务观念

我主持《文史哲》杂志的编务有七八年。编这类刊物，常常是文、史、哲、经各类专业问题，五花八门，纷至沓来，于是逼迫着去读各种书，犹恐读之少而知之晚。尝过其中的甜酸苦辣，对编辑学者化的意见，深有同感。年来重执中文系教席，除专业课外，兼教编辑学，听课学生上百人。我感到，编辑除应学者化外，另有一个专业化的问题。对编辑学来说，研究后一问题显得更为重要。

应重视编辑的专业业务

编辑碰到的业务问题有两类：一类是属于各种专门学科的，如文学、历史、物理、化学、医学、机械等；另一类是属于编辑自己专业的。提出编辑学者化，是针对前一类问题，既有理又有据。但是，编辑之所以是编辑，社会之所以在学者之外还需要有编辑，就是因为有自己的专业。编辑在实际工作中必须把处理上面两类业务的能力结合起来，而且处理各种专门学科问题的能力必须体现在编辑专业业务中，又通过专业业务表现出来；否则，可能是学者，而不能是编辑。

凡有成就的编辑，都具有较强的编辑专业业务能力。茅盾于1920年底出任《小说月报》主编，立刻获得历史性的成功，其时24岁，只写过几篇评论，改编过童话等，正式从事小说创作还是1927年以后的事；但是，他在商务印书馆已经做了4年编辑，深得前辈编辑家张元济、高梦旦的好评。邹韬奋于1926年主编《生活周刊》，该刊发行量从2800份猛增到 15 万份时，他 31 岁，上海文化界一般还不知其名；但是，在此之前，他已任中华职业教育社编辑部主任。赵家璧在 1934 年开始主编《中国新文学大系》，当年 26 岁，大学毕业仅两年，可是他在大学读书时就开始为出版社编书、编刊，早就迷上了编辑这一行。这三人当时都以青年编辑身份，对中国文化事业做出了贡献。他们除学养较深之外，编辑专业业务能力也都较强。

专家学者去做编辑，同样需学习并掌握编辑专业业务，也就是社会学所讲的角色化过程。20 世纪二三十年代，我国的学者和作家中自办刊物或出版机构者甚多，不少是昙花一现，未能在编辑事业上有更大作为，原因之一大概就是未经编辑角色化的过程。

从人才学的知识结构观点看，编辑与学者相比较，至少有两点不同。其一，编辑的知识重广而博，学者的知识重专而精。重广而博者称通才。人们常以"杂家"的贬义称编辑，又视通才为没有学问，那是用学者知识的专而精做标准，去要求他们所产生的偏见。正像学者难以做到通才的广而博，通才也难以做到学者的专而精，一般两者难以兼得。因此，编辑在具体学科知识方面常常要向学者专家请教，这并不奇怪。编辑家张元济本人是版本目录学家，可是他在版本目录方面数十年与傅增湘等许多学者讨论并请教，30 万字的《张元济傅增湘论书尺牍》可以为证。学养之深如张元济者尚且如此，何况别人？所以，要求编辑的知识达到学者的专而精的程度，个别人不论，作为一种普遍要求是不大现实的。编辑提高学术水平（知识水平、艺术水平等），必须为了适应自己专业业务的需要，而不是脱离自己的专业业务。其二，编辑知识结构中不能不包括自己的专业知识，里面就应有编辑业务观念。这一点对学者来说，自然就不必要了。编辑必须是编辑化了的学者，编辑必须是真正的编辑，这对于编辑事业和出版事业才真正有利。

总之，研究编辑专业业务和编辑业务观念，确有其重要意义。

谈论编辑的业务观念，先要明白编辑活动的性质大致有三：（1）在社会生活中，编辑活动属于社会文化活动；（2）在社会文化活动中，编辑利用传播工具（书籍、杂志等）在作者和读者之间从事文化传播活动；（3）在文化传播活动中，由于编辑活动形成最终产品（出版物）加以传播，必须以印刷和发行作为自己的后续工作，因此它带有经济活动的性质。与此相应，编辑的业务观念包含以下三方面：文化战略观念、社会传播观念和商品经营观念。编辑的业务观念，实际上是这三者的统一。下面，分别予以说明。

文化战略观念

不妨从赵家璧主编《中国新文学大系》谈起，这部《大

系》是 20 世纪 30 年代中国编辑史上的杰作之一。赵家璧在
《编辑忆旧》中说:"上海北四川路底有一家专售日文书的内
山书店,我那时担任良友图书公司的编辑……有一次,内山
先生送了我几本日本的新书目录。目录中有一套日本创作文
学的文库,按时代先后编成完整的一套。当时正值国民党提
倡复古运动,叫青年学生尊孔读经;进步的文化人都认为应
当继承和发扬'五四'运动的革命传统,才能拯救中国。
'五四'运动离开那时不过十多年,但是许多代表作品已不
见流传,文学青年要找这些材料同古书一样要跑旧书摊。日
本的文库计划就触动了我要出版一个'五四以来文学名著百
种'的念头。"[1] "名著百种"因为牵涉到版权转让,无法实
现,后来就变成《中国新文学大系》。这个编辑选题的缘起,
表面看来有点偶然性,实际是出于对社会文化的形势和发展
趋势有清醒而正确的认识。《大系》当时的出版广告,就用
了这样的副题:"新文学运动第一个十年的总结"。而蔡元培
在"总序"中指出,其意义为"鉴既往而策将来"。这都表
现了青年编辑赵家璧具有高瞻远瞩的文化战略观念。

编辑文化战略观念的基本内容,就是如何使编辑出版行
为去适应和满足较长时期和较大范围的社会文化发展的需要。

---

[1] 北京出版社编:《编辑杂谈》,北京:北京出版社,1981 年,第 77
页。

它与不顾社会利益的唯利是图观念相对立，又与权宜之计、短期行为之类有区别。茅盾编《小说月报》，在文学界实现了历史性变革；邹韬奋编《生活周刊》，在全国宣传抗日救国。两人在不同方面表现出各自的文化战略观念。树立文化战略观念，最要紧的是把自己的编辑工作与社会上的经济、政治、文化、教育等联系起来思考，只看到编辑部内部几项工作，不去研究社会，将一无所获。每一个历史时期的文化发展需要是多方面、多层次和多种多样的，因此，文化战略观念也应是多方面、多层次和多种多样的。各类编辑，不论是少儿读物编辑，还是学术论著编辑、社会科学编辑，还是自然科技编辑，可以从不同途径各自寻找适合自己的文化战略。

文化战略观念对编辑十分重要的原因之一是编辑活动的生产周期长。从选题到出版，一般要一两年，多则三四年或更多。虽然印刷周期可以缩短，可是作者的写作时间硬性缩短了，"急就章"的质量往往没有保证，所以从选题到出版的周期总是比较长的。原因之二是出版物作为精神消费对象，在消费过程中它的物质形式并不消灭，它的价值一般表现为可以被长期使用和重复使用。原因之三是编辑的职业利益总是期望出版物拥有数量更多的读者，对社会产生更大更长久的影响。因此，从选题开始的编辑行为，以满足较长时期和较大范围的社会需要为最佳选择，否则的话，出现种种被动局面是不可避免的。

编辑在文化战略上的成功，一般都是影响深远，意义重大。前面谈过的例子不再重复。1979年山东成立的齐鲁书社，毅然以编辑出版古籍为专业，在省级出版社属首创，推出的书籍令北京、上海的古籍出版界刮目相看，冷落多年的古籍出版业为之一振，现已声播海内外。近几年三联书店不断批量推出"现代西方学术文库""新知文库"等，学界人士已先睹为快。1979年的"齐鲁"和前几年的"三联"，有此决策，显然是具有战略观念。它们的成功，不是靠侥幸，首先是战略上的成功。其实，编一本书，或编一套丛书，凡有重大成功者，文化战略上的正确都是必备的条件。

在实施文化战略时，编辑有两件事值得注意。一是在顺应中发挥创造性。这个顺应，不是顺应时髦，赶文化浪头，是顺应文化发展的历史潮流。顺应历史潮流才能形成战略意识，否则只能形成投机意识。从顺应历史潮流中可以知道应该做什么，不应该做什么。实际做起来，编辑又需要努力发挥自己的创造精神，把事情做得比别人更好。"齐鲁"和"三联"就是如此。二是不失时机又实事求是。不失时机之重要，如辛亥革命第二年，刚刚成立的中华书局首先编辑出版《中华教科书》，在全国一举成功；齐鲁书社若晚建三四年，行动稍慢，便会失去最佳时机，难免有事倍功半之弊。编辑失去战略时机的遗憾，犹如可以得到而未能得到勋章之将军。要做到不失时机，编辑应善于发现文化发展过程中出现的新的需要。一般说来，人人皆知的需要，其意义不如新发现的需要，因为后者成功的可能性大。实事求是的意思，是指既考虑文化发展的需要，又考虑自己有无可能去实现这个需要。这个可能，包括自己现有条件和经过努力可以创造的条件。条件各不相同，凡是既需要又可能的事，下大决心积极去做，这方面最能显示编辑在文化战略上的胆与识，显示经受风险的气魄和能力。遇上暂时无法做的事，则沉着地等待时机，稳重地创造条件，同样显出编辑在战略上作风稳健而无所失误。

在一个编辑身上，文化战略观念总是表现为深谋远虑和高瞻远瞩，又表现为雄才大略，这是一种大家风度，相反便是小家子气。当前面临改革开放，出版物不仅要面向全国，而且要走向世界，参加国际文化交流。这是我国文化发展中出现的新的历史潮流。在这方面，尽早确立适合自己情况的战略观念，努力付诸实施，开辟新天地，事业的成功或许指日可待。

社会传播观念

在社会文化事业中，为什么在著作家、艺术家、教师等文化人之外，还需要有编辑呢？就因为社会需要编辑利用书、刊等传播工具，去从事文化传播。而编辑要是不能在文化传播中发挥自己的作用，就失去其意义。对编辑自己来说，文化战略观念总是要通过文化传播来实现，而文化传播又依赖战略观念的指导和制约。

凡是文化传播，都是面向社会的。编辑在自己头脑中树立社会传播观念，一定要把自己的传播活动看作是一个在社会中活动的过程，并且全面地认识和掌握这个过程。美国学者拉斯韦尔在20世纪40年代就提出传播过程的五要素公式：传者、传播内容、传播渠道、受传者、效果。对编辑学来说，传者即作者，传播内容即作品，受传者即读者，掌握传播工具的编辑处于传播渠道的位置。这公式表明传播过程的线性序列，简明扼要，缺点是还不够全面。因此，后来美国学者布雷多克又增加了与这五要素并行的另两项，即在什么情况下和为了什么目的，此外，有些人又增加信息反馈以示信息流动为双向。五要素再加上后面这三项，这样看待传播过程就比较全面了。前些年编辑界曾热烈谈论过信息论观念，其实编辑的信息观念是从属于自己的社会传播的，单独谈不如结合到传播过程去看，这对实际应用更为有利。

从社会传播观念去看编辑业务的成败优劣，当然首先要看效果。这个效果如何，实际上总是前面所说八项中其它七项所形成的综合效应，不可视为七项中任何一项单独决定的。再者，这个效果又一定是在读者身上体现出来的。出版物使读者在精神上得到收益，这就有了社会效益；读者愿意购买出版物作为读物，这才有经济效益。所以，离开读者谈效果是空洞的或不真实的，靠恭维和自封又不过是自欺欺人罢了。

树立社会传播观念，除全面认识和掌握传播过程之外，要把效果和读者作为自己考虑问题的出发点和归宿。编辑在出版业中的竞争意识，分别隶属于战略、传播、经营这三方面，竞争其实就是这三方面的竞争。就传播而言，归根结底在于能否争取到更多读者，同时获得最佳效果。所以，重作者而轻读者的观念需要纠正。作者需重视自不待言，其作品在编辑传播中对读者产生影响。可是，作者和作品究竟如何，最终要看读者实际接受的情况而定。英国出版家斯坦利·安文在《出版概论》致著作者的前言中说："从长远来看，决定作者应获何种报酬的终究是广大读者。"这是对的，决定作者命运的最终是读者。因此，编辑应根据读者的要求去选择作者和培养作者，若是把作者方面强调到置读者于不顾的地步，那么，离事业失败，大概不会很远了。

根据社会传播观念去处理出版物的编辑过程的一系列工作，其中有许多传播技巧的原则问题。下面，暂谈五个问题：

（一）易接受原则

易接受与否，是出版物与读者间的一种关系。读者的概念涵盖面最广。作者的概念只存在在自己作品中，在其它场合作者也是读者，往往还是最爱挑剔的读者。社会上更多的是没有做过作者的读者。出版物总是要拿出去和读者见面的，被读者接受以后才谈得上效果、效益之类，所以无论学术著作还是通俗读物，编辑都要考虑如何使读者更容易接受。比较同类出版物，读者总是选择易接受的居多。是否易接受，牵涉到的问题很多，如作者的知名度、社会身份等，作品内容的思想性、科学性以及文体风格、表达技巧等，出版物的装帧、插图、版式、字号等，读者阅读心理中的趣味、风尚、期待等，甚至还与书名、题目有关。编辑一般是综合应用这些因素，赋予自己的出版物以易接受的优势。

（二）空白原则

社会上出版物与读者需要之间的供需关系中出现的空白地带，被编辑发现并利用，就成为成功率较高的空白原则。编辑选题常常是针对这空白地带形成的，因为这里的具体竞争对手少。有些人常慨叹空白地带被别人占领，无空白原则可利用。实际情况是，读者需要总是多方面和多层次的，它又受人口结构、社会变迁以及政治、经济、文化等因素的影响而处于不断的变化过程中，因此，从全社会看，空白地带完全被占领的情况是不存在的。空白地带会有多少的问题，但不会出现全无的问题，关键在于有无能力去发现。随着竞争态势的发展，空白地带发现不易，占领更难，尽管如此，利用空白原则仍将是编辑最关心的业务课题。

（三）创新原则

在空白地带被别人占领后，编辑也不是就无所作为。当年商务印书馆编印《辞源》，成为中国第一部新式大型的汉语工具书，1915年问世，立即畅销全国。十多年后，中华书局出版《辞海》，同样是新式大型的汉语工具书，性质相近，由于质量方面有重大创新，因而《辞海》能与《辞源》并行流传。后起的《辞海》，凭借创新在读者中牢固站住脚。出版史上这类事例很多。空白原则有捷足先登之利，创新原则具后发制人之长。看准别人的弱点，突出自己的长处，努力创新，常常可以取而代之。但是，想后发制人若无创新，反而受制于人，必定是一败涂地。创新包括内容和形式两方面，一般说内容创新更为重要。从效果看，创新对读者最有吸引力，对竞争对手构成的威胁大，所以总是值得编辑重视。

（四）时效原则

信息论中讲时间效应，认为信息效用的大小或有无，不仅与信息的质量数量有关，还与接受者接受该信息的时间有关。出版物是信息的载体，编辑要一贯注重质量，同时又要注意利用时效。与人物纪念或节日纪念有关的书籍，应在纪念日之前与读者见面，教科书和教学参考书又应在学校开学前投放社会，以求最佳时效。要特别注意，当今出版单位林立，你讲创新，人家也讲，你利用空白原则，人家也利用，而时效是以出版物何时与读者见面为准的。因此，从选题开始的任何一个环节上要是耽误了问世时间，就可能让别人的出版物获得最佳时效，而自己连创新原则和空白原则等方面的努力，也跟着时效的失败而落空。时效原则对有些选题显得特别重要，对一些则不那么重要，需区别对待。

（五）系列原则

某编辑机构的种种出版物，某刊物上的种种文章，凡是数量虽多但不杂乱无章，形成自己的一种内在联系，便符合了系列原则，如丛书。系列原则的优点，从读者方面看，是为系统选择读物提供了方便，进而在阅读中形成一种比个体作用重要得多的整体作用；从编辑自己方面看，是容易形成事业中的个性特征和经营中的所谓"拳头产品"，便于在社会上形成一种有利于自己竞争的声势或声誉。不过，虽无丛书之名，却有系列之实，这比冒丛书之名，而出无序之书，更符合系列原则。拼盘杂碎之不可谓系列，最值得刊物编辑留意。追求系列，如果出版物问世时间相隔过长，读者心理上将忘却其系列性，此为善出丛书者所忌。当然，最要紧的是如何设计系列，又如何分批推出，这是最费脑筋又是最不可疏忽的事。

在社会传播观念下研究编辑的业务技巧或业务艺术，最为丰富多彩，以上只是其中一部分，此为编辑所必备，又一般不为专家学者所关心。所以编辑在工作中，与作者发生的意见分歧，常源于此。编辑不懂文化战略，未免是不从大道取小道，难成气候；可是，如果缺乏社会传播观念，不熟悉种种传播业务艺术，那么编辑工作也是做不好的。

商品经营观念

编辑为什么要有商品经营观念？简单说来，就是编辑这种社会传播活动的目的和价值，必须通过商品形式才能实现。编辑活动产生的可供出版的文稿，不能立即用于传播，需要通过印刷、装订成为出版物，又通过发行渠道（销售网络）送到读者手中，到读者面前时它已成为商品。凡是商品都可以进行交换。出版物在商品交换中的命运，滞销还是畅销，盈利还是亏本，一般将决定编辑出版者本身的利益，决定传播业作为一种产业的兴衰，又将影响社会传播活动的成败，这是因为出版物在商品交换中的风险，主要是由编辑出版单位承担的，印刷者和发行者承担的风险总是较少，国内外情况皆如此。因此，编辑不能不使自己的业务活动与商品经营联系起来，否则将无法存在于社会。编辑的商品经营观念，就基本方面说，不一定是亲自去搞经营做买卖，而是如何使自己所编文稿在变成出版物以后，能在商品交换中取得成功，在同业竞争（这里表现为商品竞争）中居于有利地位。在这方面，与经济领域中纯粹的商品经营观念有相似处，又不完全相同，这也是要留意的。

商品都具有两重性，对此，马克思在《资本论》中作过最精彩的分析。出版物作为商品同样具有两重性，在此，先说明它在社会生活中所具有的积极意义和消极意义。从积极意义方面看，一是在古代历史上打破了贵族依靠政治特权对书籍这类精神文化产品的垄断局面。不论在什么时候，只要书籍不成为商品，就有可能被拥有特权的少数人，采取种种方式垄断起来，为自己利益服务。出版物商品化也就是书籍商品化，而商品交换中的平等关系可以打破权力垄断，商品交换又可以促使精神生产面向社会，促使精神产品适应社会群众的利益和需要。二是商品交换中的利润原则和价值规律，成为出版业采用新技术和降低成本的内在动力，进而又为社会文化的普及和发展创造有利条件。出版物商品化带来的消极意义，常见的有为了追逐经济利益而热衷于出版危害社会群众的作品；唯利是图而不顾出版物质量，或者弄虚作假，损人利己。总的说来，出版物商品化是不可逆转的历史进步。

因此，编辑树立商品经营观念，并不就只是为了赚钱，首先在于自觉利用出版物商品化的上述两重性，大胆发挥它的积极作用，谨慎防止和限制消极作用，由此树立自己在事业上的奋发进取意识。编辑作用于社会，其影响的深入和范围的扩大，有赖于出版物商品化程度的提高，所以它为编辑发挥积极性和创造性提供了广阔的舞台。当然也留有身败名裂的陷阱，因此需特别冷静与小心。

出版物是物质产品，又是精神产品。与一般商品相比，出版物作为商品具有这样两重性的价值形态：一是投入产出过程中所需劳动（活劳动、物化劳动）凝结在出版物物质形态中的价值；二是出版物精神形态中存在的社会传播价值。前者与一般物质产品相同，具体表现为可用货币计算成本，是出版物价格的依据或主要依据。后者则为出版物所特有，无法用货币计算成本，但能影响文化市场价值规律的波动，进而影响价格。文化传播价值中包括作者作品所提供的学术价值或艺术价值，但又非等同，它理应是编辑与作者共同创造的一种新的价值。因为衡量文化传播价值，总要看出版物能否满足社会文化发展的需要，以及满足这需要的程度如何，还要看它是否符合易接受、空白、创新、时效、系列等传播原则，或符合其中哪几项以及符合的程度如何，这些是编辑业务范围内解决的问题。因此，从出版物价值角度看，编辑首先要在文化战略和社会传播方面提高业务水平，避免失误，以求获得较高的文化传播价值，在此前提下，再重视建立商品经营观念，才能在出版物的商品交换中立于不败之地。

编辑的商品经营观念除利用出版物商品化以树立自己在事业上的奋发进取意识外，还要注意两个问题，一是经济原则，二是信誉原则。

先讲经济原则，这也就是盈亏原则。在这方面，一般应该是盈者正当，亏者值得，盈亏相抵，盈胜于亏。所以编辑业务不可能与学者完全一样，编辑一定要懂一点怎样做经济工作，以免老本赔光。编辑家处理经济问题，大都既正派又精明。在确定选题和接到书稿时，就能估算出成本和价格，预测盈亏情况，再是知道如何降低成本，如何进行书籍宣传，以及改进推销技术等。在《张元济日记》中，许多处是记载他自己，或他与高梦旦一起，精打细算出版成本，怎样的工料，印多少册，盈利情况如何，看来他们娴熟于胸。赵家璧做共计500万字的《中国新文学大系》出版费用预算时，估算第一版只要发行2000部，就可以不亏本，再版便可有盈余，结果真的如此，可见其善于经营。正当的盈利应尽量求其多。不过，不善于赔钱的人，大概也是做不成编辑家的，因为作者和读者都不喜欢与只想赚钱而一毛不拔的编辑打交道。郭沫若1928年亡命日本后，翻译威尔逊名著《生命之科学》，该书100余万字，插图多，成本大，而销量少，但张元济愿意在"商务"出版，明知赔钱却乐而为之。在盈利之后，钱只要赔得值得，编辑家往往是慷慨大方的。

再讲信誉原则。编辑的信誉是留存在读者头脑里的以对出版物的信任感为主要内容的心理印象。信誉与名牌是同义语，它对读者和作者具有不期而至的吸引力。编辑为自己出版物建立和维护信誉，需始终不渝地坚持质量第一，又需始终不渝地体现服务精神。为什么要有两个始终不渝？因为形成读者对出版物的信任感，不是只通过一次良好的印象，而是需要通过多次重复的过程；而且，只要对你的出版物有一次丧失信任感，编辑往往花十倍力气也难以在读者中重建信誉。由于编辑信誉主要属于编辑群体，如某编辑部、某出版社等，因此这两个始终不渝，又必须为群体成员共同遵守。如果一些成员遵守，另一些不遵守，也不能建立良好信誉。

要始终不渝地坚持质量第一，以求建立自己的社会信誉。解放前，张元济经营"商务"、邹韬奋经营"生活"、叶圣陶经营"开明"，事业从小到大，都这样做。可以说，这是商品经营中稳操胜券的诀窍之一。林琴南是中国近代最著名的翻译家之一，但1916年以后他交给"商务"的译作越来越草率。张元济在1917年《日记》中记下这样两则：林琴南译稿中的"草率错误应令改良"（六月十二日）；"林琴南译稿《学生风月鉴》，不妥，拟不印。《风流孽冤》拟请改名。《玫瑰花》字多不识，由余校注，寄与复看"（八月十四日）。林琴南是"商务"股东，张元济本人的朋友，又是社会名流，对这样人的文稿中的质量问题，张元济尚且如此认真把关，一丝不苟，这正是深谙经营之道。所以，若是一讲商品经营，就只认金钱，不顾质量，这不只是业务观念上的南辕北辙，而且是自求信誉扫地，自绝于社会。

如何讲求质量？有些作者往往从个人喜好出发，离开了社会和读者去讲求质量，结果不符合社会需要，不受读者欢迎。编辑过于听信这类意见，不利于经营。根据文化战略观念和社会传播观念去讲求质量，这样的出版物是为满足社会需要的，又是利于传播，为读者欢迎的，读者唯恐买不着。在这种情况下，若再经营得法，有较好的社会外部环境，即便是学术著作，也只有少数能造成经营困难，需作例外处理。所以把质量和经营对立起来，往往是业务不熟练的一种表现。

商品经营中有良好的服务，才能有良好的信誉。编辑商品经营观念中同样存在为谁服务和如何服务的问题。"为他人作嫁"，这话是说编辑的服务对象是作者。其实，从根本上说，编辑和作者都是为读者服务的。使用出版物的不是作者而是读者，编辑和作者的利益都产生在有更多的读者使用出版物之后。因此，编辑有责任团结作者一起通过出版物为读者提供良好的服务。满足读者的正当要求是编辑的职责，良好的服务精神主要体现在此。读者一般对出版物内容的要求最严。不同读者有不同的要求，而要求又限于内容。1935 年英国出版家艾伦·莱恩出版企鹅丛书，皆古典名著，主要由于改羊皮精装为纸面平装，价廉物美，大受欢迎，竟一举成功。所以有时书籍的开本、字号宜小，以求经济实用；有时开本、字号宜大，天头、地脚宜宽，以求美观大方；有时出豪华本也是符合读者要求的。读者使用出版物，总是希望可靠又方便，所以如章节安排、引文核对、图片表格、索引编排、译名对照，以至通俗读物中的难字注音等，这类问题编辑事先需为读者一一想到，皆由作者和编辑妥善解决，不把困难留给读者。解放前，商务印书馆出版"万有文库"，共 4000 多册，全部分类编号，最后连目录索引和图书卡片都一并送上，或装备于小型图书馆，或用于个人藏书，既省钱，又省事。如此周到服务，读者心里高兴，销路自然就好。

由于编辑机构一般都是经济实体，所以不讲经济上的盈亏得失是不行的。可是，只讲经济盈亏得失，未必能真正搞好经营，所以又要注意信誉原则，坚持质量第一和体现服务精神，这样就比较全面了。

以上是谈编辑的三个业务观念。要再次强调的是，这三者是有联系的，在论述中已有所体现。因此，只注意其中任何一方，都不能做好工作，把三者统一起来才真正有益。此外，限于本文范围，只谈业务观念，不能谈编辑专业业务中的其它问题。其它问题也很重要，不可不予以重视。

（原载《出版工作》1989 年第 5~7 期）

十八、论编辑职业道德

社会上的道德，一般是由道德理想、社会道德、职业道德、家庭道德等构成的。古代经商，商店门面上常常写着"童叟无欺""货真价实"几个大字，这便是表示遵守经商的职业道德。现在的医院里墙上写着"救死扶伤，发扬革命的人道主义"，这便是表示遵守行医的职业道德。古代人和现代人都有职业道德。各行各业的职业道德都具有鲜明的行业特色，同时又尽量与道德理想、社会道德保持一致，而不是互相抵触。编辑的职业道德也是如此。

职业道德的重要性

凡道德，皆分善与恶。人们的道德观念、道德情感莫不表现为道德行为，亦称善行与恶行。自古以来中国人称行善为"积德"。从伦理学的观点看，道德是在社会生活中协调人与人之间关系的一种行为准则。社会上的所有成员都承认的道德准则，此即社会道德。在行业之间，又有为这行业的所有成员都承认的道德准则，这就是职业道德。编辑为什么必须遵守自己的职业道德，其中道理大致可以从以下几方面去看。

权利与义务的统一

社会生活中的道德关系都是权利与义务的统一。但是，仅就具体的道德观念和道德行为而言，总是偏重于社会义务这一方面。

编辑由于不断推出出版物，从而使自己这个职业在社会生活中，赢得了牢固的地位和可观的利益。出版物是人类历史上最早使用的传播媒介，今天更被人们广泛使用。它在帮助人们摆脱愚昧落后，促使社会走向文明进步方面具有巨大作用，因此赢得全社会对出版物的高度重视。对出版业来说，生产出版物需要有技术和设备，这就是印刷术和其它复制技术，而编辑的工作则是使出版物能够成为有效的和有益的传播媒介的关键性环节。编辑因此在出版业中居于核心地位，在社会上被称为"文明使者"或"灵魂工程师"，成为令人尊敬的一种职业。总之，编辑由于生产出版物而获得了社会地位和职业利益，与此同时，必定也得在社会上承担自己职业应尽的义务。从权利与义务相统一的观点看，获得权利而不承担相应义务是不正常的社会现象，因获得权利而承担相应的义务才是正常的社会现象。

编辑对社会应尽的职业义务是什么？就是保证出版物对社会和公众有益，而不是有害。编辑的全部职业道德大体都是围绕着向社会和公众提供有益的出版物这个目标形成的。实际上，编辑作为一种职业在社会生活中享有的权利和应尽的义务，大都与出版物有直接的关系。编辑不遵守自己的职业道德，归根结蒂将损害自己这种职业的社会地位和利益。职业道德本来是与职业利益互相联系在一起的。

市场行为需要道德规范

出版业面向市场以后，必定产生市场行为。市场行为皆以获得经济利益为目的。编辑把选题变成出版物以后，在市场上就有可能获取丰厚的经济利益。

但是，以获取经济利益为目的的市场行为，必须以不损害公共利益为前提，不能用损害别人利益的方法去获取自己的经济利益。为此，市场行为皆有必要接受社会的规范。符合社会规范的市场行为是正当的，不符合的就是不正当的。针对市场行为形成的社会规范主要有两种：一是法律规范，二是道德规范。就编辑及其出版业而言，规范其市场行为，主要就是靠有关出版的种种法规及其职业道德。

市场行为由于受到经济利益的驱动，很容易出现违反道德和违反法律的越轨行为。在出版业中多数是因为唯利是图而冒天下之大不韪，如粗制滥造、盗版制黄等。这些越轨行为，常常随着出版物这种传播媒介而在社会上迅速扩散开来，毒害人们的精神世界，对社会产生的消极影响尤其严重。因此，对编辑和出版业来说，在完善和强化出版法规的同时，不能不重视职业道德对自己行为的规范作用。

职业道德的自律作用

法律的作用是强制性的，成为社规、厂规、店规的职业纪律也是带有强制性的。职业道德的规范作用与此不同，它不是依靠外部的力量，而是依靠内心的自觉自愿。因而，职业道德具有自律作用。

编辑的职业道德，从观念上说是建立在对出版编辑这个职业所承担的社会义务和社会责任这种道德认识的基础之上的。由此逐渐形成有关编辑职业的种种道德情感，如荣誉感、义务感、羞耻感等；逐渐形成编辑的职业良心；逐渐形成一种自觉的道德行为。道德习惯一旦形成，就变成人们的自由意志，变成弃恶向善的强大精神力量。道德行为无须外力的强制，人们根据弃恶向善的意愿自己规范自己的行为，包括自我约束、自我调节、自我谴责等。编辑依靠职业道德自己规范自己的行为，就是自律作用。

再从企业管理的角度看，职业道德是不可缺少的管理手段和方法。法律和纪律是强制性的手段，这在管理中无疑是完全必要的。但是，总有一些不良行为是在法律和纪律所制约的范围之外，又总有一些违法或违纪的行为不能被别人发现，这两种情况皆需要道德来发挥作用。因此，具有自律作用的职业道德在管理中同样是完全必要的。再者，职业道德可使守法遵纪变成人们的自觉行动。重要的是形成人人讲职业道德的风尚。为此目的，除要重视道德学习之外，领导的表率作用，正确的奖惩措施，和适当的纪律约束等，都对形成良好的道德风尚有益，因而经常被管理工作者在工作中采用。企业管理，一般是法律、纪律和职业道德作为管理手段在实践中同时使用，出版业的管理大体也是如此。

高度的社会责任感

这里所说社会责任，主要是指编辑对自己出版物产生的社会影响负有责任。编辑的社会地位和职业利益既来自出版物，就理所当然地有义务为此承担某种责任。作为观念形态的职业道德，大体就是充分意识到在自己的职业行为中应该对社会公众承担哪些不可推卸的责任。

编辑职业道德的基本内容

就出版物而言，既可能对社会公众产生有益的影响，也可能对社会公众产生有害的影响。确保出版物对社会公众有益而不是有害，这是编辑应当担负的主要社会责任，也是编辑职业道德的基本内容。

怎样才能对社会公众有益？一般说来，凡满足社会上读者精神文化方面的合理需要的出版物，皆可能是有益的。根据道德的观点，而不是经营的观点，就有必要把读者的精神文化需要区别为合理的和不合理的两种。例如，以海淫海盗为内容，或者以泄露国家机密为内容，这些出版物总不能说是满足读者的合理需要。编辑推出这类对社会公众有害的出版物，是违背了道德准则的行为。再进一步看，虽然是满足合理需要，然而出版物质量低劣，这同样不能认为对社会公众有益；只有满足读者合理需要的好书才是有益的，才真正符合职业道德的要求。在此需指出，出版物对读者无益同样是不能认为真正符合职业道德要求的，不好不坏的平庸书大都对读者无益，这不仅是表现编辑的业务水平不高，常常也是表现编辑的道德水平不高，表明缺乏社会责任感。

从道德的要求看，编辑必须在确保出版物对社会公众有益的前提下，严格避免自己的出版物损害社会公众的利益。为此，对于某些内容特殊的书籍，编辑有必要限制其发行范围，或者改公开发行为内部发行；对于某些内容复杂的书籍，编辑有必要要求在公开出版时增加一篇详尽的序言，以此帮助读者分清其中是非曲直。此外，出版物中任何不真实、不科学、不准确的内容，皆有可能对读者产生有害的影响。例如，把施肥的数量、时间或方法搞错了，结果就能造成肥料的浪费和农作物的减产。在医学作品中，把治病药方中的药名或剂量搞错了，结果可能致人死命。在自然科学论著中使用了未经验证核实的数据资料作为立论根据，在社会科学论著中使用了道听途说的材料或编造的事实作为立论根据，皆可能产生混淆视听、误导言论、诱发其它错误等恶劣后果。出版物中出现这类不真实、不科学、不准确的内容，即便是作者应该文责自负，编辑也应考虑到对社会公众应尽的道德责任而引以自咎。特别是有关社会问题的不真实的内容，如歪曲事实真相、污蔑诽谤他人、公布不确实的统计数字等，都是非常不道德的行为。与此相反的是说真话，坚持出版物内容的真实性，理应成为编辑的基本道德准则。

关于什么样的内容对社会公众有益而不是有害的问题，

随着社会的发展和科学水平的提高有可能产生不同的理解。例如，半个世纪前人们尚不完全明白保护自然环境和保护珍稀动物与人类生存之间的利害关系，可是现在保护自然环境和保护珍稀动物不仅已经成为社会公德，而且是立法的内容之一。因此，现在编辑在考虑选题和审稿时，都需注意避免有关污染环境和损害珍稀动物的内容。由此可知，以出版物对社会公众有益为善，以出版物对社会公众有害为恶，这种区分善恶的一般原则是不会变更的，然而其中具体内容则可能因时因地而产生变化。

把社会效益放在首位

书籍出版以后，可能给出版社带来利润，这在当今通常称之为经济效益；同时又可能给社会公众造成有益或有害的影响，这在当今通常称之为社会效益。从经营目标出发，出版社总是力求实现更大的利润。换言之，就是实现更大的经济效益。从职业道德出发，则是要求出版社把社会效益放在首位。换言之，就是要求自己获取利润的行为必须同时对社会公众产生有益的而不是有害的影响，而且以更为有益作为道德的价值取向。由此可见，出版企业的经营目标和道德要求，是应该分别处理又应该互相协调的两件事。

把社会效益放在首位，这并非出版社的经营目标，而是职业道德的一个重要原则。它对于规范出版业的市场行为尤其显得重要。在此需要指出，市场经济的企业行为，在接受经济利益驱动的同时，又接受道德规范的约束，这并非只有出版业如此。例如，当今的所有工厂在追求自己利润的同时，都要考虑自己的生产是否污染环境；凡严重污染环境的工厂难免要接受包括停产在内的种种处罚。这是把社会效益放在首位。此外，武器、药品、食品等的生产和销售，都有严格的法律约束和道德约束。这同样是把社会效益放在首位。人们在市场中谋求自己的经济利益，不可不择手段地胡作非为，应该是通过合法的和合乎道德的方式。这样做才符合全社会的根本利益；这样做本身就是社会文明的表现。对于出版业及其编辑来说，由于出版物这种传播媒介的特殊作用，更应重视把社会效益放在自己工作的首位。美国报纸编辑协会在1923 年年会上通过的《新闻工作准则》中说："必须把忠实于公众利益放在首位，除此之外，不受任何义务的约束。"又说："报纸吸引并抓住读者的权利，除了要考虑公众的利益外，不受任何约束。"[①] 美国报纸编辑协会也是要求"把忠实于公众利益放在首位"作为"工作准则"，看来作为编辑的职业道德，把社会效益放在首位是有普遍性的，并非一时一地的特殊要求。

---

① 中国社会科学院新闻研究所、北京新闻学会编：《各国新闻出版法选辑》，北京：人民日报出版社，1981 年，第 191~192 页。

　　作为编辑的职业道德，把社会效益放在首位的具体含义大致有以下三点：一是要求在对社会公众有益的前提下去追求自己的经济利益；二是反对为了获取自己的经济利益而损害社会公众的利益；三是为了社会公众的利益在必要时可以牺牲自己的经济利益。从道德的观点看，谋求自己的经济利益本身并非不道德，然而，损害社会公众的利益在任何时候都是不道德的。把社会效益放在首位，为的是协调自己经济利益与社会公众利益之间的关系，作为道德内容它具有崇高性和先进性。历史上杰出的出版家编辑家无不具有这种高尚的道德品质，当今出版界特别需要大力提倡和推广这种高尚的道德品质。

　　编辑在实际工作中完全可能碰到经济效益和社会效益之间出现的矛盾，其性质也是经营目标和道德规范之间的矛盾。必须记住，出于唯利是图之心，铤而走险，出版对社会公众有害的书籍以获取丰厚利润，这在任何时候都是不道德的，或者是不合法的。道德规范和市场秩序要求出版社做到"在对社会公众有益的前提下去追求自己的经济利益"。当然，这不仅仅是道德修养问题，同时也是面向市场的工作能力问题。出版社及其编辑的业务水平和经营水平愈高，便愈有可能做到这一点。因此，全面地解决这类问题，一方面要提高道德修养和法律意识，另一方面又要提高面向市场的业务工作能力。在计划体制向市场体制转换的时候，后一方面问题需要注意。但是，"君子国"是从来没有的，建立市场秩序不可能不依靠法律规范和道德规范。面向市场以后的出版业及其编辑，如果不重视把社会效益放在首位这个道德原则，必定造成出版市场混乱不堪，进而引起社会公众的责难和批评，其后果肯定是很严重的。

敬业自重　忠于职守

编辑在出版业中所具有的核心地位和核心作用，乃是编辑需要敬业自重的关键所在。当然，出版业是诸多行业组成的共同体，出版业中并非仅仅有编辑。但是，编辑从其所处的作者和读者的中介地位出发，为批量生产的出版物提供可靠的质量保证，促使出版物的生产不断地丰富和改善人们的精神生活。出版业及其出版物对人类文明和人类进步之所以能够产生巨大影响，其中不能没有编辑的作用；传播业之所以在当今世界上备受重视，其中不能没有编辑的功劳。所以，编辑的敬业自重、忠于职守的道德精神，既来自社会责任感，又来自职业荣誉感。其实，这一定是责任感和荣誉感的统一。下面要谈的是编辑职业所需的具体道德品质。前面谈过的编辑职业道德的基本内容都体现在具体道德品质中。需说明的是，编辑职业所需的具体道德品质，不能完全脱离了社会道德来谈，脱离了就是空洞的和不实际的。把职业道德与社会道德看成是两回事，正是当今道德研究中的一个误区。下面所谈诚实、公正、进取、奉献、严谨等具体道德品质，基本上就是社会公认的道德准则在编辑工作中的职业化表现罢了。

诚　实

在讲编辑的道德品质时，为什么首先讲诚实呢？因为中国传统道德最重视"诚"，面向市场以后的编辑在道德方面又是最需要诚实。儒家在讲修身养性时特别强调"诚"。例如，《荀子·不苟》说："君子养心莫善于诚。"《大学》提出"正心""诚意"，其中说："诚其意者，毋自欺也。"古人认为，既不自欺又不欺人，这才算是"诚意"。按照《中庸》的观点，"诚"是最后成为"圣人"或"君子"的起点。《中庸》要求人们从"诚"出发，然后"尽其性"，进而"赞天地之化育"，最后才能成为"可以与天地参"的"圣人"或"君子"。在现代社会，诚实是做人的基本道德。在商品经济社会里，诚实是儒商作风的核心。出版业中的编辑以制作书籍等精神产品为己任，代表人类良知的诚实是其面向市场以后不可缺少的道德品质。对编辑来说，以对作者和读者的诚实为最重要。不背承诺，不离职守，向读者提供有益的好书是编辑诚实的根本。如果你想向读者证明你的诚实，最好的办法是始终如一地保持出版物的优秀质量。知错认错和知错必改是诚实的表现，如此言行一致的结果一定就是不断推出优质品和精品，杜绝劣质品和赝品。出版有害的读物或出版粗制滥造、错误百出的读物，大都是明知故犯，从道德上看常常是表里不一的虚伪。利用职务之便，借投机取巧和敷衍塞责来猎取名利，欺世盗名；以美妙动听、冠冕堂皇的言辞，来掩盖自己唯利是图之心；用歪曲事实真相的假话，来蒙骗读者。凡此，都是编辑最感羞耻的伪善。坑蒙了读者或作者，即便是出于无意的疏忽，诚实之心也应感到深深的内疚。

对待同事和同行同样需要诚实。在本单位的同事之间，在出版业的同行之间，彼此在存在着合作关系的同时，又存在着竞争关系。编辑参与公平的竞争，靠自己实力和善于经营在竞争中取胜，此无违诚实之道。然而，竞争中的胜负与自己利益的关系最为密切，因此很可能促使欺诈和虚伪大肆流行起来，自欺与欺人无所不用其极。例如：给自己制造欺世盗名的假象，为自己文过饰非；丑化别人美化自己；窃他人之功以为己有；故意为别人制造困难和障碍；散布流言蜚语以断别人前进之路；以及其他作假行骗的丑行，皆可能作淋漓尽致的表现。中国古人以是否诚实区分君子和小人。在利益的诱导下，小人虚伪和君子诚实最容易在竞争中泾渭分明地表现出来。

诚实还需守信。中国古人认为，"诚"与"信"是一回事。《说文》说："诚，信也。"又说："信，诚也。"这样把"诚"与"信"互训，就是认为诚实等于守信，不守信等于不诚实。孔子说："人而无信，不知其可也。"（《论语·为政》）编辑与作者、读者打交道的时候，皆需恪守诺言，遵守业已签订的契约和合同。合同如需修改，应通过平等的协商。向读者所做的任何公开许诺，包括期刊的按时出版在内，皆需做到"言必信，行必果"。万一诺言不能实现，应向读者做说明。比较而言，编辑对作者守信更重要。在通常情况下，保证出版物的质量是编辑对读者不可更改的承诺，是对读者守信之本。

公 正

公正作为美德总是与正义立场和平等待人相联系的。中国古人最初把公正视为执政者的最重要品德。孔子说："政者，正也，子帅以正，孰敢不正？"（《论语·颜渊》）《管子·法法》说："政者，正也。正也者，所以正定万物之命也。是故圣人精德立中以生正，明正以治国。""政者正也"的大体意思，即政治就是公正。其实，处理任何社会事务或公共事务皆需公正。编辑职业特点之一是始终面向社会进行工作，所以公正是其必备的品质。从道德态度上讲，公正是一种不偏不倚的正确态度。然而，要想做到不偏不倚，却需根据大家认可的原则。无此原则，就无法不偏不倚，亦无公正可言。一般说来，此原则就是公理和正义。编辑的公正，还表现在以下几方面。

首先是面对众多作者的公正。在这方面，主要问题集中在如何处理文稿，其中有两条原则需要遵循。其一是质量原则下的公正。编辑录用文稿，其作者不问亲疏，不论其是否名家，皆以文稿本身的质量为标准。巴金的处女作《灭亡》是他在20世纪20年代末在巴黎留学时写成的，寄到上海的《小说月报》。主编叶圣陶与巴金从未谋面，况且此时的巴金还是无名小卒。在此情况下，叶圣陶不仅把《灭亡》在《小说月报》上刊登出来，还写了编者的话向读者热情推荐。这便是以质取稿的范例。其二是法律原则下的公正。这就是按照著作权法来处理文稿的出版。编辑代表出版者（乙方），与各位作者（甲方）皆依法签订出版合同，各自尊重对方的法定权利，同时尽自己的法定义务。以法律为准绳，可以减少纠纷，较易做到公正。

其次是面对不同学派的公正。在学术问题上，社会上一般都存在不同的意见，或者不同的派别。学术从来是在不同意见或不同派别的争鸣讨论中向前发展的。没有争鸣和讨论，学术就会在停滞中失去生命的光辉。面对不同学派，编辑不论是否属于某一派，在自己出版物中允许不同意见平等地争鸣，便是公正。

再次是面对诸多社会问题的公正。出版物的内容可能涉及社会上诸多是非问题，而这类是非又可能涉及这个人或那个人、这些人或那些人的利益和态度。比如，打假可能遇到地方保护主义，反贪可能遇到同伙包庇，如此等等。在此，编辑以民主和法治为原则，以国法和党纪为原则，在工作中坚持公正，就能表现出诸如仗义执言、伸张正义、见义勇为等令人敬仰的优秀品质，足以达到公正道德的最高境界。

进　取

《易·乾》说："天行健，君子以自强不息。"这种生生不息的进取精神在两三千年来一直涵养着中华民族的优秀品质。《大学》说："苟日新，日日新，又日新。"这是要求人们天天有新的进步，换句话说，就是不断进取。职业道德并非仅仅为了防范错误，更是为了发展事业。为出版事业而不屈不挠地奋斗，这种生生不息的进取精神是优秀编辑必须具备的道德品质。现在，编辑面对社会上不断增长的文化需求，面对同业竞争加剧，面对把中国出版业推向世界的新局面，把进取作为职业道德显得非常必要。

进取需永不自满。身处文化飞速发展、市场充满风险的当前环境中，编辑如果安于现状，故步自封，结果难免抱残守缺。所以，自满就意味着落伍；已有的成就只能是新的起点。必须坚持不停地创新，不停地开拓。创新和开拓包括从选题到装帧、销售等各个方面，总的目标是多出好书。不满足于偶然地推出一两本好书，追求年年推出更多的好书。不满足于争取一时一地的读者，追求到全国、全世界去争取更多的读者。杂志的名称固然以历史悠久为佳，然而期期都需有新内容，年年都要有新境界。如今电脑已经进入编辑部，电子出版物正在悄悄兴起，出版业正面临自古以来的最大变革。唯有不断进取，发扬"日日新"的精神，才能跟上这场大变革的步伐。

进取需百折不挠。出版业的困难如果不是愈来愈大，也总是不可能变小或消失。充满机遇的市场，同时也布满着陷阱。有时候一个不经意的失误，有可能酿成大祸。有家出版社，把《册府元龟》由繁体字改成简体字出版，结果几十万元的投入几乎全部报废。即便是水平较高、经验丰富的编辑，也是难以完全准确地预测读者需要和市场需求，况且"智者千虑，必有一失"。因此，编辑做工作不可能完全避免挫折，甚至会有严重挫折。一帆风顺、毫无挫折的情形，几乎不存在。凡遇挫折就想退缩的人，缺少的就是进取的品质。努力在挫折中学习，在挫折中提高自己，百折不挠、勇往直前才是进取者应有的道德境界。

进取需崇尚智慧。进取在任何时候都以取胜为目的。不想取胜，又何必进取？崇尚智慧的意思是，以取胜为目的的进取，固然是非有埋头苦干的精神品质不可，同时也更需凭智慧去巧干。出版业是文化产业，是知识密集型产业。出版业中的编辑仅仅有"勇者不惧"的精神是完全不够的，更需记住"知者不惑"的道理。所以对编辑来说，完全有必要形成崇尚智慧的道德风尚，重视科学，重视知识，重视编辑学这类专门人才，重视开拓、策划的谋略等等。靠智慧去实现进取，这本是发扬中国人的传统美德，再加上埋头苦干，便有相得益彰之妙。

奉　献

奉献的道德含义就是利他。奉献利他，并不等于否定个人利益。从道德的观点看，个人利益、集体利益、国家利益三者皆应受到尊重，正确处理这三者关系是社会道德的基本原则之一。一概地否定个人利益其实是不道德的，常常是假道学的表现，从政治上说很可能是视民如草芥这类错误政治观念的表现。在道德上与奉献利他相对立的是利己主义。孟子所批评的"拔一毛而利天下不为也"的利己主义是不道德的。为了个人利益而去损害他人利益、集体利益、国家利益的利己主义应该坚决反对。编辑在工作中的奉献利他，主要表现在以下三方面。

第一是为作者和读者着想。编辑所做工作是服务性工作，服务的对象是作者和读者。编辑首先是为作者服务，归根结蒂又是为读者服务。书籍都是提供给读者使用的，因此，编辑自始至终考虑的是如何使书籍对读者更为有益，又更为方便。从工作过程看，编辑为作者的文稿所倾注的心血最多。有时候这文稿的题目本就是编辑拟订后交给作者的。文稿中的章节内容和字句标点，编辑在付印前都仔细斟酌过，常常是纠正了许多差错，弥补了许多不足。有时候编辑为文稿所提修改意见，或作加工整理，结果使璞玉成美玉，或化腐朽为神奇。总之，编辑自己的丰富学识，自己辛勤研究的心得，无保留地倾注到作者的文稿中去了。但是，作品的著作权还是属于作者，不属于编辑。编辑的努力工作使读者得到满意的读物，又使作者名利双收。对此，编辑认为是自己应尽的职责。这是燃烧自己照亮别人的"红蜡烛精神"，是奉献利他的突出表现。

第二是出以公心。做事情经常可能碰到自己的利益与公共利益相矛盾的情况，因此需要在为公还是为私中作出自己的选择。对出版事业和社会公众有益有利的事情，不问对自己是否有利都积极去做；费时费力的选题，即使对自己无益，甚或要蒙受损失，也能勇于接受。总之，凡是为公共利益而不计较个人利益或本单位利益，都是出以公心的高尚精神。

第三是不谋私利。凡是利用职务之便而谋取私利，都是与奉献利他的道德背道而驰。例如：因编辑个人的亲属、朋友等私人关系而采用不合格的文稿；接受作者的请客送礼等贿赂，或者要求作者为自己提供旅游、购物等特殊权利；要求与作者在作品上合作署名或享用稿费；出卖书号，坐收渔利；以出版自己作品为条件与同行做交易；如此等等。这类行业不正之风，皆是有违职业道德的行为。

严　谨

　　为使出版物具有完善的质量而严肃认真、一丝不苟地工作，这便是编辑应有的严谨。有关出版物质量方面的任何缺憾，都不只是编辑或作者个人的问题。这些缺憾大都将影响社会和读者，将成为影响或危害社会的一个问题。因此，编辑在工作中始终保持严谨，要求出版物的质量精益求精，不留下一点遗憾，这不只是工作作风问题，同时也是对社会公众负责的道德精神。

　　首先，在工作的每一步都为质量而严格把关。出版物的生命是质量。出版物的质量如何，既体现编辑的业务能力，又体现编辑的道德修养。编辑的质量要求永远是精益求精。为此，必须在编辑过程的每一步都严格地把好质量关。出版物的质量首先是与选题、组稿有关。选题是否具有创造性，作者的能力是否与选题的要求相适应，这将对出版物质量造成决定性的影响。因此，编辑对于确定选题和向谁组稿，都应考虑再三，慎之又慎。在审读了作者交来的提纲和样稿以后，接着是审读作者交来的文稿。先查看文稿是否符合"齐、清、定"的要求，再从文稿的基本观点到每一个具体论点，从篇章结构到语句文字，都逐一斟酌审查；核查文稿中引用的资料和引文是否准确，译文则需对照外文原文核对。这皆是非常琐碎麻烦而又不能不认真去做的工作。在审读并处理完毕之后，便是编辑加工。在此过程中，文稿中的大小差错一个也不放过，一一加以改正；凡不完善之处，力求其完善以后才罢休。如此，才可说是严谨。

其次，把所有差错都消灭在出版物问世之前。一般说来，文稿在交厂付印之前，有关的质量问题都应该基本解决。若是还有问题遗留下来，一旦印制成书就无法挽回。这就需要编辑把好清样这一关。文稿中可能存在审读和加工中都没有发现和改正的问题。此外，排印过程中难免要增添文稿中没有的差错，特别是文字差错。因此，清样虽然要交给作者去看，却不能仅仅依靠作者，编辑自己一定要仔细地认真地看清样。近年来，有些书籍中的错别字竟超过 0.1%。编辑的文稿加工和看清样这两件事做得马虎草率，是"无错不成书"的重要原因。总之，编辑自己要负起责任来，把所有差错都消灭在出版物问世之前。

再次，力求达到完美。出版物的质量是否完美，这不能凭编辑或作者的自我感觉，最后需依据读者得出结论。凡质量完美的出版物，必定能使读者使用时感到有益又方便。因此，工作严谨的编辑对有关出版物的大事小事都一一考虑到，不遗漏任何一项。比如，有些著作需附加年表、索引、地图等；有些著作应该增加插图和表格；有些译作需有必要的中外译名对照表；工具书一般应该为读者提供音序、部首、四角号码、分类等几种不同的检索方法；通俗读物应为难字注音；如此等等。这些看来不是大事，可是对读者很重要。这些工作大都可以请作者去做，然而作者自己很可能想不到。此外，像装帧中的问题，印刷中的问题，以及其它问题，编辑从忠于职守出发，要方方面面都想到，并且妥善解决。这种对质量完美的不懈追求，是严谨的具体表现之一。

凡职业道德，必定是既具有道德的职业特点，又具有与社会道德相同或相通的地方。它一定是道德的职业特点与社会道德的统一，从某种意义上也可以说是具有职业特点的社会道德。与黑道上的"帮会道德"不同，职业道德中本是不可能存在与社会道德相抵触的内容。在伦理学中讲职业道德时可以只讲职业特点，原因是在这类著作中另有更多地方是讲社会道德。在编辑学这类著作中讲职业道德，就不能只讲职业特点，就需从职业特点与社会道德相统一的角度去讲，如此才能得到全面的认识。拿诚实来说，这本是最古老、最普通的社会道德，可是商人有商人的诚实，编辑有编辑的诚实，各有不同的表现和要求。公正也是最古老的、最普通的社会道德，然而政治家有政治家的公正，编辑有编辑的公正，各有不同的表现和要求。即便是严谨，除编辑之外，科学家、教师、学者等的职业道德中都要讲严谨，然而各有不同的表现和要求。在编辑的职业道德中，如果没有诚实、公正、进取、奉献、严谨等，其道德内容就变得十分贫乏、空洞和干瘪，其实践意义也就令人怀疑了。因此，本文在讲了编辑职业道德中的"基本内容"和"重要原则"之后，又讲了诚实、公正、进取、奉献、严谨这五个道德范畴在编辑职业中的特殊表现和要求，它们是编辑职业道德内容的重要组成部分。这样讲可能更为全面一些，在实践上更为有益一些。这个道理对研究其它职业道德，我以为也是适用的。

（原载《编辑学刊》1997 年第 1 期）

十九、编辑职业道德三题

凡道德，都是协调人与人之间关系的一种行为准则。行为不遵守道德准则，人与人之间的关系必定混乱不堪，进而可能造成社会结构的瘫痪或解体。因此，提倡重视道德，或自己严格遵守道德准则，这并不仅仅是为别人，同时也是为自己，为了共同拥有一个健康、稳定、高尚、进步的社会人际关系。任何社会都要确立与自己相适应的道德准则，并促使社会成员遵守这道德准则。从道德自身看，可分道德理想、社会道德、职业道德、家庭道德等。社会上所有成员都承认的道德准则，此谓社会道德；为某一行业所有成员都承认的道德准则，此谓职业道德。编辑这一行业有职业道德，社会上的其他行业如教师、医生、商人、公务员等，都有职业道德。职业道德具有明显的职业特点，但是它并非可以离开社会道德、道德理想而存在，相反，它必须与社会道德、与道德理想保持一致。下面，讲与编辑职业道德有关的三个理论问题。

市场行为与道德规范

出版物面向市场以后，编辑的工作便与市场紧密地联系起来，这样就必然产生编辑的市场行为。凡市场行为，皆以获取经济利益为目的。编辑把选题变成出版物之后，在市场上就有可能获得丰厚的利润。不以获取利润为目的，这种经营方式在市场经济竞争中没有立足之地，结果难免造成自己单位陷于破产或濒临破产的厄运。因此，出版物面向市场以后，编辑或出版业的经营目的，一定是追求利润。

但是，在市场中，在获取丰厚利润这诱人的经济利益驱动之下，有些人往往鼓起百倍的勇气去做那些伤天害理的事。总之，为了自己的经济利益，人们很容易做出损害公共利益与他人利益的事情来。比如，生产领域中常见的粗制滥造。从经济角度看，粗制滥造主要是以牺牲质量为代价去降低成本，从而加大利润率。出版工作中的粗制滥造，诸如出版物内容低劣，常识性错误等硬伤比比皆是，错别字数量惊人，印刷中的漏印、缺页、脱胶等。从伦理观点看，编辑通过这类粗制滥造的出版物，去谋取自己的经济利益，结果严重损害读者利益，完全是不道德的行为。市场上违反道德的行为，往往与牟取暴利成正相关，例如盗版与制黄就是。于是，在暴利的驱动下，盗版制黄，屡禁不止。这种行为，不只是不道德，同时又是违法的，对社会的危害最大。

由此可见，在市场上获取经济利益，赚取利润，必须有一个前提，就是不损害公共利益，不损害他人利益。通过损害公共利益或损害他人利益的途径，去获取自己的经济利益，必将破坏市场正常秩序，造成市场混乱，以致造成社会的混乱，最终致使市场本身无法存在下去。为了防止这一点，任何市场行为都必须接受社会的规范。符合社会规范的市场行为才是正当的，不符合的就是不正当的。

针对市场行为的社会规范，主要有两种，一是道德规范，二是法律规范。仅有这些规范还不够，另需要建立强有力的社会监督机制，主要是舆论监督与行政监督，去监督人们遵守这些社会规范。对于违反社会规范的市场行为，必须予以谴责或惩罚。

市场对于经济发展以及出版业发展的重要性是显而易见的。从根本上说，市场经济就是自由经济，凡市场都是自由的，这无疑是对的。但从另一面看，市场行为如果是无限制的自由，获取利润可以为所欲为，结果一定非常可怕，等于引发烈性爆炸物，社会秩序必将遭到严重破坏，一片混乱。这种局面对社会上所有成员都不利。所以，市场经济既是自由的经济又是规范的经济。市场经济的自由度，是与其规范度相匹配的。

因此，对编辑来说，出版业面向市场以后，加强自己的道德规范，提高道德修养与道德水平，去适应市场形势的需要，乃是唯一的选择。

自律与他律

职业道德的力量，在于它是一种不依赖外部强制，而是依靠内心自觉的力量。编辑的职业道德，从观念上说，是建立在对自己职业所承担的社会义务与社会责任的基础之上的。对职业承担的社会义务与社会责任的认识愈深刻，道德观念的理性基础就愈坚实。由此出发，逐渐在自己头脑中养成有关编辑职业的种种道德情感，如荣誉感、义务感、羞耻感等，最终凝聚在编辑的血肉中，成为职业良心。养成了这样的道德情感与职业良心，再通过天长日久的磨炼，就具有了自觉的道德习惯。于是，在日常工作中，弃恶从善成为无须外力推动的自觉自愿行为，成为几乎不假思索的行为习惯。这样的道德习惯，事实上是一种不可违抗的自由意志，一种弃恶从善的强大精神力量。

从企业管理角度看，职业道德是不可或缺的管理手段和方法，因为道德行为无须外力的强制。不论在什么时候，不论在什么场合，人们根据弃恶从善的道德准则，自我约束，自我调节，自我谴责，总之是自己规范自己的行为，这就是职业道德具有的自律作用。因此，优秀的出版业领导，总是十分重视编辑的职业道德，把这一环始终抓紧抓好。

与职业道德相比，法律的规范作用是强制性的，成为社规、厂规、店规的职业纪律也是强制性的。两者的不同在于，职业道德具有的是自律作用，法律、法规具有的是他律作用。对企业管理来说，自律作用与他律作用都是需要的，不可或缺。

有了法律、法规以后，为什么还需要加强职业道德？因为总有一些不良行为在法律、纪律的制约范围之外，又总有一些违法、违纪的行为不能被别人发现，前者只能接受道德的约束，后者要求人们具有遵纪守法的自觉性。这就需要职业道德来弥补法律、纪律的不足和短处。当然，反过来说，仅有职业道德而没有法律、纪律的作用，也是不行的。因为市场中经济利益的诱惑力，毕竟过于强烈，道德的自律作用毕竟有限。优秀的出版业领导，大都是一手抓职业道德，一手抓法律、纪律。在此同时，重视领导自身的表率作用，坚持实施正确的奖惩制度。如此时间一长，就能形成良好的社风、厂风、店风。此可谓企业管理中的要诀之一。

权利与义务的统一

仅就道德行为与道德观念而言，一般总是偏重于承担社会义务这一方面。故而讲道德，首先需讲义务，即道德义务。

但就社会生活中的道德关系而言，必须是权利与义务的和谐统一。无此统一，就没有牢固的道德关系。

在社会上，编辑是令人尊敬的职业，被称为"文明使者""无冕皇帝"。这说明，编辑在社会生活中享有某种权力。需知编辑这些权力，主要来自出版物。出版物是人类历史上最早使用的传播媒介，它在促使人们摆脱愚昧落后，促使社会走向文明进步方面，具有不可替代的巨大作用。在生产出版物的过程中，印刷复制的作用是重要的，发行流通的作用也是重要的，而编辑在此具有更加重要的核心地位。一般说来，出版物的作用如何，主要取决于编辑发挥的作用如何。出版物在社会生活中的巨大作用，奠定了编辑这个职业在社会生活中的名誉、地位和利益的基础。如果离开了出版物，编辑就一无所有。

享有权利，必须同时承担义务。编辑对社会承担的义务，也主要体现在出版物身上。编辑的职业义务是什么？主要就是保证出版物对社会有益，对公众有益，而不是有害。严格说来，出版物对社会公众无益，就有违编辑的职业道德。出版物一旦对社会公众有害，编辑的职业良心就应该受到谴责。当然，出版物的有益还是有害，与作者有很大关系。可是，从媒介传播的把关人是编辑看，这里的主要责任不在别人，在编辑。因此，出版物出了问题，社会方面总是首先追究编辑的责任。而编辑的全部职业道德，几乎都是围绕着向社会公众提供有益的出版物这个目标形成的。这是编辑职业道德在内容方面的一个显著特点。

再从权利与义务相统一的角度看，编辑如果不能承担自己职业应有的社会义务，这就违反了职业道德，难免受到社会舆论的谴责，受到人们的鄙弃，而且终将危及编辑自身的利益。反过来说，编辑如果承担了自己职业应有的社会义务，而自身的职业利益却无法得到保障，结果是编辑良好的职业道德终将难以长期维持下去。因此权利与义务相统一的道德关系是不能破坏的；暂时破坏或许不要紧，时间一长，必定造成无法挽回的后果。维护这两者统一的道德关系，编辑个人的作用微不足道，主要是单位领导与社会当局的责任。因此从社会方面看，在提倡职业道德的同时，经常调整权利与义务的关系，促使道德关系趋于和谐与正常，就是完全必要的了。

（原载《论责任编辑的工作——中国编辑学会第五届年会论文选》2000 年 8 月）

二十、编辑的社会本质

所谓编辑的社会本质，其实是指编辑活动或编辑工作的社会本质。不过，马克思在《资本论》中说过："一物的属性不是由该物同他物的关系产生，而只是在这种关系中表现出来。"① 既然事物的属性从某种关系中表现出来，那我们不妨从分析编辑的现实关系着手，由此去探究它的社会本质属性。

编辑存在着与政治、经济、文化有关的众多的现实关系，我们应该从哪里谈起呢？谁都知道，凡是编辑都从事某种读物的创造，这里所说读物指书籍、刊物、报纸等，至于编辑创造的广播电视节目，一般不称为读物，然而在此与读物有类似的性质。编辑的活动应包括这样两方面的内容，一是把作者的作品变成读物，二是把这读物转交给社会上的读者，缺少其中任何一方面的内容都不行。所以把作者的作品变成读者需要的读物，这是编辑活动中最具有普遍性的社会内容，古今中外，概莫能外。这里需说明两个问题。一是编辑如果自己写作品，这时他的社会角色是作者，不是编辑，因此自己写作品不属于编辑这种职业活动本身的目的范围。二是由于读物在社会上又是一种商品，因此编辑活动中必然存在着与商品交换规律相联系的经济利益问题，也就是经济目的。这个问题不容忽视，也不必回避。但是，在编辑活动的领域内，离开了把作者的作品变成读者需要的读物这一点，产生

---

① 马克思:《资本论》第 1 卷，北京：人民出版社，1975 年，第 72 页。

经济利益的商品交换现象随着也就消失。因此，读物作为商品所产生的经济利益，对编辑活动来说固然也是值得重视的社会属性，然而不具有根本的性质，它与把作者的作品变成读者需要的读物相比，只有从属的性质。再从编辑活动与社会上的政治活动、经济活动等的联系来看，都是离不开这个读物的。由此看来，编辑在社会生活中的本质属性，大致存在于思想文化活动中。下面，我们就从思想文化活动中的交往关系和创造关系这两方面，去考察编辑的社会本质。

一

在人类社会交往中，思想文化交往与经济交往、政治交往等一样，都是促进社会进步和社会文明的必要条件。现在，我们先从思想文化活动的交往关系，来看编辑具有怎样的本质属性。

人际间思想文化交往中有一种最简单的关系，就是以传播者为一方和以接受者为另一方构成的交往关系。这关系有时也可以称为作者与读者的关系，从信息论观点也可以称作信源和信宿的关系，当然这几种说法的实际含义并不相同。在传播者和接受者的关系中，如果再从交往方式上进行区分，主要是两种，一种是面对面的交往，称直接交往；另一种是借助于传播工具如书籍、刊物、报纸、广播、电视等进行的交往，称间接交往。

　　区别了这样两种不同的交往方式，我们立即可以发现，在利用传播工具的间接交往中，一般需要有编辑介入，就是作者的作品在传播工具中必须经过编辑的手才能成为读者的读物，编辑在此成为传播者和接受者两方之间进行交往的中间环节，在现代社会中更是非如此不可。对于这一点，我们首先可以从现象上得到证实。因为每一种传播工具都伴随着产生了相应的编辑，如书籍有书籍编辑、刊物有刊物编辑、报纸有报纸编辑、广播有广播编辑、电视又有电视编辑。各类编辑的工作内容，都是在传播工具中把作者的作品变成读者的读物。要是设想将来发明了用于间接交往的一种新的传播工具，比如说是与电脑的应用有关的新的传播工具，从而形成一种新的传播方式，那一定是随着产生一种新的编辑，工作内容一定也是如此。与上述情况完全不同的是，凡是直接交往都不需要编辑介入。人类自从产生了语言，便可以进行思想文化方面的直接交往。人类早期文化如神话、传说、民歌等都是口口相传，是面对面的交往，那时根本还没有编辑。编辑并非从来就有，这是一个历史常识。由此可知，编辑产生的社会原因，是与在思想文化活动中利用书籍等传播工具这件事联系在一起的。

　　直接交往有它不可替代的优越性。由于它是面对面的交往，因此可以使交往双方的思想感情，在不受第三者或其它外界因素影响的情况下进行交流，这是间接交往不易做到的。

在科学技术发达以后的当代社会，这种交往决不是减少，相反地随着出现发达的交通网和先进的信息技术等，这种不需编辑介入的交往不断增多。

但是，在当代社会中，利用传播工具的间接交往却是发展得更快。因为直接交往中的双方，都必然受到时间和空间的限制，先进的科学技术只能减少这种限制，还根本不能消除这种限制，更何况一个人的时间和精力都是有限的，不可能事事都做面对面的直接来往。因此，人类必须更多地借助传播工具来交流思想文化。发明了文字，以后发明了纸张、笔墨和印刷技术等，近来又发明种种先进的信息技术，人类社会中先后出现多种传播工具用于人际间的思想文化交往。依靠传播工具的间接交往，可以不受时间和空间的限制。孔子在世时曾向三千弟子传授六艺，他去世以后，任何人都无法与他做这种直接交往，可是通过他的著作，不仅是中国人，而且是世界各国的人都可能和他产生思想文化方面的交往。现在，我们通过书籍、刊物、报纸、广播、电视等，可以和古今中外的人产生思想文化方面的交往和联系，在此，时间和空间的限制似乎已经不再存在。书籍等传播工具在社会生活中显示出巨大的威力，当代社会的每一个人，从教师到学生、政治家到士兵、科学家到普通工人，人人都必须利用传播工具，或者每天都离不开传播工具。在这种广泛利用传播工具的人际交往中，实际上都是有编辑参与其间的，而且是非有编辑参与不可。不过，社会上许多人对此还没有给以足够的注意。

与面对面的直接交往不同，在利用书籍等传播工具的人际交往中，传播者和接受者并不直接见面，双方交往的媒介是读物（书籍、刊物、报纸、广播电视节目等）。而各种读物是否进入交往领域，或怎样进入交往领域，诸如此类的问题都是由编辑事先决定的，都由编辑事先做出安排，并且进行节制。换句话说，传播者和接受者在这里都必须通过编辑才发生某种联系，因此，编辑成为两者间必要的中间环节，形成传播者—编辑—接受者这种交往模式。在正常情况下，当代的间接交往中都存在这样的交往模式。

在间接交往中编辑是中间环节，这一点今天已逐渐被人们认识。可是，更需要弄清楚的问题是，为什么需要这个中间环节呢？能否取消这个中间环节呢？

在古代，最早的书籍往往是作者自己出版的。在我国，最初是把作品写在简帛上，在外国有写在羊皮上或树叶上的，那时候作者的作品变成读者的读物，其中并未经过编辑这个中间环节。由此可见，并不是一出现利用传播工具的人际交往，就马上出现编辑。当社会还不需要编辑时，编辑是不会出现的。在思想文化交往中，利用了传播工具但没有编辑介入的人际交往，称自然交往。在历史上，自然交往存在的时间很长，这无疑是事实。

　　一般说来，在思想文化活动中，那种利用传播工具交往的人际范围越小，编辑产生的可能性和必要性就越小。历史上很长时期内利用书籍进行交往的几乎都是统治者，这些人在人口中所占比例很小，与此相适应，社会对编辑活动的需要也很小，有关的一些事宜完全被官方包办，在我国是由朝廷的官僚机构兼管。我国唐代的基本情况还是如此。唐代朝廷的秘书省、弘文馆、集贤殿书院、史馆等，这些机构主要负责撰写文告和史书，保管并校勘典籍，同时兼有一些编辑方面的任务。不过，唐人的作品大都是作者自己编集出版的，或者是作者的朋友和后人编集出版的，用不着通过编辑。所谓出版，当时无非就是抄在纸上或绢上。唐代初年，孔颖达编《五经正义》作为全国学生的经学教科书，唐人还编过《中兴间气集》《河岳英灵集》等几个诗集，从编辑是把作者的作品变成读者需要的读物这一点来衡量，这些可以说是真正的编辑活动，然而它在社会文化活动中所占的比重很小。原因在于唐代利用书籍进行交往的人际范围虽然比以前大为扩大，但总的来看还是比较小的，这时社会上书籍的品种和数量也还较少，所以编辑活动处于初级阶段。

　　编辑这种社会性的专业活动，是跟随着利用传播工具交往的人际范围逐渐扩大而产生并完善起来的。我国自唐以后，文化进一步普及，知识分子的数量比以前增加很多，作者和读者越来越多，特别是造纸术和印刷术的不断改进，促使通过书籍进行交往的人际范围大大扩展起来。所以宋代的有些商人，就开始想到印制书籍到社会上销售是有利可图的事情，这在以前是从未有过的。到明清时期，书籍的商品生产有了发展，南方几个城市成为当时的出版中心，这时不仅官方有编辑活动，民间也存在编辑活动。明清时期出版的许多丛书，大都出自民间编辑之手。宋元以后，编辑活动逐渐成为区别于写作活动的独立的社会活动，这正是社会进步的表现。当代社会的情况更是可观。如我国在一九七九年出版书籍一万七千种，共四十亿七千万册。一九八四年出版书籍四万余种，共六十二亿四千八百万册，① 五年间书籍出版数量增加百分之五十以上。从全世界看，据统计一九八二年出版书籍大约有一百一十四亿册。② 这些数字，大致可以说明当代思想文化方面间接交往的发达景象，与此相适应的是，当代社会的编辑已经发展成为庞大的专业队伍。

从以上分析可以看出，在利用传播工具交往的人际范围扩大以后，就需要编辑作为交往双方的中间环节。这又是为什么呢？我们不妨先举例来说。商务印书馆近来刊印《汉译世界学术名著丛书》，编者在"出版说明"中这样说："这些

---

① 《1984年全国图书、报刊出版简况》，《出版工作》1985年第5期，第3页。

② 王益：《从统计数字看世界和中国的出版》，《出版工作》1986年第1期，第23页。

书籍所蕴藏的思想财富和学术价值，为学人所熟知，毋需赘述。这些译本过去以单行本印行，难见系统，汇编为丛书，才能相得益彰，蔚为大观，既便于研读查考，又利于文化积累。"从"便于研读查考"这句话，可知编者有意在读者和作者（包括译者）间沟通关系。那些世界学术名著的作者都是故去的外国人，中文译本的译者不少也已去世，但是通过书籍他们有可能与我国当代读者发生联系。再从读者方面看，普通读者其实大都不像专家"学人"那样了解哪一种书最好，因此，如何从全世界无数学术著作中挑选最优秀的名著？又怎样从不同的中文译本中挑选最好的译本？这个工作要是没有这套丛书的编者参与，全由读者自己去做，那就好比大海捞针，只能在偶然性中去碰运气，靠幸运去遇见知音。在全国各地，这样的读者数量很多，每人都将用很大精力和很长时间去摸索和选择，还不知何时能找到适当的读物。这种情况表明，全国将有许多人在利用书籍问题上陷于盲目性，而不能形成有效的交往。现在好了，商务印书馆编辑出版的这套丛书，可以帮助人们解决这个问题。

这样看来，利用传播工具的交往它既有利，又可能有弊。从有利方面说是突破了时间和空间的限制，从有弊方面说是由于双方不能直接见面因而在自然交往中存在盲目性。自然交往在人际范围较小的情况下是可能的，由于人际范围较小而其中的盲目性也较小。但是，当人际范围在时间上和空间上不断扩大以后，没有编辑这个中间环节，交往中的盲目性问题就突出起来了。由于这种盲目性，有时不能形成交往，有时又形成一些无效或低效交往，这就失去了在大的社会范围内利用传播工具的意义和价值，相反又能造成巨大的社会浪费。这种情况对每一个人都非常不利。当代利用传播工具的交往已经遍及人们社会生活的各个方面，影响到政治和经济，而且几乎谁都离不开传播工具。因此，在大量传播者和更大量的接受者之间，在各种各样的内容上，形成了无数交往的可能性，这种可能性在时间和空间上是非常复杂的概率分布，这个概率分布至今在很大程度上还是未知的领域，至少是模糊不清的领域。在这种情况下，再退回到没有编辑的自然交往中去，这等于是在思想文化交往中让盲目性统治世界，结果将造成不可想象的混乱和普遍性的社会浪费。当代社会为什么不能取消编辑这个中间环节，相反必须强化这个中间环节？从现象上看往往认为是编辑掌握着出版权力等，其实真正的社会原因是为了避免让盲目性统治世界。

有了编辑这个中间环节以后，情况就大不一样。例如十年浩劫以后，许多青年缺乏人生修养方面的知识，由此又影响到青年的工作和生活等，因此在青年那里存在着了解人生修养的迫切要求，在此同时社会上有些人积累了人生修养方面的较多知识，然而这两方各不相关。上海人民出版社为此编辑了《青年之友丛书》，促使这各不相关的两方之间，迅速形成一种广泛而有效的思想交流。思想文化交往中产生这样的作用和效率是编辑创造出来的，是自然交往不能有的。再如四川人民出版社近几年出版了一套《走向未来丛书》，以介绍当今世界新学科为任务，在社会上立即形成了以了解世界新学科为内容的生动而热烈的思想交往。在此之前，许多读者对各种新学科还一无所知，通过这丛书他们获得多方面的新鲜知识，丛书中有几种书在青年中不胫而走，成为热门书。交往中产生这样的作用和效率是编辑创造出来的，是自然交往不能有的。以这两种丛书为例，并不是说唯有丛书编辑才能如此，其他编辑都能达到这种境界。编辑使客观的交往可能性变为现实性，而且作用之大，速度之快，效果范围之广泛和普遍，都是自然交往望尘莫及的。

至此，我们可以看到编辑社会本质的一个方面。它是在人际间利用传播工具的思想文化交往中，作为其中的中间环节，从中发挥导向功能，以限制盲目性。所谓导向功能，就是引导各不相关的双方按一定方向互相接近，迅速就某个内容达成社会性的有效交往，有些又成为双方都感到满意的优化组合，就如前面所谈几种丛书编辑已经做到的那样。这样既增强了交往的有效性，又缩短了形成交往的时间过程，使人际间利用传播工具交往的效率大为提高。如果没有编辑从中发挥导向功能，那就是让盲目性统治世界，这将使在全社会大规模利用传播工具成为不可能的事情；而传播工具所产生的社会作用和社会效益，与编辑从中发挥导向功能是不可分的。从编辑本身的情况看，发挥导向功能以限制盲目性这一点，制约着从制订编辑计划到实现编辑计划的全部工作过程，它又是从社会观点衡量编辑工作成败优劣的一个标准。人们还可以这样认为，如果编辑不能发挥导向功能以限制盲目性，那编辑作为一种社会存在的必要性，就大成问题了。如此看来，编辑在人际间利用传播工具的交往活动中，发挥导向功能以限制盲目性，这是它所具有的一种社会本质属性。

二

现在我们再换一个方位，就是另从社会思想文化活动中的创造关系，去考察编辑的社会本质。

在创造关系中，最简单而又常见的关系，自然是作者和读者的关系。作者和读者，一方就是精神生产的生产者，另一方就是精神生产的消费者，这两方构成了思想文化领域中的生产和消费的关系。它与物质领域中生产和消费的关系并不完全相同，但有相似之处。马克思在《〈政治经济学批判〉导言》中指出生产和消费之间存在着同一性，它的表现有"三方面"：第一，"直接同一性"，第二，"相互依存"，第三，"每一方都为对方提供对象"。① 在作者和读者的关系中，同样存在这三方面的同一性。作者同时也是读者，他不是读者就不可能成为作者，这便是"直接同一性"；没有作者就没有读者，同样，没有读者也就没有作者，这便是"相互依存"；作者为读者提供阅读对象，而读者又为作者提供在头脑中构造作品的对象，这便是"每一方都为对方提供对象"。因此，作者和读者是一个统一体。我们从整体上看社会生活中思想文化的创造活动，这种活动其实是在作者和读者的统一体中产生，又是在这统一体中进行的。假如社会上只有作者的活动而没有读者的活动，思想文化的创造活动就既不能产生，也无法进行下去。

作者和读者的关系，构成思想文化创造活动中最简单的两极关系。人类社会自从有了文化，出现了精神生产活动，也就有作者和读者，这两者从来都是缺一不可的。历史上经济不断发展，促使文化不断发展，人们先后发明了种种传播工具用于思想文化的交往和创造。从编辑与传播工具的关系看，编辑必然依附于传播工具，要是没有传播工具，这个世界就根本不会有编辑；再从另一方面讲，大规模利用传播工具又必须依赖编辑，要是没有编辑，大规模利用传播工具就

---

① 《马克思恩格斯选集》第 2 卷，北京：人民出版社，1972 年，第 95~96 页。

是根本不可能的事。现在，利用传播工具进行的思想文化创造活动，早已成为规模非常庞大的社会活动，而这个领域本来存在的作者和读者这两极关系，也早已变为作者、编者、读者这三极关系，就是由原来两者构成的统一体，变成了三者构成的统一体。这当然是指利用传播工具进行精神生产的领域，并非指精神生产中的其它领域。在社会生活中，由两极关系发展成为三极或多极关系，并非只此一项，如经济活动中生产和消费的简单两极关系，发展成为生产、交换（流通）、消费或生产、分配、交换（流通）、消费这三极或四极关系便是。这些都是社会进步的结果。

作者和读者关系中为什么出现编辑？编辑为什么成为这三极关系中不可缺少的一极？这里的原因在于，作者和读者的关系中既有前面谈到的同一性，又具有矛盾性，这两者是矛盾的统一体。当两者的矛盾并不突出或可以自行解决时，这种情况下用不着编辑。但是，当利用传播工具的人际范围扩大以后，创造活动的社会化程度大大提高了，两者间的矛盾也随着变得复杂起来。这种矛盾如果不加以协调和节制，这两者的关系会破裂，利用传播工具进行精神生产的活动就不能存在下去。在利用传播工具的思想文化活动中成为中间环节的编辑，在创造活动的矛盾关系中成为两者矛盾的中介。所谓矛盾中介，其实也是中间环节，区别仅仅在于前者是从哲学的矛盾学说讲的。编辑作为矛盾中介，发挥的是协调和节制的功能，以维系作者和读者间的同一性，从而促使利用传播工具的创造活动正常地进行。

在这里，我们要着重分析在利用传播工具的创造活动中，换句话说，也就是在精神生产中，作者和读者间存在的矛盾关系。这是因为此关系常常不被人们注意，而考察编辑的社会本质属性，却需要从这矛盾关系中去看它扮演怎样的一种社会角色。

关于作者和读者之间的矛盾，常见的有以下几种：一、读者的需要空白；二、作者写作的无针对性；三、作品的质量存在问题。造成这些矛盾的原因大都是两方面的，从社会方面看是有必然性的。

读者的阅读需要（文化消费需要）没有得到满足，这就成为需要空白。读者的阅读需要本是由作者提供合适的作品，成为阅读对象（文化消费对象），从而得到满足的。但是，作者常常倾心于自己的专业而无法过多地关心读者，作者又可能存在着能力、爱好等个性条件的限制而无力为读者及时提供阅读对象，这样就造成了读者的需要空白。不过，这方面的问题决不能完全归咎于作者，因为从读者方面看，阅读需要处于经常不断的变动状态。促使这种变动的原因有环境因素，又有人口因素。从环境因素说，政治、经济、文化等社会环境发生了变化，如党的十一届三中全会以后我国以实现四化为根本任务，又实行对外开放，读者中的阅读需要随着就全面发生变化。从人口因素说，读者中的文化程度、职业、爱好、年龄、性别等人口因素的结构比例发生了变化，阅读需要同样随着发生变化。读者需要既然如此复杂多变，出现需要空白就难以完全避免。凡是出现了需要空白，这就意味着在作者和读者间破坏了"每一方都为对方提供对象"的同一性，从而形成一种矛盾。在没有编辑专门业务的时代，这种矛盾是在历史的自然过程中解决的，所需时间很长，往往过了几十年或几百年还是解决不了。中国最早关于政治制度的史料性和研究性相结合的学术著作是杜佑的《通典》，作于公元八世纪末的唐代；中国最早的以完备著称的综合性字典是《康熙字典》，完成于公元十八世纪初的清代。在此之前，社会上并不是没有这方面的需要，只是因为缺乏强有力的编辑活动，问题长期得不到解决。在社会上，编辑与作者不同，作者必须考虑自己写什么样的作品，编辑必须考虑向读者提供什么样的读物，所以编辑对读者需要的了解总是比作者更多更快。在当代社会，作者和读者关于需要空白的矛盾是通过强化编辑这个环节来解决的。编辑把已经出现的需要空白和即将出现的读者需要都列入自己的编辑计划，又使作者的写作活动尽可能纳入这个计划，社会上的精神生产因而有可能围绕着读者需要来进行，需要空白的问题一般可以较快得到解决。

作者的写作对他本人来说，一般都是有针对性的，但从与读者的关系来看，如果与读者需要不相符合，这就产生写作的无针对性。下列几种情况都属于无针对性：一、从读者需要看，作者所写作品在社会上早已处于需要的饱和状态；二、从读者需要看，作者所写作品与其他作者正在写的作品"撞车"，这类作品即将出现需要饱和；三、作者所写作品的内容对社会上读者来说，无论是专业读者还是普通读者，都是不感兴趣的，而且将来也不会感兴趣；四、作品的形式枯燥无味或过于陈旧，是为读者所厌弃的；五、其它情况。凡是属于无针对性，都是作者写了作品，但这些作品都缺乏成为阅读对象的价值，这同样是不符合"每一方都为对方提供对象"的同一性，从而形成作者和读者间的一种矛盾。对于作者来说，写作中出现无针对性，不是人人都可以避免的问题。因为作者的写作总是与自己的兴趣、爱好、特长，有时甚至是与自己的偏向结合在一起的，这种个性特点可以激发作者的积极性与创造性，一般说抹杀个性特点就违反精神生产规律，可是，要是作者的个性特点与读者需要不相符合，完全可能造成写作的无针对性。比如作者特别偏好文言文，善长用文言文写作，然而用文言写出来的文章，登在今天的报刊上，读者见了一般都是摇头。这个例子比较特殊，但是作者的爱好、特长与读者需要不相符合的情况还是很多的。再者，作者的劳动具有分散性，往往与读者处于相对隔绝状态，又与其他作者互不通气，这又会增加出现无针对性的可能。凡是作者无不希望自己的作品变成读物，可是把无针对性的作品变成读物，是社会的一种浪费。编辑总是不希望把无针对性的作品变成读物，因为如果这样做最终将影响编辑本身的利益，所以编辑在一般情况下是拒绝作者的这方面要求，而又引导作者去填补需要空白。

作者的作品中存在质量问题，必然与读者形成一种矛盾，这一点是很容易理解的。读者对这类问题最为反感，因为这等于是降低阅读收益，浪费自己的时间和精力，包括浪费钱财，不只如此，还可能因此毒化思想。造成作品的质量问题有客观因素，如时代不断发展和知识不断更新，作者陈旧的知识可能在读者那里失去原有的价值。不过，比客观因素更多的是作者的主观因素。精神生产中没有标准化和模式化的工艺流程和自动生产线来装配产品，精神产品必须首先在作者头脑中完成，因此，作品的质量主要是由作者的水平、能力等主观因素决定的。作者的水平、能力不一样，产生作品的质量也不会一样。作者头脑里的不成熟见解和错误认识，有可能直接带到作品中去，何况是智者千虑，必有一失，仓促完稿甚至使著名作者的作品中有时出现严重错误。作者在写作过程中常有的过于自信和"敝帚自珍"两种心理状态，又使作者仅仅靠自己常常不能发现和解决作品中的质量问题，作品中的质量问题一般是作者失去已有读者的主要原因，而高质量的作品又经常使不见经传的作者一鸣惊人，一时成为读者心中的红人。对编辑来说，既不断为读者提供更多读物，又严格保证读物的质量，这样做最符合编辑工作本身的利益和要求。所以编辑对待质量问题，有可能采取比作者更为客观的态度，作出既符合作者利益又符合读者利益的安排。在实际工作中，编辑经常通过退稿等方式，防范不合质量要求的作品流向社会，然而编辑决非一味防范，同时又努力促使作者不断提高质量，或者通过编辑手段创造读者所需要的新的高质量作品。

这样，我们又看到了编辑另一方面的社会本质属性，就是在思想文化的创造活动中，编辑在作者和读者间发挥协调关系和节制矛盾的功能，以维系两者的同一性。这一点和我们已经谈过的社会本质属性，有联系又不相同。精神生产是必须在作为生产者的作者和作为消费者的读者这两者关系中进行的，失去了任何一方都将使创造活动无法存在下去。然而当大规模利用传播工具进行精神生产时，作者和读者间存在的种种矛盾会变得非常突出，这是谁也无法避免的事情。出现了我们刚刚讨论的如需要空白、无针对性和质量低劣等问题，其中任何一个问题，无疑都足以破坏作者和读者的统一关系。任凭这些问题存在下去，拿出版界为例，结果将是读者从作者那里得不到自己需要的作品，另一方面作者又写了许多读者不需要的和质量成问题的作品，现代化技术手段把这些作品变成堆积如山的书籍，可是这些书籍无人问津，

或者遭到读者的反对。这种情况使大规模利用传播工具的精
神生产，既失去了思想文化方面的意义和价值，又在经济上
成为只有投入没有产出的无补偿活动，后果如何，可想而知。
编辑作为作者和读者的中间环节，在这里成为矛盾中介，在
两者间发挥协调关系、节制矛盾的功能，使作者的创作沿着
满足读者需要而不是相反的轨道进行。所以只要社会生活需
要利用传播工具进行精神生产，就必然造就出编辑，又必然
赋予编辑这样一种社会属性。要是编辑丧失这种属性，就是
失职，社会生活最终将迫使它恢复这种属性，在此不能有别
的选择。

三

把以上两方面概括起来说，便是这样。在利用传播工具的
思想文化活动中，存在着这样两种结构关系，一是传播者—编
辑—接受者的交往关系，二是作者—编辑—读者的创造关系。
在这两种结构关系中，编辑都是中间环节。处于这种中间环
节地位，编辑表现出两种功能，一是发挥导向功能，以限制
交往活动中的盲目性；二是发挥协调关系和节制矛盾的功能，
以维系创造活动中的同一性。这两种功能在编辑那里是统一
的，原因在于创造活动不能不是为了交往，而交往活动中又
不能没有创造。这些道理，基本上是从结构功能的角度，去
说明编辑的社会本质。

　　编辑的这种社会本质属性，具有普遍性和稳定性。从普遍性看，编辑从事的具体工作可能有所不同，但不论哪一类编辑社会生活都赋予他这种本质属性。这种本质属性规定着编辑的社会职责、工作内容、职业规范、道德要求、价值观念等。因此，一个作者一旦成为编辑，如果他的思想还是仅仅代表作者，没有意识到自己已经改变了社会角色，已经处于中间环节，必须发挥那两种功能，那他就很难做好编辑工作。在社会生活中，编辑必须是真正的编辑。编辑在自己的职业活动中，考虑做什么不做什么？应该怎样做不应该怎样做？价值观念如何规定？工作体制如何建立？解决这类问题，归根结底都应有利于发挥自己特有的社会功能而不是相反。

　　再从稳定性看。可以这样认为，只要人类社会还必须利用传播工具进行思想文化活动，那就一定有编辑，编辑就一定具有这种本质属性。编辑活动是依附于传播工具的，随着传播工具的改进和发展，编辑活动要有某种变化。国外有人预言："将来编辑不会告诉我们该看什么东西，我们将告诉编辑，我们自己想看什么东西。"① 这种情况是指电脑广泛应用以后，读者将通过电脑选择看什么东西。即便是如此，编辑如果不在事先把那些东西按一定方式贮存在电脑中，读者又

①　约翰·奈斯比特：《大趋势——改变我们生活的十个新方向》，姚琮编译，北京：科学普及出版社，1985年，第10页。

怎能自己选择看什么东西呢？其实，贮存在电脑中，这与贮存在书籍、刊物、报纸中的性质是一样的，只是载体有所不同。所以这种预言可以说明在电脑广泛应用以后，编辑的工作方式将发生某种变化，或者可能产生编辑中新的分工，但是，编辑处于中间地位并具有那两种功能，这种本质属性将不会改变。

事物的本质属性可以从不同方面加以探讨。对于编辑的社会本质，本文基本上是从结构功能的角度去研讨的。如果从社会历史的角度去看编辑活动，情形并不完全一样。编辑一方面在全社会通过传播工具传播特定的思想文化，另一方面又使自己的这种活动，体现某个历史时期的某个集团、阶层、阶级在经济、政治方面的利益和目的。编辑活动作为思想文化活动的组成部分，总是与社会政治和经济相联系，又是为社会政治和经济服务的。因此，从社会历史的角度看，编辑具有社会性和阶级性相统一的本质属性。这对社会主义社会的编辑来说，就需要在自己活动中体现无产阶级政党在社会主义阶段提出的政治任务和经济任务。只有把这两种有关编辑社会本质的认识统一起来，才是比较全面的认识。所以从社会历史角度去说明编辑的社会本质，决非不重要，只是由于人们对此并不陌生，又限于篇幅，这里不再详述。

（原载《编辑学刊》1987年第1期）

二十一、论编辑在传播中的作用

用传播学以及其它有关观点，去探究编辑在传播中有何作用，进而从传播作用考察编辑的社会作用，这毕竟还是比较新鲜的问题。因此，期望本文的抛砖引玉，能在这方面引起大家的兴趣。

为什么要研究传播中的作用

对编辑来说，在传播中的作用是具有编辑本质特征的，因而是编辑最基本的也是最重要的作用，对此，我们可从以下两方面来谈。

1. 编辑活动本是一种传播活动

编辑活动在社会生活中属于文化活动。在文化活动中，它不是艺术活动，不是科学活动，不是教育活动，而是属于传播活动。

编辑工作的内容，简单说来就是把作者的作品变成读者的读物。由此，就在作者和读者之间形成了传播关系。出现传播关系必须有不同的两方，有作者没有读者不行，有读者没有作者也不行。编辑联系着作者和读者，专门为在作者和读者间形成传播关系。

编辑活动与作者的写作活动关系密切，但从传播角度看，区别又很明显。写作活动旨在表达作者自己的思维成果，而其本身尚未进入传播渠道，尽管作者的写作意图中包含着传播的目的。因此，除作者亲自向读者宣讲作品外，凡是想把作品经过大众传播工具即书籍、刊物、报纸、广播、电视等进行传播，都必须通过编辑。编辑本人也许并不缺乏写作能力，但编辑活动的目的则是专门传播别人的作品。在大众传播事业中，编辑具体掌管传播什么和怎样传播等。编辑做好本职工作的意思，就是要成为善于在传播中发挥作用的人。

2. 编辑的所有作用都来自传播活动

除了传播活动，编辑本身再不存在其它活动。编辑在社会生活中的种种作用，其实都是在他的传播活动中产生的，因此可以这样说，编辑在传播中的作用是原生作用，其它作用是衍生作用。就编辑的其它作用而言，主要表现在两方面：从作者方面讲，编辑所起的作用有"规划、组织社会的精神生产"，"鉴别、发现、改造作者的创作成果"，[①] 以及培养人才、发现人才等；从读者方面讲，编辑所起的作用有促进文化交流、沟通社会信息、普及社会文化和提高社会文化、既满足读者阅读需要又创造新的读者群等。而无论是在哪一方面的作用，都是编辑在传播活动中产生的。因此，我们有必

---

① 阙道隆主编：《实用编辑学》，北京：中国书籍出版社，1986年，第50、51页。

要研究编辑在传播中的种种作用，这对于编辑学理论建设以及编辑的实际工作，都将是有益处的。

在传播中的三种作用

国外传播学一般重在论述传播的作用，不大讲编辑的作用，不过，它把编辑列为传播中的"把关人"（gate keeper，直译为"守门人"），这一点颇值得注意，我们在讨论编辑在传播中的作用以前，有必要先明确这样两个问题。

其一，编辑活动存在于大众传播中。

大众传播是通过某种传播媒介进行的，而书籍、刊物、报纸、广播、电视则是传播媒介，又称大众传播媒介。这种通过媒介的传播，充分体现着编辑的活动。

其二，编辑活动的社会目标，是为大众传播，即在作者和读者间建立更多有益的传播关系。

建立传播关系，说得明白一点，就是使作者的作品被读者阅读、接受和利用。这种关系本是在作者和读者之间产生的，但在当代的大众传播中却非有编辑介入不可，而且作为中介，编辑可以使作者和读者在传播问题上的关系变得协调起来。

编辑事业兴旺发达的标志，常常不是出版了多少书，而是出版了多少有用的好书。所谓好书，无非是作者的作品变成出版物后受到读者的热烈欢迎，被广大读者接受和利用，所以它意味着建立了有益的传播关系。书是编辑编出来的，其版权属于作者，属于编辑的则是通过这读物而在作者和读者之间所形成的传播关系。有用的好书愈多，说明编辑建立的有益传播关系愈多。这里体现出编辑的业绩和编辑的荣誉，编辑的职业利益也集中体现于此。所以编辑劳动的指向，并不停留在作品身上，而是千方百计地通过作品去建立传播关系。

由此可见，编辑在传播中的作用，都是围绕着在作者和读者之间建立更多有益的传播关系这个总目标的，具体说来，包括以下三种作用：

1. 导向作用

凭借传播媒介发生联系的作者和读者，由于双方没有直接的接触，因而信息的流动和传递必然存在盲目性，这就需要编辑从中发挥导向作用。以往编辑导向上取得成功的事例，不胜枚举。如编辑孙伏园催促鲁迅写《阿Q正传》，并把它放在《晨报》副刊上连载；《小说月报》主编叶圣陶向读者推荐茅盾的《幻灭》、巴金的《灭亡》等；20世纪50年代的《文史哲》登载两个"小人物"的文章；国外如德国《物理学年鉴》敢于发表据说当时只有几个人能看懂的青年科学家爱因斯坦的论文《论动体的电动力学》。这些都已成为编辑史上的佳话。

编辑导向是围绕作品在作者和读者间进行的。因此，虽然大众传播本身是单向传播，即从传者到达受传者，但编辑从中导向却是双向的，既把作者的作品导向读者，又把读者的要求、意见导向作者，同时又包含着编辑自己对作者和读者的影响，从而形成了编辑、作者、读者三方之间的互动关系。对编辑来说，决定出版这些作品，不出版另一些作品，多出版这类作品，少出版另一类作品，以及撰写作者介绍、作品简介、书刊评论、书刊广告等，都是导向的具体表现。

从事不同专业的编辑，大致是在不同的作者群和读者群之间导向。文学编辑从来不去传播冶金专业的作品，而科技编辑也不会把文艺作品介绍给自己的读者，学术著作编辑和通俗读物编辑又是为不同层次的读者和作者导向。编辑导向既是面向作者，又是面向读者，但归根结底是根据读者的需要行事，这可说是编辑活动中的一个重要原则。

由于对读者的阅读需要、作者的写作能力以及作品的实际水平和效果等，常常很难作出完全确切的判断，因此在导向中出现失败的情况难以完全避免，至于随便把作者的作品介绍给读者，这样做的成功率必然很低。由于编辑的顽强探索，从而使导向不断深入，大众传播中日益增多的读者和作者因而可以经常地联系起来，否则，作者们都需亲自去寻求自己作品的读者，而各类读者又怎么能不断地得到自己称心如意的读物呢？

2. 净化作用

净化作用就是作品的质量把关。不过，把关一词的含义过于趋向消极，而净化的意思在此包括这样两方面，一是防止作者那里产生的不合格的或有害的作品通过传播工具流向社会，二是向作者提出随时代发展而不断更新的质量标准，编辑从而与作者合作，以提高符合当代读者要求的读物质量。

作品的知识产权属作者所有，因此，作品质量的高低优劣首先是作者自己的事情。但是，从传播的角度看，传播领域中作品的质量问题仅仅靠作者是无法解决的。这是为什么呢？从社会方面的原因看，传播中质量标准的尺度深受社会环境的影响，诸如科学的发展、知识的更新、文风的改进、社会文化水平的提高等因素，都能促使质量标准的尺度不断地更新和提高，而读者对质量的要求，总是根据社会上有关作者已经达到的较高水平（不一定是最高水平）来确定的，因此从全社会看，总有一部分作者的作品处于质量标准之下，不符合读者的要求，因而不宜于传播。从作者方面的原因看，"智者千虑，必有一失"，即使是成熟的作者也难免有思考不周之处，而在写作中常常表现出的急于求成和"敝帚自珍"的心理，则非常影响作品的质量。

要是质量方面存在问题，在作品进入传播领域之前，作者可以"文责自负"；一旦进入传播领域，"文责自负"就变得非常不够了，由此产生的社会后果至少编辑不能置之不理。

因为现代传播技术可以把质量问题迅速而大量地扩散开来，以致在社会上造成不良影响。在这里，读者所产生的不满不仅仅针对作者，同时也针对传播机构，由此，编辑所在的传播机构常常会出现社会声誉下降或出版物商品销售量锐减等情况，这就直接危及编辑本身的利益。因此，社会上即使所有的人都对作品质量问题无动于衷，编辑也不能不闻不问。

一般人常常认为编辑最爱挑剔，其实这种职业的活动特点就是如此。在编辑眼里，作品质量问题的范围很广，包括思想观点、知识材料、语言文字、章法结构、文风学风等各方面，对此，编辑都希望作品的问题在正式进入社会传播之前妥善加以解决。

不过，编辑的净化作用并不是消极的。出版业的兴旺需要更多的优秀作品，所以编辑的利益所在并非是一味防范劣等品，更重要的是取得优等品。因此，编辑始终期待着优秀作品，经常像对待自己事情那样去帮助作者提高质量，又以最大的热情向社会推荐自己发现和选择出来的优秀作品。这样做，对读者来说意味着提供了质量保证，对作者来说意味着提出了质量标准，使作者心中的质量追求与读者的质量要求趋于一致，这对于全社会的科学文化事业的繁荣昌盛，都有促进作用。

3. 协调作用

协调和净化是相联系的。净化侧重解决传播中的质量问题，协调侧重解决传播中的数量问题。质量和数量不能完全分开，协调作用和净化作用也应联系起来看。

编辑的协调，实际是在作者的写作和读者的需求之间进行的。从文化传播的观点看，在作者和读者间实际上存在着一种供需关系。有时人们以为传播中的供方是出版单位，从商品交换的观点看，出版物的供方确实是出版单位。但是，出版物成为商品并进入交换领域，这是在传播的后一阶段才出现的，如果从传播全过程看，供方其实是为出版物提供作品的作者，需方是使用这些作品的读者。在作者和读者间存在的这种供需关系中，既有质量问题要解决，又有数量问题要解决。这些问题不解决，就没有作者和读者间的传播关系。

协调与净化固然有密切的联系，最明显的是为了协调不能不顾质量，以至粗制滥造和用低级庸俗的读物去坑害读者，但协调和净化在作用上是不一样的，两者是编辑在传播中的不同作用。

在专业活动中，编辑遇到需要进行协调的数量问题很多。最常见的是每一本书的印数，这印数就是根据社会上读者对该作品的需要量来确定的，协调不当常常造成印数的过少或过多。再如不同门类和品种的作品，不同学派和流派的著作，几种同等质量又各具特色的著作，这些都可以同时存在，如何使它们互为补充、相得益彰，这是需要协调解决的另一种数量问题，而如何满足多方面和多层次的读者需要，则是应当经常进行协调的又一种数量问题。

有时候，协调作用显得相当突出。编辑工作中年年有书籍重印这一项，这重印主要从数量去平衡需求，至于该作品的质量如何，一般都已有较为可靠的结论了。再如当社会上开始流传一种新学科时，编辑请有关作者写浅显易懂的通俗册子，从数量上去满足多数读者的需求，往往比出版研究性专著显得更为迫切。又如当前儿童读物品种单调，门类不全，又长期被连环画充斥书市，有人已提出应尽快求得儿童读物门类配套和品种齐全，这也是协调问题。

在协调中，编辑需要及时而准确地掌握作者写作和读者需求这两方面的情况，其中读者需求又是引起供需不平衡的最活跃因素，它经常处于变动过程中，它是决定协调过程的主要变量。造成读者需求变动的有环境因素，如社会的政治、经济、文化以及社会心理、社会风尚等的变化对它产生的影响，又有人口因素，如社会人口中文化程度、性别、年龄、职业等比例结构的变化对它产生的影响。编辑及时了解或科学预测读者需求的变动情况，对克服工作中的盲目性非常有益。

编辑作用与大众传播

由于编辑活动存在于大众传播中，所以编辑的作用与大众传播有着密切的关系，下面再围绕这个关系谈几个问题。

1. 个体作用和群体作用

大众传播的特点有三：设立专门的机构和组织；能够大量而迅速地复制信息；拥有众多的受传者。这些特点决定了大众传播活动基本上是群体活动，而这种群体作用与其它精神活动相比显得格外重要。由此而看编辑，编辑群体在社会上留下的影响远比编辑个人要大得多，编辑群体的社会声誉也远比个人重要，因此，社会上一般人往往知道商务印书馆、中华书局这样一些编辑机构的名称，却不知道在那里工作多年又很有成绩的某位编辑的姓名。这样看来，编辑群体的作用确实相当突出。

编辑群体作用之所以重要，是因为编辑活动需要多方面紧密配合的协同活动。编辑所在的组织机构即编辑部是作者和读者间的重要信道，大量信息集中在这里，处理这些信息要靠多人的有效合作。因此，编辑部内部有复杂的分工，分了工的编辑都遵守一定的规范，按照所在群体确定的计划和要求做事，每人所做的只是群体计划的一部分，个人若违反要求就等于是损害和破坏群体的劳动。况且编辑部出来的成果，还只是有条件付印的一部部文稿，这些文稿不变成出版物并转到读者手里，对社会就没有任何作用，所以编辑部门又必须与印刷部门和发行部门相配合。在这过程中，编辑个体作用融化在群体作用之中，又集中体现在一本本出版物上。

编辑个体要是离开群体的协同和配合，几乎干不成什么事情，也发挥不了多少作用。编辑的这种情况，与作者（文学家、理论家等）写作中存在的明显个体作用，形成有趣的对照。

不过，编辑个体作用决非不重要，中外著名编辑家的事迹可以证明这一点。实际上群体作用总是由个体作用组成的，只是编辑个体发挥作用，必须十分注意与群体的协同。再者，编辑个体作用融化在群体作用之中，如果由于是融化因而变成埋没或湮没在群体中，就对发挥个体作用十分不利，因此，社会方面应有一种让公众了解并承认编辑个体作用的机制。

2. 综合效应

编辑对社会产生的作用，必须通过书籍、刊物等传播媒介，而且只有在书籍、刊物等被读者阅读、接受和利用以后，编辑的社会作用才能真正产生。所以编辑作用于社会，并非单方面因素，它必然与多种因素相结合，因而是一种综合效应。除编辑以外，这种综合效应，还包括以下一些因素：作者的社会身份、知名度等，作品所达到的水平和完美程度，印刷的质量和效率；发行体制的完善和效率；读者的个性特征，读者所处的社会环境；等等。这当中，读者的个性特征及其所处的社会环境这两项是很大的变量，再加上读者对传播媒介的利用是非强制的和自愿的，读者如何接受和利用出版物，别人很难干预，从而使实际出现的综合效应有难以控制的一面。

由于出版物在读者身上产生的作用是一种综合效应，所以当编辑决定把作者的作品变成出版物时，有必要对可能影响该作品产生作用的各种因素，作周到的考虑，而编辑社会学在这方面有责任为编辑实践提供方法和理论。

3. 正功能和负功能

传播学者认为大众传播中存在着正功能与负功能。负功能是社会公众不希望产生的，或者说是违背社会利益的，如传播黄色作品和渲染暴力的作品对于公共道德和社会治安形成负功能，这是众所周知的。有时人们期待得到正功能，却不得不同时得到负功能，如过多地宣传社会面临某种威胁，会引起人们的恐慌症，过多地宣传社会上某种反常现象，反而使人们产生习以为常心理，形成麻醉性负功能。不论是正功能还是负功能，都是经过编辑的手，把各类作品传播出去以后才产生的。因此，有可能通过加强编辑的工作来防止大众传播中负功能的形成或扩大；另从社会方面看，有必要通过社会控制包括建立传播法规来约束编辑的工作，以求防止或减少大众传播中的负功能。

一般说来，编辑导向、净化、协调这些作用发挥不正常，便有可能出现负功能。下面两个例子是编辑应该导向却拒绝导向，都形成负功能。物理学家梅耶把关于能量守恒的重要论文交给《物理学纪事》，该刊编辑审稿结果是不予刊登，于是这篇后来的名作只得于 1842 年发表在一家专业不对口的化学杂志上，暂时鲜为人知，数年后物理学同行们从不同途径得到与梅耶同样的结论。创立遗传分离定律和独立分配定律的奥地利神父孟德尔，他那篇重要论文的审稿人虽然是瑞士著名植物学家，但他看不起这位无名的业余研究者，于是孟德尔只好在1866年将论文刊登在一家地方性杂志上，致使35年后才被一位荷兰生物学家发现，现代遗传学的研究因此而被推迟了三分之一个世纪。

如果编辑对作者和作品怀有偏见，在鉴定作品时存在着认识方面的错误，以及对读者需求漠不关心，都可能造成负功能，这样就使本来应具有桥梁作用的编辑，反而成为作者和读者之间的障碍。因此，编辑须加强业务修养和道德修养。不过从全社会看，一般不能完全消除编辑负功能，因此，在作者和读者之间建立除编辑之外的另一种通道，作为编辑通道的补充，就是有必要的。

（原载《编辑之友》1988年第5期）

二十二、编辑与传播场

传播场也许是一个新问题。然而，传播场中的基本关系是作者和读者的关系，编辑天天与社会上的作者和读者打交道，其实就是和传播场打交道，所以这又是编辑人人熟悉的事。我们现在用一个新名词来概括，为的是使编辑学对社会上作者和读者的诸问题有一个总的概念，从而利于深入研究。实际上，无论是编辑影响社会，还是社会影响编辑，一般情况下，都必须通过作者和读者为其基本构成要素的传播场这个中间体。离开传播场去谈论编辑与社会的关系，就显得空洞，因而流于无益，而编辑的社会活动的规律大体都与传播场相关。不过，本文重在确立概念。有关规律的研究，只得留待以后。

传播与传播场

社会生活中的作者和读者都处于诸多社会关系之中，其中有经济的、政治的、伦理的、文化的、历史传统的等等。不过，在老练编辑的眼里，经常注意的也是最为重视的是其中的传播关系。其它关系只要与传播关系有关，就置于编辑业务范围内加以考虑，若是无关，就不必如此了。

讲传播关系，先要讲传播是什么。自传播学兴起，传播有一个特定概念，指产生在两方之间的一种信息的传递和共享活动。这个两方，指传者和受传者，在编辑学中就是作者和读者。即使是一个最简单的传播过程，也必须是信息从传者（作者）到达受传者（读者）那里。编辑编好了作者交来的文稿，以至到印刷厂装订成册，只要还没有到读者手中，这就是还处于传播过程之中，决非传播过程的结束。另要注意的是，有信息的传递，而无传者和受传者对信息的"共享"，这不算是传播。传播学特别强调信息的"共享"。美国学者施拉姆和波特合著的《传播学概论》，在谈"传播的含义"时，称传播是"两个或两个以上的人来到一起，试图共享某种信息"①；在谈"传播关系"时，又说"在这种关系中，符号是共享的"，"它意味着共享那些代表信息和导致一种彼此的了解会聚到一起的符号"。②所谓"共享"，大体指两方对传播符号所负载信息的共同理解。这个理解达到完全等同是不可能的，但必须有某些相同部分，才可称是"共享"。小学生不懂文言，因此，小学生拿了《史记》来阅读，弄不清司马迁讲的是什么，这里没有信息的"共享"，也没有发生什么传播活动。语言文字是最常用的传播符号，在这里不懂文言即不懂传播符号。此外，传者的信息（文稿）若是不符合受传者的接受期待，既不能产生信息传递，也不能形成信息"共享"，因而同样不能构成实际的传播活动。

从传播的概念，可以得知什么是传播关系，它是传者（作者）和受传者（读者）之间产生的信息的传递和共享关系。没有传播关系，就不会有传播活动。传播关系至少有两

---

① 施拉姆、波特：《传播学概论》，陈亮等译，北京：新华出版社，1984年，第4页。
② 施拉姆、波特：《传播学概论》，陈亮等译，北京：新华出版社，1984年，第49页。

类，一类是面对面地直接形成的，另一类是通过书籍等传播媒介间接形成的。编辑学讲的自然是后一类。再是，作者的文稿变成出版物以后，若是不被读者接受、理解和利用，不论原因是什么，都意味着没有形成信息的"共享"，因而没有形成实际的传播关系，这说明编辑的传播活动实际上告吹了，至少暂时是如此。

传播关系本是作者和读者间的一种关系，从历史上看，它最初与编辑无关。西晋作家左思作《三都赋》，有"洛阳纸贵"之说。洛阳人纷纷传抄《三都赋》，表明艺术信息被频繁地传递与共享的盛况，这件事发生在作者和读者之间，其间并没有编辑的作用。没有编辑参与而形成了传播关系，称之为自然传播；与此不同的编辑传播，区别在于有编辑参与，编辑学在理论上要注意区分实际上早已存在的这两种不同的传播。以往的中外历史，长期属于自然传播或以自然传播为主，相比之下，以编辑传播为主的时期还是非常短暂的。

凡是传播，都需形成实际的传播关系。在这方面，自然传播存在的问题较多，下面谈两点。

1. 作品亡佚多

自然传播是作者的作品不经编辑这中间环节流传到读者中去，这有利于密切作者和读者的关系，但作品流传速度慢，范围小，而且作品亡佚了，传播关系当然不可能再有了。

像李白、杜甫这样生前就已是有名的诗人，诗作随写随流传，结果流失极多。韩愈有《调张籍》一诗，其中说李白、杜甫所写作品是"平生千万篇"，然而"流落人间者，太山一毫芒"。李阳冰在李白去世那年，为李白编集时就说，"当时著述，十丧其九"（李阳冰《草堂集序》）。现在，我们只见李白作品九百余篇，杜甫作品一千四百余篇，与韩愈所说"平生千万篇"，相差甚远。李、杜既是如此，其他生前名望不高的作者之作品更难留下。中国自木版印刷术发明以后，作者为怕自己作品亡佚，纷纷自费出版。自费出版的流弊是乱且滥，这且不说，此外总有一些无力自费出版者，作品照样大量亡佚。中国宋、元、明几代异常丰富的戏曲和小说，在自然传播的大量亡佚过程中，靠了一些著名编辑如臧懋循、冯梦龙、毛晋等人的努力，许多作品才有幸保存下来。

2. 传播效率低

这个效率低，指形成传播关系既慢且少。自然传播由于没有编辑参与，放任自流，因此难免出现以下两种情况：一是属于符合期待的作品读者见不到；二是作者把自己粗制滥造的作品拿出去了。出现这两种情况，都不会形成传播关系。

先讲前一种情况。杜甫本人活动范围，仅限于今天豫、鲁、陕、川、鄂、湘诸省，生前作品的流传范围大体也是如此。这样一位出色的作家，靠自然传播到去世前，竟"不为东人之所知"，再到死后数十年，"江左词人所传诵者，皆公之戏题剧论耳，曾不知君有大雅之作"。（樊晃《杜工部小集序》）润州（今江苏镇江）刺史樊晃因此编了一部《杜工部小集》，收文二百九十篇，特意向"江东"人士介绍杜甫精品。樊晃靠编辑的远见卓识，编选了一部历史上最早的杜集，若没有他，"江东"人不知何时才能见到杜甫精品。韩愈、柳宗元生前虽然都是一代文宗，可是去世后作品还是逐渐失传。靠作者自己，作品本流传不广，也流传不久。五代后晋时修《旧唐书》，"经籍志"不列韩、柳文集，原因盖在修史的刘昫没有见到，以后到宋初文坛领袖欧阳修，还拿着残缺不全的六卷本韩愈文集当宝贝。宋人穆修博学广闻，颇有编辑见识，他用毕生精力先后收集到韩和柳的文集抄本，校勘后在河南木刻出版。所以靠自然传播，读者很难见到合乎自己需要的作品。韩和柳的文名既大，刘昫和欧阳修的阅读条件又异常优越，出现的情况尚且是如此，遑论其他了。可见文化传播中仅有名作者还是不行的，必须另有热心而富有见识的编辑。

再谈后一种情况。为自己作品谋求到社会上去流传，这是作者的一种普遍要求。从另一方面看，作者水平不一，作品有优有劣，这又是普遍存在的事实。作者身上存在的这种矛盾，致使自然传播很难保证质量。中国明清两代，家中稍有资财的文人，常常为自己刻一文集，印二三百部赠送亲友，倒不一定拿出去出售。这种自费出版据说明代中叶最盛，因为那时刻书工价便宜，又是自己出钱刻书，别人管不着。这类出版物数量虽然很多，真正能流传开来的还是少数，因为其中粗制滥造者居多。历史上自费出版而获成功者，不乏其例。但是，它与编辑传播相比，成功率低，造成的社会浪费大，这是不可否认的事实。

为什么自然传播不如编辑传播？原因盖在自然传播是作者和读者间的一种自发活动，多盲目性和局限性，难以及时地、广泛而持久地建立传播关系。编辑则以传播为职业。编辑的社会责任感、社会荣誉感以及经济利益等，都与能否建立传播关系以及建立怎样的传播关系相联系。这就使自然传播中存在的问题，在编辑手里可以得到较完满的解决。社会之所以需要编辑，是为了传播，为了不断地改进并扩大传播。

传播关系总是以个别形式存在的，因为作者和读者总是个别地存在的。但是，传播关系在社会上决非个别事物，而是一种群集。因此，仅仅从个别性方面去认识它，犹感不足，另应从总体上去把握，需有与传播关系相对应的集合概念或普遍概念。这就促使我们要进一步去研究传播场。

何谓传播场？社会上传播关系的群集或总和便是。由于许多作者特别是无数读者分布在各个地方，因此，传播关系实际上存在于一定的地域空间中；又由于作者（作品）与读者的关系是在不断发展变化中延续的，因此，传播关系实际上存在于一定的历史时间中。总之，传播关系具有空间性和时间性。由此看传播场，它是存在于一定空间和时间中的传播关系的群集或总和。

编辑所建立的传播关系，总是数量上求其多，地域上求其广，时间上求其久。若编辑所编一个作品，结果社会上的读者只有一个或数个，这种事无疑将认为是难以容忍的失败。对于编辑部这样的编辑群体来说，更是力求在许多作者和无数读者之间不断形成广泛而持久的传播关系。因此，编辑在实际工作中碰到的，都是传播场。可以这样说，编辑事业的兴衰成败，都在传播场中。

编辑面向传播场工作

现代传播场的构成情况，大致如下：出版物是作为负载信息的传播媒介而存在的，而作者和读者在传播场中，所以能通过传播媒介联系起来，关键是依赖编辑的中介作用。现代传播场中以编辑为中介形成的传播关系，日益纷繁复杂，既有范围、方面、层次诸空间性要素，又有速度、密度诸时间性要素，两者构成错综复杂的结构形态，与古代传播场相比，现代传播场的特点可从以下两方面去看。

1. 大范围、多方面、多层次

所说范围，既指传播场的地域范围，又指它的人际范围。现代传播场范围之大，从地域讲，出版物可能传送到每一个穷乡僻壤；从人际讲，各行各业，男女老少，几乎都可能成为某些读物的读者。由于范围扩大，与古代相比，现代出版物的印数多，读者也多，而且将是愈来愈多。

　　就方面和层次而言，两者向来没有明确区别，我们姑且以不同学科为方面，以读者不同文化程度为层次。从学科看，我国出版业现在基本上以学科性质差别为准，把图书分为十七类，每一类下又有若干属项。如十七类之一的文学类，其属项不少于十项。中国古代自隋以后的一千多年，通行四部分类法，其中经、史、子三部大致具有学科区别，集部则包罗万象而不作区别，这表明古代传播场中作为不同方面的学科，比现在要少得多。从读者文化程度的差异看，现在有学前读物、小学读物、中学读物、大学读物等，还有通俗读物、知识读物、学术著作等，层次分类远比古代细致。

　　今天传播场范围既大，方面和层次又多，呈现为一种大型立体性结构。在此情况下，编辑出版业中任何一个具体单位，都很难包揽所有的方面和层次，彼此之间不得不作分工，出版单位的专业化和个性化因而成为不可避免的事情。在此情况下，编辑以及编辑所属群体即编辑部，必须着力寻找自己在某方面和某层次中的具体对象，从而确立自己在社会传播场中的具体位置，再通过苦心经营去建立自己的作者群和读者群。在这方面，如果摇摆不定或迟疑不决，都可能成为致命的失误。

　　2. 高速度，高密度

　　现代传播速度之快，已非古代可比。从出版业的情况看，中国古代出版业在全世界首屈一指。五代后唐时中国第一次大规模刻书，刻印九经原文（不包括注疏），动用了国家力量，从公元932年开雕，到公元953年结束，用20年时间完成了世界出版史上的这个盛举。明代木版印刷有很大进步。明末的常熟汲古阁毛晋，用了四十多年时间，刻了十多万块书版，刊印书籍六百多种。作为中世纪民间出版家的毛晋，在中国史上和世界史上都属罕见。这些都是古代出版业高速度的例子。可是拿来与现代出版业的速度相比，未免黯然失色。现在我国一家规模不大的出版社，一年就出上百种书，如果采用激光照排，编好了的十万字文稿，在十天内问世这早已不是神话故事。在出版业中，出版周期缩短是传播速度提高的主要标志。

所说密度，当指传播场中流通信息量的稠密程度。现代与古代相比，流通信息量激增是肯定的，但很难作确切统计。我们不妨把古今书籍出版的品种数量做一比较，便能了解大概。中国木版印刷出现以前，书籍以唐代最多。据《新唐书·艺文志》载，唐代共有书籍3200余种。自唐以后，书籍以清代最多。正在作《清史·艺文志》"补编"的版本目录学家王绍曾告诉笔者，仅"补编"将有两万余种，加上《清史·艺文志》一万余种，清代书籍共有三四万种。尽管如此，一个朝代几百年出版书籍总数，还不如现在一年。若是全面讲传播密度，至少还应包括报纸、杂志、广播、电视等，只是我们从书籍种数的古今对比中，已可知今天传播密度之高，而且将愈来愈高。

传播需有一定的密度和速度，这是为了适应人们的信息需求。人们利用信息，要求信息具有一定的数量和质量，又要注意信息的时效。所谓时效，指信息在某个时间内产生的效益，不同于或远高于另一些时间。因此，信息流通中如果缺乏合理的密度和速度，将严重影响信息的实际社会效益。这个问题，在现代社会愈来愈显得突出。信息流通中的密度和速度，当然只能从特定的时间、场合去看，换句话说，只能从传播场去看。社会上到传播场来谋求信息交流的人数是如此众多，内容又是五花八门，若是放任自流，只能出现乱糟糟的无政府状态，不可能有合理的密度和速度。因此，传播场需要有控制和调节密度和速度的人，这就是编辑。编辑通过导向、净化、协调所进行的控制和调节，使五花八门而又人数众多的信息交流，尽量避免盲目性而变得有条不紊，从而促使传播从无序变为有序，从低效变为高效。

近年来，我国学术界对编辑客体讨论较多，意见分歧较大。其实，就编辑的一般认识客体而言，应与唯物主义哲学中的认识客体相一致，不必另立新说。此外在编辑学中，与编辑活动的主体相对应的这个编辑客体，并非别的，就是由书籍等作为传播媒介的、又由作者和读者间的传播关系的总和构成的传播场。这种传播场是因为有了编辑的实践参与才出现的，它的发展变化也直接来自编辑的实践参与，它永远离不开编辑的实践参与。这是一方面的情况。另一方面的情况是，传播场一旦经编辑参与而出现，便成为一种客观的社会存在，对编辑来讲，它是特有的认识对象，又自始至终制约着、规定着编辑的活动。这样两方面的关系，正是唯有在主体和客体间才存在的关系。

下面，就传播场制约编辑活动这一点谈两个问题。

首先，编辑考虑业务，都必须考虑自己面临传播场中的具体情况如何，由此做出决策。若不是如此，只顾自己而不顾传播场，就是一意孤行，就是盲目行事。这将意味着失败。

编辑行为的真正终端，并非只签发了文稿送印刷厂，而是把作者的文稿变成出版物后拿到社会上去，确切地说是拿到传播场上去接受考验，其含义包括：该出版物读者是否乐于接受以及接受的状况如何，它与社会其它方面如政治、经济、文化等的关系是否正常，它作为商品在市场上的销售情况，等等。

出版物总是要到传播场去的。传播场有自己的活动规律，熟悉这个规律，对编辑来讲是重要的又是困难的。对待任何一种文稿，即便它还处于选题阶段，熟悉业务的编辑就要思考它与传播场的种种特殊关系。该选题将符合传播场中哪一种范围、方面、层次的读者期待呢？如果没有符合之处，这种缺乏传播场中具体对象性的选题，编辑一般都持否定态度。

如果有符合之处，还应想到与它同类的读物已有或将有多少种呢？换句话说，在特定范围内传播密度是否已经饱和。若是超饱和了，失败将难以避免。此外，还得想到当该选题成为文稿，再经过一定出版周期到达读者手中，那时候读者期待将发生怎样的变化呢？如此等等。出版物的内容与形式都符合读者期待，表明它在传播场中具有生命力，这种出版物要是在书籍市场上滞销，责任一般不在编辑而在发行。根据传播场的观念，又用传播的要求，去看待选题、文稿以至装帧版式等，这是编辑特殊的思维方式。

编辑要在传播场中站住脚跟，开辟阵地，最好的办法是能赢得形成新的传播关系的机会和时间。在这方面，四川的"走向未来丛书"，上海的"五角丛书""夜读丛书"等，皆是近几年出版界有影响的成功事例。这里遇到的困难，除上面谈到的，还有同业的竞争。实际上现存的传播场已被同业划成不同的势力范围，开辟新阵地并非容易事。诚然，竞争不是坏事，它能为编辑创新不断带来巨大动力，可同时也带来捉摸不定的风险和重重困难。

不过编辑自己应该相信，形成新的传播关系的可能性是无限的。这是因为从发展的观点看，作者的创造力在不断增长，读者期待在不断更新，再是随着文化的进步和经济的发展，社会上利用大众传播媒介的人总是越来越多，编辑可利用的传播技术也日益先进。因此，编辑在传播场中决非无所作为，相反是大有用武之地。对编辑来说，重要的是传播场中新的传播关系尚未正式形成之前，它能否被你首先发现。这个首先发现既难，实际做起来又不容易。要物色合适的作者，要拿到能给读者带来真正益处的文稿，还要在精细加工以后，不失时机地把文稿变成出版物，送到读者手中。编辑因此需有胆量和气魄，需有非同寻常的识力和高超的工作艺术。经常碰到的情况是，殚思竭虑想出一个新点子，别人却已先行一步，或者没有料到读者兴趣正悄悄向别处转移，于是自己一番努力，付诸东流。由此看来，传播场中既有编辑胜利的丰碑，也有编辑失败的渊薮。研究并掌握传播场的活动规律，这是编辑的一项十分迫切的任务。

其次，经济、政治、文化等社会因素，一般通过传播场这个中间体对编辑活动产生影响。

社会诸因素对编辑活动的影响，其方式有直接和间接之分。直接性影响如传播法规（新闻法、出版法以及其它有关法规）直接对编辑活动作出某种保护性或限制性的规定，或者政权机构明令禁止出版某些作品，乔伊斯的小说《尤利西斯》于二次大战前在欧美各国遭查禁便是。间接性影响便是社会通过传播场制约编辑活动，这是最基本的和最常见的。

一般说来，经济、政治、文化等社会因素并不直接指定编辑做什么，不做什么，但又时时刻刻规定着编辑做什么和怎么做。我国实行的对外开放政策，对编辑工作并无直接规定，然而实际影响无处不在。这项政策，首先影响到传播场中读者的兴趣和期待，以及作者的创作意向和创作积极性，这些都产生几十年未曾有过的巨大变化，从而促使传播场中各方面各层次的出版物从内容到形式都发生变动。因而有关新学科、新学说、新思潮的种种出版物猛增，从前的有些热门出版物变得无人问津。所以国家的一项重要政策，它可能促使传播场发生结构性变化，进而为编辑提供成功的机遇，又造成种种原来想不到的困难。除政治因素外，社会经济、社会文化、社会变迁、人口结构等方面的变化，无不造成传播场结构的变动，于是影响到编辑工作。比如人口结构中受过中等教育的青年人激增，这些人与以往的青年有不同的读者期待，要是编辑还是用老眼光为他们编读物，肯定不能成功。再如人口结构中老年退休人员增加，这部分人成为传播场中新出现的一个重要层次，编辑及时发现这一点，并采取相应措施，就可能有惊人之举。

编辑工作是一种充分面向社会的活动，同时它又是多方面受社会制约的一种活动，而编辑与社会的联系，一般总是通过传播场这个中间体（中介）的。因此，有必要重视社会对编辑的制约。但是笼统地思考这个问题，意义不大，应思考社会如何通过传播场影响编辑。社会诸因素总是首先影响作者特别是影响读者，进而影响传播场中的范围、方面、层次、密度、速度等。这些都与编辑活动息息相关。及时地并且深入地研究这些问题，就可能立于不败之地。

　　编辑与社会、编辑与作者特别是编辑与读者，其间的关系非常重要。传播场可以为我们了解这重要关系提供途径。编辑的社会活动规律，总是体现在传播场中；从社会方面看，传播场又表现出社会对编辑的需要和依赖。因此，编辑学不可不重视这个问题。

（原载《出版发行研究》1989年第2期）

二十三、"有出版才有编辑"

——谈编辑的产生和发展

　　1988年，我写过这样一段话："从历史上看，编辑是随着出版业的兴起而逐渐产生的。……有出版才有编辑，书籍编辑存在于并发展于出版业中，所有编辑都存在于并发展于传播业中。"[1] 此话我至今不以为非。不过，当今学术界持有不同见解的一些人认为，不承认历史上有书籍就有编辑，或者不承认孔子、司马迁等人是最早的编辑家，就是否认编辑

---

[1]　刘光裕、王华良：《编辑学理论研究》，济南：山东教育出版社，1995年，第408~409页。

的历史发展的特点和过程。这种观点之所以不可取，在于混淆了两种不同性质的编辑概念。记得几年前，有人讥之为"这鸭头不是那丫头"。① 把"鸭头"与"丫头"，混淆在一起去讲"历史发展"，才是真正的缺乏历史观点和科学态度。有关这方面的种种混淆，除了令人感到困惑，也引发深入研究问题的兴趣。本文将结合古代出版业中的情况考察编辑的产生和发展，重点是谈古代编辑和现代编辑的特征。其中，当然不能不讲区分两种编辑这个老问题，因为不讲这个区分就意味着干脆放弃历史研究中的科学态度。

古代出版业和编辑

尽管是"所有编辑存在于并发展于传播业中"，从发生学的角度看认为"有出版才有编辑"却是完全正确的，因为古代出版业是人类历史上最早的也是唯一的传播业。可是，不止一位朋友曾批评我"有出版才有编辑"这说法是否认在出版业以外存在编辑。产生这种误解，或许是来不及去读原文，却差一点因此引起一场无谓的争执。我现在需从理论上进一步说明的问题是，为什么在古代出版业中必然地产生编辑，最初的编辑是适应出版业中什么样的需要才必然地产

---

① 李长声：《漫说一个三角锥，出版的》，《读书》1993 年第 9 期，第 40 页。

生的。

出版业的专有产品是出版物。在此，有必要区分书籍和出版物这两个不尽相同的概念。尽管当今可称出版物的早已不限于书籍，但是，古代的出版物大致都是书籍，在书籍之外，并无出版物。而古代的书籍，却不一定都是出版物。一般说来，古代的书籍是把文字、图画等作品记录在某种物质材料（帛、简或纸等）上，然后整理成"册"，或整理成"卷"；而古代的出版物则是把文字、图画等作品复制在某种物质材料（一般是纸）上，然后装订成册。两者的主要区别，在于是否经过"复制"。复制是出版过程的一个必要环节。古代出版业中最重要的也是最有价值的复制技术就是印刷。古代的书籍和古代的出版物相比，由于后者是经过"复制"的，所以在社会传播的作用和意义方面，在促进人类的文明进步方面，后者具有前者无法相比的优越性。历史上编辑的产生正是为了适应最早的出版活动中制作出版物的需要。历史上最早的编辑参与制作的是作为出版物的书籍，而不是别的书籍。编辑的产生对人类文明的伟大意义，也正是表现在这里。

从社会传播的观点看，古代出版业在纸张上复制符号，借此去从事专门的传播活动，这在人类文明史上具有不可估量的进步性和深远影响。中国是世界上最早发明造纸术和印刷术的国家，因此，也是世界上最早形成发达的出版业的国家。美国《华盛顿邮报》于1995年12月31日评选最近一千年人类文明史上最重要的人物和事件时，把中国的印刷术列为这一千年人类文明史中"最重要的发明"，这是十分有见地的。可以这样认为，当今以"信息高速公路"为代表的信息业和传播业导源于中国古代的印刷术。学术界一般认为，中国在八世纪的中唐或者更早时间就发明了雕版印刷技术。印刷术自发明至广泛应用，进而形成出版业，其间自然需要相当长的时间。可以肯定的是，公元十世纪的北宋已经出现相当发达的出版业。

区别抄本中的出版物与非出版物是较为复杂和较为困难的问题，所以下面只列举古代雕版出版中的事例来说明。

有出版才有编辑。在宋代相当发达的出版业中，便诞生了名副其实的编辑家。例如，北宋的穆修（979—1032），郓州汶阳（今山东汶上）人，大中祥符进士，官任泰州司理参军，宋初著名古文家。他博学广闻，以毕生精力收集韩愈、柳宗元两人的文集抄本，亲自校勘以后募请工人雕版印刷，终于将韩愈、柳宗元两人的文集分别雕印出版，各印制数百部。这在历史上是创举。据说，在汴京（今河南开封市）的相国寺市场上，穆修曾经亲自出售这两人的文集。穆修的不朽功绩是，编辑了进而又印刷、发行了韩、柳文集。在穆修之前，唐代流传下来的韩、柳文集抄本早已散失难见，所以连欧阳修也只能长期珍藏残缺不全的六卷本韩愈文集。北宋初年，韩、柳文集之所以能够迅速而广泛地流传开来，同时很快在全国出现比唐代古文运动规模更大的宋初古文运动，古代出版业的高效信息传播是一个非常重要的因素。这是古代出版业为中国文化发展首次做出的重大贡献。穆修是参与做出这重大贡献的杰出人物之一。

到南宋，中国出现的出版家、编辑家比北宋更多，其中最引人注目的是书坊主人陈起和他的儿子陈思。陈起，钱塘人。他自己经营的书铺就在临安（今浙江杭州）棚北大街睦亲坊。他是诗人，因而与社会上的诗人来往甚多，交谊甚深。陈起不可磨灭的历史功绩是出版了百余位诗人作品的诗歌总集，称《江湖集》。他本人是《江湖集》的编辑者兼发行人。中国古代出版业一直以翻印古籍居多，像陈起这样大规模地出版当代诗人的作品，是空前的。南宋许多诗人，包括名家刘克庄在内，他们的作品幸赖《江湖集》的出版才保留至今。这充分表现出陈起作为编辑家和出版家的胆量和见识。不过，陈起也是中国历史上第一个因出版而获罪的。《江湖集》中被控有讪谤权贵的诗句，因此陈起本人被发配流放，《江湖集》书版被劈毁。陈思继承父业，继续在临安经营书铺，经他编辑而付梓的书籍以文史资料的辑集为多。南宋临安由陈起、陈思经营的"陈宅书籍铺"，亦称"陈道人书籍铺"或"陈解元书籍铺"等，是当时很有名气的私营出版社，陈起和陈思是中国最早的职业出版家兼编辑家。

　　从编辑的产生角度看，为什么说有出版才有编辑呢？出版业的历史意义或历史价值，全在于它为人类提供了一种新型高效的传播媒介，也就是作为出版物的书籍。借此，可以空前提高传播活动的速度，空前扩大传播活动的范围，空前提高传播活动的效率，进而对人类社会的进步和发展作出巨大贡献。不是出版物的书籍，决无如此巨大贡献。就出版业所提供的新型高效的传播媒介，也就是作为出版物的书籍而言，雕版印刷只能增加媒介的数量，发行只能担负媒介的社会流通和分配方面的任务，另一重要任务必须由编辑来承担，这就是保证传播媒介即印制而成的书籍在内容上符合公众利益和读者需求，并且保证具有可靠的质量。所以，只要历史上出现出版活动，其中不能不随着萌发编辑活动。编辑活动天然地伴随着出版活动而出现。以五代时由宰相冯道主持的、判国子监事田敏等人参加的出版"监本九经"为例。这是中国历史上也是世界历史上第一次大规模的出版活动。在这次出版活动中，冯道等人确定雕印九经，而不雕印其他书籍如先秦子书，或两汉史书，或唐人文集，其中就含有编辑选题的意义在内。出版"九经"更符合士人科举的需要和朝廷的利益，这便是该出版活动中的选题目的。"监本九经"选用"开成石经"的经文，而不选用其他抄本的经文，其原因是"开成石经"的文字校勘质量最为可靠。"开成石经"是唐代开成年间经由许多学者的工作而完成的。若撇开作者是已故这一点去看，这件事中包括选择作者成果和审定作者成果这两个内容，大致就是今人所说约稿和审稿。此外，在"监本九经"的雕印过程中一定同时还有版式设计和校勘等工作。这些就是编辑工作。从其内容和目的方面看，与今天古籍出版中的编辑工作并无原则区别。

编辑活动必然地在出版活动或出版业中产生，还因为没有编辑去确保出版物的内容符合读者需要和社会利益，并且确保其质量可靠，从事雕版印刷和发行流通工作，就很可能是无益的。古代这种新型传播媒介即出版物，它与抄本相比，诚然是传播得速度快、范围广、效率高，更加方便灵活，可是，如果不符合读者需要和社会利益，如果不确保其质量可靠，那么，这种新型传播媒介再好也不能保证对社会有益，相反，倒完全可能造成比抄本要大得多的经济损失和对社会的危害性。因此，实际上是出版业因其自身的需要或迟或早地必然产生编辑；从另一面看，编辑凭借其自身的专业价值不可避免地在出版业中产生并发展起来。

古代编辑的特征

与其他国家的情况相比，中国古代编辑产生最早，数量最多，成绩最大，因而在世界史上最具有代表性。在谈古代编辑的特点之前，有必要明确其与现代编辑的相同之处。

首先，古代编辑活动同样是必然地存在于出版活动或出版业中。前面所说五代的冯道和田敏、北宋的穆修、南宋的陈起和陈思等人，他们的情况莫不是如此。

其次，古代编辑活动的具体内容与现代编辑十分相似，两者并无原则区别。例如，冯道和穆修在自己的出版活动中编印古籍，第一步是确定选题，即确定编印什么古籍，或者是九经，或者是韩、柳文集。第二步是选择较好抄本亦即后来的版本作为底本，冯道选取了"开成石经"，穆修则需自己到处搜集佚作作底本。今天翻印古籍同样需慎重选择底本，其意义大体与约稿、审稿相当。第三步是进行校勘。古代翻印古籍时，繁重而精审的校勘是编辑加工的主要内容。第四步是版式设计以至装帧设计等。不做好这些工作，就不能开雕印刷。这些工作与现代编辑基本一致。再像陈起编《江湖集》，当代诗人的诗作便是其选题，而且在他所做工作中不能没有今天所说的约稿、审稿之类内容。举例说，根据《四库全书》所辑《江湖集》，其中有"张至龙一卷"。张至龙是南宋诗人，他为自己诗集《雪林删余》①于宝祐三年（1255）所作序中，谈到陈起在《江湖集》中怎样编他那一卷诗集。张至龙这样说："予自髫龀癖吟，所积稿四十年，凡删改者数四。比承芸居（陈起，号芸居——引者）先生又为摘为小编，特不过十中之一耳。"所说"芸居先生又为摘为小编"，

---

　　① 见《汲古阁景钞南宋六十家小集》。

即陈起在《江湖集》中编"张至龙一卷",而陈起的具体做法是在张至龙四十年诗作中,选取"不过十中之一耳。"陈起不做审稿工作,怎能有如此严格的筛选呢?由此可见,古代编辑的工作内容与今天并没有原则上的区别,实际上也不可能有原则区别。

明确了以上两点相同之处,可以进一步去看古代编辑的特点。

首先,专业分工尚不明确。例如冯道以宰相之尊主持出版,同时兼做编辑工作;穆修以儒家学者身份主持出版,同时兼做发行人和编辑者。陈起是历史上最早以出版为业者,他在出版业中,出版人、发行人、编辑人三种身份兼而有之。中国古代出版业中一般没有职业编辑,编辑工作通常是由官员、学者、宗教家、藏书家、出版者兼任的。这说明编辑活动的专业分工已有,然而尚不明确,尚未成为独立的职业。

其次,工作内容以编印前人作品为主。像冯道和穆修都是编印古籍,直至清代编辑工作始终以编印前人作品为主。官营出版业如明代国子监、清代武英殿等,私营出版业如常熟毛晋汲古阁、建安余氏勤有堂、南京唐氏富春堂、吴兴闵氏和凌氏等,无不以出版前人作品为主,很少或较少出版当代人的新作。在古代,像陈起那样以受理当代人的新作为主,可谓凤毛麟角。从出版业务观点看,古籍或前人作品的价值都经历过时间的筛选和考验，所以质量多有定评，因而出版的风险较小；相比较而言，当代新作的出版风险总是大一些。因此在古代，当代人新作多数不经编辑而自费刊印，不通过销售而通过赠送进入流通领域。

再次，尚未形成完善的工作体制。在古代出版业中，一般不设置像现在的编辑部那样的编辑机构。私营出版业大都规模小，如南宋陈起的"陈宅书籍铺"，只需雇请刻工便可运作起来。再如福建建安的余氏勤有堂，虽历时约二百年，然而每年出书种数很少，同样不必长期设立专门的编辑机构。官营出版业中除直属朝廷的个别情况外，绝大多数同样是规模不大，而且多是政府衙门或教育机构兼做出版事宜，一般无需设立专门的编辑机构，至多只需设立临时性的机构。由于专业分工不明，又由于一般无需设立专门机构，因此，古代编辑工作的体制并不像今天这样完善。比如，从选题、约稿、审稿、加工、装帧设计，再到编后等，这些内容在古代编辑工作中皆存在，然而一般并无上述工作程序的明确规定。在自著、自印的出版活动中，编辑功能往往是被忽略的。再如宋代人就提出了版权问题，清初李渔因为自己作品被不断盗印而气得差点要打官司，然而中国古代并未形成有关著作权的法律体制。总之，古代存在着与今天大体一样的编辑工作内容，然而工作体制尚不完善。

再谈分清两种编辑

自从林穗芳先生提出分清两种编辑①以后，学界人士纷纷表示赞同。我为什么在这里要再谈分清两种编辑？因为中国古人所称编辑，并不是出版活动或出版业中的编辑。所以，只有分清了中国古人所称的编辑和出版业中的编辑，明确两者的区别，才有可能真正了解中国古代编辑的产生，以及编辑史的研究对象、范围等。

古代最早使用的"编辑（缉）"一词，现在大致只能查到以下五个例证。

1.《魏书·李琰之传》："修撰国史……前后再居史职，无所编缉。"此"编辑"，是指编撰（或编纂）史书。

2.《南史·刘苞传》："少好学，能属文，家有旧书，例皆残蠹，手自编缉，筐篚盈满。"此"编辑"，指收集材料修补残缺的旧书。

3.《史通·史官建置》由作者刘知几所引唐高宗咸亨年间诏令中说："修撰国史，义存典实，自非操履忠正，识量该通，才学有闻，难堪斯任。如闻近日以来，但居此职，即知

①　"作为著作方式一种的'编辑'和作为出版工作一部分的'编辑'代表不同的概念。"林穗芳：《"编辑"和"著作"概念及有关问题》，《编辑学刊》1994年第1期，第39页。

修撰，非唯编缉讹舛，亦恐泄漏史事。"此"编辑"，指"修撰国史"时排比或使用史料方面的意思。

4.《唐大诏令集·颁行新令制》："然以万机事广，恐听览之或遗；四海务殷，虑编辑之多缺。"此"编辑"，指收集整理资料。

5.《颜鲁公文集》所载颜元孙《干禄字书·序》："若总据《说文》，便下笔多碍，当去泰去甚，使轻重合宜，不揆庸虚，久思编辑。"此"编辑"，指根据《说文》中材料加以删节和整理，重新编成一本合用的字书。

更早的例证无从查找。以上五例，时间上自北魏到中唐，从六世纪到七世纪约一百多年。这五个"编辑"例证的意思，大体就是《辞源》为"编辑"一词所作解释："收集材料，整理成书。"不过，在收集材料的基础上做整理工作而最后不成书者，古人亦可称"编辑"，如《唐大诏令集》中"虑编辑之多缺"便是。就"整理成书"而言，这个"书"都不是指作为出版物的书籍。所以，以上五例的含义有一个共同之处，就是都不属于出版活动或出版业中的内容，或者说与出版活动或出版业不相干。

从以上五例的实际情况看，古汉语中"编辑（缉）"的含义，是指通过收集材料、资料，再做整理加工工作的那种著作方式，它不是指作为出版业中一部分的那个编辑工作。为进一步说明这一点，下面再提供两项材料证据。

1. 古代写作国史一般称"修撰""编集""纂修"等，偶亦称"编辑"，如前面五例中第一例。但是，自东汉至唐初的数百年间，写作国史可称"著作"。因此，"编辑"与"著作"在修撰国史范围内最初本是词义非常相似的同义词。这表明古代"编辑"的词义属于著作活动的范围，与出版活动并无联系。

马端临《文献通考・职官》说："（东汉）使名儒硕学入直东观，撰述国史，谓之著作东观。"此话甚确。其中所说"东观"，是汉代皇家藏书处。西晋正式以"著作郎"命名史官。《晋书・职官志》："著作郎，周左史之任也。"所说"左史"，即"左史记事"之史官。自晋至唐初数百年间的史官皆称著作郎。例如，《三国志》作者陈寿是西晋著作郎，《宋书》作者沈约是南齐著作郎。前面五例中第一例所说李琰之，他本人是北魏大臣。历史事实是，李琰之多次任北魏著作郎，而无所成就。因此《魏书・李琰之传》称："前后再居史职，无所编缉。"这话的意思是，屡次出任著作郎，"无所编缉"。由此可见，著作郎"修撰国史"这种工作，当时一般称"著作"，称"编辑"也是可以的。在当时的这个范围之内，"著作"和"编辑"是同义词，这并无疑问。所以，中国古人所说编辑，其含义属著作活动。

2. 明清时期的出版业已经发展起来，这时候小说作者在出版的著作上署名时，署"著""纂修""集撰""编次"

"编"等皆有，其中也有署"编辑"的。兹举例说明：

《金云翘》署青心才人编次。

《绣戈袍全传》署随园主人著。

《昭阳趣史》署古杭艳艳生编。

《忠义水浒传》（杨定见序本）署施耐庵集撰，罗贯中纂修。

在以上署名方式中，比较说来以署"编次"多一些，署"著"是少见的。署"编辑"同样是少见的，现举两例：

《刘生觅莲记》署吴敬所编辑。

《忠义水浒传》（崇祯刻本）署东原罗贯中编辑。

在古代，"编次"和"编"，是常用词，"编辑"则不是常用词，但它们的词义很接近。在古人心目中，写话本小说的方法，是在收集了丰富有趣的材料资料以后再做整理加工而成的。这种著作方式，在古代称"编次""编""编辑"等皆可。因此，到民国初年上海的一些著名小说家还称自己写小说为"编辑"。如著名作家包天笑在小说《上海春秋》的作者"赘言"中说："愚侨寓上海者将及二十年，得略识上海各社会之情状，随手掇拾，编辑成一小说，曰《上海春秋》。"在现在看来，小说作者在自己所出版的著作上毫无疑问应该署"著"，然而明清小说的作者署"编次""编""编辑"等皆可，一如前述。

以上两项材料，可以表明古人所说"编辑"，其概念含义并不是出版业中今天被称为编辑的那个专业活动，而是指称一种著作方式，就是收集材料资料再做整理加工的那种著作方式。

　　因此，研究编辑史有必要分清汉语中的两种编辑。一种是出版业中现在被称为编辑的那个专业活动，另一种是作为著作方式一种的编辑。笔者所谈古代编辑以及下面接着要谈的现代编辑，是指前一种。古汉语中所称编辑，是指后一种，即作为著作方式一种的编辑。在当代，我国通行的《普通图书著录规则》中列出 26 种"著作方式"，其中包括"著""编著""辑、编、编辑""校""注"等。所以，作为著作方式之一的编辑，至今依然存在。

　　编辑史的研究对象是古代出版业中今天被称为编辑的那个专业活动，作为著作方式的编辑属于著作活动，并非编辑史的研究对象。如果不区别这两种编辑，势必混淆研究对象，结果就造成在认识上对编辑的历史发展及其特征的偏离、错位和混乱，错把"这鸭头"当成"那丫头"。且不说成为后人笑柄，在当前则是严重危害学科建设。

现代编辑的特征

　　传播业在 20 世纪取得空前发展，除出版业继续兴旺发达外，又新增加了广播业、电视业、电影业等。因此，在出版编辑之外，又增加了广播编辑、电视编辑等。这表明现代编辑的范围扩大了，它是随着传播业的范围而扩大的。传播业扩大到哪里，编辑活动就出现在哪里。不过，这里要讲的现代编辑仅限于现代出版业中的书刊编辑。

与古代书籍编辑相比，现代编辑有些什么特点呢？

1. 完全职业化

前面谈过古代编辑基本上都是兼职的。可是现在的编辑，则以做编辑工作为职业，作为谋生手段，换言之，是完全职业化的。当今我国出版社和杂志社中的数万名编辑都是专职的。为什么古代编辑可以兼职而现代编辑必须是职业化的呢？因为古代的编辑工作，从选题、组稿、审稿到加工、编后等一系列编辑专门业务虽已存在，但尚未充分发展，这种情况又与古代出版业的规模小、出书品种少、速度慢、不完全面向市场等因素有关。现代编辑的情况则与此不同。北宋的穆修确定出版韩愈、柳宗元的文集作为自己的选题时，主要是根据自己卓越的文化见识，进而从复兴儒学的历史责任感这一点考虑的。现代编辑在确定选题时，虽然同样需要卓越的文化见识和历史责任感，可同时又需要调查同业竞争和社会上读者需求状况等，否则可能导致自己工作的失败。此外，穆修所做的编辑加工基本上是校勘。现代编辑的工作量比古代编辑要大得多，早已把古籍校勘之类工作交给作者去做，自己则负责物色合格的作者和审查作者的校勘质量如何。总之，对现代编辑来说，一整套专门业务早已形成并且完善起来。这套专门业务由于专业性很强，外行人无法做好，又由于工作量大而非专职不能担任。在此情况下，现代编辑不能不是完全职业化的。编辑从古代的兼任到现代的职业化，表明编辑社会地位的进一步加强和巩固。

2. 与现代科技联姻

传播业的社会价值，全在于它所提供的传播媒介可以提高传播的效率，包括提高传播的速度、扩大传播覆盖的范围、提高传播的准确性等，它还可以增强传播的效果，包括在文化、经济、政治等各方面的效果。出版业的社会价值，全在于它所提供的传播媒介即出版物，比非出版物在传播效率和传播效果方面，具有无比巨大的优越性。任何传播媒介包括出版物在内，都一定是利用了先进科技成果的产物。为什么中国能够在世界上最早创造出版物？就因为中国人利用了自己的两大发明，即造纸术和印刷术。古代编辑如穆修、陈起都是围绕着如何利用出版物做工作，其工作内容是决定出版物传播什么和怎样传播。古代编辑同样必须与科技联姻。编辑本身只能决定出版物的内容，而制作出版物必须依靠科技成果。这是编辑不能不利用科技成果而与科技联姻的原因。

现代编辑本身就是与机械化的先进科技相结合才产生的。机械化的造纸技术和自动印刷机、自动铸字机、照相制版、影印技术等先进科技，促使出版物的制作又快又好，既提高质量又降低成本，出版物的品种和数量急剧增加。在此情况下，出版物逐渐成为人人用得起、天天用得着的必需品。与此同时，出版业迅速出现产业化，结果又加剧了出版业内部的专业分工。于是，职业化的现代编辑应运而生。所以，现代编辑是在穆修、陈起等古代编辑完全陌生的领域开展工作，即应用先进的现代科技成果去创造新型出版物，从而提高了传播效率，增强了传播效果，开辟了编辑事业的新纪元。试把张元济与汲古阁毛晋相比，可知现代编辑的事业所以能够大大超越古代编辑，原因之一是不断利用现代科技成果去创造新型出版物。

当今，现代编辑面临的是与先进的电子技术相联姻，借此去为编辑事业创造更新的业绩。这可从以下两方面去看。其一是创造电子出版物。方兴未艾的电子出版物大概不可能完全替代印刷出版物，可是它前途无量，迟早将与印刷出版物并驾齐驱。编辑的有力参与是推动电子出版物发展的关键一环。其二是应用电脑于编辑工作。如果审读文稿、修改文稿、设计版式以及校对等都利用电脑，这些工作将变得方便轻松，并且大大提高工作效率。从当前情况看，编辑应用电脑已是一项相当紧迫的事情。这将成为编辑工作本身的一次重要变革。

3. 面向市场

古代出版业中也有面向市场的部分，只是比重较小。与古代出版业不同，现代出版业已经是文化产业。出版业的产业化、社会化与充分面向市场几乎同时出现，因而导致现代编辑的另一个特点是面向市场。

面向市场的含义大体是：编辑出书的目的是满足社会上读者的需求；满足需求的具体途径是通过市场进行商品交换；在商品交换中遵循利润原则。出版业的面向市场，遵循市场规律便成为编辑的重要课题。社会效益和经济效益的关系，以及同业间的激烈竞争成为经常困扰编辑工作的两大难题。但是，面向市场以后的编辑工作依然是文化工作，依然担负着文化传播这一重要的社会任务。市场上的需求关系、利润原则和同业竞争这些因素，对编辑工作来说可能导致优胜劣汰和优质高效。因而从面向市场的角度看，它一方面有利于编辑完成文化传播的任务，另一方面又完全可能造成一些人不顾社会利益而唯利是图，铤而走险去危害社会。针对这种情况，从社会方面看一般采取以下措施：建立并完善出版法规；建设与市场相适应的出版道德；普遍加强舆论监督；实施必要的行政干预等。

因此，对现代编辑来说，市场观念以及与此相应的法制观念、道德观念等都是自己做好工作所必须具备的观念。

从上面所说古代编辑和现代编辑的特征中，可以看出编辑自古至今一脉相承的发展演变。编辑的这个历史发展，始终是也只能是伴随着出版业和出版物的发展演变而出现。以前是如此，以后还是如此。所以，这是编辑历史发展中的一个规律性现象。认识这一点，对编辑自觉地改进自己工作和提高自身素质，去适应客观环境，具有十分重要的现实意义。现在颇有些人以为"有出版才有编辑"的观点是否认编辑的历史发展。所以有此批评，一是因为混淆两种编辑，二是不明白出版业中编辑的历史发展的实际情形。在我看来，坚持"有出版才有编辑"的观点，进而结合出版史去研究编辑史，才能避免"这鸭头不是那丫头"之讥，才能获得有关编辑在历史上产生和发展演变的真实知识。

1996 年 8 月于山东大学望云斋

(原载《编辑学刊》1996 年第 6 期)

二十四、当前的编辑学研究

当前编辑学研究的基本特点，可以从以下两方面去看。一方面是，众多作者致力于研究编辑过程和编辑工艺，致力于总结编辑经验，这类文章数量可观，颇有成绩；另一方面是，理论探索之风很盛，但编辑学理论尚在创建过程中。

前人早已谈到编辑过程中存在着"六艺"，即选题、组稿、审读、加工、发排、校对。这"六艺"在编辑工作中具有普遍性，又是其它工作所没有的。近来国内有人在这"六艺"之外，再加上"信息"一项，因而称为"七艺"。其用意是强调信息的重要。信息是否要算一艺，有不同意见，这里不加讨论。"六艺"也好，"七艺"也好，表明了编辑过程具有明显的阶段性，也表明编辑工作具有一种工艺性。对于编辑过程和编辑工艺，已有几部著作进行了论述。专著中以《科技编辑工作概论》（科学出版社）所记最详，该书对"选题""组稿""审稿""编辑加工""编后工作""翻译书稿编审工作中的特殊问题""科技期刊编辑工作中的特殊问题"等，皆有专章论述。具体而全面，不能说是尽善，但可以看出作者们把自己实际工作经验也写进去了，并非言之无据。

关于总结编辑经验的著作，首推《编辑工作二十讲》（人民出版社 1986 年出版），作者是人民出版社的二十位老编辑。该书内容有一定系统性，所以虽称"二十讲"却也可作"概论"来读，该书各篇文章中既有作者经验，又有许多资料和论述，虽然水平不一，但醒人耳目处甚多。总结经验的文章，还可见于编辑学各专业刊物和各文集。文章可分两类，一类写自己的经验体会，另一类写著名编辑如张元济、邹韬奋、胡愈之、鲁迅、茅盾、郑振铎等人，以及著名出版机构和著名刊物的经验。社会科学和自然科学中的任何学科都是通过总结实践经验产生的，不同学科是在不同实践经验的基础上形成的。所以一般都是先有某种特殊的实践经验，科学地总结这个经验，就要能形成某个新学科的理论。因此，总结编辑经验，包括现实的和历史的经验，实是编辑学研究的当务之急。

与前些年相比，这两三年内编辑学理论探讨风气的热烈情况，可以说是空前的。新人新作不断涌现。作者们大都应用一些新的观点和方法，去做较为抽象的理论思考。新概念屡见不鲜，目不暇接，有些竟令人莫名其妙。在一门新学科的形成过程中，产生一些新概念是必然的，不过，现在人们提出的一些新概念，能不能在编辑学中站住脚，还要经受时间的考验。已经有人出来呼吁编辑学理论研究应联系实际，这种意见并非没有道理。只是理论探讨之风不必因此刹车，只需适当引导，使它走向深入。

尽管这几年理论文章相当多，实际成绩却不宜估计过高。总的看来，不论是国外还是国内，编辑学理论尚处在创建过程中。从我们来说，这表现在以下几个问题上。首先，如今我们的编辑学论著，大都限于就事论事。就事论事并非不好，其中关于编辑过程的分阶段说明和编辑工艺的描述，既细致又具体，足资参考。就事论事的另一面，则是缺乏对编辑活动的理论概括，在此表现出大家关心的这门学科在理论上还不成熟。要是过于偏爱就事论事，难免就对建立编辑学持悲观态度。其次，当前我们有关总结经验的作品，虽然往往写得生动翔实，不足之处是大都用一般文化工作的观点去做说明，缺乏编辑学特有的观点和方法。若是写以往的编辑家，现在一般只是写他办了几种刊物，出版了哪些书，在工作中精神状态如何，他的工作对革命事业有何影响等。倒不是说这样写没有可取之处，却也表明编辑学还没有为人们观察编辑现象提供完整而有效的思想武器，这又是因为编辑学本身还没有形成自己的概念和范畴。再次，编辑学的理论文章近年来固然不少，但对编辑活动的特点和本质、产生和发展、作用和规律等问题，有说服力的文章仍嫌太少。这些理论问题不解决，编辑学的概念和范畴的体系，就很难建立起来。国外编辑学研究状况我们知之甚少，一般认为国外的编辑学理论也不太成熟。不过，我们大可不必因此放松自己的努力，因为成功也许就出现在我们的加紧努力之中。

近来提出的理论问题相当多，这里所谈只是其中一部分，谈的方法大致是介绍各种不同意见，然后再作一些评述。

关于"编辑"概念

研究编辑学，要是对编辑这概念理解不科学，或者各人所说编辑的意思相差太大，那怎能有共同的编辑学？怎能产生编辑学中合乎实际的科学道理？

在汉语中，编辑一词既指编辑人员，也指编辑工作，两者在词音、词形上不作区别。我国学术界争论的，主要在什么是编辑工作。对此，陈景春有一归纳，他说："对'编辑'这一概念，笔者见到了多种定义，择其要者述之：1. 收集资料，整理成书；2. 对资料或现成的作品进行整理加工；3. 出版物由书稿的规划、征求、选择、鉴定、校核、加工、整理，直至投入印刷之前的一系列工序中追加于作品本身的一种精神活动；4. 为著作物作选取、编次、整理、加工等准备，以供出版或发表。"陈景春自己提出如下认识："编辑是社会精神产品生产流程的一个中间环节，它以物态化生产为目的，对精神产品的原稿进行选择和加工。"① 此外，申非认为编辑一词的概念，有广义和狭义之分。申非指出，编辑概念从广义上讲，"与编纂的词义相近"②，意思是"收集材料，整理成书"。这也就是陈景春所归纳那四种中的第一种说法。不过，申非又认为，中国古代的编纂工作，如司马光编《资治通鉴》，这"在近现代的有关法规上，也都承认是享有著作权的"③。因此，申非引经据典，多方证明，指出我们现在不应把编纂视为编辑。申非认为"编辑一词的狭义的涵义"，"指新闻出版机构从事组织、审读、编选、加工、整理稿件等

① 陈景春：《编辑学的研究应更上一层楼》，《编辑学刊》1986年第4期，第6页。

② 申非：《略谈编辑和编辑学》，《编辑杂谈》第3集，北京：北京出版社，1985年，第25页。

③ 申非：《略谈编辑和编辑学》，《编辑杂谈》第3集，北京：北京出版社，1985年，第26页。

工作，是定稿付印前的重要环节"。① 这是根据新版《辞海》
的解释，大致相当于陈景春所归纳那四种中的第三、第四两
种。申非又指出："现在出版社里的编辑人员，无分中外，所
从事的业务活动，都属于狭义的编辑的概念，并无编写、创
作的涵义。"②

在以上不同意见中，申非早在 1983 年（他文章最初发表
于 1983 年《科技出版通讯》）就指出编辑与编纂的不同，今
天不应以编纂为编辑，这见解是很有价值，可惜并未引起应
有的重视。陈景春本人对编辑概念所做的解释，企图着眼于
编辑的"本质特征"，跳出编辑就是编辑做哪些工作这来自
辞书的说法，自己另立新说，这个尝试十分有益，思路亦有
可取处。但是，他称"编辑是社会精神产品生产流程的一个
中间环节"，此话可能讲得过于宽泛。有必要再考虑，是否任
何"社会精神产品生产流程"，都有编辑这个"中间环节"
呢？雕塑家完成了一尊塑像，作为"社会精神产品生产流
程"便告结束，从"物态化"的观点看也已结束，其中并不
需要编辑作为"中间环节"，如果别人去复制这尊塑像，同
样也是不需要编辑作为"中间环节"。只有当人们把塑像照

---

① 申非：《略谈编辑和编辑学》，《编辑杂谈》第 3 集，北京：北京
出版社，1985 年，第 27 页。

② 申非：《略谈编辑和编辑学》，《编辑杂谈》第 3 集，北京：北京
出版社，1985 年，第 28~29 页。

相后列入画册出版，换句话说，只有当精神产品要利用大众
传播工具向社会传播时，才一定需要编辑这个"中间环节"。
我在《论编辑的概念》一文中，曾这样表述："编辑是在利
用传播工具的传播活动中，处于作者和读者之间进行的种种
出版前期工作。"① 我这篇文章本是根据 1986 年的一次讲演稿
改成的。后来，我在自己的编辑学讲稿中，另作表述如下：
"编辑是在利用传播工具的活动中，以满足社会精神文化需要
为目的，致力于在作者和读者间建立传播关系，把印刷和发
行作为自己后续工作的一种社会文化活动。"我这两种表述并
无原则区别。加上"以满足社会精神文化需要为目的"这句
话，是为突出社会主义社会编辑的特点，"传播关系"系属
传播学中的概念。我这两种表述都是针对书刊编辑而言，基
本精神似亦可与其它编辑相通。

关于编辑劳动的创造性

这个问题牵涉到对编辑劳动的社会作用和社会价值应如
何认识，还因为社会上有人认为编辑工作不过是剪刀和浆糊，
是一种简单劳动，因而有必要从理论上给以解答，所以这问
题很受学术界的注意。关于创造性问题，大家的认识并不一

---

① 刘光裕：《论编辑的概念》，《编辑学刊》1987 年第 3 期，第 15
页。

致。《编辑学刊》1986年第3期在"编后记"中，编者归纳为以下三种看法：一种是认为编辑活动是创造性的工作；一种是认为编辑活动是加工性的工作；再一种是认为编辑活动是创造性的加工工作。华亮撰《试论编辑劳动的创造性》一文，提出考察编辑劳动的创造性，要区分"创造作品与创造文化知识"①，这个见解颇有见地。就具体作品而言，这无疑是由作者创造的，在此编辑总是抱着自己的职业意识主要是传播目的去帮助作者的，编辑对具体作品的意见或设想统统需通过作者发挥作用。因此，就具体作品的创造而言，编辑不能夺作者之功，从这方面看，称编辑工作是"间接创造性"或创造性的加工工作，并无不可。可是，看问题还有一个角度问题。如果我们不限于具体作品，而从全社会文化活动这个角度去看，得到的认识可能就有所不同。

为什么要从社会文化活动这个角度去看？因为编辑工作始终必须面向社会，它是促使文化活动趋向高度社会化的一种活动。文化活动如果不面向社会，比如作者写了作品放在抽屉里，不通过大众传播媒介拿到社会上流传，这就与编辑不发生任何关系。人类利用大众传播媒介的重要结果是，文明程度不断提高。在今天的社会中，通过在大

---

① 华亮：《试论编辑劳动的创造性——兼与张志国同志商榷》，《编辑学刊》1986年第3期，第6页。

众传播媒介中努力工作的编辑，作者的作品可以立即成为社会上无数读者的精神消费对象，从另一方面看，社会上所有读者的多种多样的精神消费需要，又是通过从社会上许多作者的精神生产那里及时地得到满足。所以自从有了编辑，就使人类生活中最富于个性特征的文化活动，凭借大众传播工具的威力，真正地变得高度社会化起来。没有了编辑，大众传播工具既失去威力，也就不会有今天这样高度社会化的文化活动，此话决非危言耸听。由此去看编辑活动的复杂性和困难程度，就决不会低于精神领域或物质领域的任何一种活动。它为社会生活做出的创造性劳动，主要应从这些地方去看。至于在文稿上改动的一字一句，这倒是不必与作者斤斤计较的。

我们再拿物质生产领域中的交换活动为例，来做一点补充说明。交换大致就是商业。我们若从具体商品着眼，因为这具体商品是生产厂家制造的，因此，商业劳动在具体商品身上很难看出有多少必要性和创造性。人们轻商的观念往往由此产生出来。在商品经济不发达，亦即生产的社会化程度很低的历史条件下，社会上流行轻商的观点是必然的。但是，生产充分社会化以后，再从全社会的物质生产活动去看，我们不难发现在商品的生产到商品的消费之间，交换是必不可少的中介，取消了商品交换，就等于是扼杀商品生产，阻塞商品消费。马克思正是从社会物质生产活动的全过程，肯定了交换是生产、分配到消费之间的"媒介要素"，又指出交换与生产、分配、消费诸要素之间"存在着相互作用"①。所以在物质生产高度社会化的社会，对于商业劳动是不是创造价值的必要劳动这类问题，很少有持怀疑态度，一般都持肯定态度，而商业劳动的创造性也是众所周知的。

诚然，编辑活动和商业活动无论如何不可等同。不过，在下面的意义上两者有相似之处，商业活动是商品生产和商品消费之间的中介，编辑活动是作者的精神生产和读者的精神消费之间的中介，各自都是作为中介而存在。在当代社会的文化活动中，没有编辑这个中介，或者作为中介的编辑的创造性发挥不充分，后果都不只是针对某个人或某些人，而是使社会上作者的创作和无数读者的阅读受到严重挫折，整个社会的文化活动将处于不正常状态。在此，又联想起著名经济学家孙冶方的一个观点，他特别强调包括交换在内的流通的重要性，认为重视生产而不重视流通是自然经济论，这种自然经济思想是发展社会化大生产的严重障碍。他这思想长期不被人们理解，到十三届三中全会后才得到人们的一致肯定。我们研究编辑学，是否可以从孙冶方批评自然经济思想中，得到一点有益的启发呢？

---

① 参见《马克思恩格斯选集》第 2 卷，马克思著《〈政治经济学批判〉导言》，第 91~102 页。

关于编辑主体和编辑客体

　　与其它问题相比，注意编辑主体、编辑客体的人较少一些，也许是因为哲学味太重。这方面的文章较早见于《编辑之友》，接着《编辑学刊》也载文探讨。关于编辑主体，各人理解并无多大分歧。例如，胡光清认为："所谓编辑主体是指从事编辑实践活动的编辑。"[①] 李荣生认为："所谓编辑主体就是编辑活动的实施者，或说编辑实践的主动者。"[②] 彼此看法基本上一致。对于编辑客体，意见分歧较大。李荣生认为："所谓编辑客体，应该理解为编辑活动或编辑工作所直接施于的对象物。笼统地说，编辑活动是以人类的文化知识及其生产与消费为工作对象的。因此，作为反映人类文化知识成果的著作物、出版物，以及与此有关的著作物的生产者和出版物的消费利用者，即著作者和读（听、观）者，都是编辑工作的对象物，都是编辑客体。"[③] 胡光清本有编辑过程客体的讲法，现已放弃，已改称编辑客体。对于李荣生的上述

----

　　①　胡光清：《论编辑主体和编辑客体》，《编辑学刊》1987年第3期，第29页。

　　②　李荣生：《编辑学概论范畴体系略说》，《编辑学刊》1986年第4期，第28页。

　　③　李荣生：《编辑学概论范畴体系略说》，《编辑学刊》1986年第4期，第28页。

看法，胡光清明确表示不同意。胡光清自己认为："编辑实践的客体是书稿，毫无疑义。问题是书稿必经一定的编辑程序（中介）才能达到出版要求。这时书稿与编辑程序水乳交融。"① 因此，他指出："编辑客体的第一个规定在于，编辑客体与编辑主体相关联，书稿与其'中介'编辑程序构成编辑客体。第二个规定是，编辑客体是编辑主体的作用对象，并指定了编辑主体活动的范围。"② 简单说来，他认为编辑客体是书稿和编辑程序。而编辑程序他明确地讲就是一般人所说的"编辑过程、编辑六艺"。看来学术界对编辑客体的争论，并没有结束。

从主体和客体方面去讨论编辑活动，为编辑学从整体上去把握研究对象，为在总结具体经验和描述工艺过程之外另辟研究天地，都有好处。应该肯定从这方面提出问题的功绩。只是要注意正确理解这两个哲学味道很重的概念。拿客体来说，工人劳动的客体是不是工人制造的机器或布匹，以及制造机器或布匹的劳动过程呢？辩证唯物论大概不是这样理解客体的，因为机器或布匹只是工人劳动的对象或劳动的产品，而任何劳动又都只能存在于一定过程之中；再者，主体和客

① 胡光清：《论编辑主体和编辑客体》，《编辑学刊》1987 年第 3 期，第 30 页。

② 胡光清：《论编辑主体和编辑客体》，《编辑学刊》1987 年第 3 期，第 30 页。

体属于认识论而不属于本体论的范畴。按照马克思主义哲学的一般看法，客体是决定主体特定的思想意识和活动规律的那部分客观世界，同时又是主体通过实践参与创造的那部分客观世界。从哲学的一般原理到编辑客体概念的具体规定，确实不那么容易。不过，李荣生提出编辑客体包括四方面，其中并非没有一点道理，思路显得比较开阔，但不必停留于此，深入想下去，或许可以接近真理。除此之外，要注意的另一点是，许多学科如文艺学、教育学、历史学等都有主体、客体的问题，然而任何学科都不能停留在有关主体、客体的一般性探讨上。对编辑学来说，应对主体、客体以及两者关系结合编辑学实际做具体的研究。研究客体不妨联系编辑学的对象、范围，结合着它对主体的思想观念、活动规律的决定和影响等进行思考。研究主体有必要先把主体方面的问题分析开来，如对编辑的行为规范、道德规范、知识结构、思维观念、心理特征、培养方法等，结合客体做个别的研究。笼统地研究主体，就可能觉得没有多少道理好讲。

关于编辑活动的特征

编辑的概念和编辑活动的特征，是有区别的问题。近年来，人们站在比经验和工艺更高一点的位置纷纷思考编辑活动的特征，企图从中得到一些理性的认识。张志国提出编辑活动具有以下五个特征：第一是中介性，第二是隐匿性，第三是选择性，第四是社会接受性，第五是间接创造性。① 吴道弘认为编辑劳动的特征是选择性和加工性。② 李荣生认为编辑活动的特征有三："第一，创造的间接性和隐匿性"；"第二，传播的中介性"；"第三，积累的选择性"。③

　　事物的特征本是与其它事物相比较而存在的。与不同事物做比较，或者从不同层次和不同方面去考察，都可以对编辑活动的特征作出不尽相同的说明。因此，有关这方面的不同说法，尽可暂且并存。不过，认识事物的特征，是为了进一步发现事物的本质和规律。从这个要求出发，如何说明编辑活动的特征，这倒是应该进一步思考的。这里存在的困难，或许也是更大一些。

　　在上面几种关于编辑活动特征的说法中，我以为最值得重视的是中介性这一点。这里所谓中介，意为编辑活动是作者和读者这两方关系的中介，是精神生产和精神消费之间的中介。现在我们开始见到，国外的出版学理论中，同样也是重视中介性。如曾任国际出版协会秘书长的意大利出版家科

---

　　① 张志国：《作为一种社会文化现象的编辑活动》，《编辑学刊》1986 年第 1 期，第 29~31 页。

　　② 吴道弘：《图书编辑学简论》，《编辑学刊》1986 年第 2 期，第 14 页。

　　③ 李荣生：《编辑学概论范畴体系略说》，《编辑学刊》1986 年第 4 期，第 26 页。

特库默说："作为中介人，出版者是必不可少的。因为他使作者和公众，研究人员和学生，这群作者与那群作者，这些科学家与那些科学家更紧密地结合在一起。他协调各方面的努力，以使人们能自由地表达对正在建立中的社会结构的意见。"[1] 美国普林斯顿大学出版社社长贝利说："出版社是一个兼顾左右的两面神。或者说，为了确立一种形象，出版社在用右手抬着作者的同时，又用左手擎着读者，这就需要高度的平衡技巧。这种平衡要凭借杂技师——出版社社长和他的同事理智地掌握信息流来进行。"[2] 贝利的这些话，意思就是中介。科特库默和贝利讲的是出版，其实都包括编辑在内。我国学者提出编辑活动具有中介性时，一般还没有看见这些国外材料，这种不谋而合，正说明该特征的重要。现在，我国已有许多学者在自己研究成就中讲到中介性（中介地位、中介作用）。只是需注意避免对中介一词作简单化的或庸俗化的理解，比如把中介仅仅理解为一方对另一方的转让或过渡等。下面，华亮对编辑中介的理解可以提出来供大家参考："处于中介地位的编辑劳动正好通过自己的双向传导，为矛盾双方建立互补关系或实现相互转化不断创造条件；又使自己

---

[1]　J. A. 科特库默：《出版者在现代社会中的作用》，姜乐英译，《编辑学刊》1986 年第 4 期，第 35~36 页。

[2]　小赫伯特·S. 贝利：《图书出版的科学与艺术》，周旭洲等译，武汉：武汉大学出版社，1987 年，第 13 页。

在充当桥梁和纽带的过程中实现某种程度的超越：避免矛盾双方难以摆脱的某些盲目性和局限性；对矛盾双方施加有利于社会利益和全局需要的影响。"① 这是把编辑看作该两方事物所具有的对立统一关系中的中介，因而显得比较深刻。我曾在 1985 年夏天的一次编辑讲习班上，讲了《论编辑与作者和读者的关系》这个题目，其中谈到"考察编辑、作者、读者这三者关系，首先要注意编辑的中介地位"②。以后，又撰《编辑的社会本质》一文（载于《编辑学刊》1987 年第 1 期），认为中介对编辑来说是一种具有本质意义的属性。

关于编辑学的对象、范围和体系问题

就编辑学研究的对象而言，如今学术界一般认为是编辑活动及其规律。编辑活动则需指全部编辑活动。现在碰到的困难，是如何研究规律。编辑活动一般是指编辑部所做的那些事情，不管是强调全部也好，整体也好，反正就是"六艺"之类，至多再增加编后等工作。仅仅研究编辑"六艺"，在发现规律方面很难取得多大进展。因为编辑部所做事情大都要受社会上诸因素特别强有力的制约，编辑在文化部门各

---

① 华亮：《论编辑意识》，《编辑学刊》1987 年第 3 期，第 21 页。

② 刘光裕：《论编辑与作者和读者的关系》，《河南大学学报》（哲学社会科学版）1985 年第 6 期，第 113 页。

行各业中最不能关起门来隔绝了世界做工作的。虽然编辑整天与文稿打交道，可是文稿却只把编辑部视为旅舍，因为它只在编辑手里作短暂的停留，它的归宿是通过变成出版物而到达读者手中，不到读者手中就意味着还没有归宿。从另一面看，尽管编辑对文稿自始至终或多或少地倾注了心血，但文稿自始至终属于作者不属于编辑，即使编辑对文稿倾注了许多心血也是如此。这不能说就是编辑的谦虚，因为编辑是带着出版和传播的职业目的去对文稿倾注心血的。编辑的业绩，在于出版传播。所以编辑既要十分重视文稿，又不能只是眼盯着文稿，更应通过文稿看到作者和读者的存在，看到时刻影响着作者和读者的政治、经济、文化等种种社会因素。这是近年来编辑学界共同悟出的一点真理，沿着这样的一条思路继续走下去，或许有可能找到人们久已渴望的编辑活动规律。近来在编辑的对象、范围的研究方面，如果说有所进展的话，那就是逐渐明白必须跳出"六艺"的圈子，人们开始注意编辑活动与社会历史的关系，与文化传播的关系，特别是与作者和读者的关系。1986 年出版的由阙道隆主编的《实用编辑学》，在讲了"编辑工作过程"（共六章）以后，接着讲"编者、作者、读者"（共四章），有专章讲解"作者工作"和"读者工作"，可以看出该书作者对这件事的重视。可惜的是该书对三者间的关系仍讲得太少，这也反映了学术界的研究成果还太少。

　　在 1987 年的《编辑学刊》上，已见杨祖希、杨泰俊两人强调研究作者和读者的重要性。杨祖希说："希望今后的编辑学概论逐步建立'人'（作者、编辑、读者）、'物'（著作物）并重论的框架，而且在对人的研究中，希望能改变重作者、轻编辑，重作者和编辑而轻读者的格局。"① 这一番轻重论，颇能切中时弊，也是一剂良药，肯定有许多有识者怀有同感。杨祖希又指出，对"人"即作者、编辑、读者的研究是"传统编辑学的薄弱环节"②。这些意见，表现出一种有可能突破传统编辑学的良好趋势。只是把这些意见变成现实，还有一段很长路程，这也是要估计到的。

　　对于编辑学本身的组成部分，人们也已设想出许多方案。杨祖希认为编辑学可以分为三部分：一、编辑学概论（或普通编辑学）；二、部门编辑学（文字作品编辑学、口头作品编辑学、艺术作品编辑学、图表编辑学、视听资料编辑学）；三、编辑史。杨祖希又说明，分这三部分是就他所说的广义编辑学讲的，他认为狭义编辑学专指文字作品编辑学。③ 张安

————————————————

　　① 杨祖希：《编辑学的特点和框架》，《编辑学刊》1987 年第 1 期，第 33 页。

　　② 杨祖希：《编辑学的特点和框架》，《编辑学刊》1987 年第 1 期，第 33 页。

　　③ 杨祖希：《立体式的编辑学体系》，《编辑学刊》1986 年第 1 期，第 18 页。

塞认为编辑学基本上可以分为这样四部分：编辑战略学、编辑社会学、编辑人才学、编辑工艺学。① 伍杰认为编辑学至少包含这样五个方面的研究：一、编辑史的研究；二、编辑基本理论的研究；三、编辑队伍的研究；四、编辑战略思想的研究；五、出书质量的研究，编辑工作规律的研究。② 邵益文认为图书编辑学基本内容包括以下六部分：图书编辑学基本的理论原理、图书编辑史、编辑美学、编辑工艺学、编辑部的组织和编辑工作的管理、编辑人才学。③ 这些构思，能给人启发，就算是为大家出了一些题目，在现在也还是有益的。

令人稍感忧虑的是，当前人们纷纷构筑自己的编辑学体系，若与编辑学中重大理论问题的研究情况相比，我们对前者似乎是热情过高，对后者却是兴趣不足。前些年我国编辑学还是一片空白。当创业伊始，各人对编辑学体系做一些力所能及的设想，为人们的思考提供一个大体可做参考的范围，免得人们不知所措地东奔西投，浪费精力，这是完全必要的。可是，编辑学理论尚处于创建过程之中，这一点我们在前面

---

① 张安塞：《编辑理论研究与编辑学的建立》，《编辑学刊》1986 年第 1 期，第 14 页。

② 伍杰：《关于建立编辑学的意见》，《编辑之友》1985 年第 1 期，第 7 页。

③ 邵益文：《图书编辑学的性质、对象和基本内容初探》，《编辑学刊》1986 年第 4 期，第 12~13 页。

已经谈过。在不成熟的基础上，很难出现成熟的理论体系，这倒不一定是构筑体系者的本事比别人小，主要还是客观条件不充分。因此，人们常见一些讲自己新体系的文章，或数千言，或上万言，口气大，内容空，东抄西摘犹嫌不够，又有一些令人眼花缭乱的新名词满天飞，乍一看颇感吃惊，再一想甚觉无味。拿新概念来说，凡是文章中提出的新概念，应该对它作出界定，有时应说明与相近旧概念有何区别，提出重要的新概念又应该有充足的论证。如果不作界定，不作论证，岂不就是成心让人不懂，或者干脆是为了吓人。所以我以为当前比构建新体系更重要的是，钻研编辑学中存在的重大理论问题，再是用新的观点方法去开拓新的研究领域，或者对编辑学中原有的问题作出新的说明。这方面要做的工作很多，困难也很大，然而脚踏实地去做，就很可能做出成绩来。

　　（本文系作者在山东省编辑学论文研讨会上的发言，发表时有删节。）

（原载《编辑学刊》1988 年第 2 期）

二十五、再谈当前的编辑学研究

　　近来，常听人们谈论编辑学研究如何深入的问题。刊物编辑部渐渐发现，有新意的论文不是比以前多，而是相反。

对于以往取得的成果，读者有了种种反应，其中既有肯定性的，也有批评性的。于是，冷静的思索自然而然地代替往日的热情勃发。高潮后期出现的深刻反思，可以成为另一次高潮出现的催化剂。三年前，我曾在山东的一次研讨会上讲过"当前的编辑学研究"，后来刊于《编辑学刊》①。本文为表示联系，故曰"再谈当前的编辑学研究"。②

成绩并不小

谈论编辑学的成就，首先需知这是在五六年前的一片空白中开始的。本来，我国大陆只有附属于新闻学的报纸编辑学，以书刊出版为对象的编辑学是没有的。尽管国外发达国家的高等学校，其中包括美国哈佛大学、英国牛津大学那样的著名学府，早已设置出版类专业，可是我们国人还是广为流传"编辑无学"这句话。五六年以后的今天，情况的变化是如此之大。如今，编辑是否有学的问题自然不妨继续争论。它作为一种认识，不能也不必强求一致，这就像科学证明地球是圆的以后数百年，还有人以为地球是方的那样，这类认识只能悉听尊便。但是，编辑学作为客观存在，在中国已经

①　刘光裕：《当前的编辑学研究》，《编辑学刊》1988 年第 2 期。
②　本文是为 1990 年 8 月于湖南衡山召开的全国编辑学理论研讨会准备的论文。

成为一种事实。这个事实有些人暂时没有看见，这无关紧要。我们可以肯定的是，现在需讨论的，已经不是有无成绩，而是编辑学的成绩究竟有多大？用不着夸张，可以从这样三方面的事实去看，这便是：一批刊物，一批著作，一支研究队伍。

先说刊物。编辑学是新兴学科，办刊物并不容易。不过，近几年出现的有影响刊物有：《编辑学刊》（上海）、《编辑之友》（山西）、《出版发行研究》（北京）、《出版史料》（上海）等。这么些刊物在社会上站住脚，并且逐渐扩大影响，这说明编辑学作者的数量已有相当多，他们所写文章足以吸引许多读者经常去阅读。平心而论，文章质量并非尽如人意，有些显得既粗且平。但是，资料翔实、观点新颖、富有生气的佳作确有不少，而且新人新作不断涌现出来。去年，武汉大学中文系朱美士同志作《编辑学专业论文篇目索引》，得文章篇目三千有余，由此可知数量之多。编辑学者阙道隆根据刊物论文中的不同观点，撰《呼唤编辑理论的丛林》（载《编辑之友》1989年第5期）。该文认为中国编辑学出现良好势头，有可能形成不同的理论模式和学派。做这样的乐观估计，作者是有其根据的。

次说著作。近五六年来，我国大陆出版的各种编辑学著作很多，仅丛书就有：《编辑丛书》（书海出版社）、《出版知识丛书》《出版知识译丛》（皆中国书籍出版社）、《编辑教学丛书》（黑龙江教育出版社）等，各地还有零星出版的书籍。总数估计有一二百种，里面有一部分是翻译作品。国内作者著作的内容已相当广泛，有研究编辑理论或普通编辑学的；有研究部门编辑学的；有系统研究工艺过程的；也有几种内容兼顾的。实际水平总是不能一样，但从总体看起步良好。出版科学研究所副所长邵益文以部分论著为对象，撰《评我国十二本编辑学著作》（载《编辑学刊》1990年第1期）。该文认为这批著作"起了开路的作用，奠基的作用，为今后编辑学研究的发展打下了一个良好的基础"①。此断语，可谓允当。

再谈研究队伍。编辑学研究者以经验丰富而又是人才济济的出版界最多，论文和著作的作者绝大多数为出版界人士，这是理所当然的。近两年，我国高校中编辑学研究力量正迅速崛起，十分引人注目。这两部分研究者的结合，将构成我国研究队伍中的基本的和主要的力量。现在看，这支包括出版界和高校学术界的研究队伍，政治素质、文化修养、学术水平等方面的条件都比较好。只是队伍形成晚，出成绩尚需经历更多的学术锻炼，然而干劲大，热情高，有活力，多团结合作之良风，少拆台扯皮之恶习，因此从潜力和前景看是

① 邵益文：《评我国十二本编辑学著作》，《编辑学刊》1990年第1期，第91页。

颇有希望的。几年前召开编辑学的学术会议还是比较困难的，现在已不那么困难了，原因就在有了一支研究队伍。工作需要有人去做，这支队伍的形成作为编辑学界成绩之一，它的意义比文章、著作更大、更重要。它的作用不是暂时的，是长久的和深远的。

问题并不少

事情总是有两方面。工作即使是做出了很大成绩，从另一方面看，又是不能没有缺点和不足。况且编辑学与哲学、经济学、文学等古老学科相比，它可以承袭的东西少，起步维艰，面临的困难特别多，我在三年前那次讲话中曾提到，编辑学界在过程和工艺的研究方面"颇有成绩"，"但编辑学理论尚在创造过程中"。这种情况，至今未有根本性的转变。在这方面，或许需要一代人的努力，还要看努力是否得法，是否真有成效。有鉴于此，我们姑就不足方面，多谈一点看法。

1. 这两年的重大突破还嫌少，"老生常谈"犹觉多

《编辑学刊》1990年第1期"编后记"中说："本刊不断大量地收到《谈谈怎样审稿》《论编辑的修养》一类稿件。坦率地说，这类题目常常容易写得老生常谈。"看来刊物编辑面对来稿，颇为老生常谈而苦恼。读者在阅读中，也感到近年来有新意的文章比前几年少。任何学科都需要突破和创新，

编辑学尤其是如此。理论研究中的创新和突破总是比较困难的，需要不断注意大力提倡。即便研究编辑的工作过程和工艺，当我们考虑怎样概括得更全面更正确一些，可否从不同角度去考察，可否尝试用新方法去说明，如此等等，这同样需有突破才行。在此应提出，"老生常谈"并非只在刊物文章中存在，在著作中同样存在，这不能不使人感到忧虑。一些著作从体系到观点、材料，皆似曾相识；雷同处甚多，又不注明出自何处，或参见何书，这种学术作风，非常要不得，筚路蓝缕和拾遗补阙都是十分必要的，其实这方面有一本两本也就够了，何必一本接一本地不断重复出版呢？有的在语言表述方面亦有可议之处，可谓之草率。因此，目前著作中的"老生常谈"不比文章中少。长此下去，会养成研究中的一种懒惰作风，又足以令人误解为编辑学中真的没有多少货色，即使不称"无学"，称"少学"却并无不可。写专著的热情，首先要变成脚踏实地的科学研究作风，努力在创新和突破上下功夫，否则便可能贻笑大方，这话未免逆耳，为事业计，却是不可不讲。

2. 编辑学的研究与出版史结合较少，有脱节现象

这个脱节，从编辑学研究者方面说，主要是不重视出版史，编辑学的研究水平要提高，除从观点方法方面考虑出路外，还有一个常常被忽略的因素，就是必须与出版史结合。当今文章中可看到的毛病，如资料贫乏、翻来覆去就讲那几个例

证，显得底气不足。原因之一就是未在中外史料上下大功夫。

有些学科本身就包括史和论两部分。比如，文学学科中的文学史、文学思想史和文艺学，经济学科中的经济史、经济思想史和经济学等便是。在同一门学科中，史和论两者无法截然分开。比如，研究文学史者必须具备文艺学知识，研究文艺学者必须具备文学史知识。这类情况在所有古老学科中是常识，要不如此，真正的研究无法进行。我想，编辑学科中的情况一定也是如此。编辑学作为一门学科，自然也应有史和论这两个最基本的部分。史，便是编辑史出版史。论，便是编辑学；有关过程和工艺的内容可包含在内，因为新闻学、图书馆学等早就是这样。这两部分大体上需同步发展，结合则两美，脱节则两伤。这个观点我在《中国编辑史研究的几个问题》① 一文中已经谈过。我以为，当今研究中有两类问题，与作者不熟悉编辑史出版史有关。一类是虽题之曰"论"，可是论来论去总是跳不出自己经验的范围。另一类是文章用了新观点新方法，看上去新鲜，然而只是不着边际地泛泛而谈，谈来谈去不能中的。任何理论概括都需有丰富而全面的感性材料作为基础，这些感性材料大都来自历史。即使是讲编辑的工作过程和工艺范围，这里同样需要概括，感

---

① 刊于《编辑之友》1989 年第 1 期，标题为《编辑史研究的几个问题》。

性材料少了，就可能讲得不全面、不正确，失去普遍意义。因此，研究编辑学必须熟悉历史材料，对于中国和外国的近现代材料，更应娴熟于胸。当前我们的编辑史出版史还不太成熟，编辑学的研究者不能等待，有必要亲自去研究一个或数个出版社，一个或数个著名编辑家、出版家，此外别无良法。

3. 经验还不够丰富

我们的研究队伍从总体上看是很好的，但从经验上看却显得不够充足。恕举以下几种表现。一曰，轻视资料。有些学科视资料如命，那是因为早已悟得资料对研究之重要。编辑学中的情况有些不同。至今未见系统地收集和整理资料，现有残缺不全的资料，也未引起足够重视。资料工作少有人问，这是一大缺憾。编辑学似乎不需资料，只需作苦思冥想，道理便可源源不断地从头脑里淌出来。不过，上海的《出版史料》可说是重要的例外。它一向以收集和披露资料为己任，尤其重视弥足珍贵的近现代资料，数年来在困境中坚持苦斗，有理由受到尊重。二曰，借用其他学科的新观点常常是过于匆忙。前几年研究中借用新观点很多，这本身并不错，理应坚持，不必刹车。只是需注意，自己对新观点还未吃透弄懂就匆忙借用，对问题未作周密思考就匆忙发表文章。横来竖去是匆匆忙忙，因此，半生不熟、似是而非、牵强附会的成分比较多，能站得住的东西比较少。要是少一点匆忙，多一点稳重沉着，成就一定会更大。三曰，大而化之。泛泛而谈的兴趣，老是重于研究具体课题；形成体系的想法，经常产生在对问题做全面研究之前，贪大求全、急于求成之心过切；积小成大、埋头苦干之意稍逊。从有些文章中看，更像登高振臂发号召，而非孜孜不倦做研究。四曰，局限于个人经验。作者个人的经验，包括个人的所见所闻在内，对科研是有用的，但又是不够用的。局限于个人经验的论文，难免是概括性差，以片面为全面，理论色彩不可能不淡。至于把一般性的工作总结视为研究论文，或者以为科研者就是如此，这更不妥当。五曰，相关学科的知识不够充分。研究文学的人，不可只懂文学，因此，在大学学文学者必须同时学历史学、哲学、语言学、社会学等，这说明相关学科在研究中十分重要。编辑学也是如此。研究编辑学必须懂得编辑这一行，又不能只懂这一行，还需懂得相关学科。它的相关学科究竟有哪些等问题，应尽早弄清楚。凡此种种，皆可认为是经验不足，从客观上看，编辑学是从一片空白做起的，历史短，经验不足是难免的，不可深责。然而，我以为这些常见病、多发病，及早对症下药，于事业必定大有裨益。

4. 学术活动尚觉少一点

说是少，是与其他学科相比而言。其实不是少一点，而是少得多。不只是次数少，形式也单调，未免显得冷冷清清。不过，近年来情况已有些变化。学术研究大多是研究者的个体作业，常常形成各自为政、故步自封和重复劳动等情形。学术活动的目的，在于交流心得，讨论问题，活跃学术气氛，对推动学科建设和发展学术，有很大作用。我们的编辑学数年来发展很快，已有相当的规模和水平，适当举办学术活动，有利于克服缺点，创造新的成绩。再者，出版界和高等学校的两部分研究力量，各有所长，又各有所短，通过学术活动，可以把这两部分力量联合起来，达到彼此取长补短的目的。因此，我以为讨论会、讲座、评奖等学术活动，适当多搞一些，是有益的。

意见和建议

前面已谈过成就与不足，现在谈几点具体意见。

1. 当前需首重探索，同时又提倡争鸣

为什么需首重探索？因为编辑学是新兴学科，急需进行学科建设，非探索不能有学科建设。凡是探索，大都容易出偏差。常见的问题是两类，一类是见解还不完善不正确；另一类是学风不严谨、不踏实。既然是探索，认识自然是不可能一下子就那么正确。所以，对于见解还不完善这类认识问题，应该采取较为宽容的态度，不作苛求。苛求往往影响探索的积极性。对于草率、匆忙、故弄玄虚之类学风问题的要求，相对而言应该严格一些。经验告诉我们，学风是否严谨，对探索能否成功关系最大。编辑学界一开始就养成一种良好

学风，这是百年大计，是最重要的基本建设。想起前几年探索之风较盛，但人们对于新名词满天飞，颇感心烦。其实，从学科建设的要求看，编辑学需要自己独特的概念和范畴，有新名词未必不是好事，要不得的是学风不严肃，率尔成篇，为新而新。所以，这里要区别认识问题和学风问题，对前者需宽，对后者应严。近来新名词倒少了，探索之风也冷了。看来不作区别，笼统反对，并不有益。

至今编辑学界的争鸣，只有零星交锋，影响不大。争鸣和讨论，可以是形诸文字，写成文章，也可以是在会上会下做口头交谈。形式不拘一格，但需找到共同感兴趣的题目，又需作酝酿和准备。这就要有人做组织工作和倡导工作，在这方面，有关单位理应当仁不让。不过，我仍以为需首重探索。从探索而成为一家之言，争鸣的意思便包含在内了。两军对阵，旗鼓相当必有激战。在一家言之间进行争鸣，一定更有意义。

2. 总结经验和研究规律可以并重

编辑学以研究规律为主。经验虽不等于规律，但是，总结经验十分有助于研究规律。一般说来，研究规律总是费时费力，总结经验又是刻不容缓。人在则经验在，人亡则经验亡。因此，从实际情况出发，我以为总结经验和研究规律当前可以并重。当今有关总结经验的各类文章，水平亦有参差。个人的经验，内容若与别人雷同，变成文章后就难免平淡；

另还见有虚张声势而无法卒读的。这类文章要写得好，确实很不容易。其中佳作，都是内容独特而充实，形式生动而活泼，读后所得，决非空洞苍白的论文可比。如吕叔湘的《谈谈编辑工作》、赵家璧的《我是怎样爱上文艺编辑工作的》、周振甫的《对编辑工作的老生常谈》等，都是不可多得的好文章。有经验的编辑写工作札记或笔记，写回忆录，以及用其他形式写总结经验的文章，有可能成为编辑学科建设的组成部分，其作用不可轻视。近来常从《出版工作》读到这类好文章，但愿今后更多才好。

研究编辑活动规律，这是最重要的。列宁在《哲学笔记》中把本质分为一级本质、二级本质。这说明事物的本质不能就是一个。对于规律也应如此去看。编辑活动的规律要从不同方面、不同层次去看，作动态的和立体的考察。研究规律要避免一窝蜂地集中在一两个问题上，要分开方面和层次，也可以是大、中、小并举。这样做研究，题目就多了，减少了重复，又能出新意。有一些规律是带有根本性的，或全局性的，如编辑活动与社会政治，或与社会经济相互作用的规律，其社会效益与经济效益相统一的规律等。这些大规律当然要研究。拿两个效益相统一来说，这是一条根本规律。然而要实现这个统一，还有许多工作要做，换句话说，还有许多规律要遵循。当年朱起凤用毕生精力，收集古书中的通假字，编成一部工具书，名叫《读书通》。稿子送到商务印书馆，王云五一算要赔本，就退了。稿子又转到开明书店章锡琛手里，章老板动了动脑子，把《读书通》改名为《辞通》，出版后既赚了钱，又赢得了名声。如此看来，两个效益相统一与书名也有关系。所以，我听说张召奎研究书名学，心里佩服他选了个好题目。当然，两个效益相统一不仅仅与书名有关系。我在一篇文章中，把编辑业务工作分为三个方面，即文化战略、社会传播、商品经营，又在每一方面找出几个原则。如社会传播方面的原则，有易接受原则、空白原则、创新原则、时效原则、系列原则等。这些，可说都与两个效益有关系，所以可以研究的题目很多。分开方面和层次去研究规律，可以少讲空话，还可以把道理讲得具体一些和实在一些。具有根本意义的大规律要研究，在大规律统率下的中小规律也要研究，把两者结合起来，就可以把研究推向深入。

3. 把整理和出版资料的工作充分地重视起来

编辑学的探索也好，争鸣也好，研究规律也好，以至撰写著作、开办编辑专业教育等，几乎没有一项工作可以离得开资料。资料的缺乏，零散而不系统，是当今编辑学研究中的一大障碍。要建设和发展这门学科，必须重视整理和出版有关资料，否则难免还要落空。资料如《张元济日记》，这是张元济在商务印书馆的馆事日记，所记事实十分真实，从此可见一个杰出出版家、编辑家是如何工作的，这无疑是研究编辑学和出版学的珍贵材料。这类材料愈多，研究工作就会好进行一些。重视资料工作，实是当务之急。

就资料而言，可分理论资料和史料两部分。史料又可分为古代资料和近现代资料两部分，另又有国内资料和国外资料两部分。我以为，国外资料应择其要者，尽快翻译出版。国内资料以关于整理出版近现代史料意义最大。在这方面，大致可分以下几类：关于近现代中国的重要出版机构的资料；关于近现代中国的重要出版家、编辑家的资料；有关上述两项的专著，如出版社史、人物传记、年谱等。现在各地都在编出版志，整理资料的部分工作可以与出版志的工作结合起来。不过，需作公开倡导，又需统筹规划。

4. 关于设立出版学科研基金的建议

为什么要设立此项科研基金？我国当今社会科学和自然科学中的重大科研项目，大都可申请资助，然而出版学（包括编辑学）的科研项目，既无专项基金，社会上科研资金又挨不上号。因此，当今中国唯出版学（包括编辑学）无一个重大项目得到资助。此情况理应改变。此为一。有此出版学专项科研基金，可在全社会进行招标，对重大项目给予资助，这便可以吸引社会上一批专家来研究出版学、编辑学，等于是扩大了科研力量。此为二。出版界的人士包括离退休者从事有关科研，得到此基金资助，工作既名正言顺，又可以加强责任心，提高积极性。此为三。有此基金，便于对科研进行规划，加强领导。此为四。有这四点理由，设立出版学科研基金实在很有必要。

基金来源，募捐、拨款皆可；另需成立管理委员会，拟订基金使用章程等。此乃后话，眼下不必细说。

（此文原载《出版发行研究》1990 年第 6 期，标题为《更上一层楼——关于深化编辑学研究的思考》，发表时有删节。完整稿收入刘光裕、王华良合著《编辑学理论研究》，山东教育出版社 1995 年版。本书收录完整稿）

出版家与编辑史

二十六、功绩卓著的文化名人

——一论张元济的编辑活动

1959 年，中国近代史上最重要的编辑家、出版家张元济老先生于上海病逝，享年 93 岁。住院治疗期间，周恩来总理曾去看望他。张元济，号菊生，生于 1867 年。他为中国文化走向现代化，为中国近现代的文化事业和出版事业，默默地奋斗了一生，他在这方面所做的贡献无疑是文化史上的一座丰碑。不过，时过境迁，现在的人们似乎对他已经比较陌生了。

张元济有不平凡的一生。读近代史的人，往往不注意在戊戌年的百日维新中，有一位与康有为同日被光绪帝召见的张元济。在变法图强、拯救国家方面，他的热情不下于当年任何先进的中国人。因此，戊戌变法失败后，他立即受"革职永不叙用"的处分。这位 1892 年的进士，曾任六品朝官，于戊戌变法失败后的第四年，即 1902 年，在上海毅然加入一家以经营印刷为主的当时毫不显眼的企业——商务印书馆。这或许是因为他生性喜欢默默地勤恳做事情，愿把自己对祖国的爱变成那种脚踏实地的工作。在中国历史上称得上是民族脊梁的知识分子中，常见这样一类人物。从此，他不插足政界，一生与商务结下不解之缘。他被公认是商务的灵魂。在他手中，商务迅速成为民国时期规模最大、在远东负有盛名的出版企业。论学识，他学贯中西，无论是传统文化还是西方学术，涉足任何领域都可能取得赫赫成就，但他放弃了自己的著述，决心以传播文化为己任，从事编辑出版工作。他的亲密朋友纷纷通过商务的传播而名噪一时，成为学术界的巨子。他亲手培养的青年不少成为国家的栋梁，文化界的名人。而他在 60 年漫长岁月中，不断用自己的心血去浇灌几代学人的心田，惠我中华学子，以自己的奋发工作去促使民族文化素质的提高，去影响人们思维观念和思维方式的改变。只是在重著述而轻传播的观念中，他的名字暂时被后人遗忘了。历史总是公正的。在冰心的心目中，他是"传授知识的大师"。① 茅盾更断言："将来的历史将记录菊生先生这些对

---

① 冰心：《我和商务印书馆》，《1897—1987 商务印书馆九十年——我和商务印书馆》，北京：商务印书馆，1987 年，第 313 页。

于祖国文化的贡献。"① 他的全部功绩，只能由中国近代文化史来作出评价，至于本文，仅根据有限材料，谈谈他在编辑活动中值得重视的几个方面。

在积极传播新学的同时，重视流通古籍，一生努力沟通中西文化，又始终以热爱祖国和革新社会作为自己的出发点

1902 年，张元济 36 岁时出任商务印书馆编译所所长，大致相当于总编辑。以后历任商务经理、监理、董事长等，直至逝世。就商务的企业经营活动而言，早期以夏瑞芳等人的贡献最大，而在编辑出版事务方面，张元济一直居于主导地位。

编辑活动的主要工作内容，是把作者的作品通过印刷变成读者的读物。由于读物是社会上可以买卖的商品，因此，编辑活动终究是带有经济活动性质的文化活动。从它带有经济活动性质看，这里存在着把作品变成出版物以后的成本和利润这类问题；从它属于文化活动看，这里存在着传播的文化内容是否对社会有利和有益的问题。因此，在经济利益与社会效益的关系上是否以社会效益为重，向社会传播什么样的文化内容以达到何种社会目的，在如何对待这两个问题上，

---

① 1956 年 10 月，茅盾为张元济九十寿辰所撰祝词。

常常表现为不同的编辑思想。我们不妨由此去考察张元济的编辑活动。

　　商务印书馆是企业，它自然是要赚钱的。不过，张元济之加入商务，却不能说就是为了赚钱。如果是如此，那为什么在此之前，他辞掉了南洋公学（交通大学前身）总理（校长）这样的高位？为什么后来清政府接连任命他去做邮电部参议和学部副大臣，一封封电报飞来均遭他拒绝？1911年，他曾这样说："鄙人于丙午复职以后，始终未入宦途……若欲得钱，则取不义之财孰有如做官之便者？"（1911年12月8日《申报》）"欲得钱"，当然是不如去做官，他又何必要加入商务？"未入宦途"，大概还与他的经历和个性有关；至于加入商务，却是另有旨趣。

　　"昌明教育平生愿，故向书林努力来"，① 这是张菊老在1952年初病中写的《别商务印书馆同人》诗中说的话，表明他一生从事编辑出版活动的目的是什么。当初加入商务时，他就与夏瑞芳约定："吾辈当以扶助教育为己任。"② 这种思想贯彻始终。在1919年，他又对别人讲过"弟生平宗旨，以喜新厌旧为事，故不欲厕身于政界，后与粹翁相遇，以为得

① 《张元济诗文》，北京：商务印书馆，1986年，第52页。
② 《张元济诗文》，北京：商务印书馆，1986年，第240页。

行其志，故甘为公司效劳"。① "得行其志"的"志"，就是
"昌明教育平生愿"。所谓"昌明教育"，亦即维新派所说
"开启民智"等，意思大致就是普及和提高社会文化，培养
社会人才，这个"教育"并不仅仅指办学。当然，在北京做
官时他就开始办学，办学与办出版，两者性质本是相近，而
他似乎觉得办出版事业比办学校对社会更为有益。因此，他
在给蔡元培的信中说："盖出版之事，可以提撕多数国民，似
比教育少数英才为要。"另在给汪康年的一封信中，他把在商
务编小学教科书称为"可尽我国民义务"。从张元济"昌明
教育"等一系列言论看来，他弃政而投身编辑出版活动，十
分明确地有在文化出版方面为社会谋利益的意图，因而始终
把编辑出版活动的社会效益放在首位。这是他编辑思想的重
要特色。商务作为企业不可能不重经济利益，但商务的编辑
作风以严谨著称，这正与他这种编辑思想有关。

　　关于向社会传播的文化内容，鉴于张菊老从事编辑活动
的时间特别长，因此需分前期和后期去看。大体说来，前期
从1902年开始到1926年退休，后期便是在1926年以后。

　　在前期，诸多编务中他着重抓了两件事，一是介绍西方
学术著作，二是主持编著和出版各类新式教科书和新式工具
书。这两件事在当时都属于新学，除此之外，并非没有重要

---

① 《张元济书札》，北京：商务印书馆，1981年，第191~192页。

的，如他创办了《东方杂志》等许多期刊，在中国属首创，这里姑且略而不谈。

就这两件事来说，关于前一件事，由于19世纪末20世纪初中国社会上出现了向西方学习的高潮，而张元济本人正是这潮流中的中坚人物，所以他进入商务后，便利用自己的社会影响，团结了一批介绍西方学术的第一流作者，如严复、林纾、蔡元培、伍光建、夏曾佑等，为商务形成强大而可靠的供稿队伍。其中如严复，他本是张元济在北京结识的好友。严复第一个在中国系统介绍西方学术著作，而严复所译八种"西方名著"，到1912年商务已全部出版。这八种"西方名著"中的《天演论》到1921年在商务印书馆已印刷20次，《群学肄言》到1919年已印刷10次，其余也都是一版再版。在张元济的主持下，商务成为中国近代史上介绍西方学术著作品种最多、规模最大的出版企业。关于编著新式教科书和工具书这件事，全部工作几乎都是馆内组织班子在张元济亲自主持或领导下进行的。编印教科书从小学一年级开始，包括小学、中学、师范学校、职业学校等各级各类学校用的教科书，还包括教授法、详解等与教科书配套用的教学参考书。工具书除英华、中德等双语词典外，有《辞源》于1915年、《植物学大辞典》于1918年、《中国人名大辞典》《中国医学大辞典》于1921年相继问世，以后不断有新工具书问世。在教科书和工具书方面商务投入了大量人力物力，编著规模之大，品种之多，在中国历史上是空前的。而内容、体例方面的新颖和适于应用，这又是商务教科书和工具书的鲜明特色，因而受到教育界和学术界的普遍欢迎，行销全国，长期不衰。

从后期来看，张元济自1926年实践自己60岁退休的诺言后，他的编辑活动主要是编印中国古籍。在此之前，他在商务已编印古籍多种，退休以后则是全力以赴。他一生编印古籍的主要成就是四大工程，即《四部丛刊》《续古逸丛书》《百衲本二十四史》《丛书集成》。这四项工程在规模之宏大、范围之广泛、计划之周全方面，可与明代《永乐大典》、清代《古今图书集成》《四库全书》相媲美，而校印质量之精致则又超过了它们。明清两代的这几项工程都是皇家敕修，动用了全国力量，像张元济那样以私家身份做如此庞大的工作，则为史所未见。这也是辛亥革命以后最大的古籍整理工作，今天海内外研习中国传统文化需仰求古籍者，莫不受惠于张元济。

就传播的这些文化内容看，基本上符合张元济为社会谋利益、把社会效益放在首位的编辑思想。他重视社会教育，因而成功地编印了新式教科书和工具书，对国家教育事业的进步起了作用；他介绍西方学术著作和整理编印古籍，有利于沟通中西文化和培养社会人才，同样具有"昌明教育"的意义。此外，如他创建东方图书馆、兴办学校、举办函授教育等，这些无不与他通过编辑出版活动在文化教育方面去为社会谋利益的意图相一致。

　　编辑通过传播文化去影响社会，其中包含着某种社会目的，所以传播不同的文化内容，有时表现为不同的编辑思想。张元济前期积极传播新学，后期致力于流通古籍，这是否表明他编辑思想起了变化呢？

　　在此，我们要联系张元济一生的思想情况去看。大体说来，他一生的思想随着时代潮流的发展而不断前进，从最初戊戌变法时的君主立宪派，到辛亥革命时否定帝制拥护共和，接着又经受了"五四"新文化的洗礼，再到进入新中国后拥护社会主义。这60余年的中国历史，风云变幻，几经沧桑，时代的弄潮儿多少蜕变成历史的绊脚石，而张元济却能不断地随时代前进。他本是自信心很强的人，他走这条路并非没有矛盾和痛苦。在辛亥革命以后，他既在商务接待了孙中山，又未能出版《孙文学说》，这里未免暴露了他作为戊戌变法中人在新形势下的思想矛盾。不过，他在辛亥革命时很快成为共和的坚决拥护者，拒绝做有利于帝制的事情。"五四"运动时，北京大学师生陈独秀、罗家伦等猛烈抨击商务的出版物，这件事表现了一批商务早期创业者的思想与"五四"新文化已经存在着尖锐冲突。不要忘记张元济本人就是前清遗老，亲朋故友中守旧派人物是不少的。他的可贵处是能够勇敢地接受新文化运动的挑战，坚决顺应时代潮流，大刀阔斧地改组了商务编译所。他起用了一批有进步思想的新人，如茅盾、郑振铎、胡愈之等人在他手下得到重用。商务又在社会上吸收大批人才，如留美学生组织中国科学社和留日学生组织中华学艺社中的骨干分子，不少应聘商务。因而商务编辑队伍中拥有大量第一流的人才，不仅数量扩大，编辑队伍的质量比以前更有提高。商务这样做固然是因为受到了新文化运动的冲击，可也是张元济勇于除旧布新的结果。国民党统治时期他已退休，主要从事古籍整理。那时候，这位在戊戌变法失败后决心远离政治的老人，却不能不经常对国事表明自己态度。兹举三例：一、1932 年"一·二八"事变中商务被日机炸毁，对重建商务他充满信心，然而又对国民党腐败政治十分不满。在给胡适的信中他这样说："所最望者，主持国事皈依三民主义之人，真能致民于生，而不再致民于死，则吾辈或尚有可措手之处，否则，摧灭者岂仅一商务印书馆耶？"① 二、生活书店被封和 1936 年邹韬奋等"七君子"被捕，使老人义愤填膺，他致信邹韬奋表示支持，又亲赴苏州看守所看望他们。三、1948 年中央研究院在南京召开院士大会，在会上，82 岁的张元济当着何应钦等人的面，毫无惧色地斥责内战，要求和平。了解了这些情况，再看几十年中发誓"名不入公门"的张元济，在新中国成立后担任了华东军政委员会委员、全国人大代表、上海文史馆长等职，拥护

① 《张元济书札》，北京：商务印书馆，1981 年，第 163 页。

共产党、拥护社会主义，这就是比较容易理解的了。

综观张元济的一生，从个性上说，他一向做事谨慎认真，重实干而不爱表露自己，戊戌年后故意回避政治，更是淡泊名利，但思想上执着地关心着祖国的命运，爱国之情极深，始终为追求国家民族的振兴富强而力主社会改革。这一点对理解他个人所作所为十分重要。在学术上，他学贯中西。对于中国传统文化他根底深厚、知识渊博，无疑是重古籍，重传统，反对数典忘祖，割断历史。但又要看到他早年"沉溺西学"，到清政府做官后还努力学习英语。在1902年他就说："吾之意在欲取泰西种种学术，以与吾国之民质、俗尚、教宗、政体相为调剂，扫腐儒之陈说，而振新吾国民之精神耳。"① 因此，他从来不是国粹主义者，不想保存封建余孽。在政治上和文化上他一开始就是属于新派人物，60年随时代潮流前进，虽然有时他显得步履艰难，但他热爱祖国和革新社会的主张不变，轻个人名利的宗旨不变，因而能够跟上时代的步伐，至死还是属于新派人物。

现在，我们再回过去看张元济早期传播新学、后期流通古籍这件事。其实，张元济一贯以传播新学为重。前期不必再说。从他退休以后的情况看，这时商务的出版物中不是仍以新学为主要方面吗？而编辑这些出版物的编辑队伍，正是

---

① 《张元济诗文》，北京：商务印书馆，1986年，第171页。

根据他的旨意，从1920年开始逐渐地重新组建起来的。1921年后王云五任编译所长，他不再过问具体事务，但商务编务的重大方针，仍需张元济首肯，这也是事实。所以不能认为他后期的编辑思想中，不再以传播新学为重。人们要是再注意到他在1949年，主动约茅盾主持编辑《新中国丛书》（后改为《新民主丛书》）由商务出版（后因故未成），更可以证明他始终以传播新学为重。至于他退休以后专心致志去整理古籍，应该看作是利用晚年余晖去做自己胜任的和他认为有益的工作。据顾廷龙先生回忆说："先生发愿流通古籍，他曾经对我说过有三个目的：一为抢救文化遗产，使其免于沦亡；二为解决学者求书的困难，满足学者的阅读需要；三为汇集善本，弥补清代朴学家所未能做到的缺陷。"① 在当时的中国，唯商务的人力物力可以担此重任，在商务，又唯张元济可以担此重任。历史证明，幸赖张元济当机立断，不辞辛苦地担此重任，才使许多古籍在民族灾难中免遭泯灭。如此看来，张元济一生以传播新学为重，但不论是传播新学还是流通古籍，都以热爱祖国和革新社会作为自己的出发点，这可以说是他一生编辑活动的贯穿线。

---

① 顾廷龙：《回忆张菊生先生二三事》，《1897—1987商务印书馆九十年——我和商务印书馆》，北京：商务印书馆，1987年，第16~17页。

对出版物唯质量是重，编辑作风严肃认真，
一丝不苟，一贯具有对读者负责的精神

编辑活动的最终产品是出版物。出版物既是精神产品，又是商品。编辑在出版物的质量把关方面负有最重要的责任。由于出版物是商品，凡是商品都可能从中谋取经济利益，因此在编辑活动中，既可能通过追求高质量从而达到社会效益和经济利益的统一，也可能为谋取经济利益而置质量于不顾。

商务是股份制私人企业，在对待经济利益的态度上与今天的社会主义出版事业有所不同，这是可想而知的。而张元济是从近代史走进现代史的人物，他对出版物内容质量所持具体标准与今人有相异之处，这也是很自然的。但他在编辑活动中一贯高度重视质量，这一点在今天仍值得学习。

出版物作为精神产品，它的质量与物质产品的质量相比，至少有两点不同。一是物质产品的质量可以在生产过程中通过利用完善的检测手段得到可靠的保证；编辑虽需对质量负责，但是手中不可能有精确的机械检测手段，因此必须既靠自己的业务水平，又靠自己的编辑道德和编辑作风。二是物质产品的质量不好，对消费者产生的危害主要在物质损失方面，如浪费了钱财等；而出版物的质量不好，对读者产生的危害主要在精神损害方面，有可能在读者精神世界中造成创

伤，其影响进而可能波及社会和将来。为什么在编辑活动中必须经常强调重视质量？原因大概在此。

风行海内外的商务出版物，在读者中的质量信誉素来很高，而商务重视质量的优良传统，应看作是商务编译所创办人张元济编辑活动的重大成果之一。张元济作为编辑家，在质量方面他具有对读者高度负责的精神，又具有不尚空谈而重实干的作风。他在这方面的突出之处，大致有以下三点。

首先是严肃认真，一丝不苟。不妨以他主持编教科书为例。教科书的编著工作本来是在馆外进行的，张元济到编译所后考虑在馆外很难保证质量，所以在商务内部组织了以他为首的专门班子。一开始他们编小学一年级的国文教科书，他本人是翰林，参加编写的其他人如高梦旦、蒋维乔、庄俞等皆饱学之士，做这种事照例并无难处。不过，他们立志要编一套与封建社会的蒙学读本根本不同的"新式"教科书，这在中国是从没有人做过的事，商务又在创业伊始，教科书的编印是否成功，将决定它今后命运。于是，他们采用"圆桌会议"的办法，参照国外先进教育思想，结合国内情况，一课一课地集体讨论定稿。据蒋维乔回忆说："当时之参加编辑者张元济、高凤谦、蒋维乔、庄俞等，略似圆桌会议，由任何人提出一原则，共认有讨论之价值者，彼此详悉辩论，恒有为一原则讨论至半日或终日方决定者。"① 对待"原则"
是如此认真，对于字句也毫不马虎。据说曾为某一课文中用
"釜"字还是"鼎"字，高梦旦与蒋维乔两人当面争论而
"声色俱厉"，到后来知"闽语呼'釜'为'鼎'"，又"相
与抚掌大笑"。② 如此严肃认真，如此一丝不苟，再加上他们
学问渊博，思想进步，所以他们所编教科书质量最佳而长期
风靡全国，这怎能是偶然的呢？对张元济来说，不只编教科
书是如此严肃认真，一丝不苟，在其他编辑活动中也是这样，
他本是做事向来十分讲究认真的人。

其次是千方百计，精益求精。张元济是商务编务的最高
领导人，他为提高质量所做的努力，当然不能仅仅限于自己。
在商务，他从延聘人才，到订立规章制度，再到订阅和收购
中外图书建立图书馆等，为此经常不惜重金，他这些努力无
不都是为使商务出版物具有一流的质量水平。就他个人编辑
活动的情况看，为提高质量而精益求精，这在他编印古籍的
过程中表现得最为明显，这方面王绍曾先生所著《近代出版
家张元济》一书论之最详。该书对张元济"整理出版古籍的
丰硕成果"概括为四点，足以说明问题。王先生所说四点中

----

① 蒋维乔：《编辑小学教科书之回忆》，《1897—1987 商务印书馆九
十年——我和商务印书馆》，北京：商务印书馆，1987 年，第 57 页。
② 蒋维乔：《编辑小学教科书之回忆》，《1897—1987 商务印书馆九
十年——我和商务印书馆》，北京：商务印书馆，1987 年，第 61 页。

的第三点是"总结前人的校书经验，以'书贵初刻'为选择底本的指导思想，千方百计搜访第一流版本，但又不拘泥于宋元旧本，而是经过对勘，择善而从。遇有脱简残编或短篇缺叶，总是配补齐全。一旦发现较早较好的本子，要尽可能地抽换。对前人和自己的校勘成果，总是经过整理掇拾，附载卷末，使读者从中识别文字的得失和版本的优劣。对模糊的宋元旧椠，用描润的办法，使它恢复旧观"[①]。这种事做起来难度之大，并非旁观者可想象，仅以《四部丛刊》影印国内第一流善本为例。找到善本和鉴别善本就非常不容易，我国善本珍本向为藏书家视为珍宝，秘不示人，有些已散落国外，难得一见。于是张元济一方面广泛收购，另一方面四出寻访。他自己曾两次亲赴湖州皕宋楼访书，一次东渡日本访书，竭尽其力，使影印本趋于完善。若把《四部丛刊》（初编）重印本与初印本两者相比，王绍曾先生又指出"三大变更"："第一是版本的抽换"，抽换了 20 种版本；"第二是卷叶和序跋的增补"；"第三是校勘记的增辑"。[②] 这些"变更"，表明在编辑家张元济的心目中，追求出版物质量的完善是至高无上的事，他本人具有不臻完善不罢休的精神。这种精神，

[①]　王绍曾：《近代出版家张元济》，北京：商务印书馆，1984 年，第 80~81 页。

[②]　王绍曾：《近代出版家张元济》，北京：商务印书馆，1984 年，第 92~93 页。

在所有编辑活动中都是适用的。

　　再次是对名家文稿，亦不苟且从事。严复和林纾是中国近代史上两位最优秀的翻译作者，他们都与张元济联系向商务供稿，因此严复的全部作品和林纾的大部分作品都先后在商务印书馆出版。严复译文严谨，至今堪称范例，不过他所译亚当·斯密《原富》，本来没有附英华译名对照。对于这类书籍附件，一般说作者都不如编辑那样注意和重视。当《原富》译文交张元济首次在南洋公学译书院出版时，张元济便代严复作了英华译名对照附于书后，此举或许是出于友情，可是肯定也是为便利读者而尽一个编辑之职。此后，严复译作在商务出版，都附有英华译名对照。林纾所译文艺作品曾经饮誉全国，不过 1917 年后他的译作趋于草率。他是对商务的发展有过重要贡献的作者之一，所以他的译稿张元济还是不能不收，但决定"草率错误应令改良"。① 张元济在 1917 年 8 月 14 日《日记》中又这样写："林琴南译稿《学生风月鉴》不妥，拟不印。《风流孽冤》拟请改名。《玫瑰花》字多不识，由余校注，寄与复看。"② 看来到 1917 年张元济对处理林纾这样人的译稿，已经颇感左右为难，不得不亲自看稿，提出处理意见，或者亲自做"校注"这类加工工作。林

---

① 《张元济日记》，北京：商务印书馆，1981 年，第 233 页。
② 《张元济日记》，北京：商务印书馆，1981 年，第 265 页。

纾是国内名流，又是商务的老作者和股东，处理他这时候的译稿确有难办之处，而张元济在此仍显露出他在质量问题上不愿轻易让步的编辑作风。

"用人惟才"，识才爱才，一向注意建设
第一流的编辑队伍

当代的编辑活动，一般都是群体活动。如今的编辑机构一般少则数人，多则数十人以至数百人。这是因为当代编辑利用了先进技术制作传播媒介（书籍、刊物、报纸等），向全社会进行规模大、速度快、内容广泛的传播，这就需有一个相当的编辑群体，并在群体内形成不同形式的协同活动。明代的毛晋，既是出版家，又是藏书家、编辑家。在现代出版业中，像毛晋那样一人唱独角戏的局面很难再存在了。商务是现代化出版企业，设有庞大的编辑机构。因此，建设一支高水平的编辑队伍，对商务出版物质量的提高和事业的发展，是决不可少的条件。编译所创办人张元济，他亲手为商务建立起一支国内第一流的编辑队伍，又为商务留下了重视编辑队伍建设的优良传统。

1897年创办商务的夏瑞芳等人，虽有意于文教事业，但他们都是文化水平不高的工人，他们聘请张元济入馆，是要借助张本人的才能和他在文教界的影响。对当时的商务来讲，如果不建立强有力的编辑机构，它将只能以经营

印刷业务为主，决不可能成为后来那样的现代化出版企业，成为解放前中国的"一个很重要的文化教育事业单位"①。

正是学贯中西，具有远见卓识而又能埋头苦干的张元济，在商务建立了当时中国阵容最强的编辑机构。他说："余既受商务印书馆编译之职，同时高梦旦、蔡子民、蒋竹庄诸子咸来相助。"② 受张元济之请来商务"相助"的人，当然不仅上面三人，此外还有夏曾佑、伍光建、庄俞、杜亚泉、陆尔奎、邝富灼等人。在这些人中，蔡元培（子民）、伍光建是商务馆外编译，其余都在商务编译所任职。他们大都是"当代名士"。蔡元培是中国现代史上著名教育家，后任北京大学校长。伍光建是严复的学生，留学英国成为杰出翻译家，他最早用白话翻译外国小说并取得成功。杜亚泉是自学成才而精通外语的自然科学家。夏曾佑是中国现代史学的先驱者。陆尔奎是主持《辞源》编务的辞书专家。邝富灼是海外回国的英文专家。其中特别是高梦旦，他是商务早期除张元济外，另一个可称是重要编辑家的人。在清末立志革新图强的高梦旦从日本回国后，与张元济在上海一见如故。张立即聘高为商务国文部长，以后接任编译所长，在

---

① 陈云为商务印书馆建馆八十五周年的题词，《1897—1987 商务印书馆九十年——我和商务印书馆》，北京：商务印书馆，1987 年，"编者前言"。

② 《张元济诗文》，北京：商务印书馆，1986 年，第 282 页。

编务方面襄助张元济最多。这批人才都称得上是国内出类拔萃者，站在学术最前沿足以担当引导学术前进的重任。20世纪初上海滩上从事印刷和出版的企业岂止商务一家，但是唯商务由小小印刷企业一跃而成中国最大出版企业，长期执中国出版业之牛耳，张元济领导的这支最强大的编辑队伍，为商务这番事业提供了牢靠的保证。这方面的经验，并非不值得今人留意。

要重视人才的道理，本来并不深奥，困难在于实行。在用人方面，商务提出了"取诸社会，用人惟才"的方针。不过，商务的创办人即使原来是工人，一旦做了资本家，也还是想任人唯亲。张元济一方面严于律己，为实践自己不让商务领导的亲属进馆工作的主张，他儿子留学回国后就是坚持没有进馆；另一方面，他为实施"用人惟才"，与商务另一些元老的分歧愈来愈大，这是导致他在1926年辞去商务监理职务的一个重要原因。为这次辞职，他在《致商务印书馆董事会书》中写道："言之匪艰，行之维难，果欲行之，不能不破除旧习，不能不进用人才。人才何限，其已在公司成效昭著者，固宜急为拔擢，勿以其匪我亲故而减其信任之诚；其有宜于公司而尚未为吾所得者，更宜善为网罗，勿以其素未习狎而参以嫉忌之见。此为公司存亡成败所关。元济在公司二十余年，今临别赠言不辞苦口，诸公挚爱公司，当不嫌其哓哓也。"① 这番"用人惟才"的呼吁，没有比写在自己辞职书上更能表明心曲的了。尽管他是商务股东，辞掉监理后又被拥为商务董事长，但无论从哪一方面看，张元济始终是一位受过中国传统文化良好教育的、以正直清高自许又富有事业心的书生，怪不得人们称他是商务内部书生派的首领。

在用人方面，张元济有以下两个特点，第一是既识才，又爱才。比希求人才更为重要的是真正能够识才和爱才。1914 年，张元济看过胡愈之所写的几篇文章后，十分赞美，便决定招收这位只有初中二年级学历的十几岁的青年做商务编译所练习生。一年后胡升任《东方杂志》编辑助理，不久任编辑。以后张元济又资助胡愈之留学法国。胡愈之在商务为改革《东方杂志》立下汗马功劳，曾任《东方杂志》主编。解放后，胡愈之是国家出版总署第一任署长。胡序文在根据他父亲胡愈之的回忆所写的文章中指出："他（指胡愈之——引者）说：'早年在张元济先生努力下，商务编译所聘请了许多学者专家，这对商务的发展是起了重要作用的。'……他还认为商务很注意对青年的培养，有不少青年，通过商务工作锻炼，后来都成为著名的学者专家。实际上他自己也是其中的一个。他是因为张元济先生识才爱才而

---

① 《张元济书札》，北京：商务印书馆，1981 年，第 263 页。

得以顺利地进商务工作的。"① 不仅胡愈之与张元济非亲非故，茅盾、郑振铎等青年人与张元济都是非亲非故，又都受重用。茅盾于1916年北大预科毕业后进商务，被张元济分配在英文部批改函授作业，当年他20岁，进商务一月后，茅盾对新出版的《辞源》写了200余字的改进意见转交经理张元济。张读后，立即觉得自己对茅盾"用非其材"，第二天上午就调茅盾与童话专家孙毓修"合作译书"。张元济就是如此识才，又如此爱才。

他爱才心切，又可从与丁文江的关系看出。丁比张小20岁，英国留学回来后在上海南洋中学任教。张元济慧眼识才，毅然约请这个只有25岁的中学教员著书由商务出版。丁文江才华显露，声名大振，不久成为中国地质科学的优秀开拓者。丁文江"精于科学而又长于办事"（蔡元培语），对于这样一个优秀人才，张一心想引进商务，屡次推荐，屡遭商务总经理高凤池反对。在这种情况下，他觉得丁文江即使能进商务也不能得到重用，从1926年《日记》中看，他为此事心中气愤难平。

第二是跟随时代发展不断擢用新人。于商务早期，负责编务的张元济与总经理夏瑞芳关系融洽。夏死后，高凤池等

① 胡序文：《胡愈之和商务印书馆》，《1897—1987 商务印书馆九十年——我和商务印书馆》，北京：商务印书馆，1987 年，第 128 页。

创办商务的另一些元老，在用人问题上经常与张发生矛盾。在《张元济书札》中保存了一组给高凤池的信札，集中地谈他们之间的争论。张元济这组信札中所谈用人的道理，其实有普遍意义，值得任何想在自己领导下成就一番事业的人一读。在他那些用人的主张中，特别强调拔擢新人。如说："五年前之人才未必宜于今日，则十年前之人才更不宜于今日。即今日最适用之人，五年、十年之后，亦必不能适用也。事实如此，无可抗违。此人物之所以有生死，而时代之所以有新旧也。"① 这番话很有点辩证的观点。张、高之间的用人之争，焦点"是重用论资排辈之人，还是重用新人和有用之人；或裁汰冗老，推陈出新，还是因循守旧，满足现状"。② 争论时间从五四运动前夕开始，到张辞监理职基本结束，大体延续了十来年。这个时期，正是中国新文化运动蓬勃兴起继而席卷全国的时期，又是上海出版业急剧发展而同业竞争加剧的时期。张元济敏锐地觉察到 20 世纪初那批商务创业者的思想和才能，已经与新时期的形势极不适应，因此，一再在商务提出"用少年人""进有用之人""退无用之人"等，为的是使商务和它的编辑出版活动跟上时代的发展。那时要完全

---

① 《张元济书札》，北京：商务印书馆，1981 年，第 190 页。
② 王绍曾：《近代出版家张元济》，北京：商务印书馆，1984 年，第 43 页。

理解他这种思想，非有博大的爱国思想不可，还应对商务事业多一点正直无私的心理，这方面的高凤池远不如故去的夏瑞芳，虽然他们同是由工人变成资本家的。这种情况促使张元济不得不愤而辞职。

不过话得说回来，当他为用人问题与高凤池等激烈争论时，在商务编译所内部，还是尽量地贯彻了自己的主张。五四新文化运动以后，具体说是在1920年开始，张元济和高梦旦便着手对商务一批杂志进行革新，其中委派24岁的茅盾去主编《小说月报》，取得了这次革新的最大成功，声振全国。当茅盾受到守旧派攻击时，又改派郑振铎去接替他，牢固地保持了革新的成果。除《小说月报》外，《教育杂志》《学生杂志》《东方杂志》《妇女杂志》等都委派了新人，而且都取得了成果。比革新杂志更重要的一件事是，张元济支持自己的亲密知己任商务编译所长的高梦旦"求贤自代"。对此，王云五回忆说："自从新文化运动开始以后，商务努力出版关于新文化的书籍。高先生认为不懂外国文字的人，对于新文化的介绍，不免有些隔阂；因此屡屡求贤自代。"[1]　"求贤自代"的结果是，34岁的王云五接任编译所长。王云五的全部功过另当别论，只是就他到商务以后的情况看，在传播新文

① 王云五：《我所认识的高梦旦先生》，《1897—1987商务印书馆九十年——我和商务印书馆》，北京：商务印书馆，1987年，第40页。

化和引进新人方面，还是做了许多工作。尽管他在用人方面，往往是鱼龙混杂。据1923年进商务的叶圣陶回忆说："商务在当时成了各方面知识分子汇集的中心，编译所人员最多的时候有三百多位。早期留美回来的任鸿隽、竺可桢、朱经农、吴致觉诸先生，留日回来的郑贞文、周昌寿、李石岑、何公敢诸先生，都在商务的编译所工作过。"[1] 可见商务又一次出现人才济济的局面。这表明五四运动以后，商务终于完成了重建编辑队伍的任务，这是张元济力主跟随时代发展大胆任用有才能的新人的结果。商务在五四运动后的进一步发展，有赖于这支新的编辑队伍，事实恰如张元济之所料。

关于张元济一生的编辑活动，除以上三方面，至少还有两个问题值得重视，一是创建了现代的编辑体制。如他首先在中国确立了稿费版税制度，确定了编辑部门的工作体制，形成了以编辑为主体的编、印、发三者一体化的制度等。二是他为编辑事业的崇高献身精神。熟悉情况的人都说他在编务中不分上班下班，不论退休不退休，一生为传播别人著作勤奋地努力工作。他留下的自己著作只是版本、目录、校勘以及日记、书札之类，其实这些都是他的业余成果，不能代表他的全部学术水平。他在自己献身的事业中，创造了比这

---

① 叶圣陶：《我和商务印书馆》，《1897—1987商务印书馆九十年——我和商务印书馆》，北京：商务印书馆，1987年，第300~301页。

更高和更重要的成就，这是不能忘记的。关于这两个问题，本文不能详谈。

张元济在商务曾任经理、监理等，全面主持过商务出版事务，因此经常关心印刷特别是销售发行等，但他的主要精力还是在领导编辑事务方面，这从他任编译所长以后就是如此，所以作为出版家的张元济，其实他的成就和贡献主要在编辑领域。因此，不妨称他是杰出的编辑家和出版家。他编辑活动的历史影响，可以从以下两方面去看。

一方面是通过传播现代文化，流通中西典籍，加速了中国脱离封建主义而走向现代化的历史步伐。且看下面两位有现代史丰富经历的老人的回忆。著名教育家、作家叶圣陶在《我和商务印书馆》一文中说："从出版的书籍和杂志来说，古今中外，文史政哲，理工农医，音体艺美，无所不包，有极其专门的，也有非常通俗的，不管男女老幼，不管哪行哪业，都可以从商务找到自己需要的喜爱的书刊。服务的对象如此广泛，出版物的种类如此繁多，在当时以商务为最。而商务的气魄所以这样大，是跟编译所的奠基人张元济先生分不开的。"① 从这段文字可以看出，编辑家出版家张元济开创的事业，对全中国人民的精神文化生活影响之广泛和巨大。

① 叶圣陶：《我和商务印书馆》，《1897—1987 商务印书馆九十年——我和商务印书馆》，北京：商务印书馆，1987 年，第 301 页。

从 20 世纪初开始，张元济及其商务印书馆为长期处于闭关锁国中的中国人进入现代社会，不断地提供大量精神食粮，从而提高了中国人民的文化素质，影响到人们思维观念和思维方式的改变。著名历史学家周谷城明确指出："商务印书馆创馆以后直至今日，凡有一些现代化常识的人，多得力于商务印书馆。我于 1913 年到 1917 年在长沙读书，进的是第一中学……其中教材，只要是教科书，无一不是商务印书馆编的或译的。即此一端，已足证商务印书馆对中国之现代化的功绩。至于较高一点的专门学问或大学用书，无论是自然科学或人文科学，应用科学或理论科学，几乎通通是商务印书馆译的，或编的，或著的。"① 周谷城强调商务的历史功绩是传播现代化的新文化，因此他的文章题曰:《商务印书馆与中国的现代化》。周谷城又指出，在中国近代史上，与张元济同时"谋求中国的现代化"的一些其他主张，"似乎都远不如张菊生先生等之主张为有实效"②。这两位学者所说，符合实情。

　　另一方面是，通过不断地和大量地编辑出版作者的著作（译作），加强了和活跃了中国著作界的文化创造力。自从出

---

① 周谷城:《商务印书馆与中国的现代化》，《1897—1987 商务印书馆九十年——我和商务印书馆》，北京:商务印书馆，1987 年，第 415 页。

② 周谷城:《商务印书馆与中国的现代化》，《1897—1987 商务印书馆九十年——我和商务印书馆》，北京:商务印书馆，1987 年，第 414~415 页。

现机械印刷以后，出现了现代出版业，同时促使形成著作活动和编辑活动的分工，作者的作品一般都通过编辑的手再流传到读者那里。张元济作为编辑，向他直接供稿的著名作家就有严复、林纾、蔡元培、梁启超、夏曾佑、伍光建、胡适、丁文江等，其他如鲁迅、郭沫若、茅盾等也都在他领导编务时成为商务作者。在中国近代史和现代史上，几乎所有著名和不太著名的著作家，不论是自然科学还是社会科学的著作家，都在商务出版过自己的书籍，或在商务杂志上发表过自己的作品。商务造就了一代又一代的文化名人，迅速提高他们在社会上的知名度，不断提高他们埋头写作的积极性，从而大大活跃了中国著作界的文化创造力。没有张元济及其商务印书馆，中国读者将少看到许多优秀作品。

因此，我们有理由这样认为，中国当然不能没有严复、蔡元培、鲁迅、郭沫若、茅盾这些近代和现代的文化名人，可是同样地，中国也不能没有张元济。在此，我们有必要重复茅盾于1956年说过的这句话："将来的历史将记录菊生先生这些对于祖国文化的贡献。"① 从历史唯物论的观点看，没有张元济也许会出现另一个人或另一些人去从事他的事业，去走他走过的路，但是，中国近代和现代的文化史的面貌将要改观，肯定不能是现在这个样子。张元济无疑是在文化领域里，

———————————

① 1956年10月，茅盾为张元济九十寿辰所撰祝词。

完成了中华民族必须完成的某些重要历史任务。所以把他列入中国近代文化名人的行列，以明前者，以示后者，以昭来者，这不仅不是过分，相反是非常合理的和十分必要的。

1987 年 8 月

（此文为 1987 年秋浙江海盐举行的"张元济诞辰一百二十周年学术讨论会"而作，收入刘光裕、王华良合著《编辑学理论研究》，山东教育出版社 1995 年版）

二十七、二十世纪中国伟大的出版家

——二论张元济与商务印书馆

本文并非谈张元济与商务印书馆的全面关系，只是论述张元济对商务的发展所做的主要贡献，从出版学角度考察这位天才出版家的工作情况。时间大致是从 1901 年他投资商务起，到 1926 年他退休为止。他退休以后直至 1959 年去世，期间与商务仍有联系，但情况与以前已不可等同，本文只是有所涉及而已。

确定出版宗旨

商务印书馆原先只是一个小型印刷企业，它后来发展成

为全国最大而且在远东首屈一指的新型出版企业，其关键是
1901 年张元济加入，并且立即建立编译所。而张元济去做的
一件至关重要的事，就是确定出版宗旨。

　　商务是在 1897 年以 3750 元资金创办的，当时只有两台
手摇印刷机、三台脚踏圆盘机、三台手扳压印机，全是小型
手工机。1900 年，盘进日本人在上海的修文印刷局，才使印
刷和排字两部分机械基本完备。这类小型印刷厂，那时上海
颇有一些。它用的英文名字就是 Commercial Press，主要业务
是承接外印件和翻印现成的英汉读物。

　　办现代出版业，现代印刷技术是必不可少的物质前提。
然而，出版业的核心是编辑。有印刷而无编辑，商务不可能
成为出版企业。从它的创办人情况看，就是夏瑞芳、鲍咸恩、
鲍咸昌、高翰卿等人都只念过教会中学，原先是印刷工人，
因信教后来在商务领导集团中被称为教会派。他们的优点是
懂得印刷技术，在经济上有经营观念，又有刻苦创业精神。
精明强悍而富有进取心的夏瑞芳更是具有优秀企业家的品质，
他是商务兴旺发达的另一位关键人物。然而，长于经济而短
于文化，缺乏把握和驾驭社会文化活动的能力，这是他们要
办现代出版业的致命弱点。

　　办出版企业，既要有经济观念，更要有文化观念。这是
它与办其他企业，如纺织厂、面粉厂等的主要区别。从经济
观点看，出版业的产品即书籍、杂志等出版物，生产它们需

要印刷机械等物质装备，又需要纸张、油墨等物质材料；在这过程中，一定出现投入产出、成本利润等经济问题。这说明办出版业不能不懂经济。再从另一方面看，作为其产品的出版物，必须首先使它的内容与社会文化需要相符合，它才能被读者接受和购买，出版中的经济活动才能有所成果。要是不相符合，造成无人购买或少有人买，这样就要赔本。所以，办出版要是缺乏高明的文化观念，连它在经济方面的活动也是难免要失败的，更不用说在事业上有所成就了。夏瑞芳最初就有过这方面的教训。他用二百两银子买回一部教科书稿本，自己印刷发行，结果销不出去。有人回忆说他因此亏本上万元，[1] 究竟多少无法弄清，总之是蚀本了。办出版如果是等于拿到无论什么样的稿本就去印，或者是用印黄书等歪门邪道去赚钱，那无论张三、李四都可轻而易举做所谓出版家了。夏瑞芳其实不是那种人。他因这次亏本去请教尚在南洋公学的大学者张元济。他的高明处，不仅是善于经营，还在于因此懂得编辑的重要，懂得张元济对商务的重要。

　　在夏瑞芳的诚挚而恭敬的邀请下，已经是进士、翰林，又是戊戌变法中名人的张元济，就到工人创办的商务去创建

---

　　① 蒋维乔：《编辑小学教科书之回忆》，《1897—1987 商务印书馆九十年——我和商务印书馆》，北京：商务印书馆，1987 年，第 56 页。

了编译所，并且出任所长。这是 1902 年的事。在清末，士人弃政从商，还是要有相当勇气的。对士人中的名流张元济来说，更是如此。

张元济全心全意为商务工作，首要贡献就是在文化战略上为商务确立一个出版宗旨。其具体内容包括两方面：（1）"吾辈当以扶助教育为己任"①，这是他在加入商务前就明确与夏瑞芳商定的宗旨；（2）以沟通中西文化为己任。这是我根据他出版活动的实际情况所做的归纳。其实，办出版不可能不考虑如何对待当前社会文化。而张元济所说"扶助教育"，是指"扶助"在中国尚未完全形成的新式教育，这更是不能不考虑如何对待中西文化。在清末，张元济是最早接受西方文化的知识分子之一，到商务以前，办过通艺学堂、南洋公学等新式学校。他大概是从如何办教育，逐渐形成指导自己出版活动的那种中西文化观念的。1902 年，上海《教育世界》杂志（王国维主编）发表张元济《答友人问学堂事书》。此文反对旧学，力倡新学，而在如何办新学方面，张元济不同意"以洋文为常课""沿用洋人课本"等做法，又认为"中国开化甚早，立国已数千年，亦自有其不可不学之事"，因此主张"取泰西种种学术，以与吾国之民质、俗尚、

---

① 《张元济诗文》，北京：商务印书馆，1986 年，第 240 页。

教宗、政体相为调剂，扫腐儒之陈说，以振新吾国民之精神"。① 这便是他首次明确提出的中西文化交融的观点。它必定成为他到商务以后的指导思想之一。数十年后，他在《陈慎侯先生重游泮水诗以颂之》一诗中又说："陋儒空谈久误国，宜补己短取彼长"，"东西文化互陶铸，开新纪元弥辉煌"。② 这观点与以前一脉相承。在他看来，中国新文化将在沟通中西文化中诞生，进而开创出自己的"新纪元"。再联系他的具体出版活动，可见，以沟通中西文化为己任这一点，确实是他出版宗旨的内容之一。

就这出版宗旨中两个"己任"的关系而言，其实是密切联系的。张元济到商务后做的第一件大事，是编印供办新学用的新式教科书。这是"扶助教育"方面的一次具体实践。而他所编这新式教科书的内容本身，又是中西文化交融的结果。所以这两个"己任"，并非互不相关的两件事。张元济的一生都在实践这个出版宗旨，可以说未离开一步。其具体过程大体是，先从"扶助教育"这方面着手，使商务出版物主要面向学校教育，这同时又使商务在文化上和经济上都能牢固站住脚。在沟通中西文化方面，则是以大规模引进西方文化为先导，以满足多数读者的需要，然后再大规模出版中

---

① 《张元济诗文》，北京：商务印书馆，1986 年，第 170~172 页。
② 《张元济诗文》，北京：商务印书馆，1986 年，第 13 页。

国古籍。这样做，从出版战略上看，是英明的；从出版战术上看，又是稳妥的。张元济办出版，总是高瞻远瞩，又是谨慎从事，所以无不成功。

要说张元济办出版不具有经济目的，这肯定不符合事实。他不过是一介寒士而已，不是财神爷，怎能够为商务负责包赔亏本？再者，为求得商务自己的生存和发展，也必须求取利润。

但是，出版业的经济利益，必须通过满足社会的文化需要去求得。从旁门左道求得，决非出版家的行为。在清末，中国社会正处于除旧更新时期，需要大办新学，又是在长期闭关锁国之后，需要引进西方先进文化。出版家的长处是能够及时地发现这类尚在萌芽状态的文化需要，再通过自己努力去及时地满足这文化需要，并使经济利益包含其中。张元济就是如此。所以，他的出版宗旨取得成功后，不仅使商务在经济上实现飞跃，而且为中国现代文化事业的发展做出了巨大贡献。

在实现出版宗旨时，张元济在具体做法上总是要比别人先走一步，出版物的质量又总是要比别人高出一筹，还有其他一些办法，可以使他在文化上和经济上永远立于不败之地。比如在20世纪初，当清政府于1905年宣布下一年废科举、办新学时，张元济却在三年前就编印新式教科书；清政府又于1906年下诏"预备立宪"，张元济早已从1902年就开始出版介绍国外政法和其他西方文化的著作。他既已走在清政府的前面，更是走在同业的前面。在这种情况下，等待商务出版物的，当然只能是畅销和更畅销的命运了。这是幸运，却不是侥幸。其实，出版业中的这类机遇一般情况下都是有的，只是具体内容不同，大小不同，若隐若现，变化多端。一般人发现不了，并不代表它不存在。张元济的作风是不坐待时机，靠远见卓识发现时机，再靠毅力和魄力果断地紧紧抓住它，充分地利用它，而且任何时候都不忘记保证质量。后来，张元济在出版工具书等方面，都是这样做的。在当年的上海，与商务初办时实力相当的同业如点石斋、同文书局等，也设立编辑机构，据说也聘请翰林这类文人主持。然而，它们那里没有张元济那样的天才出版家，因此当他们发现社会上这类文化需要时，商务早已捷足先登，又稳占优势，于是失去机遇，不免只有瞠乎其后的遗憾了。

张元济提出的出版宗旨，当年立刻被总经理夏瑞芳欣然接受。夏对他言听计从，甚至态度上也是毕恭毕敬。所以，这实际上完全就是商务的出版宗旨。商务因为张元济的加入，形成夏瑞芳与张元济的亲密合作，由印刷业变成大型出版业的先决条件便具备了。夏瑞芳去世后，高翰卿于1915年接任总经理，他与张元济尽管在商务内政问题上发生一系列争执，但对这出版宗旨以至编译所业务，并未提出异议。张元济退休以后，王云五接任总经理，何炳松等协助王云五主持编译所，仍旧贯彻这个出版宗旨。由此，便形成了商务的出版活动与发展中国的文化教育事业密切结合的优良传统，在这个结合中，商务自己也求得了举世罕见的飞速发展。

迅速崛起

商务迅速崛起，其时间大致是从 1901 年至 1914 年。1901 年，恰好是张元济投资商务，又是它重新核定资本的一年。1903 年，商务开始与日本资本合作，中日双方各出资本 10 万元。1914 年便是中日合资结束的一年。在此期间，商务总经理是夏瑞芳，张元济始终是编译所长。合资期间日方未任领导，商务领导权主要是在具有密切合作关系的夏瑞芳和张元济两人手中。在现代出版业中，编辑业务总是居于核心的和主导的地位。商务所以能迅速崛起，就是受到张元济及其领导下的编译所业务的有力带动。

本时期商务崛起的具体情况，暂不说编译所方面的，先看以下三方面的资料。（1）其资本和营业额高速增加。商务资本在 1901 年是 5 万元，到 1914 年是 200 万元，恰好是开始时的 40 倍。营业额中 1901 年材料已缺，1903 年是 300000 元，到 1914 年是 2687482 元，大致是 1903 年的 9 倍。（2）已经形成编、印、发三位一体的新型出版体制。商务原来只有印刷所，1902 年成立编译所，同时成立了自己的发行部，后改称发行所。三所同属商务统一领导。1907年，在今上海宝山路购地数十亩，建成规模宏大的印刷所、编译所新屋；不久便于1912年，又在上海棋盘街建成商务发行所新楼。以此，向人们展示这个新型出版企业的雄姿和实力。（3）为向全国拓展业务，在各地建立分馆或支馆。其具体过程为：1903年在汉口；1906年在天津、北京、沈阳、福州、开封、重庆、安庆；1907年在长沙、济南、太原、潮州、成都、广州；1909年在杭州、芜湖、南昌、黑龙江；1910年在西安；1912年在桂林；1913年在保定、吉林；1914年在长春、兰溪、南京、香港、厦门、贵阳、澳门、衡阳、东昌、袁州。共计建分支馆32个，隶属于今天的20多个省市，其中少数（包括澳门支馆）有被裁撤的。此外，1905年在北京设一印刷厂，称京华印书局。① 在这十来年中，如此迅速地到处扩展，可见商务的蓬勃生气，及其兴旺景象。

若从资本上看，这个时期的商务，不仅是在全国出版业中雄踞第一，在同时期的民族私营厂矿企业中亦高居首位。据统计资料，1895—1913年，我国拥有一万元以上资本的民族私营厂矿共549家，总资本约12030万元，平均每家资本

---

① 资料来源：《本馆四十年大事记（1936）》《商务印书馆历年大事记要（1897—1962）》、庄俞著《三十五年来之商务印书馆》，以上三文载《1897—1992商务印书馆九十五年——我和商务印书馆》"附录"，北京：商务印书馆，1992年。

仅21.9万元。其中，纺织业160家，总资本3025万元，平均
每家资本18.9万元；食品业125家，总资本1888万元，平
均每家资本15.1万元；矿冶业81家，总资本2207万元，平
均每家资本27.2万元。[①] 本时期我国民族私营厂矿中，规模
一般以纱厂为较大。而1895—1910年间，我国私营纱厂中规
模大者为18家，其中资本多的只是120万元左右，少的只有
20万元左右。[②] 商务的资本，1903年是20万元，1905年是
100万元，1913年是150万元，1914年是200万元。从这资
本的比较中，可知商务仅用十来年时间，已经一跃成为全国
赫赫有名的头等大企业。它的发展速度名列前茅。

　　商务在这短时间内，取得如此惊人的好成绩，有多方面
的原因。从社会环境方面看，其原因有：当时的上海已成为
中国最大对外通商口岸；办新型私人企业在上海已成风气；
那时的社会变革为商务发展业务提供了机遇；等等。不过，
这些因素对商务在上海的许多同业，同样是存在的。从商务
内部看，其原因主要是总经理夏瑞芳是富有才干的企业经营
家。但是，在张元济加入前，他经营的商务虽然颇有生气，
然而只是经营印刷业务。如果仅仅停留在印刷上，那商务的

　　① 汪敬虞编：《中国近代工业史资料》第二辑（下），北京：科学出版社，1957年，第870~919页。

　　② 严中平等编：《中国近代经济史统计资料选辑》，北京：科学出版社，1955年，第98~99页所列表。

发展前途必定是非常有限的。在当时，上海有多家小型印刷厂，没有一家因靠印刷而成为大企业的。此外，中日合资也是一个重要原因。但是，这次合资主要是为商务扩大资金、学习出版业务，特别是掌握印刷技术等方面，提供了有利条件；合资对编译所工作的影响较小。在开始编教科书时，聘有两个日本专家当顾问。但这教科书，是在张元济、蔡元培、高梦旦、蒋维乔、庄俞、杜亚泉这些著名中国专家的努力下编成的。在现代出版业内，都有编辑、印刷、发行三方。这三方可以合而为一，当年商务便是；也可以三方各立门户，如我们现在。这仅是具体体制的不同。不论何种体制，编、印、发三方互相依存，必须密切合作。但是，三方中能对出版业的发展起全面带动作用的，在一般情况下只能是编辑工作，在编辑业务萎缩的情况下，印刷业务和发行业务都有发展，这几乎是不可能的。所以，当年商务的迅速崛起，从它的内部原因看，从根本上说是依靠了张元济领导的强有力的编译所业务，此外，不可能有另一个根本原因。对此，下面从两点予以说明。

第一，商务编译所业务的蓬勃发展及其全面带动商务业务的基本情况。

张元济一到商务，凭他的学识、威望和足以令人信赖的品德，在商务内部立刻形成了高梦旦、蒋维乔、杜亚泉等皆是全国一流人才的编辑群体；在商务外部，他团结了一批能为商务所用的全国最著名学者，如严复、林纾、蔡元培、伍光建、梁启超等。在商务领导中，有能力做这件事的，唯有他张元济。依靠这两部分优秀人才，他贯彻自己的出版宗旨，大致做了以下几项工作：（1）大量编印教科书。据资料统计，自 1902 年至 1914 年，商务编中小学各种教科书和教学用书共约 182 种，几乎独占全国教科书市场。其中，辛亥革命前的"最新教科书"类 69 种，辛亥革命后的"共和教科书"类 113 种。① （2）大量译介西方文化。在外国文学方面，重要的有 1903 年开始译印《说部丛书》；接着，在 1906 年出版第一集、第二集、第三集。在该丛书中，共收翻译小说四百余种，以林纾所译为多，另有梁启超、伍光建等人的译作。在社会科学理论方面，严复所译西方名著，自 1903 年在商务陆续出版，到 1912 年全部出齐，共八种。此外，还有蔡元培所译哲学伦理学数种等。辛亥革命前，商务还大量出版以国外情况为内容的政法书籍。除普及性册子外，重要的有 1907 年出版的《新译日本法规大全》（南洋公学译书院译）共 80 册；《列国政要》（端方等编）共 32 册等。在自然科学方面，除杜亚泉所编理化教科书外，商务还出版了伍光建、丁文江

---

① 庄俞：《谈谈我馆编辑教科书的变迁》，《1897—1987 商务印书馆九十年——我和商务印书馆》，北京：商务印书馆，1987 年，第 62～77 页。

等人的西方自然科学著作。(3)兴办各种杂志。自1904年创办全国影响最大的《东方杂志》后，历年创办的杂志又有《教育杂志》(1909年)、《小说月报》(1910年)、《少年杂志》(1911年)、《法政杂志》(1911年)、《学生杂志》(1914年)。本时期共办杂志六种。这些杂志大多销量大，除刊登作品、传播知识、促进交流外，还能起到在全国扩大商务本版书影响的作用。(4)出版各种工具书。本时期多为双语工具书。其中又大都是英汉辞书，另也有《中德字典》等。出版汉语工具书的工作，自1908年开始在编译所内着手准备，本时期尚未大规模展开，但1912年已出版陆尔奎主编的《新字典》。以上仅举荦荦大者，已可见编译所工作范围之广，门类之多，规模之大，这在当时中国是空前未有和独一无二的。

编译所的工作如此迅速发展，在商务内部的巨大作用是，直接带动起印刷所的业务，发行所的业务也跟着迅速发展起来。张元济的编译所为商务印刷所提供的印刷任务，数量很多，且是长年不断。其中，不少是大宗印件，如教科书、《日本法规大全》等；不少是不断再版的书籍，如严译、林译等；而那些杂志，又都是定期连续的印件。换句话说，商务印刷所有了来自编译所的数量众多、长期稳定，又是有利可图的印刷任务。这个得天独厚的条件，是当时中国的任何一家印刷厂不能与它相比的。这足以使它容易做到降低成本，增加收益。不仅如此，随着编译所的业务年年扩大，自然也就是印刷所的任务年年扩大。这就是促使印刷所有必要又有可能增加设备，改进技术，不断去扩大再生产。因此，在本时期，商务印刷所已经拥有彩色石印、雕刻铜版、照相铜版、珂罗版等先进技术。拥有了许多先进技术装备，不仅使商务的本版书印制精美，出版及时，而且又在承接外印件方面增强了竞争力，这就有利于扩大外接业务。总之，是编译所为印刷所的发展提供了源源不断的强大内部动力。编译所与发行所的关系也是如此。编译所推出的书籍多了，发行所的工作自然也多。商务大体自1906年起，不断在全国分批建立分馆，其主要原因就是为了推销愈来愈多的本版书。而在1906年前，编译所业务已经全面展开了。因此，可以完全肯定地说，商务的全面业务，是靠编译所带动起来的。

第二，商务的资金积累主要来自编译所的优异而出色的工作。

商务是编、印、发三位一体的企业。它所取得的利润，取得的经济效益，自然是三方努力的结果。在这方面，得力的发行工作非常重要。为此，夏瑞芳等人特别关注，经常研究改进。当今国内外搞得好的出版企业，也常常是重视发行。因此，商务当年经济效益之所以非常好，不可缺少的条件是三方良好的配合和合作。但是，出版物是否销得出去，主要看内容是否适用、适时，是否符合读者需要。这主要决定于编辑的工作。如果编辑方面提供的稿本，就如夏瑞芳当年用二百两银子买的那种，那么，印刷再好，发行再得力，也无济于事，免不了赔钱。由此看来，商务的经济效益首先取决于编译所工作如何。现在就来考察这方面的情况。

谈到这个问题，需要先重提张元济的出版宗旨。从前面所说编译所的那些工作可以看出，这正是"以扶助教育为己任"和以沟通中西文化为己任这宗旨的具体实践。所以，张元济的出版活动，是把对社会负责放在第一位的。在编辑作风方面，我曾对张元济作过如此归纳："对出版物唯质量是重，编辑作风严肃认真，一丝不苟，一贯具有对读者负责的精神。"[1] 谈了这些，就可以去看编译所工作的经济效益。

促使商务第一次获得巨大经济利益的，是20世纪初张元济主持编印的教科书。这早已是人们一致的看法。如陈叔通回忆说："商务发财主要是靠教科书。"[2] 商务创办人之一高翰卿在《本馆创业史》一文中也说："（教科书）出版以后销路非常好，第一版没有几天就销完。从此公司的名望信誉一

① 刘光裕：《功绩卓著的文化名人》，"张元济诞辰一百二十周年学术讨论会"（1987年，浙江海盐）参会论文。见刘光裕、王华良：《编辑学理论研究》，济南：山东教育出版社，1995年，第428页。
② 陈叔通：《回忆商务印书馆》，《1897—1987商务印书馆九十年——我和商务印书馆》，北京：商务印书馆，1987年，第135页。

天天的增高，范围一天天的大起来。"① 不过，当年编印教科书的并非商务一家，还有文渊书局、文明书局等多家。为什么人家不能取得像商务那样大的成就？除了上面讲过的，还有两个原因，其一是，张元济主持编印的教科书，内容符合国情，思想先进，合乎教育学原理，因而质量最高。其二是，人家所编只是几门数种，张元济所编能从小学到中学成龙配套，还另编有相应的教学参考用书，使用者因此感到既放心又方便。这都是属于编辑业务水平的高超。再加印刷精良，发行得力，商务教科书怎能不畅销全国？

教科书使商务取得长期的又是稳定的巨额收益。而编译所创造的巨额收益来源，还不仅是教科书一项。1903 年就进入商务的蒋维乔，他后来总结商务取得 "成功"，有这样 "三步"。第一步便是上面所说的编印教科书。第二步，是辛亥革命前大量出版政法书籍，其中《日本法规大全》销量之多，仅次于教科书。第三步是编译工具书。② 这三步，都是张元济策划，又在编译所的高梦旦等人协助下完成的。巨额收益如此接二连三地来，商务当然可以独步当年企业界。

其实，张元济十分懂得出版经营之道。即便是出版学术

① 高翰卿：《本馆创业史》，《1897—1992 商务印书馆九十五年——我和商务印书馆》，北京：商务印书馆，1992 年，第 7 页。
② 蒋维乔：《高公梦旦传》，《1897—1992 商务印书馆九十五年——我和商务印书馆》，北京：商务印书馆，1992 年，第 51~52 页。

著作，如1903年开始出版严复译作，张元济给的优惠版税高达20%。可是，他把严译一版再版，再加精打细算，从长远看仍有收益。

在一般情况下，商务的收益中，编辑出版占70%，印刷占30%。而印刷任务又主要来自编译所，此谓肥水不流外人田。因此，商务的利润和资金积累，主要来自张元济主持的编译所的优异工作。

以上分析可以证明，特别优异和出色的商务编译所工作，是商务迅速崛起的强大内部动力。没有这个从时间上看又是持久的强大内部动力，即便有了更多资金和更好技术，商务也不可能如此兴旺发达起来。张元济的贡献正是在此。

持续发展

商务的持续发展时期，大致是收回日资的1914年起，到1932年的"一·二八"事变中商务被日军炮火所毁为止。本文为适应研究张元济的需要，以他退休的1926年为止。如此更动，基本情况无大影响。

关于持续发展的具体情况，有关编译所的容后再说，先看以下资料。（1）从其资本和营业额看，商务资本在1914年是200万元，到1922年已经是500万元，比1914年增加一倍半，又是1901年的100倍。营业额在1914年是2687482元，到1926年已经是9738087元，比1914年增加两倍以上，大约是 1903 年的 32 倍。1926 年后资本未增加，营业额则持续增加 200 余万元，不过，其中有通货膨胀的因素。（2）从规模上看，本时期已达到商务历史上的最高水平。职工总数已近四千人。1924 年改组后的编译所，其中共设大小单位 30 余个，专职编辑多达 240 人。商务在全国已经拥有 6 个印刷厂，其中上海 4 个，北京、香港各 1 个。在各地布设分馆、支馆的工作，到 1916 年大体完成。其在本时期的具体情况为：1915 年在哈尔滨、梧州、汕头、吴兴、蚌埠、宝庆、九江、佛山、常德、韶州、武昌；1916 年在新加坡、昆明、洛阳、张家口、石家庄；1917 年在泸县、达县；1918 年在南阳；1921 年在郑州；1925 年在运城。① 以上分支馆，间有撤销者。值得注意的是，海外增加了新加坡分馆。在国内，由于主要大城市的分馆前期大致已布设完毕，本时期重点是把势力向中小城市扩展。这也表明商务业务在进一步扩大的情况。商务如此规模，以后几年无重大变动。

　　单从印刷技术看，商务在合资结束而独立发展以后，也是进步很快，几乎是年年在追赶世界先进水平。例如，1915 年采用胶版；1919 年引进米利机；1920 年采用直接照相晒版

---

① 资料来源：《本馆四十年大事记（1936）》《商务印书馆历年大事记要（1897—1962）》、庄俞著《三十五年来之商务印书馆》，以上三文载《1897—1992 商务印书馆九十五年——我和商务印书馆》"附录"，北京：商务印书馆，1992 年。

法；1921 年使用彩色胶印照相制版；1923 年增设影写部；等等。① 商务创制的仿古活字，人称商务体，别具一格。商务印刷技术大致只用 20 来年时间，已步入世界先进行列。

商务的持续发展，从其内部看，有很多原因。例如：它自前期以来逐渐形成的优良社会信誉；巨大社会影响和雄厚经济实力；它拥有越来越多的各类优秀人才；它的各部门已建立起在当时先进的规章制度；职工中已形成一种具有商务特色的传统作风；如此等等。而张元济从中依然起着关键人物的作用。对此，可以从以下两方面去看。

第一，从商务的外务和内政去看。

在本时期，商务遇到了前所未有的众多外部和内部问题。自夏瑞芳于 1914 年去世后，董事会至少两次推举张元济为总经理，而他力辞，只做了经理、监理。接任总经理的是印有模，以后依次是高翰卿、鲍咸昌。但是，张元济在商务内部早已是众望所归的核心，最受职工信赖；在社会文化界早已是德高望重而具有号召力的元老人物，新老文化人士莫不敬重。所以，他的作用在商务领导中无一人可以替代。虽然不做总经理，商务的外务方略皆需取决于他，内政大计则在长

---

① 资料来源：《本馆四十年大事记（1936）》《商务印书馆历年大事记要（1897—1962）》。以上两文载《1897—1992 商务印书馆九十五年——我和商务印书馆》"附录"，北京：商务印书馆，1992 年。

期的矛盾争吵中，他困苦地发挥着导向的作用。

就商务的外部问题而言，主要是同业竞争加剧和军阀割据。

辛亥革命后，同业中的中华书局、世界书局等强劲对手相继而起，皆欲与商务决一雌雄。张元济运筹帷幄，处置对策，以君子之风使商务转危为安，稳操胜券。军阀混战，时局动荡，特别是军人横暴，最令企业难以忍受。张元济本有政治经验。他一方面拒绝同流合污，如拒绝到北洋政府做官，不为割据势力印钞票等；另一方面又对强权政治持不即不离、虚与周旋的态度，为的是使商务的出版活动保持独立性，在文化上获得较多的方便和自由。

就内部问题而言，主要是商务领导集团中的矛盾激化。商务领导中大体分为两派。一称"教会派"，文化水平不高，但人数居多，有作为创办人的优势。另一派称"书生派"，以张元济为首，多为编译所的或与著译有关的学者。夏瑞芳在世时，他尊张元济为"夫子"，言听计从，因而两派关系和谐，犹能相得益彰。夏去世后，继任总经理的教会派高翰卿，并非不能经营，只是眼光短浅，性格固执，因而便与张元济在商务内政问题上产生一系列争执。张元济与一般"书生"不同，他办事能力强，能从战略上为企业运筹。自1916年开始，他针对国内外的形势，不断提出改革和发展商务的主张。其主要是：（1）任用新人，以适应时代的更迭；（2）

少分股息，多留公积金，以应付时局之不测；（3）鉴于日本
的侵略野心日益显露，提议到上海租界购地，建立商务据点；
（4）向海外拓展业务。这些，可称是商务在新时期的发展战
略。可是，高翰卿和教会派反对，形成对峙局面。当年在商
务，谁都知道总经理不妨换人，唯独离开张元济不行。对于
这一点，高翰卿心里也是明白的。他在 1920 年对陈叔通说：
"（商务）事务方面还能勉强凑合一下，但社会文化界，我怎
么能号召得了？"① 言下之意是商务不可没有张元济。两派长
期争执的结果，除第三点未决外，多取折中解决。即使如此，
对商务也大有益处。例如，由于张元济在编译所任用了新人，
便为五四运动以后商务的持续发展准备了有利条件。至于到
香港设厂，到新加坡设馆，都是经他提出又经他一再力争才
实现的。以上内部掣肘，使张元济为商务实现持续发展，付
出了比夏瑞芳在世时更多的心血，而且经常使他心情不快，
弄得他精疲力竭。

　　第二，从编译所方面看。

　　张元济的编译所长一职，1918 年由他好友高梦旦担任，
1922 年又改任王云五。高、王二人皆继承张元济的传统，贯
彻他的出版宗旨十分得力，而且精通出版业务。始终在张元

---

　　① 　陈叔通：《回忆商务印书馆》，《1897—1987 商务印书馆九十年——
我和商务印书馆》，北京：商务印书馆，1987 年，第 138 页。

济直接领导下的商务编译所，本时期的业务继续蓬勃发展，因此成为商务持续发展的强大内部动力，其中道理一如前述，不必重复。在此，则需进一步注意，张元济如何通过编译所工作，推动文化教育事业，使商务这样的私营出版社，成为中国的一个重要的文化教育事业单位。下面，把编译所工作归纳为五个方面。

（1）继续加强和扩大在教科书、工具书、杂志等方面的商务传统业务。商务早已成为中国最大的中小学教科书供应单位。本时期为适应新文化运动等，新编教科书和教学用书约166种，约占全国供应总量的三分之一。随着全国学生数量激增，绝对销量比前期增加很多。随着海外业务的拓展，海外华人的中文教科书全由商务供应。在充满创新精神的商务工具书领域，更是连年取得好成绩。1915年出版我国近代第一位辞书专家陆尔奎主编，历时8年而成的《辞源》，此为中国第一部汉语新型百科辞书。1918年，又推出由胡愈之称为"中国科学界的先驱"杜亚泉主编的《植物学大辞典》，此又是中国第一部新式专科辞书。接着，连续推出皆属全国首创的各种专科辞书。如1921年有《中国人名大辞典》《中国医学大辞典》；1923年有《动物学大辞典》；1925年有《哲学辞典》等。1924年出版中国第一部年鉴《中国年鉴》。英汉双语辞书为避免同类重复，商务取其新编，或力求完善。本时期杂志新增6种，即《妇女杂志》（1915年），《英文杂

志》（1915 年），《英语周刊》（1915 年），《儿童世界》
（1922 年），《儿童画报》（1922 年），《小说世界》（1923
年）。加上以前留下的 5 种（《法政杂志》于 1915 年停刊），
共 11 种，达到商务杂志的全盛期。读者基本上是儿童和青年
学生，包括知识分子，这类读者的数量最大。富有经验的商
务办杂志，总是既能办得有全国性影响，又很少赔钱。

（2）中外名著与普及读物并重，相继大量出版。本文下
面将介绍古籍出版，这里只谈外国名著。本时期"严译名
著"和"林译小说"都在商务一版再版，流传全国，以至在
知识界家喻户晓。由蔡元培、胡适、蒋梦麟、陶孟和主编的
"世界丛书"，自 1920 年起在商务陆续问世。这是中国系统翻
译外国名著的开端，它以后又引导出商务的"汉译世界名
著"丛书。1923 年，商务出版"现代教育名著"丛书，接着
又有政法、经济等专科名著问世。这类专科名著丛书，若包
括 1926 年以后的，共有十余种，又居全国首位。本时期商务
在介绍西方文化方面，开始注重自然科学。留日学者郑贞文
应张元济邀请，1918 年加入商务，主持理化部，他注重介绍
西方最新科技。主持做这方面工作的，还有杜亚泉、周建人
等。1923 年，商务出版汤姆生的巨著《科学大纲》，是它译
介自然科学名著的起点。到 20 世纪 30 年代，便形成商务出
版自然科学著作的高峰。本时期商务大量出版普及读物。主
要有：中国学者写的"百科小丛书"，翻译的"少年百科"

丛书，还有"学生国学"丛书等。前两种丛书，都包括自然
科学。名著与普及读物并重，从社会文化和出版经济的观点
看，都是十分有益的做法。就出版名著而说，大都难有收益，
有些还要赔钱。而商务的名著，无论是学科范围之广，品种
数量之多，都在全国遥遥领先，无可相比。

（3）与国内大学和学术团体合作，支持出版新人新作。
1918年出版"尚志学会丛书"和"北京大学丛书"，是商务
实行这种合作的开始。接着，1921年又出版"共学社丛书"。
这些，都是由张元济和高梦旦亲自研究决定的，是支持五四
新文化运动的实际行动之一。往后，这类合作还有"文学研
究会丛书""南京高师丛书"等。张元济开创的这种两方合作
出版的丛书，如果包括1926年以后的，总共不下二三十种。其
中，作为合作另一方的大学有北京大学、南京高师、武昌高
师、东南大学、中央大学、武汉大学、大同大学、燕京大学、
北京师大、厦门大学、上海美专等；团体有共学社、文学研究
会、中国经济学社、中华教育改进社、中国科学社等。张元济
做事，有不见利忘义的出版家气度。与大学和团体合作出版丛
书，不可能是为牟利。张元济的本意应是，支持五四新文化运
动；支持中国新一代学者；繁荣现代中国的学术文化。

（4）整理出版中国古籍。就张元济个人所编印的书籍而
言，主要在这一方面。著名者有四项大工程，即《四部丛
刊》《续古逸丛书》《百衲本二十四史》《丛书集成》。总其

规模，为中国历史上私家所编之最大，又可与清代官方动员360余人所编的《四库全书》相媲美。若论善本和罕传珍本的数量，自古至今以《四部丛刊》和《续古逸丛书》中搜罗最多；若论校勘全史之质量，自古至民国以《衲史》为最高。从中表现出所有出版家中罕见的巨大气魄。这类书籍的读者少，根本无法牟利。此事在商务内部，由张元济自己主持。他的用意，一是为国家保存珍贵遗产，防止湮没，使其流传；二是为延续中国的优秀文化传统，使其发扬光大。这项工作，在本时期只出版《四部丛刊》初编和《续古逸丛书》中少量作品，绝大部分是在他退休后陆续完成的。为此，他个人花了数十年心血，自己分文报酬不取，退回商务所给的全部酬金津贴，全是尽义务而已。个人风格如此，他在商务内外数十年受人尊敬不奇怪了。

（5）举办公益文教事业。在张元济领导下的商务编译所，有个与众不同的特色，就是它不仅做编辑工作，还举办公益文教事业，主要是办学校和办公共图书馆。统计至1926年，编译所办各类学校有：1905—1906年办小学师范讲习班共两届；1909—1923年办商业补习学校共七届；1915—1925年办经常性的函授学社，其中包括英文科、算术科、商业科、国语科、国文科；1917年办东文学社；1921年办国语讲习所，共两届；1924年办上海国语师范学校，共三期；1924年又办艺徒学校和仪器标本实习所；1925年办励志、平民夜校。以上学校的学生，函授学社各科除外，共有 12169 人；
办学经费包括开办费等在内，共计 58700 元。除上列学校外，
还举办两所常设学校，即尚公小学和养真幼儿园。其中尚公
小学自 1906—1926 年共投入经费 8 万余元。① 比办各类学校
更需巨额资金的是东方图书馆。它最初称涵芬楼，由张元济
亲自经管，原是为编辑提供所需资料，并且收藏珍贵古籍。
1924 年以十万元资金建成东方图书馆五层大楼，至 1931 年共
收藏中外图书四十余万册，为中国第一大图书馆。其中所藏
堪称国宝的善本书，已经整理的有 3745 种，35083 册。内有
宋版 129 种，元版 179 种，明版 1449 种。另有未经整理的善
本 5000 余册。其中所藏地方志 2641 种，25682 册。内有元本
2 种，明本 139 种。② 张元济为什么要办东方图书馆？1916 年
进馆的曹冰严颇了解意图，他在《张元济与商务印书馆》一
文中说"张先生在商务印书馆的设施上，一贯有一个宏图：
经营出版业务，应就力之所及，举办几项有益于社会教育的
事业，才能相得益彰，日臻繁荣。他对穷学生买不起书的情

---

① 资料统计，根据庄俞：《三十五年来之商务印书馆》，《1897—
1992 商务印书馆九十五年——我和商务印书馆》"附录"，北京：商务印
书馆，1992 年。

② 资料统计，根据何炳松：《商务印书馆被毁纪略》，《1897—1992
商务印书馆九十五年——我和商务印书馆》，北京：商务印书馆，1992 年，
第 240~243 页。

况极为重视，创办图书馆供大众阅览就是这些设施之一"①。

　　生财有道而不唯利是图，这理应是出版家的条件之一。出版家总不能是亏本专家。而张元济搞出版还有另一方面，就是慷慨大方，用之得当，竭尽全力支持中国的文化教育事业。如上面所说的，出版世界名著，出版中国古籍（包括几十年收购和保藏古籍），出版新人新作，这类事情多是无利可图，而张元济做得比谁都多。商务编辑部办学校这可谓世界上独一无二。至于耗巨资办东方图书馆，更是唯有张元济而已。因此，商务在二三十年代就被人称为"中国最重要的文化机关"。②

二十世纪中国伟大的出版家

　　根据上述张元济的所作所为，他无疑是二十世纪中国伟大的出版家。

　　第一，他是中国现代出版业的创造者。

　　当初，商务由印刷业转变为现代出版业，其关键是张元济于1901年加入，以及他的非凡作用。1914年前商务的迅速崛起，又在于长于经济而短于文化的夏瑞芳对张元济的完全

　　①　曹冰严：《张元济与商务印书馆》，《1897—1987商务印书馆九十年——我和商务印书馆》，北京：商务印书馆，1987年，第26页。

　　②　李伯嘉：《十年来之中国出版事业》，《大夏》第一卷第五号，1934年。

倚重。因此，没有张元济，就不会有编、印、发合一的中国第一家大型出版企业——商务印书馆。张元济的功绩之一，是开中国现代出版业之端。所以，二十世纪前五十年出现的中国所有出版家，都是在张元济之后，又几乎都是在张元济的影响下成长起来的。

第二，他在出版活动中具有非凡的天才和能力。

由于张元济在商务所起的核心领导作用，以及他编译所工作的出色而优异，促使商务这大型出版企业在时局动荡、文化剧变、军阀混战的二三十年内，得以连续地高速发展，并且稳妥而无甚波折。出版业中出现如此罕见的奇迹，足以证明他的非凡天才和能力。

第三，他通过出版活动有力地促进了中国现代文化教育事业的发展。

这方面的具体表现有：在清末他利用出版促使中国新式教育的产生，此后始终有力地支持它不断发展；他首先大量译介西方文化，沟通中西文化，由此促使形成了与古代文化不同的中国现代新文化；二十世纪前二十年中国出现的第一代新式学者，自幼至大无不是在他商务出版物的哺育下成长起来的，他们后来成为中国现代文化的创造者；自1920年开始，他以出版中的实际行动对五四新文化运动进行全面支持和有力推动。此外，还有他十分著名的古籍出版工作等。这方面功绩，在中国尚无一人可以相比。

由此可见，二十世纪中国伟大的出版家，如果只有一位的话，大概也是非张元济不可了。

1992 年 4 月

（收入刘光裕、王华良合著《编辑学理论研究》，山东教育出版社 1995 年版，标题为《20 世纪中国伟大的出版家》）

二十八、志在报国　德泽千秋
——三论张元济的思想和事业

我们要谈的张元济（1867—1959），是在 20 世纪前半叶，为中国出版事业做出了最大贡献之人。说"最大贡献"，不熟悉历史的年轻人可能感到突然，可是，在老一辈人的心目中，早已是无可怀疑的事实。

1956 年 10 月，值张元济 90 寿辰，这时他已卧病在床数年，上海市政府官员特地到他住所设宴祝寿，海内外知名人士祝贺致辞者很多。其中，郭沫若的贺诗说："兴国祯祥见，老成今道新。百年历甘苦，七载净风尘。文化高潮至，和平普海亲。百家鸣鼎盛，翘首寿斯人。"郭沫若以历史家的锐利眼光，把张元济在文化战线的一生奋斗，与祖国百年来由弱变强的历史联系在一起，对后人认识这位爱国老人，颇有画龙点睛之妙；诗中最后两句，是从国家文化繁荣有望，祝老人长寿。中国出版总署首任署长胡愈之，在《祝词》中这样称赞张元济："先生毕生之业绩将成为中国出版工作之典范。"这"典范"之说，出于著名出版家胡愈之之口，掷地有金石之声。文化部部长茅盾的《祝词》，概括、简明、精当，兹录全文如下："从戊戌以后，菊生先生致力于文化事业，创办商务印书馆；在中国于是始有近代化的出版事业。商务印书馆在介绍西洋的科学、文学，在保存和传播中国古典文学和其它学术著作方面，都有过重大的贡献。将来的历史将记录菊生先生这些对于祖国文化的贡献。"其中所称"菊生"，是张元济的号。郭沫若、茅盾、胡愈之诸人都是 20 世纪中国文化界的风云人物，对这段历史有亲身感受，在新中国成立后担任国家要职，他们如此肯定张元济的业绩，可知前面所说"做出了最大贡献"，并无过分之处。

　　不过，1957 年以后，对历史人物尤其是近现代人物评价的天平杠杆，愈来愈明显地倾斜起来，原因是众所周知的，这种情况不可能不波及张元济。1959 年张元济逝世以后，人们逐渐地几乎是把他遗忘了。再者，张元济作为中国近现代史上最重要的出版家编辑家，一生为传播别人著作所做工作，多得不可胜数，然而他掌握的出版机器极少用来印刷自己的作品。把他与同代友人严复、梁启超等人的情况相比，更显得资料缺乏。胡适当年一再劝他写自传，他始终不肯动笔。为纪念他 70 寿辰，商务印书馆出了一本献给他的纪念文集，作者全是中国文化界闻人名士，然而文章内容都谈学术文化，几乎没有谈他本人。他惯于脚踏实地做事情，耻于自夸。赵朴初于 1985 年在赠海盐张元济图书馆的屏条中，称他"温温长者""有功不矜"，可算颇知其人。他本是历史学家，或许因此过于看重历史具有无情的公正品格，相信历史是最终将公平合理地对待有功于祖国的任何人。可是，由于留下资料很少，为后人了解他带来许多困难，一些误解倒因此容易产生。

十年浩劫以后，万物复苏。上海文化界许多人如罗竹风、宋原放、吉少甫、方行、顾廷龙、汤志钧等，为恢复张元济历史真实面貌，或著文，或呼吁，精诚热情，殊为动人。1985 年浙江省海盐县成立"张元济图书馆"，陈云题写馆名，胡愈之为奠基石题字，叶圣陶担任该图书馆基金会名誉会长，黄源任基金会会长，可称一时之盛。近几年，商务印书馆做了不少工作，新出版了张元济的诗文、书札、日记等数种著作，还出版了国内学者王绍曾和新西兰学者叶宋曼瑛为他写的两种传记，后者为英文本。然而印数少，流通范围小，一般人很难看到。由于种种原因，今天国内大学文科的多数师生不知张元济其人，研究工作迟迟开展不起来。笔者无缘与张元济相识，闻其名、慕其人而已。

不断进步的一生

张元济生于 1867 年（清同治六年）。比严复小 13 岁、比康有为小 9 岁、比孙中山小 1 岁，比蔡元培大 1 岁、比梁启超大 6 岁。享年 93 岁。他在中国历史舞台上活动了 60 余年，经历了近代到现代两个历史阶段，是全国唯一既参加戊戌变法又参加新中国建设的人物。一生活动，大致可以 1902 年为界。在前 10 年，供职清廷，参加维新变法失败后以南洋公学为过渡，在上海转入出版界。在后 50 余年间，始终未离开商务印书馆，公认为中国出版界巨擘。

张元济祖籍浙江海盐。浙西文风素盛，又兼家学渊源，书香门第，年幼时受到了良好的传统文化教育。1892 年进士及第，历任翰林院庶吉士、刑部主事、总理各国事务衙门章京，开始接受西方学术，并自学英语。在戊戌变法时期，成为中国第一批具有现代民主思想的维新派人物。据他本人回忆说，1894 年甲午战争中，"我们被日本打败，大家从睡梦里醒过来，觉得不能不改革了"①。他因此在北京参加陶然亭聚会，组织"健社"。接着，创办"通艺学堂"，"专讲泰西诸种实学"。② 在 1898 年的百日维新中，他与康有为同日被光

---

① 《张元济诗文》，北京：商务印书馆，1986 年，第 232 页。
② 《张元济诗文》，北京：商务印书馆，1986 年，第 100 页。

绪帝召见，他自己又在 7 月 20 日和 8 月 3 日，连上两个以实施变法为内容的奏折。① 今天有关戊戌变法的历史著作中，大都讲到他的这些事。

短命的变法以彻底失败而告终。张元济遭到永远"革职"的处分，当年 32 岁，这成为他人生道路的转折点。对清政府腐败政治基本上绝望了，官既做不成而自己也不想再做了，从此不得不另觅救国之路。"革职"后到上海，在洋务派办的南洋公学做过译书院院长、总理。南洋公学虽是学校，但官场习气重，还要受洋人顾问的气。于是在 1902 年，他应邀加入商务印书馆任编译所所长。当年的商务，刚刚由几个印刷工人集资 3750 元创办起来，以经营印刷为主，除了印刷质量较好和经理夏瑞芳颇有才能，此外并无引人之处。已经是进士、翰林，又做过六品朝官、南洋公学总理（校长）的张元济，却愿意到这个私营小企业来做事，简直有点不可思议。后来，商务在他手里，迅速变成中国首屈一指的、并在远东负有盛名的大型现代化出版企业。

漫长的商务生涯，他自己从创业者变成退休后的董事长，而中国的历史，长期处于翻天覆地的风云激变之中。在此期间，当年中国的维新志士，一个个先后被历史潮流无情吞没。自称"戊戌孑遗"的张元济，也完全可能在某一次历史考验

---

① 《张元济诗文》，北京：商务印书馆，1986 年，第 110~120 页。

中弄得身败名裂。然而，他很少党派偏见和思想成见，办事稳当老练，精明强悍，思想上乐于吐故纳新，自谓"喜新厌旧之主义"。①因此，为出版事业奋斗一生而大节无亏，更有丰功伟绩；纵然是道路崎岖，然能审时度势，努力进步，老而不衰。

下面，我们着重讲他1902年以后的经历。大体可分这样五个阶段：辛亥革命前后从君主立宪派转变为坚决拥护共和；为五四新文化运动贡献力量；坚决反抗日帝侵略；公开反对国民党政府；参加建设新中国。

辛亥革命前，发生了革命和改良之争。张元济的两个朋友康有为和梁启超是改良阵营的两员主将，力主保皇，反对革命。张元济已在商务从事启蒙主义出版活动，积极传播严复、林纾等人著作，在全国影响巨大。那时他政治主张仍属君主立宪，但头脑清醒，从未反对革命，对革命派不怀成见。后来，他在诗中这样歌颂黄花岗起义烈士："男儿死耳曾何惜，为拯斯民水火中。"②对革命形势他到1911年还是估计不足，但在辛亥革命后他立即表示拥护共和。民国元年，商务编印"共和国教科书"，又出版《中国秘密社会史》。《东方杂志》刊载《革命战事记》《革命成功记》《临时政府成立

①《张元济书札》，北京：商务印书馆，1981年，第192页。
②《张元济诗文》，北京：商务印书馆，1986年，第45页。

记》等文章，这些表明了商务为顺应历史潮流所作的种种努力。参照蒋维乔《鹪居日记》（现藏上海图书馆），可知商务这样做是根据张元济的指示。不久，袁世凯做了总统。戊戌党人来自清廷，因而大多视袁世凯和北洋军阀政府为知己，纷纷投靠，冷静沉着的张元济从无此意。对于袁世凯个人，他的印象本来不好，以为是阴险毒辣的"枭雄"。但袁世凯政府总理熊希龄是他的同年和友人，邀他出任"人才内阁"的教育总长，他坚辞不就，其中原因，不会仅仅是对袁世凯个人的看法。以后袁世凯称帝，他坚决支持反袁护法。1916年初，与袁世凯决裂后的梁启超潜赴广西活动，联合蔡锷反袁，途经上海在张元济家中小住。临别时，张嘱梁放心南去，天津家眷可由他照料。① 反袁成功后，蔡锷赴日治病。蔡为政清廉，经济拮据，张元济慨然代商务向蔡的陪伴者每月资助二百元。当时受他资助的革命者至少还有蔡元培、章士钊等人。再是对保皇党的复辟活动，他界限清楚，态度明朗。同是资助，1917年10月孔教会来募捐，他拒不出钱。1918年康有为一再来要求代售《不忍》杂志，又遭婉拒，原因皆是孔教会和《不忍》旨在复辟。以上事均见《张元济日记》。他对孙中山在上海的革命活动在经济上也有支持。1916年元

---

① 参见《张元济日记》中1916年3月3日所记。《张元济日记》，北京：商务印书馆，1981年，第22页。

月，他分三次付钮永建（惕生）共一万元。（此事《张元济日记》移记于 1916 年 12 月 30 日）此款应是钮永建为孙中山筹措经费，钮有五千元的一张收条交他。1916 年 7 月 25 日，孙中山、廖仲恺等参观商务，他接待作陪；同年 12 月 29 日，他约唐少川、胡汉民等在一品香晚餐，钮永建、廖仲恺两人被邀而因事未到。这些事《张元济日记》中皆有记载，可见双方关系融洽。1916 年孙中山处境艰难，张元济给予支持，确凿无疑。只是到 1919 年，孙中山交来新著《孙文学说》，他考虑再三，"因官吏专制太甚，商人不敢与抗"，未敢承印。① 政治上的持重冷静，使他与袁世凯和北洋政府打交道时是非清楚，不为权势和利诱所动，但在这件事上却显出了缺乏决断，畏首畏尾。可是我们应从总的方面看，在辛亥革命以后，他拥护共和、支持革命、反对复辟，这方面事实俱在，无法否认。

对张元济这样一些前清遗老来说，辛亥革命是一次严峻的政治考验，往后的五四新文化运动又是一次严峻的文化考验。张元济虽有戊戌维新的进步表现，可是要在以后经受住这两次历史考验，决非易事。中国近现代史上的人物，由进步而落伍，再至反动的，本为司空见惯。当五四新文化运动来临，他的两个朋友即当年赫赫有名的维新派学者严复和林纾，都竭力反对五四新文化。他本人与严复的私交比林纾更

---

① 《张元济日记》，北京：商务印书馆，1981 年，第 651 页。

深一些。但在文化问题上，他素有自己的看法。早在 1902 年，就明确提出"勿滥读四书五经"。[①] 以后几十年，他一直旗帜鲜明地反对学校读经，尽管就国学修养而言，他称得上是名家、大家。1907 年，商务出版中国第一部用白话翻译的小说《侠隐记》，译者是伍光建（笔名"君朔"），现已得知，这白话翻译是应张元济之约。[②] 他自己自然是写惯了文言，可后来也改用白话写信作文，胡适见后，马上投书庆贺说："欢喜极了。"[③] 这当然已是 1929 年的事。但在"五四"时期，他本人思想与五四新文化并无根本性抵触，这应属实。从思想源流看，五四新文化可以看作是张元济早期启蒙主义出版活动的合乎逻辑的历史继续，对于这一点，可参见郭沫若《文学革命之回顾》一文中的观点。不过，就这时候的整个商务来看，一批早期创业者的思想，毕竟已大大落后于新时代和新文化，北大师生陈独秀、罗家伦猛烈批评商务出版物，可谓言之有据。这个问题若不解决，商务对新文化运动的消极作用，将远远大于林纾、严复他们个人的反对言论；若是解决了，商务的积极作用同样也是不可估量。商务已经面临自己今后命运的十字路口。在商务内部，最早发现这个

---

① 《张元济诗文》，北京：商务印书馆，1986 年，第 171 页。

② 伍蠡甫：《伍光建与商务印书馆》，《1897—1987 商务印书馆九十年——我和商务印书馆》，北京：商务印书馆，1987 年，第 79 页。

③ 《张元济友朋书札》，上海：上海古籍出版社，1987 年，第 121 页。

问题的是张元济。他在 1916 年就在领导层中提出任用新人的
问题，然而应者寥寥，使他无可奈何。到 1919 年商务出版物
受到批评以后，他抓准时机毅然改造编译所。先改造数种有
影响的刊物，如《小说月报》《东方杂志》等都交给茅盾以
及其他有新思想的年轻人接办。在此同时，他大刀阔斧地重
建编辑队伍。原来想用重金聘请陈独秀或胡适来领导编译所，
均不成功。结果陈独秀于 1921 年任商务馆外名誉编辑，王云
五受胡适推荐于 1921 年到商务领导编务。接着，有新思想的
大批年轻学者，如杨贤江、郑振铎、周建人、周予同、李石
岑、杨端六、朱经农、唐钺、竺可桢、段育华、任鸿隽、周
鲠生、陶孟和、顾颉刚、范寿康、叶绍钧、向达、胡寄尘、
何炳松、傅东华等相继进馆任职，加上原已在馆的茅盾、胡
愈之、章锡琛、郑贞文等人，商务的这个编辑队伍，年纪轻，
质量高，堪称国内第一流文化人才集团。因此，商务受到社
会批评后只用了两年左右时间，便完成了方向性的转变。从
1921 年开始，它终于成为传播新文化的重要阵地，此为有目共
睹。北京大学学生罗家伦本是 1919 年抨击商务的发难人，他大
学毕业后留学英国缺少经费，由蔡元培推荐，张元济"慨然允
为援助，贷以国币一千五百元"。此见罗家伦致张元济书。① 说

---

① 《张元济友朋书札》，上海：上海古籍出版社，1987 年，第 317~
339 页。

是"贷以",实为赠之,这类事在他那里很多。就这件事而言,要是不见罗家伦那封信,旁人永远不知。从中看出,张元济对商务在五四时期所受种种批评,心中毫无芥蒂,相反是从善如流。这既表现他的思想,也表现他的胸怀和品格。在五四新文化运动中,他没有成为也不可能成为举旗奋进的人,不能像他的好友蔡元培那样,但是,他通过自己的艰苦努力,终于促使中国最大的出版机构商务印书馆由运动中的消极力量迅速变成了积极力量。这在中国社会上的实际作用非常之大,后人怎可忽视?商务是私营企业,可以这样做,也可以那样做。商务固然受到外力推动,然而更重要的是,张元济善于审时度势,自觉地做出了行之有效的决定。旁人怎能知道,那时遇到多大的困难!历史上的举旗者、首创者、弄潮者是可敬可佩的,可是对于追随历史潮流而做了大事业的人,如张元济这时的所作所为,公正的历史可以略而不论吗?

1926年张元济年满60,自动退休。自此以后,他的社会活动自然减少,全力以赴去整理古籍。在整理出版古籍方面,他的成就在近代现代史上荣居榜首,对此,全国文献学家至今未有异词。从当时的全国政治形势看,日帝侵华气焰日益嚣张,国难日重。关键时刻要出几个汉奸,就像平时有贪官污吏一样,此谓怪亦不怪。郑孝胥在戊戌年也算进步人士,后来官运亨通,做过按察使、布政使之类油水很大的官,颇有文名,有钱有势,他投资商务,做上了董事长。然而他无

意于文化，1923 年投奔末代皇帝溥仪，1932 年做伪满洲国总
理。郑孝胥既做董事长，张元济与他定有交往，但是他们所
走的路不一样。当郑孝胥在东北公开做汉奸时，张元济在上
海奋起抗日救国，显得非常积极。1932 年"一·二八"事变
中，日本把商务炸成一片废墟。张元济起而复兴商务，第二
年又出任东方图书馆复兴委员会主席。那时他正埋头整理古
籍，自然留恋书斋，然而他走出书斋，去为商务的复兴奔走
呼号，出谋划策，由此显示出在国难中的坚定信念和气概。
1937 年，他出版自己编写的《中华民族的人格》，意在鼓舞
抗日爱国的民族精神。抗战时期，作诗赞美归国抗日的郭沫
若、为国捐躯的飞行员等；自己陷于孤岛上海，担任商务董
事长，凛然拒绝与日伪合作。日本人登门拜访，他拒之门外。
汪精卫从南京捎来诗集，他置之不理。这时候他已没有什么
固定收入，积蓄日空，有时还要接济商务老同事。因此，于
1939 年卖掉自己在极司菲尔路（今万航渡路）的一座洋楼住
宅，另在霞飞路（今淮海中路）租赁公寓居住。再往后，只
得以卖字为生。70 多岁的前清翰林，又是当代名士，且长于
书法，所以他的字销路倒好。在给顾廷龙的一封信中说："弟
为生事所迫，妄思鬻书为活，附呈润例数纸，敬乞介绍与苏
垣之笺扇店，请其代为招徕。"① 大概很难相信堂堂商务董事

---

① 《张元济书札》，北京：商务印书馆，1981 年，第 175 页。

长，不做财神爷，却还要卖字为生，然而这是千真万确的事实。凭他在国内国外的社会声望，凭他与汪精卫曾有交往，又凭他与汪精卫的哥哥汪兆镛是知己好友，岂能有生计之虞？弄个坐收渔利的一官半职，应如探囊取物。可是，他崇道义，高气节，愧自己老休不能杀敌，怎肯玷污中国人的人格！

对于国民党政府，他一开始就小心谨慎地保持着距离，政治上沉默不言，不涉倾轧纷争。从保持距离到公开反对，这位老人经历了相当长的过程。不过，他内心早有看法。如1930年他说："统一专制局面又要回来了。"① 1932年又说："主持国事皈依三民主义之人"，并非"真能致民于生"。② 自年轻时参加维新以后，对民主、自由的向往愈来愈强烈。抗日战争胜利那年，他79岁，已是真正的老人了。以后几年，老而弥坚，屡次起来公开反对国民党。他最不能容忍的是国民党的专制和腐败、置人民于水深火热之中。1947年，他不再沉默了。为营救被捕学生，在上海与陈叔通、唐文治等共10位知名老人相联合，由他执笔致信上海市长吴国桢、淞沪警备司令宣铁吾，义正词严地提出指责，要求释放被捕学生。③ 当局十分恼怒，又奈何不得。同一年，为支持复旦大学

---

① 《张元济书札》，北京：商务印书馆，1981年，第163页。
② 《张元济书札》，北京：商务印书馆，1981年，第163页。
③ 《张元济书札》，北京：商务印书馆，1981年，第275页。

因罢教而被国民党下令解聘的 30 位教授，他站出来唱对台
戏，声明解聘后的教授可由商务按月提供生活费。张元济做
事尤恶炫耀，以后这些事鲜为人知；直到近几年，才在文史
资料等别人的回忆文字中间或见到。1948 年，中央研究院在
南京召开院士大会。院士中年龄最大的张元济作第一个发言。
发言时蒋介石虽已提前离席，但会场上坐着何应钦、朱家骅
诸要人，当着这些人的面，他毫无惧色地斥责内战，要求和
平，这就是他著名的《在国立中央研究院第一次院士会开幕
式上致词》。① 会场上为之震动，会后新闻界有多种报道，人
们传为美谈。作此举动，固然可倚仗自己年老，可是，国民
党既然敢于剥夺宋庆龄的自由，遑论他张元济一条老命？况
且李公朴、闻一多饮弹而亡已是国人皆知的。张元济这样做
无非是忧国忧民。这些事表明，在中国两种命运决战的关键
时刻，张元济站在人民群众一边，站在中国共产党领导的新
民主主义革命一边。

　　张元济 83 岁时在上海迎接解放。不久，市长陈毅登门拜
访耆宿，陈云以"商务老同仁"身份去拜见他。新中国成立
后这位老人的政治热情，奇迹般地恢复到有些像年轻时那样。
说是"奇迹般地"，那是因为以往几十年发誓"名不入公
门"，不与政治打交道，现在却完全改变了。1949 年 9 月，

---

　　① 《张元济诗文》，北京：商务印书馆，1986 年，第 226~228 页。

他作为特邀代表赴北京参加政协会议，受到毛主席的接见和
宴请。他与毛主席谈商务印书馆，也谈国事往事，别后又有
书信往来。为庆贺西藏和平解放协定签订，他作诗并致信毛
主席。毛主席复信说："积雪西陲一诗甚好。由于签订了协
定，我们的队伍不久可以到拉萨了。"1956 年他已卧病在床，
自己提出要给蒋介石写信。他一生与蒋介石只单独见过一次
面，那是为请解除对邹韬奋所办《生活周刊》的禁令。张元
济与孙中山同辈，年龄比蒋介石大得多。信中他自称"浙中
之一老民"，以浙江同乡身份，劝蒋介石仿效五代时的一位浙
江人，即归顺宋朝的吴越王钱武肃："当今之世，足以继钱武
肃而起者，舍公而外，无第二人，窃于公有厚望焉。"① 信中
措词平正，无意轻侮对方，只是诚心诚意为祖国统一大业。
张元济年轻时担心列强瓜分中国，在新中国成立后亲见人民
解放军进驻西藏。仍使他放心不下的，只是台湾与大陆的统
一了。他至死盼望祖国统一。在新中国成立后，他担任华东
军政委员会委员、全国政协委员、全国人大代表、上海文史
馆长等职，公职之多是以前从未有过的。上海文史馆长之职，
据说是毛主席亲自提名的。在商务，他仍任董事长。只是从
1951 年开始，健康状况恶化限制他参加社会活动。90 岁时写

---

① 《致蒋中正》作于 1957 年 6 月 15 日。《张元济书札》，北京：商务
印书馆，1981 年，第 276 页。

的《自挽联》中说："这般新世界纵我活不到一百岁及身已见太平来。"① 他怀着对国事满意的心情，于 1959 年 8 月 14 日与世长辞。

散文家黄裳早已提醒人们，不要只看到张元济校勘过古籍，更要注意他在政治上和思想上是"老新党"，"这特色，直到他的晚年也并不曾减退"。（黄裳《珠还记幸·涉园主人》）② 此话十分中肯。戊戌以后，张元济坚守文教岗位，从事出版工作，政治上以持重为本，是是非非由人评说，然而绝无投机取巧之事，大是大非清楚。关键时刻常见胆量和勇气；尽管并不总是站在时代前列，有时矛盾，有时彷徨，经常沉默，但是数十年大节不亏，随历史潮流而动，无朝三暮四之病，视国家民族为至上，淡泊个人名利。因此，他一辈子求进步、爱革新。如此漫长的一生，不断向往进步，最难能可贵。

救国与民主

张元济主要是事业活动家，但对他的思想也不可忽视。满腔热情的爱国主义和渴望进步的民主主义，是他思想的基调和主流，在他脑子里，始终装着"救国"和"民主"这四个字。

---

① 《张元济诗文》，北京：商务印书馆，1986 年，第 96 页。
② 《商务印书馆大事记》，北京：商务印书馆，1987 年，第 126 页。

维新派人物都讲救国和民主。戊戌变法以后，人们逐渐认识到，依靠清政府既无法救国，也不会有民主，从而促使做过精彩表演的维新改良派，不得不把历史舞台让位于立志推翻清廷的革命派。因此，如何看待清政府，这对于维新派的救国和民主来说，成为一种严峻的考验，由此引起维新派内部的分化和堕落。在这个问题上，张元济有一段时间陷于深深的矛盾之中。一方面，他割不断与清政府的联系，另一方面，对清政府的腐败政治，基本上抱绝望的态度。

先说前一方面情况。从小接受教育，毕竟是忠君爱国这一套；科举后得光绪知遇，心中有感激之情；清政府内有不少老相识，不断邀他去做官。这些因素，拉着他倾向清政府。再者，过于持重的性格，又使他一般不会拍案而起，拂袖而去，实现与清廷完全决裂。比他小两岁的浙江同乡章太炎，不参加科举，不屑于仕途，因而很快在上海成为闻名全国的革命派人士。张元济的经历和个性，决定他不可能如此。

再说后一方面情况。关于清廷的腐败政治，在北京做官时已看得一清二楚，因此，那时候他给上海汪康年的信件中，曾多次详细谈论。1904 年后，维新派中不少人复职，北京先后召见他去度支、邮传、学部任职。他在 1904 年给北京汪康年的信中，如此谈自己不愿复出的想法："弟近为商务印书馆编纂小学教科书，颇自谓可尽我国民义务。平心思之，视浮

沉郎署，终日作纸上空谈者，不可谓不高出一层也。"① 语气
是平缓的，但从中可看出对清廷的腐败是看透了，绝望了。
维新派中多数人一听到有官做，赶紧往清廷怀里跑，张元济
则是一再拒绝做官。1906 年因推辞不过，到学部、外交部工
作数月，马上借故溜之大吉。而且早在 1900 年，他在上海当
面劝李鸿章："不必再替清朝效力了。"② 这种态度，他与好
友严复有相似之处，当时他们都不想与清廷合作，愿在民间
做自己认为于国有益的事。唯严复晚年参加袁世凯的筹安会，
而张元济是坚持反袁称帝的。

　　了解了张元济的这种矛盾心理，便可知道他在辛亥革命
前，为什么身在改良派阵营，不反对革命派，相反还对革命
派有同情和支持。1903 年，上海"苏报案"起，章太炎和邹
容被捕入狱。开庭之日，与章太炎并无私交的张元济赶去旁
听，对章太炎在法庭上的"侃侃直陈"，十分钦佩，以至在
1936 年写的《挽联》中称章为"以身试法为我国言论力争自
由之第一人"。③ 至于同在"苏报案"，并在 1904 年于上海成
立光复会的蔡元培，更是一直得到张元济的全力支持。后来
有人把他视为保皇派，其实是误解。

①　《张元济书札》，北京：商务印书馆，1981 年，第 48 页。
②　《张元济诗文》，北京：商务印书馆，1986 年，第 237 页。
③　《张元济诗文》，北京：商务印书馆，1986 年，第 93 页。

张元济年轻时确立的救国和民主思想，从总的方面看，有以下两个特点：

一、民主思想中具有较多的平民色彩

在中国，他是最早注意向西方学习民主的少数人之一。百日维新时向光绪讲"变法自强"的奏折中，他建议设议政局、融满汉、废跪拜、废科举、办学校，以及改革币制、发展私营工商业等，这些都是向西方学习民主的结果。"革职"以后在上海，曾参加宪政团体的立宪活动。这个宪政团体中不少人是政客和官迷，而他无意做官，又注重做实事。在商务，他大量出版介绍西方政法的书刊，为实行西方民主做宣传，此外，他又有效地阻止了德、美、英等国到浙江修筑铁路，自己出任全浙铁路公司"股东代表"，集资自办铁路更获成功。立宪派中这类很有成绩的实干家，未尝不可视为革命派的同盟者。

当年主张维新者，其中有些人一味眼睛向上，以为只要有一二大人物支持，变法之事就能通行起来。与此不同，张元济比较重视民众，深知旧党势大人多，若民众不觉悟，即便变法也难免换汤不换药。因此，他在给汪康年信中，提出："此时急务，总以鼓动人心为第一义……其次即为培植人材。"① 在这方面，他与同在北京的蔡元培的观点十分一致，因此他们两

---

① 《张元济书札》，北京：商务印书馆，1981年，第16页。

人同时想到兴学办教育。张元济在中国首倡普及教育，这是
他民主思想中平民色彩的表现之一。他的普及教育思想，最
早见于 1902 年写的《答友人问学堂事书》，提出"无良无
贱、无智无愚、无长无少、无城无乡，无不在教育之列也"；
又认为教育事业应"重普通""先初级"。① 他自己不在南洋
公学办大学，乐意到商务去编小学教科书，就与这思想有关。
到后来，他看到社会腐败，与教育的"贵族化"有关系，
1937 年又撰《我国现在和将来教育的职责》一文，提出教育
"要贫（平字还不够）民化""要乡村化""要内地化"，希
望教育首先有利于包括"贫民"在内的普通老百姓。② 他民
主思想中平民色彩的表现之二是比较重视改善劳动人民生活。
1936 年 70 岁时，他注意到政府当局无理禁止浙西农民杀
"小胡羊"取皮售卖，造成农村破产，特撰《农村破产中之
畜牧问题》一文，呼吁当局对农民生产不要"摧残"，行
"扶持"政策，说"斯真农民之幸乎，余日夜望之矣"。③ 他
抗战前夕所写《在海盐两日之所见所闻》一文，批评政府当
局所谓建设，对百姓无益反而有害，认为"如是而言建设，
恐非民生主义之建设也"。④ 他自己在商务，为职工办夜校，

① 《张元济诗文》，北京：商务印书馆，1986 年，第 170 页。
② 《张元济诗文》，北京：商务印书馆，1986 年，第 223 页。
③ 《张元济诗文》，北京：商务印书馆，1986 年，第 204 页。
④ 《张元济诗文》，北京：商务印书馆，1986 年，第 206 页。

办子弟学校，建议补贴米价，拿出自己部分工薪充作低薪职工子弟的教育基金，又努力协调劳资纠纷等，退休以后，还以未能在商务实现退休金制和进一步扩大职工子弟教育基金为两件憾事。他在商务所做的那些事，许多商务老职工至今谈起来还是颇动感情的。

二、以教育爱国作为自己的实践目标

我国最早试办新式学堂的人中，就有张元济。通艺学堂他创办于1896年，他离京后便归并到后办的京师大学堂。他热心教育，本有维新改良方面的目的。但在南洋公学处处受制于人，在这种情况下，不如自己掌握一个企业，倒可自由地多做些事情。这或许是他加入商务的动机之一。以后商务不断参与中国的教育活动，就与张元济的教育爱国思想有关。在加入商务前，他就与经理夏瑞芳商定"吾辈当以扶助教育为己任"①，明确要从教育方面为国效力。由于身在商务，张元济的教育爱国思想中，又包含有出版传播这一文化内容。

辛亥革命以后，他的教育爱国思想显得特别突出，不愿涉足政治，埋头做商务事务。救国需要教育，但靠教育不能完全救国，这个道理至少到后来他是懂得的。年轻时很想在政治上有所作为，自己懂政治，也有政治能力，以后转搞文化教育，无非是不得已罢了，所以到解放以后，又变得关心

---

① 《张元济诗文》，北京：商务印书馆，1986年，第240页。

政治。因此，他几十年不问政治，其中原因相当复杂。从个性说是过于清高，对肮脏的官僚政治既无力改变，也就干脆不愿沾手了。从事业看是想保持商务独立，因而尽量不和当局的政治搅到一起去，敬而远之和不即不离，或许可以使商务免受当局摧残和并吞。再说，随着年龄增大，重搞政治的困难也是愈来愈大。既已年届半百，只能安心在商务贡献实绩，去实现自己爱国的理想。

我们说他以教育爱国作为自己的实践目标，为的是与那些完全不问政治的教育救国论者在表述上有所区别，另一缘由是他从不反对旁人的革命暴力。从认识上看，这方面他并非没有缺点。如对五四运动中学生的某些过激行为显得不理解，又如对戊戌变法这种和平改革的作用长期估价过高，他这种认识到1949年与毛主席谈话后，在《戊戌政变的回忆》一文中有所纠正。可是他从来把国家和民族的利益看得至高无上，所以政治偏见较少。尽管参加立宪活动，但又拥护辛亥革命推翻帝制，这表明他乐于接受革命暴力的成果。固然重视和平改革，但从另一方面看，他曾一再提倡反抗日帝的正义斗争，对于解放战争后来也是赞成的，因而不能称他是非暴力主义。解放前夕，他写《论孔子在今日的地位》一文，最后一大段纯系借古说今。他说，孔子当年愿到鲁国叛臣公山氏那里去做事，这行为是："危害国家附和匪党，有很重大罪名"，"但孔子都不理会，这种自由独立的精神，也是

值得可以崇敬的"。① 讲的是孔子，却故意用现代语言，如
"附和匪党"之类，真正意思不在于谈历史，而是肯定人民
解放战争。

从思想上看，称张元济是民主志士和爱国老人，是最恰
当不过了。他事功精神极强，言论不多，一生最爱埋头苦干，
不喜作号令天下的惊人之举。个性是如此。但是，数十年努
力工作，向往自由民主，表现出热爱真理、公而忘私的精神；
置身官场和商界，一贯洁身自好，始终出淤泥而不染；渴求
祖国的进步和富强，为此几十年无一点虚情假意。这些都为
世所公认。著名园林建筑学家陈从周教授在张元济图书馆画
朱竹一幅，赫然题"亮节高风"四字赠菊生。看来已作古多
年的张元济，知己者不绝于后。

丰功伟绩

学贯中西的张元济，办事精明干练，言必信行必果；作
风光明磊落，正直正派，痛恨贪财好利；工作严肃认真，以
身作则，处处从自己做起，反对因循苟且。这在文化界是事
业家型的难得人才。因此，早年失败的政治家，终于成为空
前成功的出版家。谈论他的丰功伟绩，从政治方面说自有不
足，从出版方面说却是当之无愧的。下面，我们从三个方面

---

① 《张元济诗文》，北京：商务印书馆，1986年，第231页。

去看。

一、从出版史来看，他是中国现代出版事业的奠基人。

素称先进的中国古代出版业，是建立在手工印刷基础之上的。自 18 世纪始，中国出版业日益落后于西方国家。中华民族若要自立于世界，建立自己用于文化传播的现代出版业，必不可少。西方的铁制印刷机械在 19 世纪初零星传入中国，开始多用于西人传教。这种先进技术要在中国的文化传播中发挥积极作用，必须由具有现代意识的属于中国自己的编辑家出版家来利用和掌握。1897 年上海成立商务印书馆，当时印刷技术属先进，但是没有编辑机构，出版业务开展不起来。1902 年初，商务建立起以张元济为首的编译所，这在当时同类企业中独树一帜。张元济领导的强有力编辑活动，为商务出版物打开销路，提供了可靠的质量保证。这件事十分重要，它进而使商务有条件不断采用新技术和设置新厂，有可能使发行机构遍布全国、远及海外，商务因此很快成为编、印、发三位一体的大型现代化出版企业。可是，要是没有张元济领导的编译所，也就不会有这三位一体的大型企业。对于这一点，商务第一任经理夏瑞芳心里最清楚，因此对张元济毕恭毕敬，言听计从，表现出这位工人出身的企业家有非凡的见识。曾有许多人为商务事业的兴旺发达做出贡献，而张元济是其中的关键人物，他是商务不可缺少的灵魂。

在 20 世纪前半叶，商务几乎是中国出版业的半边天下，始终雄踞全国第一。商务决非尽善尽美，决非数十年无过错。但是，商务的崛起，在中国出版史上有以下几点意义：（1）它是中国出版事业告别古代跨进现代的里程碑。在它之前，中国现代出版业处于萌芽状态，自有商务崛起，显赫如明代汲古阁、清代皇家武英殿等出版机构，都成为黯然失色的历史陈迹。中国人终于有了属于自己民族的新式出版业。（2）它为上海成为旧中国的出版中心创造了条件。解放前出版业高度集中于上海，这与上海是工商业发达的港口城市有关，又与商务在上海有关。商务的成功，包括它吸收消化先进技术、建立新型工作体制，以及在事业上的其他经验，都应视为中华民族在建立现代出版业上自力更生的成功。西方人搞的事业，中国人照样也搞得出来，这当然可以鼓舞更多中国人跟着做。商务成为培养出版业人才的摇篮，中华书局、世界书局、开明书店等的创业者，都在商务工作过。（3）它为新中国出版业的繁荣准备了条件。新中国出版业不能靠外国人恩赐，它是中国近现代出版史的继续。商务锻炼出来的大批优秀人才，商务雄厚的物质技术，都成为新中国出版业的宝贵财富。此外，张元济在全国刚解放就代表董事会向国家提出商务实行公私合营，这又属首倡。

因此，我们把为商务事业贡献毕生精力并做出最大成绩的张元济，称作中国现代出版事业的奠基人，盖不为过。

二、从教育事业来看，他是废科举以后，为中国新式教育发展做出巨大贡献之人。

张元济是与蔡元培同时的进步教育家，这一点几乎被人忘记了。他为发展新式教育所做的许多实际工作，影响深远，且有勇为天下先的精神。下面谈三件事。

先谈编印新式教科书。废科举办新学，是清末中国人的强烈要求。清廷于1905年被迫宣布下一年不再科举，可是办新学，一无教科书，二无教师，乃一纸空文而已。幸有张元济在商务领导编教科书，参加者一开始就有蔡元培、高梦旦、蒋维乔、庄俞等学者，时间是1902年，比清廷宣布废科举要早三四年。这套教科书包括小学到中学的各科用书，成龙配套。参照国外经验和先进教育思想，剔除旧学中陈旧内容，增加国外先进科学，内容和形式在当时都是最新的，适合中国学生。再者，配合教科书另编各科教授法、详解等书，可供教师教学作参考。这套教科书一出，立即风靡全国，商务因此起家，事业蒸蒸日上。再从中国教育史上看，这套新式教科书，质量最高，配套最全。有了它，清末的新学才能办得起来，否则，科举既废，学生仍将读《百家姓》《千字文》和四书五经之类。所以，这是及时地做了一件历史性的大好事，在此表现出张元济为新学而奋斗的满腔热忱和踏实创造的精神。由此看来，编辑家出版家不能没有经营意识，可是，更重要的是应有正确的文化观念。商务这次既取得社会信誉，又得到经济利益，为它今后蓬勃发展，奠定牢固基础，当然这主要是张元济的功绩。直到民国以后，商务仍是中小学教科书的最大供应者，经常占全国用书量的一半或大半。海外华侨的中小学教科书，也基本上全部靠它供应。到1932年，它又率先出版中国人自己编写的大学教科书。在解放前，大多数中国学生读的是商务的教科书。

其次，谈举办函授教育。学校教育只是教育方式之一，而函授教育的性质属校外教育，有方便、灵活、省钱等优点。张元济是我国早期函授教育成功的倡导者。1910年，由他发起在商务创办师范讲习社，以培养小学教师。据说，该社数年内共函授学生近9000人，遍及全国22个省，考试合格者达1900多人。[①] 1915年，商务又创办以张元济为社长的函授学社，先设英文科，作家茅盾、外国史学者周由廑年轻时都在这里搞过英语函授。英语辞书家葛传槼和教育学家杨贤江等人，都通过商务函授学成英语。

以后，商务函授又分为英语、商业、算学、数学、国语、国文、图书馆学等科目，皆由专家主持。商务的函授不做买空卖空之事，旧中国的贫寒子弟从中受益最多，不少人因此成才。

再谈兴办公共图书馆。公共图书馆是社会教育的重要方

---

① 汪家熔：《大变动时代的建设者》，成都：四川人民出版社，1985年，第109页。

式。它既是教育单位，又是文化单位，儿童、成人、老人都能在这里学习。中国古代的图书馆其实是藏书楼，有悠久历史，然而不向公众开放，所以不具备公共性质。在旧中国，公立的公共图书馆发展缓慢，在此情况下，张元济成为中国公共图书馆事业最得力的兴办人。1926 年，他把供商务内部使用的涵芬楼藏书，除善本书外，全部拿出来成为向社会开放的东方图书馆。该馆耗巨资购藏中西图书达 40 余万册，是当时中国图书馆中规模最大者，名闻中外。东方图书馆于"一·二八"事变中被日寇炸毁。1939 年，他又和叶揆初等人联合捐赠经费，拿出私人藏书，在上海成立合众图书馆，同样具有公共性质。该馆于 1953 年捐献上海市人民政府，约有图书 25 万册，金石拓片 1.5 万种，其中"名人稿本及名校精钞，不亚于'东方'所藏；刊本则明、清居多"（张元济致陈毅书）。一生编书、印书、收藏书的张元济，自己家中并不存书，都送往图书馆了。他数十年间，创办这两大公共图书馆，贡献之大，在这方面中国没有第二人可并比。

　　仅以上三事，人们难道还能怀疑张元济在现代教育史上的地位吗？

　　三、从沟通中西文化来看，他一方面为长期闭关锁国的中国人在文化上打开了一扇通向世界的大门，另一方面又为保存和流传传统文化留下不可磨灭的业绩。

　　编辑家、出版家在专业知识方面难免有不如专家之处，他们的高明在于具有文化战略观点，是出色的文化战略家。因此，作为商务领导人，张元济如何看待文化形势，这比他个人有何学术专长更加重要。对于文化形势的看法，简单说来，他认为中国传统文化应与西方学术文化"相为调剂""取长补短"，以形成与现代中国相适应的新文化。在1902年，他提出将"泰西种种学术"，与中国固有文化"相为调剂，扫腐儒之陈说，而振新吾国民之精神"。① 过了几十年，到1937年，他在一首诗中说"陋儒空谈久误国，宜补己短取彼长"，"东西文化互陶铸，开新纪元弥辉煌"。② 看来基本观点未有变化。

张元济坚持认为中西文化必须交流、"调剂"、融合，这与他在政治上坚持革新和进步的立场是完全一致的。基于这种认识，在文化上和出版上，他始终主张面向世界，面向革新，反对闭关守旧，他这思想成为商务编辑方针的基本点。他自己是古籍专家，可是商务从未成为一家专业的古籍出版社，原因亦在此。

在退休前的20余年间，张元济在商务编务中所抓的主要工作，就是传播西方学术文化和我国新文化。对此，陈江曾作专文详细介绍，连载于1987年《出版工作》，可参阅。大

---

① 《张元济诗文》，北京：商务印书馆，1986年，第171页。
② 《张元济诗文》，北京：商务印书馆，1986年，第13页。

致以五四运动为界，在此之前商务以出版译作居多，其中有
些是编译，品种和数量都很可观，之后则在出版译作的同时，
又不断大批出版我国作者的著作。从出版译作到出版我国作
者的著作，这过程大体与张元济从启蒙主义出版活动发展到
新文化出版活动相一致。中国近代史上第一流翻译家严复、
林纾、伍光建、夏曾佑、蔡元培等，都集中在商务出版译作。
严译八种名著于1912年全部出齐，又多次再版林译西方文艺
作品，仅《林译小说》丛书中就有一百种。1902年到1926
年，商务共出版丛书75种。① 商务最早的丛书有《帝国丛
书》《战史丛书》《政学丛书》《商战丛书》《地学丛书》等，
其中大都为译作（包括编译）。自1918年开始，出版《北京
大学丛书》《尚志学会丛书》《世界丛书》《共学社丛书》
《文学研究会丛书》等，其中译作仍不少，但我国作者的著
作数量激增，且作者基本上都是新人，不久便成为中国文化
界的栋梁。我国最大现代化出版企业在张元济主持下，开足
马力，大规模地传播西方学术和我国新文化，门类之广、品
种之多、数量之大，在中国历史上是空前的，在当时中国是
最重要的。这是通向世界的一扇大门。中国人通过这扇大门，
终于重新认识了世界，也重新认识了自己。中国近代和现代

---

　　① 此据王绍曾《近代出版家张元济》（商务印书馆1984年版）一书
中的统计。

的知识分子，几乎无不从此获得了新知识和新思想，从而造就出庞大的新文化队伍，中国人因而广泛接受世界文化的陶冶，知识结构和思维观念都急剧发生变化。这些影响看不见摸不着，但是至深至远，在中国的历史进程中，留下了印记。

迄今为止，海内外谈论张元济最多的，是流通古籍方面的贡献。这并非有错。问题在于，仅仅看到这一点，不能反映他的全貌。从实际情况看，张元济在主张文化面向世界、面向革新的同时，又希望中国永远是中华民族的中国，因此一贯反对数典忘祖，割断历史，全盘西化，这是一方面。另一方面是，他在文化问题上具有世界观念，具有发展观念，而没有保存国粹的想法，相反是反对盲目排外，痛恨误国的"腐儒""陋儒"。年轻时如此，年老后还是如此。这样全面了解他，十分重要。他固然酷爱历史，擅长古籍，可是又不断随新文化潮流前进。商务大规模编印古籍这件事，为什么到1919年出版《四部丛刊》才揭开序幕？自己又为什么要等到退休后才肯全力以赴？他深知在商务确定编辑出版方针，并不完全取决于个人学术专长，更要看中国社会的文化需要。因此，张元济领导商务，始终把面向世界和面向革新置于商务工作的首位。这正是他的高明处，不了解这一点，等于不完全了解编辑家张元济的远见卓识和雄才大略。

编辑有个人爱好是理所当然的事，张元济爱好古籍。但对编辑来说，个人爱好不等于工作方针。商务当然可以把编印古籍列为自己的任务，但这要看商务外部和内部的条件如何，因此张元济需等待时机。张元济退休前，编印古籍的条件已逐渐成熟。商务新的编辑队伍这时已组建完成；在此之前，20余年在全国潜心搜罗古籍，特别在搜罗善本方面已超过前人，凭他的声望在全国借用藏书一般也不成问题；雄厚的商务财力，已足以刊印大部头古籍，又不致影响正常工作；他的许多想法与傅增湘等许多专家友人反复讨论过，已有成竹在胸。所以编印古籍的时机已到，他决心尽早做成这件事。这是促使他1926年退休的原因之一。他提出退休成为当时一条相当热门的社会新闻，商务内外表示惋惜者极多。有商务数十名骨干编辑（多为名人）签名的挽留信，辞意恳切动人（此信今由张树年先生保存），但他不为所动。他这退休，其实是辞职，原因相当复杂，不能细论。但他做事向来精明而不自私，坚持自己退休未必有什么不正确。因为商务大局已定，即便留任监事，由于领导层矛盾较深，也不可能轻易做成什么事。不如立刻退休，退休可以专心致志去编印古籍。平心而论，他编印古籍，乃是最佳人选，全国无出于其右者。再不下退休决心，年纪大起来，这事情就要做不成了。

张元济终于又在整理、编印古籍方面干出一番大事业。零散者不计，最著名的有四大工程，其出版时间分别如下：《四部丛刊》包括初编、续编、三编自1919年至1936年；《百衲本二十四史》自1930年至1936年；《续古逸丛书》自

1922 年至 1957 年；《丛书集成》出版于 1935 年。唯《丛书集成》是由他指导王云五具体负责，其他三项都亲自主持，又基本上都是在退休以后，面临民族危亡的时刻进行的。流通古籍的深谋远虑，如他自己所说是为保存"国脉"，又是为在"东西文化互陶铸"中推出新的民族文化，这个意义最不可忽视。仅就整理古籍本身而言，贡献也是很大。首先，这四大工程是继清代《四库全书》、殿本《二十四史》、《古今图书集成》之后的最大工程，也是乾嘉学派之后最重要的古籍整理工作，校勘质量大大超过了前者。其次，为我中华民族及时抢救了大批珍贵文化遗产。民国前后数十年，社会动荡不安，正是我国古籍大量散失之时，不少流向国外。爱国志士纷纷抢救国家珍贵典籍。做这种事一要有爱国心，二要有学识修养，三要不怕麻烦辛苦，四要不惜耗费巨资。这些条件张元济条条具备。经他的手保存的珍本善本，除"一·二八"事变中毁于日帝部分，据《涵芬楼烬余书录》统计，有 500 余种，五六千册，今天皆成为国宝。第三，汇集善本，又精心校勘，使需用者既称便利又多获益。加上用先进技术印制古籍，质量高，价格低，从而满足了更多学者的需要。张元济为出版事业工作 50 余年，永远像一头不知疲倦的牛。就讲他退休后所做的事，大概也比许多人一生做的还要多。

在沟通中西文化方面张元济所做种种工作，对于中国走

向现代化的进程的影响，对于提高民族文化素质的影响，对
于建设新的民族文化的影响，凡此种种，皆有待研究。不过，
茅盾早在 1956 年就断言将彪炳史册，他说"将来的历史将记
录菊生先生这些对于祖国文化的贡献"①。这可说是不易
之论。

悠久灿烂的中国文明史，是中华民族自己在自强不息中
创造出来的。中国历来不乏仁人志士，而张元济在中国近代
和现代文化史上，有披荆斩棘之功，因此，许多人誉他为
"开辟草莱的人"。维新之功姑且不论，1902 年后的半个多世
纪，他在出版界默默地又是勤奋地工作，数十年如一日，于中
国文教界开拓领域之多，取得成就之大，简直无与伦比。他曾
赞美蔡锷是"爱国首轻权利，更重道德"②，自己何尝有一日
不是如此？一生嗜书，人称他"千秋德泽，百仞书城"③，可
他志在"有书分饷读书人"④，视出版为公益事业，连自己辛
苦收藏的珍贵古籍都无偿捐给了图书馆，素不以书籍为私产，

---

① 1956 年 10 月，茅盾为张元济九十寿辰所撰祝词。《商务印书馆大
事记》，北京：商务印书馆，1987。

② 1916 年，蔡锷病逝，张元济为撰挽联：为争人格不得已而用兵败
弗亡命济亦引退砥柱中流先生庶无愧矣；既负民望宜知所以爱国首轻权利
更重道德良药苦口后死者其听诸。《张元济诗文》，北京：商务印书馆，
1986 年，第 90 页。

③ 赵朴初 1985 年为张元济图书馆所写屏条。

④ 《张元济诗文》，北京：商务印书馆，1986 年，第 82 页。

又以贪财好利为耻。在商务艰辛创业，为发展国家文教事业有超群的才、胆、识，商务事业因而兴旺发达。他历任这个企业的编译所长、经理、监理和董事长，人或以为他腰缠万贯，其实他抗战时就房无一廛，一直心安理得地寄居在上海公寓中。"酸甜世味半生尝，淡泊胸襟且坐忘。"① 他的"淡泊胸襟"与甘愿奉献相契合，又视富贵为浮云，以俭朴为习尚。他并非完人，但他的道德文章曾使一代又一代的专家学者心悦诚服地倾倒。最终，他似乎是两手空空而去。可是，论精神，谁也不如他富有；论业绩，无疑将流芳百世。他是文化界学贯中西而又智勇双全的拓荒者，痴情爱国而不知有己的实干家。对于这样一位中国人，现在的人和以后的人，难道可以忘却而不作纪念吗？

1988 年 4 月

（收入刘光裕、王华良合著《编辑学理论研究》，山东教育出版社 1995 年版）

---

① 《张元济诗文》，北京：商务印书馆，1986 年，第 80 页。

二十九、关于张元济与陈原的通信

关于信件的说明

　　下面是陈原先生给我的一封信，内容是如何评价张元济。我给陈原的信写于 1988 年 8 月 4 日，与信一起奉寄拙作《志在报国，德泽千秋——论张元济的思想和事业》一文油印稿。他回信作于同年 8 月 9 日，为接信不久就写。我与陈原并不相识，以后也从未谋面，所以是素不相识两人间关于张元济的一次通信。张元济一生与商务印书馆的命运息息相关。陈原在 1977 年至 1983 年任商务总经理兼总编辑。商务陆续刊行张元济资料与馆史资料，盖始于陈原。以商务这些资料为根据，国人终于惊喜地重新"发现"了张元济，其中就有陈原的功劳，只是在人物评价方面，未免瞻前顾后，顾虑重重。我以为，张元济于国家民族是有大功之人，不能彰显于后代为一大憾事，因此有必要推动学术界清除陈腐观念之束缚，正确评价张元济。陈原曾经主政商务，又是著名语言学家，我新作完稿后很想听取先生高见，故而冒昧奉寄。

　　我自己对张元济的兴趣，最初源于王绍曾教授的热情推介。比我年长的王绍曾教授为山东大学同事。他是 1984 年出版的《近代出版家张元济》一书作者，他本人为版本目录学家，早年曾在张元济领导的商务"校史处"工作。在王先生帮助之下，我对张元济的敬佩之情与日俱增，又庆幸清末以来的中国文化界出了这样一位品德高尚、智勇双全的大人物，研究兴致越来越大。于是，试图从文化史角度评论他的历史功绩与地位，数年间写了三篇论文，约六万来字。第一篇为《功绩卓著的文化名人——论张元济的编辑活动》，作于1987年；第二篇为《志在报国，德泽千秋——论张元济的思想和事业》，作于1988年；第三篇为《二十世纪中国伟大的出版家——论张元济与商务印书馆》，作于1992年。1988年奉寄陈原者，就是第二篇。在搜集资料时，张元济哲嗣张树年老先生给予不少帮助，令我难忘。我与宋原放先生的结识与交往，起初都是为了张元济。宋先生与我都认为，以往对张元济的冷落是时代的一大过失，全面介绍与正确评价张元济是文化界义不容辞的重要任务。他自己当仁不让，主动做工作很多，倡导与支持张树年完成《张元济年谱》便是其中之一。我这三篇文章，承蒙宋原放先生始终如一的鼓励与关爱，得以迅速刊于《出版史料》或《编辑学刊》，最后收入我与王华良合著《编辑学理论研究》① 一书。如今，王绍曾、宋原放、张树年都已成为故人，往事历历在目，念此不禁潸然泪下。

---

① 刘光裕、王华良：《编辑学理论研究》，济南：山东教育出版社，1995年。

　　20世纪80年代与90年代之交的十来年间，是国人重新"发现"张元济的重要时期。在这方面，笔者只是追随王绍曾、汪家熔等先生之后，略作鼓吹而已。不过，率先将张元济与蔡元培、郭沫若、茅盾等人一起列为"文化名人"的，或许就是我，时间为1987年；率先在"出版家张元济"前面加"伟大"二字，称他"伟大出版家"的，或许也是我，时间为1992年。我甚至说："20世纪中国伟大的出版家，如果只有一位的话，大概也是非张元济不可了。"我还建议，上海公园里应该给张元济立铜像；中国大学校园里也应该给张元济立铜像。我作于1992年的第三篇文章题目原为"二十世纪中国最伟大的出版家"，公开发表时把"最"字去了。不过，该文收入海盐县政协所编《出版大家张元济》一书时，题目上仍保留"最"字。

　　记得1987年秋天，浙江海盐举行张元济诞辰一百二十周年学术讨论会，这是第一次全国范围的张元济学术讨论会，我与王绍曾教授一同应邀赴会。我所携论文便是《功绩卓著的文化名人——论张元济的编辑活动》，该文最后说："张元济无疑是在文化领域里，完成了中华民族必须完成的某些重要历史任务。所以把他列入中国近代文化名人的行列，以明前者，以示后者，以昭来者，这不仅不是过分，相反是非常合理的和十分必要的。"这个意见，获得与会者非常热烈的响应，从而坚定了我的信心。这次会议的下一年，我撰《志在

报国，德泽千秋——论张元济的思想和事业》完稿后，突然
想到奉寄陈原先生征求意见。该文约一万九千字，分三大部
分："不断进步的一生"，"救国与民主"，"丰功伟绩"。寄文
章时给陈原写了信。我信未留底稿，据回忆主要是对不能公正
评价张元济表示不满。我信中认为，公正评价张元济，社会上
存在两个障碍。障碍之一是，张元济做过商务董事长，公私合
营时为资方代表。陈原的信一开始讲"商人"云云，大概就是
针对这个问题。那时候，改革开放才七八年，束缚人们思想的
条条框框仍旧很多。张元济既是资本家或"商人"，而资本家
是腐朽的与反动的剥削阶级，因此从阶级分析出发，不敢或不
能对他的丰功伟绩做符合实际的评价；要是认为他对文化事业
的历史贡献，比马克思主义革命者更杰出，或评价上比后者更
高一筹，这种观点虽然不会再像"文革"中那样视为有罪，视
为大逆不道，然而心理上仍旧很难接受。我以为，妨碍正确评
价张氏的问题，主要集中在这方面。障碍之二是，评价文化人
士，流行重著作而轻传播的观点。鉴于我原信文字已忘，现在
只能借用写此信的前一年即1987年10月，我在山东省出版协
会一次讲话中的同一内容来说明。我在1987年这次讲演中说：
"前些年我们几乎把张元济这样杰出的人物遗忘了。为什么如
此？这里存在的原因较多，包括政治上'左'的流毒，不过其
中有一个重要原因，恐怕就是社会上流行着重著作、轻传播的
观点，以至连编辑自己也未尝没有沾染上这种思想。现在的文

科大学生一般都知道严复、林纾（林琴南）、蔡元培这些著名
学者，然而很可能没有听说过张元济的名字。""其实，人们熟
读过的严复、林纾、蔡元培等人的著作（译作），是靠了张元
济的辛勤编辑出版活动，才能在全国迅速地和大量地传播开
来；而他们所以能够安心从事著作活动（翻译活动），又因为
是得到了张元济在我国首先确立的稿费版税制度的有力支持。
因此，没有了张元济，也就不会有今天人们看到那样的严复、
林纾、蔡元培等，或者他们可能不会取得如此成就，至少他们
将遇到更多更大的困难。但是，人们似乎已将张元济这方面的
劳绩忘却了，这显然有点不公正。"① 陈原信中一部分内容，如
说"这正是编辑的难能可贵""否则您也未必知道我的名字"
等，就是针对我信中所说重著作、轻传播这个问题而讲的。上
面，大致讲了陈原这信的缘起。下面，再对他信中字句稍加注
释，以飨读者。

陈原信件原文

光裕同志：

　　八月四日手教并大稿②均已拜悉。

---

　　①　刘光裕、王华良：《编辑学理论研究》，济南：山东教育出版社，
1995 年，第 142~144 页。
　　②　"大稿"，指拙作《志在报国，德泽千秋——论张元济的思想和事
业》。

陈原复信（1988 年 8 月 9 日）

　　张元济在中国文化史上的地位，很少有人能正确肯定，这是同我们这个社会结构和封闭型的社会思潮有关的。张氏一旦做了企业的头头（不管叫什么衔头），在社会心理上即认他为"商人"——商人这字眼，不像"企业家"在现时那么香，封建社会"士农工商"，排在末位；稍后半封建甚至到了新中国，这种传统思想不见得一下子可以更新。而张氏毕生献给事业，不暇著作，所以连名字也鲜为人知。这正是编辑的难能可贵。即以鄙人而论，我在半个世纪中都致力于编辑出版，只是年过六十以后才因偶然机会写几部语言学专

著，否则您也未必知道我的名字①。我们八十年代起即出版张
氏的日记，书信，诗文②，盖以为一代英才，有传播给后人之
必要。窃以为在中国近代文化史上有两个人作出重大贡献，
一为蔡元培，一为张元济。一个知名，一个不知名。蔡元培
的理想和主张，如没有张元济为他实现，恐怕未必能有如此
显赫。这两个人实在是中国文化史的一对合作者——可惜这
一点也鲜为人知。③ 我正在设法觅取张蔡通信（可惜有些教

---

①　盖指我在信中谈到读过他的社会语言学著作。

②　"出版张氏的日记，书信，诗文"，系指《张元济日记》上下两
册，商务印书馆 1981 年出版；《张元济书札》，商务印书馆 1981 年出版；
《张元济诗文》，商务印书馆 1986 年出版。

③　陈原对张元济与蔡元培两人交谊研究颇深。写此信的 1988 年之后，
到 1991 年，陈原在张树年主编《张元济年谱》"代序"中说："有三个人毕
生与他（张元济）在一起，其中头一个是蔡元培。世人都知道蔡元培是近
代中国进步文化运动的先驱，但很少知道毕生相濡以沫的张元济。……张元
济是蔡的追随者，他亦步亦趋，以他的特殊身份（出版家），默默地将蔡元
培许多设想付诸实施。"再到 1992 年，陈原在《张元济与蔡元培——在传播
"西学"的层面上》一文（见《出版大家张元济》一书，学林出版社 2006
年出版，第 725~737 页）中说："近十年间被社会公众重新'发现'的张元
济（1867—1959），同蔡元培（1868—1940）一样，是清末民初传播'西
学'的枢纽人物。传播'西学'是这两位伟大的爱国智者拯救中华民族的
神圣事业中的重要构成部分。……在世纪交替前后短短二十年间，张元济与
蔡元培作为枢纽人物，支持并组织了以严复和林纾为中坚的传播'西学'
译书活动，唤醒了一个新的时代——1919 年爆发的'五四'反帝反封建新
文化运动的时代。张蔡两位爱国智者倡导'西学'的重要社会意义，就在
于此。"

授不太热心公开资料，故难以传开）公开发表，再找人研究，以便给这一段文化史还它个本来面目。拙编"商务九十年大事记"①，即以文化史为线索，以张氏为中心。此书你看到否？乞示知，如无，当寄上一册。

尊文已读。去年的文章（论编辑活动）②未见，有副本乞寄一份来。此两文我亦希望在适当地方发表。

匆此布复，并致

敬礼

陈原

88.08.09

[原载《出版史料》2009年第1期，标题为《陈原先生关于评价张元济的信——（一九八八年八月九日）》]

三十、中国编辑史研究的几个问题

近来研究中国编辑史的人相当多。编辑史对编辑学有重要意义，它是文化史的一部分。而中国编辑史尤其重要，因

---

① "商务九十年大事记"，即《商务印书馆大事记》，陈原编纂，商务印书馆1987年出版。

② "去年的文章（论编辑活动）"，系指拙作《功绩卓著的文化名人——论张元济的编辑活动》。

为中国是世界文明古国之一，大约于公元二世纪初就发明了纸，公元八世纪至九世纪间就发明了木版印刷术，因此中国古代的书籍是世界上最多的，出版业在世界古代史上长期遥遥领先，这大概是吸引许多人去研究编辑史的重要原因。这门学科起步较晚，浩繁的资料尚待搜集整理，许多课题尚待探讨。鉴于此，针对当前这方面的研究工作，谈几个具体问题。

编辑史与出版史

任何学科都有自己研究的对象和范围，编辑史当然也是如此。当前学术界由于对编辑概念理解不一致，反映在编辑史研究中，便是在对象和范围问题上相当混乱。主要是把书籍史特别是把编纂史、校雠史与编辑史混为一谈，因此，中国古代许多编纂家、校雠家，在近几年一个个原封不动地被称为编辑家来大加赞扬。

从历史上看，编辑是随着出版业的兴起而逐渐产生的。编辑与出版的关系，从古至今，总的趋势是越来越密切。有出版才有编辑，书籍编辑存在于并发展于出版业中，所有编辑都存在于并发展于传播业中，这个道理恐怕很难推倒。试想，我们现在有与出版无关的编辑吗？若是离开出版来谈编辑，这能有什么实际意义吗？没有，肯定没有。可是，我们对于古代的事情难道就可以不管是否有出版业而去谈论编辑吗？若是要谈，谈的也不能是真正的编辑，因而也不会有真正的编辑史。

何谓出版？以社会传播为目的，利用机械或其他方法对著作物进行复制，此谓出版。现在一般不讲以社会传播为目的这一点，乃是因为人们对此在一般情况下都是毋庸置疑的。不过，抄一本书给自己阅读和利用这件事，现在不称为出版，在古代同样也不能称为出版，表明复制著作物若不以社会传播为目的，就不能称其为出版，这是古今一理。复制著作物所以应用木版印刷或机械印刷等方法，目的正是更快更多地传播。从历史上看，出版业的产生是应文化传播之需，编辑的产生又是应出版业之需，所以说没有出版业就不会有真正的编辑。就中国出版史而言，张召奎著《中国出版史概要》把纸发明前称作"萌芽时期"，把纸和雕版印刷发明以后的时期即自汉至清这一阶段，称作"古代发展时期"。[1] 而刘国钧在他所著《中国书史简编》中，这样明确说："有了印刷术，然后图书才可以说得上'出版'，才开始有出版业。"[2] 因此，他认为宋代才有正式的出版业。两者相比，刘国钧的意见更符合出版的科学含义，所以更为正确。研究编辑史应

① 张召奎：《中国出版史概要》，太原：山西人民出版社，1985年。
② 刘国钧：《中国书史简编》，郑如斯订补，北京：书目文献出版社，1982年，第64页。

该参考刘国钧的看法，把古代编辑的正式产生时期定在两宋，在此之前是编辑的萌芽时期。萌芽时期延续到抄本盛行的唐代达到高峰，那时就有零星的编辑活动。

编纂在出版业产生之前早就有了。编纂的性质属著作，历史上的编纂应属著作史。在中国古代，著和编纂在含义上有所区别。通常把抒写个人意见的创作称著，对已有材料整理疏剔、条理贯穿而成作品则称编或编纂。如孔子删《诗》作《春秋》是编纂；吕不韦和刘安分别先后主持一个写作集体，一作《吕氏春秋》，一作《淮南子》，皆是编纂；司马迁愤而作《史记》，也是编纂。这些现在看来都是著作活动。最容易引起误解的地方是，古代汉语中编纂和编辑可以互训。（参见《中文大辞典》"编纂"条）可是，此编辑决非现在所讲的编辑，这是无论如何不可弄错的。在我们现在的研究中，孔子、吕不韦、刘安、司马迁都被称为编辑家或大编辑家。在这些人中，唯司马迁所处时代也许有最原始的纸（暂据1957年西安灞桥工地出土的颇有疑问的纸碎片），即便有也肯定还没有作为书籍的材料。可是，当今编辑史研究根本不管是否已有出版业，可以认为在纸发明前的数百年，雕版印刷发明前的一千数百年，已经有了编辑，不只如此，还认为有了编辑家和大编辑家，这在道理上怎能讲得通呢？编纂性质属著作。而在古代，作与著连用称著作，著作一词与编撰、编纂相通的情况也是有的。撰述史实，古人称编撰、编纂、编修、修撰等，但在唐以前可称著作。《文献通考·职官》称："使名儒硕学入值东观，撰述国史，谓之著作东观。"这是讲东汉时的情况，其中"东观"是指汉代皇家藏书之处。魏明帝太和时正式设官职称著作郎，专掌国史，以后沿袭。《晋书·职官志》说："著作郎，周左史之任也。"所说"左史"，即所谓"左史记事"之史官。著作郎一直到唐贞观年间"始罢史职"，改为"掌修撰碑志、祝文、祭文"。(《旧唐书·职官志》）可见在唐以前，编纂国史可称著作，《后汉书·班彪传》就有"若迁之著作，采获古今，贯穿经传，至广博也"的说法。此"著作"即司马迁之《史记》。唐以后情况有所不同。韩愈编《顺宗实录》，官职是史馆修撰；《资治通鉴》上署"司马光奉敕编集"。编纂历史之事，一般不再有"著作"之称。所以现在把司马迁、司马光列为编辑家，总有点不伦不类。以上是说编辑史不可与编纂史（著作史）相混。

现在再说编辑史不能与校雠史相混。中国的校雠肇始于藏书事业。段玉裁、俞樾、章炳麟诸人认为校雠始于孔子，这也未尝不可，因为孔子必须先对许多古文献做一番校雠以后，才能做整理编纂工作。不过，我国校雠工作正式产生于西汉东汉之交的刘向、刘歆父子，这也是史所公认的，时间早于发明雕版印刷八九百年。西汉皇家在全国广泛征集图书，国家藏书愈来愈多，积如丘山。这些从民间征集来的简书皆出自手抄，经过长期的民间流传，同一种书有许多不同的抄本，书名、篇目次第、内容文字等皆有很大差异。于是，先有刘向继而刘歆，率领一批人用了几十年时间，在天禄阁（皇家藏书楼）校理书籍。当年刘向父子的校雠工作，蒋元卿《校雠学史》①归纳为以下几点：兼备众本，比勘文字，篇第审定，定立书名，厘定部居，叙述源流。由此可以看出，刘向父子的校雠是为藏书之需。皇家藏书，古代称为秘籍，不仅不向公众开放，而且不向一般官员开放。所以，他们完全不是出于出版传播的目的，也不以复制著作物为务，这是研究编辑史的人必须注意的。自汉以后，历代皇家皆由藏书机构设官校书，如唐的集贤书院，宋的崇文书院。目录学中经典作品之一《崇文总目》，便是宋崇文书院藏书目录。刘向父子校雠既为藏书，非为出版，所以他们是最早的图书馆学家，今人视为编辑家，显然有所误解。事实上校雠学属图书馆学，它后来分为版本学、目录学、校勘学，至今还是图书馆学的组成部分。再是古代不仅官家藏书需校雠，私家藏书或个人读书同样需校雠。因为不论抄本还是刻本，大都有错讹，若不校就可能以错误为正确。所以古人读书，常常以自己所用读本为基础，取其他版本来对勘，作一校勘记附于

---

①　蒋元卿：《校雠学史》，20 世纪 30 年代商务印书馆出版，1985 年黄山书社重印。

书后，以便自己日后翻检。凡是校雠便称编辑，这样一来，古代编辑岂不就太多了。

话得说回来，自有编辑以后，由于古代出版业经常翻刻古籍，因此编辑经常从事编纂和校雠。今天的编辑也应懂得编纂学、校雠学以及出版经济学、美术装帧学、社会学、情报学、传播学等。这里关键在于是否与出版有关。不过，古代的编辑和作者、编辑和编纂的区别还不那么明确，常有界限不清之处，这就需要允许例外。即使如此，研究编辑史，还是不能把编纂、校雠与编辑混为一谈。先明确界限，再允许例外，这样做可能比较合理。

编辑史当然与编纂史、著作史有关，也与藏书史、图书馆史、校雠史有关，但有关并非等同。从总体上说，编辑依赖出版，出版也依赖编辑，离开出版史讲编辑史，未免不得要领。只是出版史的范围更广，在此不能细论。就编辑史而言，大致应考察下列内容：编辑六艺如何从初步产生到逐步完善？编辑与印刷、发行三者关系的历史演变过程如何？编辑与作者和读者的关系怎样从简单变为复杂？编辑的社会控制包括道德的、法律的等方面怎样从无到有从少到多？传播技术的进步对编辑有何影响？作者著作活动的发展变化对编辑有何影响？读者的阅读、藏书情况的演变对编辑有何影响？历代著名出版机构和编辑家的情况如何？等等。

古代编辑史与近现代编辑史

研究中国古代编辑史意义重大，这没有疑问，但需明确对象和范围，防止张冠李戴，已如上述。

中国古代编辑业产生早，发展快，在世界中世纪史上最具有代表性，其原因在于中国有世界上最发达的出版业。中国古代出版业有官办、家办、商办几种，分别称为官刻、家刻、坊刻。官刻又分中央和地方两种，中央通常以国子监为首，地方则由州学、县学经办。换句话说，官方出版事务一般多由教育机构兼管。官刻偏重经籍、史籍两类，由于得到官方经常性的财政补贴，所以又可以刻一些不赚钱的大部头书。编辑都由官员兼任，直接委任官职，编辑业务以校雠、编纂为主。家刻指私人出资刻书，所刻书上常常刻有某家塾（如宋之"岳珂相台家塾"）、某堂（如明之"吴县袁氏嘉趣堂"）以及某宅、某斋、某府等标记。这些人一般都是藏书家、出版者、编辑人三者兼任，其中不可能没有沽名射利之徒，但大都有学识，又热心文化，因此注意选择善本，精审校勘。家刻中特别是刻印为官刻所轻的集部书籍，除多为唐宋名人集外，再如明代洪楩出版《清平山堂话本》、毛晋汲古阁出版《十七史》《六十种曲》等，都是首次问世的书籍。这些工作在编辑业务上，有与翻刻经籍、史籍不同之处，具有选题创新的意义，因此不可轻视。坊刻指书商以营利为目的刻书。古代总的说来还是以坊刻为多，所以它对中国出版业的繁荣有不可磨灭的功绩。坊刻往往重利而轻质量，但也不可一概而论。例如南宋书商魏仲举所刻《唐柳先生文集》和《昌黎先生文集》，质量并不差，魏本人也是编辑，亲作"集注"，号称"五百家注"，是相当有名的版本。明代书商很多，其中如南京的周曰校、唐氏富春堂、世德堂；苏州的龚少山、叶昆池、叶敬溪；杭州的藏珠馆、容与堂；建阳的余氏三台馆、郑氏联辉堂等，纷纷出版《水浒传》《西游记》《三国演义》《封神演义》和"三言""二拍"等，行销全国。从编辑出版业务上看，这些书坊的选题转向历来受人轻视的小说、戏曲等，采用了评点批注、套版印刷等新的业务技巧，这些都是重大进步。再是一些著名学者像李卓吾、冯梦龙等参加了书坊的编辑出版工作，意义重大。

当前在中国古代编辑史的研究中重视官刻是对的。这一部分材料既多又比较现成，历史影响也不小。不过，我以为应把官刻、家刻、坊刻三者平等地作为研究对象。实际上这三者各有千秋，有的重经、史，有的重子、集，有的编刻大部头类书、丛书成绩卓著，有的传播小说、戏曲、医书等贡献巨大。鉴于目前状况，有必要提出注意纠正轻视坊刻的思想。坊刻常常假冒宋版，弄虚作假，校勘不精，错误百出，还有任意删改等问题。版本学家、校勘学家因此十分恼火，有些人一听到麻沙本就皱眉摇头。可是，不要忘记坊刻是一

支做出过巨大贡献的重要出版力量，历史上的出版中心，如
四川成都；江苏南京、苏州、无锡；安徽歙县；浙江杭州、
湖州；福建建安、建阳等，都是因为坊刻集中之地才远近闻
名。坊刻数量多，质量有优有劣，在历史上还有采用新技术、
传播文化方面的功绩，所以对它要做全面分析。有些坊刻机
构历史悠久，如建安县崇化坊余氏勤有堂、麻沙镇刘氏南涧
书堂、虞平斋务本堂等，自元至明历时一二百年，这种世界
上罕见的现象并非不值得探讨。再是有些家刻，像常熟毛晋、
吴兴闵氏（闵齐伋）和凌氏（凌濛初兄弟），未尝不兼有坊
刻的性质。研究坊刻首先将碰到资料缺乏的问题，不过，只
要细心去找，就可能有意想不到的收获，或可补世界文化史
上一段空白。

　　与纷纷研究古代编辑史相比，我们对于近现代编辑史显
得重视不够。倒不是没有人重视，上海出版协会的《出版史
料》①，自 1982 年至今已出十多期，该刊物几乎全都刊载近现
代编辑出版史料，于国内独树一帜。时间将会证明，该刊物
在学术研究中的作用是多么重要。然而从全国情况看，重视
者毕竟鲜少。

　　为什么要重视近现代编辑史呢？因为它比古代编辑史更

_____

　　① 宋原放、赵家璧主编，1982 年创刊，1993 年停刊，共出版 32
期。——作者补记。

接近我们，因而也更为有益。古代出版业与现代出版业不同，前者建立在手工作业基础之上，后者建立在机械作业基础之上，这种不同的传播媒介制作技术又与各自的社会情况相适应。因此，古代编辑不可能具有完全的现代形态，只能具有古典形态。古代编辑大体有以下几个特点，首先是专业分工还没有在社会上完全确立起来。古代编辑大都兼任，或者由官员兼任，或者由藏书家、出版人兼任，这当然是由于客观上不需要专任。此种情况下不可能出现如现在那样的专业队伍。其次是一般不受理作者新作。古代编辑以翻刻前代作品为主，作者新作大都是自费出版，或者先以抄本形式流传。与此相反，现代编辑以受理作者新作为主，由此形成了业务中为古代编辑所没有遇到的一系列复杂问题。再次是编辑工作体制还很不完善。这是由于古代编辑的业务与现代相比处于不发达状态造成的。

我国在19世纪开始出现现代编辑。19世纪末20世纪初商务印书馆在上海崛起，标志着现代出版业和现代编辑正式形成。

20世纪开头30余年，也就是抗日战争爆发以前，是中国出版业蓬勃发展时期，发展速度之快，成就之大，在历史上是空前的。重要出版机构如商务、中华、世界、开明、良友、生活等相继建立，争奇斗胜，各逞其能。这个时期的出版家编辑家，不能说是全部，但多数是具有现代观念和爱国思想

的文人学者，其中不少是英勇的革命者。研究近现代时期的
编辑史，总结其丰富经验，客观地探讨成就与不足、长处与
短处，自然对我们现在更有借鉴的意义。因此，我们应特别
重视近现代编辑史。

编辑史与编辑学

目前学术界的编辑学"热"要高于编辑史，人们对编辑
史的兴趣，还是随着前些年编辑学趋"热"而引起的。就这
些年的编辑学而言，研究者人数骤增，成果相当可观；与此
相应的是刊物蜂起，有公开出版的，有内部发行的。数年前
还不闻编辑学其名的人，现在几乎要刮目相看了。可是，编
辑学和编辑史这两门学科的研究有脱节的现象，这不能不说
是存在的一个问题。

编辑学属理论性兼应用性学科，编辑史属历史性学科。
两者性质有所不同，然而关系密切，两者相结合便能互相促
进，相辅相成，两者相脱节难免就是同受损伤。

科学的理论是从客观存在的现象中概括出来的。所以研
究编辑学，一是需占有丰富的感性材料，包括现实的和历史
的，中国的和外国的，二是需作正确的抽象。如今研究编辑
学者绝大多数自己就是编辑，有经验，有实感，这是有利条
件。然而从文章所引用材料看，真正属于编辑史的较少，对
近现代编辑史同样显得十分陌生。当然这也难免，因为我们

编辑史研究起步较晚，现在连材料还来不及全面整理，国外情况到近几年才看见一些，仍是很不系统。有参考价值的编辑史著作，包括通史、专史、断代史、编辑家研究等，我们都十分缺乏。中国古代出版业如此发达，今天却不能产生编辑史著作，这是十分可惜的。这种情况必然影响到编辑学研究。尽管逻辑与历史的结合是研究方法中一种无人不知的通例，可是，由于对编辑史情况茫然不知就不可能有这种结合，这未尝不是编辑学研究中的一个致命弱点。人们嫌编辑学文章写得空，其实连作者自己也不满意，然而客观地想一想也难免不空。因此，编辑学殷切地期待着编辑史早日成熟。没有成熟的编辑史，就不会有成熟的编辑学，当然，反过来说也是一样。

编辑史的研究同样是不能离开编辑学的。国内国外的编辑学几乎都认为编辑是与出版相联系的，可是我们的编辑史中把与出版无关的人称为大编辑家，这样做显然是不科学的。编辑工作的具体内容有所谓六艺，这是众所公认的。编辑在作者和读者的关系中居于中介地位，这是近几年编辑学中热烈谈论的话题之一。编辑的成就表现在文化传播中，主要不在于自己写作，而文化传播在社会学、文化学、传播学、人类学等方面有显赫的地位，这是编辑学界提出的很有价值的新问题。凡此种种，编辑史似乎并未给予应有的重视。所以编辑史要开创新局面，不能不从编辑学中汲取营养。

凡事总是开头难。编辑学和编辑史在社会科学中是特别年轻的学科，这两支研究队伍以往又缺乏接触和交流，这大概是造成脱节的主要原因。学术界的热情既然已经高涨起来，这类问题应该是不难解决的。

1988 年 6 月

（原载《编辑之友》1989 年第 1 期，标题为《编辑史研究的几个问题》，发表时有删节。完整稿见刘光裕、王华良合著《编辑学理论研究》，山东教育出版社 1995 年版。本书收录完整稿）

三十一、《隋志》两种石经为晋拓考

——兼谈拓石技术与印刷技术的渊源关系

拓石是古代制作拓本的方法，也称拓印。在文化史上，拓石是复制碑石文字包括青铜作品不可或缺的手段；在科技史上，拓石是雕版印刷的技术源头之一。拓石与雕版印刷都用于复制作品，复制的原理基本相同。两者的差别主要是，拓石所用材料是碑石，其刻字工艺为阴文正刻；雕版印刷所用材料是木板（桃木、梨木、枣木等），其刻字工艺为阳文反刻。一旦将碑石变为木板，将阴文正刻变为阳文反刻，再用于复制作品大致就是雕版印刷了。在雕版印刷诸技术源头中，以拓石的关联度最大。考察拓石与拓本最早源起于何时，对研究印刷术的起源具有重要意义。

拓石最早起于何时，眼下众说纷纭，或说梁以前，或说梁代，或说隋唐间。我想，古人做事总有一定目的。那么，古人最初为何拓石？他们从事拓石总有一定目的。唐及唐以前的拓石都是为了获取书法范本而复制碑石文字，唐代将拓本作为文献资料用于研讨史事尚属偶见，到宋代才渐成风气。故而笔者从书法史入手，并与搨书结合起来，探讨拓石最早源起于何时。

拓印与搨书的区别

古代复制书法作品的方法，除"临"即临帖外，就是搨书与拓石两种。搨书，也称摹，或摹搨。宋人黄伯思《东观余论》这样介绍搨书："以薄纸覆古帖上，随其细大而搨之，若摹画之摹，故谓之摹。"① 凡搨书，都以双钩廓填为基本方法；在此基础上，又有响搨、硬黄钩摹等不同工艺，详见拙作《古代搨书考》②。拓印的基本工艺是，先上石，后上墨。

---

① 黄伯思：《东观余论》，郑州：大象出版社，2019 年，第 184 页。
② 刘光裕：《古代搨书考》，《中国书法》2002 年第 7 期。

所谓先上石，是将湿纸覆盖在碑石上；所谓后上墨，是用蘸了墨汁的工具，在湿纸上捶打。将覆盖在碑石上的纸经蘸墨捶打后揭下来，就是拓片；将拓片装裱后，便成拓本。因为拓石上墨时需在纸上捶打，故拓本也称"打本"；又因为拓片是从碑石上蝉脱下来，故又称"脱本""蜕本"。详见拙作《唐及唐以前的书法复制——搨书与拓石的产生、发展》①。搨书与拓石，两者都是为复制书法而产生并发展起来的。

　　古人复制书法，为何必须用搨书或拓石？在此，根深蒂固的原因不是别的，而是中国的汉字。与世界上其它文字相比，中国的汉字既是文字符号，又是一门艺术。汉字作为文字符号，与世界上所有文字一样是人类交际的工具。汉字作为一门艺术就是书法艺术，它可以与绘画比肩，又比绘画的应用范围更广，更具普遍意义，故而成为中国艺术中一大门类，古今皆如此。诚然，西方拼音文字也可能具有某种艺术性，俗称"艺术体"或"美术体"，然而它不是也不可能是独立的艺术门类，与汉字书法艺术无法相提并论、同日而语。在古代，最早复制书籍作品的方法是抄写，亦即手抄。对汉字来说，抄写只能复制文字符号，无法复制书法艺术。对复制文字符号来说，只要把汉字笔画抄对了，就可以了。对复

　　① 刘光裕：《唐及唐以前的书法复制——搨书与拓石的产生、发展》，《书法研究》2001 年第 3 期。

制书法来说，仅仅抄对汉字笔画是毫无意义的。其中道理与复制绘画要采用摄影或照相制版一样，复制书法要求在艺术上与原作保持一致或一样，就是所谓艺术保真。复制书法的艺术保真度越高越好，而不能保真的书法复制则是无效复制。搨书与拓印对复制书法的作用，就在于艺术保真。

诚然，搨书与拓石都用于复制汉字书法，然而要注意两者的复制对象并不一样。搨书的复制对象是书帖。汉魏以来的书帖载体，以纸为多，以缣帛为少。拓石的复制对象是碑石，也包括青铜器等。因为复制对象不同，复制的方法也不一样，故而在唐及唐以前，搨书不用于碑石，拓石不用于书帖，两者井水不犯河水。为何是唐及唐以前？大致以宋代"淳化帖"为转折点，从此搨书式微，刻拓盛行。这刻拓是将书帖先上石，再拓印，与拓石并无二致。今天的研究者为何要特别注意两者的区别？经过汉字简化，"搨"字简化为"拓"字，"搨书"变成"拓书"，而且"搨"字一般不用了。今天一些年轻人误以为唐及唐以前的"拓书"（搨书）与"拓石"是一回事，常常将两者混为一谈。这也是本文讲拓石与拓本，却在这里要结合搨书一起讲的原因之一。

搨书最初起于何时？奉南朝宋明帝之命整理书帖的虞龢，在泰始六年（470）作《论书表》说："由是搨书，悉用薄纸，厚薄不均，辄好绉起。范晔装治卷帖小胜，犹谓不精。孝武使徐爰治护，随纸长短参差不同，具以数十纸为卷，披视不便。"① 刘宋官府"搨书"的来源有两部分：其一是东晋禅位时传下来的，其二是《论书表》所说"高祖平秦川所获"，即东晋末年刘裕北伐时从北方带回的。这两部分"搨书"都出于东晋。"由是搨书"这段话是说，东晋这些搨书，背纸太薄，装裱后起绉。南朝宋初的范晔（398—446）与稍后的徐爰对搨书装裱都做一些改进，仍不精当。虞龢"由是搨书"之语，证明搨书在东晋已经有了。虞龢对搨书在钩摹与装裱两方面进行改进，技术上进步不小，从此搨书风靡起来，士人趋之若鹜。到齐梁时，出现张融草书"搨本大行于世"② 的奇特景象。

　　搨书盛行以后，是否还需要拓石呢？如前所说，搨书与拓印的复制对象不一样，各有各的用处，彼此不可替代。秦汉以降，汉字书体主要有小篆、隶、楷、行、草五种。魏晋以来，人们日常使用的书体为楷、行、草三种。书帖上书体以楷、行、草为主。因此，复制楷、行、草三种书体，都可用搨书之法。可是，官府有些应用文像策书等，非用篆书或隶书不可；南北朝碑石文字的书体，以隶书为多，有时用篆书。而且，人们熟练掌握楷、行、草三种书体，也要有篆书

---

① 张彦远：《法书要录》，北京：人民美术出版社，1984 年，第 39 页。

② 张彦远：《法书要录》，北京：人民美术出版社，1984 年，第 282 页。

与隶书的功底。因此对士人来说，篆与隶都是不可不学的。可是，要学习篆书、隶书，就非有拓石不可。这是为什么？篆与隶是秦汉时代的主流书体，称秦篆、汉隶；秦汉刻石盛行，故而留存后世的秦篆、汉隶大都镌刻在碑石上。汉魏以后，人们要想研习篆与隶，必须以碑石文字为主要对象。鉴于搨书不能用于碑石，所以搨书再盛行，也是无法满足复制碑石文字的需求。到碑石上复制篆书、隶书，非用拓石之法不可。如今有人错误地以为，有了搨书就不必另有拓石，或以为搨书的作用足以替代拓石，都是因为太不了解当年书法界的真实情况。

搨书与拓石因为都是复制书法的专门技术，它们的产生与盛行，最初本与雕版印刷不相干。但是，通过搨书与拓石，中国古人在观念上开始知道在手抄之外，还存在可以复制文字的技术，并且逐渐形成了利用文字复制技术的能力与习俗。从世界古代史看，这样的观念、能力与习俗不为全世界任何文明古国所具有，仅为使用汉字的中国古人所特有。这样的观念、能力与习俗，虽然与雕版印刷不相干，然而对进一步发明雕版印刷至关重要。再就搨书与拓石而言，在技术上最接近雕版印刷的不是搨书，而是拓石。下面，继续探讨拓石与拓本最早起于何时？

"拓石之法盖始于石经"

金石史家马衡先生在数十年前就指出："拓石之法盖始于石经。"① 此说合乎史实。那么，拓石之法因何缘故始于石经? 简单说，是因为汉魏石经具有特别重要的书法价值。复制石经书法，无法用搨书之术，非靠拓石不可。

汉魏碑石书法，重要者有以下四种。其一，汉石经。有《易》《书》《诗》《仪礼》《春秋》《公羊传》《论语》五经二传，刻于东汉熹平年间，由书法家蔡邕等人书丹上石，公认是汉隶的标准书体。其二，魏石经。有《书》《春秋》两经，刻于曹魏正始年间，用古文、小篆、隶三种书体书写；书丹上石者，或说邯郸淳，或说卫觊。古文在汉代已成绝响。魏石经的独特书法价值是，古文、小篆、隶三种书体形成对照。其三，秦始皇刻石文。共七篇刻石，据说是李斯手书的小篆。其四，其它汉碑石刻。

在这些汉魏碑石书法中，石经具有怎样的特殊价值? 第一，不可替代的权威性。石经所刻为儒家经典，文字数量最多，汉石经约二十余万字，魏石经约十余万字，全部由名家书丹上石，更有古文、小篆、隶三种书体形成对照，其它刻

———————————

① 马衡:《凡将斋金石丛稿》，北京: 中华书局，1977 年，第 216 页。

石无法相提并论。再如《说文》《字林》等字书中的书体因为都经过传写，与之相比，石经书法的规范价值更高，示范作用更大，最具权威性。第二，人们利用方便，社会影响最大。汉魏石经就在洛阳太学门前，人们去观摩学习，没有限制，非常方便。与之相比，秦皇刻石都在远离城市的山岭之间，交通不便，文字数量也比石经少得多。汉石经、魏石经，本来都为校勘经学文字而设。魏晋以来，经学式微，玄学昌盛。于是，石经的校勘价值不受重视，书法价值变得突出起来。例如"景仁为儿童时，在洛京，曾诣国学摹石经"①。"摹石经"就是学习石经书法，其时间当在北魏后期。《隋书·经籍志》将石经附录于六艺，并说"以备小学"②，意思是学习书法的范本。石经具有特殊书法价值，理所当然是书法范本。《隋书》的志书，代表东晋以后至隋这段历史，并非只代表隋代。

汉字书法，古已有之。到东汉末年，出现全国范围的书法热，究其原因，一是受汉灵帝鸿都门学的推动，二是因为纸的应用不断扩大。从此开始，我国出现持续不断的书法热，书法教育也迅速发展起来。西晋武帝时期，朝廷首次设书博

① 《北史》卷81，北京：中华书局，1974年，第2732页。
② 《隋书》卷32，北京：中华书局，1973年，第947页。

士教授书法①。东汉后期灵帝时的鸿都门学，开朝廷办书学之先河；西晋设书博士，则是鸿都门学的继承与发展。晋代以后，南朝、北朝也有书博士。像儿童时"摹石经"的张景仁，后来在北齐宫中教书法，皇帝"呼为博士"。隋唐两代，都在国子监设书学博士。据《旧唐书·职官志》，唐国子监有"书学博士二人"，"博士掌教文武官八品已下及庶人之子为生者。以《石经》《说文》《字林》为专业，余字书兼习之"。②详见拙作《书博士考》③。自汉魏至唐，绵延数百年的书法热，始终有官方的推动与士人的积极参与。另外，纸的作用不可或缺。纸，为书法提供价廉物美的载体；汉字书法，其实是以纸为载体的书写艺术。没有纸，魏晋书法不能成为历史丰碑，更不会有摹书与拓印。

　　古代书法教育，石经是必修课。《新唐书·选举志》说："凡书学，《石经三体》限三岁，《说文》二岁，《字林》一岁。"④唐代规定，官员人人要学书法；官员学书法，石经要学三年，学习时间比《说文》《字林》都长。这是因为，石经书法最具权威性。古人学书法，既是入仕为官的需要，也

──────────

①　《晋书·荀勖传》："又立书博士，置弟子教习，以钟、胡为法。"《晋书》卷39，北京：中华书局，1974年，第1154页。

②　《旧唐书》卷44，北京：中华书局，1975年，第1892页。

③　刘光裕：《书博士考》，《书法》2000年第6期。

④　《新唐书》卷44，北京：中华书局，1975年，第1160页。

是与人们交流、交往的需要。民间书法教育，石经也是最重要的范本。

汉魏以来，石经成为学习书法的必修课。全国上下越来越多的学书者，都以石经作为书法范本，复制石经遂成为一种不可遏止的迫切需求。前已说明，复制石经不能用搨书之法，非有拓印不可。于是，复制石经的迫切需求，必定成为推动产生拓印的不竭动力。为何"拓石之法盖始于石经"？原因在此。

《隋志》两种石经拓于晋

前面谈到，搨书之法始于晋。其实，拓石之法也始于晋。《隋书·经籍志》在说明汉魏石经设置后历经社会动乱，到隋唐间已毁坏无存，接着说："相承传拓之本，犹在秘府，并秦帝刻石，附于此篇，以备小学。"[①] "相承传拓之本，犹在秘府"，意为经碑虽已毁坏无存，然而石经拓本"犹在秘府"珍藏。"附于此篇，以备小学"，意为附录于六艺篇之后，与《说文》《字林》等一起作为字书与书法范本。从《隋志》著录统计，梁、隋官府共有石经92卷，其中汉石经50卷，魏石经42卷。学术界根据"相承传拓之本"，认为这91卷石经都是拓本。王国维说："《隋志》著录之二种石经

---

① 《隋书》卷32，北京：中华书局，1973年，第947页。

（即汉石经与魏石经——引者），确为拓本。"[1] 马衡的《凡将斋金石丛稿》、刘国钧的《中国书史简编》、钱存训的《印刷发明前的中国书和文字记录》等，都认为《隋志》所录石经是拓本。持不同意见者，仅有少数。[2] 史称："（隋开皇）六年，运洛阳石经至京师，文字磨灭，莫能知者。"[3] 汉魏石经到隋代，因为"文字磨灭"，已不能再拓石了。这些石经拓本，不能不是前代传承下来的。凡称拓，必定是从碑石上拓印下来的。不过，有了拓本以后，也可将拓本用揭书之法另行复制。而我们要考察的是最早的拓本，这拓本是否另行揭过，暂可置而不论。

《隋志》著录的石经，隋有十一种，梁有七种，凡十八种石经，我认为，其中至少有两种是晋拓本。

王国维《魏石经考》认为，《隋志》中梁官府的《三字石经尚书》十三卷与《三字石经春秋》十二卷，都是魏石经

① 《观堂集林》卷 20《魏石经考四》，见《民国丛书》第四编。
② 少数学者认为《隋志》所录石经不是拓本，理由有二。其一，认为"相承传拓"之"拓"，乃"揭"之误，进而认为这些石经是"揭本"。持这种观点，显然不知道双钩廓填之"揭"，不能用于复制碑石书法。其二，以为它们是"抄本"。一般说，石经有抄本是可能的。然而《隋志》既曰"以备小学"，亦即作为书法范本，若是"抄本"必定无法成为书法范本。从"以备小学"，可断"抄本"为臆说。
③ 《隋书》卷 75，北京：中华书局，1973 年，第 1718 页。

"足本"。① 众所周知，魏石经是古文，不是今文。汉魏传经，以家法为尚，不改师传卷数。王国维根据古文《尚书》、古文《春秋》的卷数，并与其它文本比较，认为梁官府这两种魏石经都是"足本"，就是魏石经的足拓本，其说可信。在王国维考证基础上，我根据《西征记》《洛阳伽蓝记》等文献记录的魏经碑存毁情况，认为梁官府这两种魏石经"足本"，都是晋拓本。

最早，有东晋人戴延之在《西征记》中记录洛阳城内魏经碑的存毁情况：

> 国子堂前有列碑，南北行，三十五枚，刻之表里书《春秋经》《尚书》二部，大篆、隶、科斗三种字。碑长八尺，今有十八枚存，余皆崩。②

---

① 王国维《观堂集林》卷20《魏石经考三》："《隋志》载梁有《三字石经尚书》十三卷，《三字石经春秋》十二卷，此盖魏石经二经足本。十三卷者，后来伪孔传之卷数；与马融、王肃注本之十一卷，郑玄注本之九卷，分卷略同，而与欧阳、大小夏侯之二十九卷或三十一卷，及壁中书之五十八篇为四十六卷者绝异，乃汉魏间分卷之法。其《春秋》十二卷，则犹是《汉志》《春秋》古经之篇数，亦即贾逵三家经本训诂之卷数，与《汉志》公、谷二家经各十一卷者不同。盖汉魏以前，左氏所传《春秋经》皆如是也。"见《民国丛书》第四编。

② 李昉等撰：《太平御览》卷589，北京：中华书局，1960年，第2654页。

后来，北魏人杨衒之在《洛阳伽蓝记》也记载洛阳魏经碑的
存毁情况：

> 御道东有汉国子学堂。堂前有三种字石经二十五碑，
> 表里刻之；写《春秋》《尚书》二部，作篆、科斗、隶
> 三种字……犹有十八碑，余皆残毁。[1]

戴延之，东晋末年人[2]。《西征记》所记魏经碑存毁情况，是
作者在东晋末年跟随刘裕西征姚泓时，途经洛阳所见。《洛阳
伽蓝记》记魏经碑的时间，已是北魏年间。

从《西征记》可知，到东晋末年，魏经碑存十八枚。
《洛阳伽蓝记》也记魏经碑存十八枚，两书记存碑数量相同。
已经崩毁的魏经碑，一说为十七枚，一说为七枚，原因是两
书对魏经碑总数的说法不一。无论如何，魏经碑到东晋末年，
至少小半已经崩毁。汉魏石经的碑石，高八尺，宽四尺，正
反两面刻字（《西征记》称"刻之表里"）。如此巨石倒地，
必有一面文字损坏或面向地面，无法拓印。魏经碑至少小半

---

[1]　《洛阳伽蓝记》卷三"报德寺"条。杨衒之著，杨勇校笺：《洛阳
伽蓝记校笺》，北京：中华书局，2006 年，第 135 页。

[2]　戴延之，《晋书》无传。《封氏闻见记》卷七云，《西征记》作者
戴祚（即戴延之）"江东人，晋末从刘裕西征姚泓，至开封县始识鸽，则
江东旧亦无鸽"。

崩毁以后，《尚书》《春秋》这两种魏石经的足本，无疑是不可能拓印了。《西征记》作者看见魏经碑至少小半崩毁的时间是东晋末年。所以，这两种"足本"拓印时间只能在东晋末年以前。

魏石经刻于正始年间，西晋时完好无损。汉经碑与魏经碑首次遭重大破坏，是晋室南渡后的五胡乱华之时。梁官府的《三字石经尚书》十三卷与《三字石经春秋》十二卷这两种"足本"，只能拓印于魏经碑完好之时，或魏经碑崩毁之前。所以断它们是晋拓本，当可成立。

此外，《隋志》所录隋官府《一字石经仪礼》九卷本，也可能是晋拓。"一字石经"，即汉石经。汉石经《仪礼》为大戴本，足本十七卷；九卷本为足本的大半。据《洛阳记》载："《礼记》十五碑悉崩坏。"[1] 这《礼记》，就是《仪礼》。《洛阳记》作者无考。从经碑损毁过程推断，《仪礼》"十五碑悉崩坏"时间也是晋室南渡之时。北魏建都洛阳期间，残存经碑未遭严重破坏。东晋以后，经碑损坏严重者两次。一次是北魏末年，齐神武将残存经碑从洛阳迁邺都，"行至河阳，值岸崩，遂没于水。其得至邺者，不盈太半"[2]。另一次是隋开皇六年，将经碑从邺都迁长安，"寻属隋乱，事遂寝废，营造

① 《后汉书》卷60，北京，中华书局，1965年，第1990页。
② 《隋书》卷32，北京：中华书局，1973年，第947页。

之司，因用为柱础"①。这两次，一为小半经碑沉没河中，一为经碑废弃无用。而《仪礼》"十五碑悉崩坏"于洛阳，故而在少数民族内迁之时。当"十五碑悉崩坏"后，再拓印九卷本《仪礼》已无可能。可见，汉石经《仪礼》九卷本只能拓印于"十五碑悉崩坏"以前，当为晋拓。

晋代具备拓印石经的客观条件

　　唐以前拓印石经，主要是作为书法范本。在中国历史上，西晋东晋出现第一个书法艺术高峰，晋代书法即"晋字"的流光余韵，到一千多年后的今天依旧光彩照人。西晋初年首次设书博士，说明对书法教育的高度重视。魏晋门阀士族，无不崇尚书艺，蔚成风气。著名者如卫氏、索氏、陆氏、郗氏、庾氏、谢氏、王氏等，家家书艺昌盛，代有名家，成为名副其实的书法世族。晋室南渡时，兵荒马乱，性命难保。可是，王导在颠沛流离中将钟繇《宣示帖》藏在衣带中渡江南下②，王廙也将索靖《七月二十六日帖》"四叠

---

① 《隋书》卷32，北京：中华书局，1973年，第947页。
② 王僧虔《论书》："亡高祖丞相导，亦甚有楷法，以师钟、卫，好爱无厌。丧乱狼狈，犹以钟繇尚书宣示帖衣带过江，后在右军处。右军借王敬仁。敬仁死，其母见修平生所爱，遂以入棺。"张彦远：《法书要录》，北京：人民美术出版社，1984年，第19页。

缀衣中以渡江"①，庾翼为在战火中丢失张芝"章草十纸"而
"常叹妙迹永绝"②。如此崇尚书法，必定崇尚书法复制。这
是因为，名家手迹只有一份，获得手迹太难，因此社会需求
必然集中在保真度高的复制品上。书法愈热，对书法复制品
的需求愈大，这是不变的法则。全国上下如火如荼、如痴如
醉的书法热，必然造成对书法复制的持久而强劲的需求。这
种需求，最终成为推动产生搨书与拓石的不竭动力。

　　把书法复制的需求变成现实，还要看社会上是否具有满
足这种需求的材料与技术。就拓石而言，除了利用已有的印
章原理，还要有质量合格的纸与墨，主要是纸。

　　拓石，其实是印章原理的移用与发展。凡用印章，都将
印章上文字印到他种物体之上。最初，是印在封泥上或缣帛
上；后来，又印在纸上。将印章中文字印到纸上，与将碑石
文字拓印到纸上，两者很相似。安阳殷墟出土的阳文青铜印
章，说明印章至迟商代就有了。周代的印章也曾有多地出土。
印章从材料分，有青铜印、金印、玉印、石印等。印章上文
字，很早就有阴文、阳文两种。在汉代，印章使用一种介于
小篆与隶书之间的专门字体，称"缪篆"。古代的公私文书
都要用印章来封检，官府有印章，官员与士人也都有印章。

---

① 黄伯思：《东观余论》，郑州：大象出版社，2019 年，第 152 页。

② 《晋书》卷 80，北京：中华书局，1974 年，第 2100 页。

到晋代，中国人使用印章已有一千多年，士人中几乎人人都有使用印章的经验。当书法复制成为一种强劲需求，迫切需要复制碑石文字时，在人们头脑里最容易引起联想的大概就是印章，想到利用人人熟悉的印章经验，并改进其原理，从而产生拓石。毫无印章经验的西方人，对拓石的产生总感觉有点神秘莫测。中国古人因为具有使用印章的经验，对拓石必为似曾相识，不会有什么神秘之感。

拓石所需材料主要是纸与墨，其中纸的质量最具关键意义。拓石所需纸，要求表面细腻，强度较高，且不可太厚；否则，无法拓印。有人以为梁隋以前不可能有拓本，原因之一就是担心没有合格可用的纸。不过，了解了早期造纸史，这种担心大概不会有了。

东汉蔡伦所造纸，其中有一种用榖树皮制造的"榖纸"①。榖树，又称楮树，学名构树。与用麻造纸相比，楮树皮脱胶最难；蔡伦发明用"煮"的办法脱胶，主要针对"榖纸"。楮树皮作为造纸原料，纤维细而短，所以"榖纸"表面细腻，强度较高，是有别于一般麻纸的上等纸品。蔡伦以后，汉魏年间造纸业不断取得新发展。东汉末年，东莱人左

---

① "东京有蔡侯纸，即伦也。用故麻，名麻纸；木皮，名榖纸；用故鱼网作纸，名网纸也。"李昉等撰：《太平御览》卷605，北京：中华书局，1960年，第2724页。

伯成功制造一种新纸品，称"左伯纸"，立刻名噪全国，书法家韦诞（179—253）向魏明帝提出要用"左伯纸"书写。后来，南齐萧子良说："左伯之纸，妍妙辉光。"[1] "妍妙辉光"，指纸表面细腻，有光泽。由此判断"左伯纸"，大概是在原纸基础上经涂布、压光的一种加工纸，故而质量优异。与韦诞差不多同时的孙吴书法家皇象，曾用一种"紧薄有脉"的茧纸抄《春秋》。唐人窦臮亲见皇象的《春秋》抄本，并记载如下："陆元凯押尾云：'此是茧纸，紧薄有脉，似桦皮，以诸茧比类，殊有异者也。'"[2] 有人认为，东晋王羲之《兰亭序》也是茧纸。晋代书法家卫铄（272—349）在《笔阵图》提出用"虚柔滑净"的"东阳鱼卵"纸[3]。东阳，地名，今安徽省天长市；鱼卵，纸品名，页面上有鱼卵花纹的一种名纸。自东汉至晋，至少有"榖纸"，有"研妙辉光"的"左伯纸"，有"紧薄有脉"的"茧纸"，有"虚柔滑净"

---

① 张彦远：《法书要录》，北京：人民美术出版社，1984年，第292页。

② 见窦臮《述书赋》。按：《全唐文》《法书要录》所载《述书赋》，皆说是"陆元凯押尾"。笔者以为陆无凯有误，以陆元悌为是。陆元悌，唐玄宗时在宫中整理法书，并另作押尾。唐人韦述《叙书录》云："开元五年……元悌等又割去前代名贤押署之迹，惟以己之名氏代焉。"唐卢元卿《法书录》所说，与此同。

③ 张彦远：《法书要录》，北京：人民美术出版社，1984年，第6页。

的"东阳鱼卵"纸等。这些纸品，或"研妙辉光"，或"紧薄有脉"，或"虚柔滑净"。它们都是高质量纸品，可以满足拓石的需要。拓石所需上佳墨品，更是所在多有。汉魏著名制墨专家韦诞所造"韦诞墨"，据说"一点如漆"，与左伯纸、张芝笔一起名扬全国，为世人所重。

如今拓石，大都用白芨水浸纸后上石。有人怀疑，晋代是否会用白芨水浸纸。不过，有关专家认为，拓石并不是一定要用白芨水。《拓片、拓本制作技法》书中说："除用白芨水或胶水浸纸外，有些地区习惯上直接用清水浸纸亦无不可，只要上墨时不过早绷起造成空虚或脱落即可。"① 由此看来，能否用白芨水浸纸，不会成为晋代拓石不可克服的障碍。

有人以为，拓石在技术上比搨书困难、复杂。实际上并非如此。搨书对纸墨的质量要求，与拓石相似。可是，搨书中响搨的采光技术，硬黄钩摹的纸上涂蜡技术，都比拓石复杂一些。从事搨书，要求具有文人的笔墨技能；从事拓石，只需有工匠的手工技能。拓石过程主要是上石、上墨两项，与搨书的费时费力相比，拓石要容易得多。总的看，拓石比搨书简单而方便。

综上所述，对晋代来说，一方面具有拓印石经的客观需

---

① 李一、齐开义：《拓片、拓本制作技法》，北京：北京工艺美术出版社，1999年，第31页。

求，另一方面拓石所需材料与技术也已拥有，所以晋代具有产生拓石与拓本的客观条件。

下面，再举一个峄山碑在南北朝被"摹拓"的事例，作为晋有拓本的佐证。

《封氏闻见记》卷八：

> 《邹山记》云："邹山盖古之绎山，始皇刻碑处，文字分明。始皇乘羊车以上，其路犹存。"按，此地春秋时邾文公卜迁于绎者也。始皇刻石纪功，其文字李斯小篆。后魏太武帝登山，使人排倒之。然而历代摹拓，以为楷则。邑人疲于供命，聚薪其下，因野火焚之。由是残缺不堪摹写。①

《封氏闻见记》的作者是封演，盛唐至中唐人，书中记录他的所见所闻。绎山，即峄山，在今山东邹城市。峄山碑，是秦始皇七篇碑刻之一。唐代有关峄山碑的记述很多，以《封氏闻见记》最详细。封演所记重点是"摹拓"峄山碑。"后魏太武帝"，即北魏太武帝拓跋焘，在位时间为公元424—452年，相当于南朝宋文帝时期。封演说，北魏太武帝

① 封演撰，赵贞信校注：《封氏闻见记校注》，北京：中华书局，2005年，第73页。

将峄山碑排倒在地。然而，峄山碑"历代摹拓，以为楷则"；排倒后"摹拓"者仍旧很多，造成"邑人疲于供命"；最后，"邑人"焚烧峄山碑，以致"不堪摹写"。所说"历代摹拓"的时间不明确，如果不是北魏太武帝以前，至迟也是从北魏太武帝时开始，亦即从南朝刘宋时开始。刘宋时的民间人士既然可以"摹拓"峄山碑，那么，刘宋以前的晋代官府拓印石经当在情理之中。故将它作为晋有拓石、拓本的佐证，附录于此。

拓石技术与印刷技术的特殊关系

诚然，雕版印刷的技术源头并非单一，而是多元的，如有镂空印花、印章、搨书、拓石等。那么，拓石与雕版印刷在技术上存在怎样的特殊关系呢？

雕版印刷的作用是什么？是复制作品。在雕版印刷以前，全世界都以手工抄写复制作品，历史悠久，使用广泛。与手抄相比，雕版印刷具有怎样的优越性？若是手抄，一人一次只能抄一份。然而，对雕版印刷来说，同一块雕版可以重复刷印数十份，数百份，甚或更多，这种技术且称为复制作品的可重复技术。与手抄相比，雕版印刷为何省工省力，生产效率为何大为提高，就是因为拥有这个复制作品的可重复技术。雕版印刷的全部优越性都源于这个复制作品的可重复技术；以后的机械印刷，无非是利用机械原理对这种可重复技术做了重大改进。

接着考察多元化的技术源头与雕版印刷在技术层面上存在怎样的关联度。先看拓石。如前所说，拓石始终用于拓印碑石上的文字作品，另也可拓印碑石或器皿上的图画；拓石的同一块碑石，可以拓印数份、数十份、数百份，或更多，可见也是复制作品的可重复技术，就此而言与雕版印刷完全一致；但是，两者在工艺技术或操作方法上，还存在不小的差别。再看搨书，它虽为复制文字作品的技术，然而这种技术不具可重复性。镂空印花在复制技术上具有可重复性，然而从来不用于复制文字作品；况且镂空印花属于染织业，与文化业相距甚远。从复制角度看，印章具有可重复性，然而印章上文字太少，一般不用于复制文字作品。在我看来，古老的印章与其说是雕版印刷的技术源头，不如说是拓石的技术源头；既有拓石，何需印章？

由此看来，拓石也是复制作品的可重复技术，故而与雕版印刷在工艺技术层面上关联度最大，其它都望尘莫及，瞠乎其后。那么，这个关联度最大对雕版印刷的发明具有怎样的促进作用呢？从思维层面看，发明的灵感大多源于人们的联想。一般说，凡具有关联度的事物，都有可能在人们头脑中激发起成为灵感的联想，从而促使完成新的发明创造。但是，与关联度小的事物相比，关联度越大的事物更容易激发成为灵感的联想，实现发明的概率也更大。

试举例说明。如今西安碑林存有唐代一枚尊胜陀罗尼经幢，末尾附识曰："大唐元和八年癸巳之岁八月辛巳朔五日乙酉，女弟子那罗延建尊胜碑，打本散施，同愿受持。"① "元和"是唐宪宗年号，"元和八年"为公元813年。"女弟子那罗延"的"那罗延"，本是古印度神祇之名，这位"女弟子"自称"那罗延"，看来是佛教信徒的化名。《陀罗尼经》从唐高宗年间传入我国后，各地纷纷建造"陀罗尼经幢"，留存至今者并不少，像陕西、四川、河南、福建等地都有。这位"女弟子"所建"尊胜碑"就是"陀罗尼经幢"。不过在此，我们要注意的仅仅是"打本散施"这件事。"打本"就是拓本，"散施"为广泛布施。"打本散施，同愿受持"属于佛教的宗教行为。佛教总是向信徒宣传说，只要抄写佛经（或绘制佛像）就能祈福消灾；而且，抄写的数量越多越好，与祈福消灾的效果成正比。其结果就是，善男信女凡抄佛经或绘佛像，无不疯狂追求数量。正是为了追求数量，这位"女弟子"想出了先"建尊胜碑"再"打本散施"的办法，就是用"打本"（拓本）取代"写本"的办法。这个办法有何好处？"写本"为手工抄写；凡手抄，一人一次只能抄一份。与此不同，"打本"所用的是拓石之复制作品的可重复技术，因

---

① 陈尚君辑校：《全唐文补编》卷143《那罗延建尊胜碑记》，北京：中华书局，2005年，第1739页。

此"尊胜碑"建成后，不只是"女弟子"可以拓印许多"打本"，别人也可以拓印许多"打本"。由此产生的陀罗尼经"打本"，与手抄相比，不仅数量多、速度快，而且省去许多费时费力的麻烦。

汉魏以来，人们建立碑刻的目的都是为了纪念或瞻仰。像今存于河北秦皇岛市卢龙县的"陀罗尼经幢"为五层高塔，非常壮观，它利于人们瞻仰，不宜于拓印，甚至不能拓印。可是，这位"女弟子""建尊胜碑"，不以瞻仰为目的，而以"打本散施"为目的，经碑高度与文字镌刻都有便于拓印的用意，为的是通过利用拓石之复制作品的可重复技术，达到以"打本"取代抄本的目的。诚然，"女弟子"的"打本散施"本身仍为拓石，肯定不是雕版印刷。可是，她以"打本"取代抄本的自觉性，她利用拓石技术取代手抄的自觉性，就此而言离雕版印刷的发明已经不再是遥远的事了。

那么，那位"女弟子"怎能想到以"打本"取代抄本呢？

旁人拓石之目的，无不是为了获取书法范本。这位"女弟子"与众不同，她拓石的目的是，为了获取"打本"以取代抄本，说明她自觉地利用拓石之复制作品的可重复技术。

古人立碑的目的，本是因为碑石文字不易损坏，可以长期甚至永久供人观瞻。可是，那罗延建尊胜陀罗尼经幢的目的，主要是"打本散施"，与"供人观瞻"已没有多少关系。

这"打本"，就是拓本。立经碑的那罗延旨在通过让人们任意拓印，达到"打本散施"的目的。就其目的而言，这是一种宗教行为。佛教向人们宣传，大量抄写佛经、咒语或绘制佛像，可以达到祈福积德的目的。故而我国佛教盛行后，众多善男信女为了祈福与积德，争相抄写佛经或绘制佛像，达到可谓疯狂的程度。可是，手抄佛经，手绘佛像，费力费工，十分麻烦。于是，那罗延想到建立经碑与"打本散施"这个办法。以"打本散施"为目的建立经碑，就是想利用拓石具有复制文字作品（包括图画）与可重复性这两大特性。就"打本"而言依旧是拓石，并非雕版印刷；可是距离雕版印刷已经很近了。

从拓石到雕版印刷的关键不在技术，而在需求。只要有相关的需求，需求越强越好。

汉字与所有文字一样，是人们交流或交际的工具。但是，汉字本身具有一个任何拼音文字都不具有的文化特征，就是书法艺术。在中国，汉字书法是视觉艺术的一大门类，可与绘画相提并论。拼音文字的书写虽然也可能具有某种艺术性，然而重要性及其发展程度，与汉字书法存在天壤之别。汉字艺术是汉字特有的文化现象，任何拼音文字都不具有。

拓石的产生，最初本是为了复制碑石上文字作为学习书法的范本，但是，汉字书法是书写文字的艺术，故而汉字书法也是文字。随着拓石与搨书的兴起，我国古人开始知道复制文字的方法，除手抄外，还可以通过一种技术，就是学习与训练文字复制技术的最佳途径，结果是中国古人率先掌握了一种文字作品的复制技术。而拓石在科技方面的历史意义，主要是对发明印刷术的启发与影响。

拓石与印刷都属于文字复制技术。虽然如此，但是拓石本身并不是印刷，而且汉代立碑者心中也不以拓石为目的。

2010年7月改毕于济南

附　录

一、谭天《编辑学论稿·序言》

　　近几年，经过出版界、编辑界（这里是指书、刊编辑）有识之士的努力，几家专门从事出版编辑研究的刊物出版了，一些专著问世了，成批的论文发表了。一门新的学科——编辑学正在构筑之中，编辑无"学"的历史快要结束了。编辑学作为一门初生的独立学科，正在努力地登上学术的殿堂，这是令人十分高兴的大好事。

　　不过且慢，这"编辑学"是不是几个闲人关着门搞出来的？会不会为社会所承认？回答这问题不能靠几句话，而要靠编辑学本身的建设。一门系统的科学理论的建设，要有一个过程，要付出艰巨的劳动，既要本行业从业人员的奋力，也需要学术界、理论界的支持。希望在短时期内由少数人操办一番，就可以建立起一门像样的学科，那是不实际的。我认为编辑学的建设也应采取这种态度。编辑学能否成为社会的共识，不是当务之急，重要的是编辑界自己觉醒起来，重视起来，用一砖一瓦的劳动来建筑这项系统工程。现在已经有了基础，几年之后定能有一个可观的规模。

当然，编辑界同社会各界对建立编辑学求得共识是很重要的。这种共识不是要求大家都来研究编辑工作，而是要求做到对编辑职业的理解、监督和支持。由于编辑工作的职业特点，它同所有能够阅读书刊（甚至包括那些不会阅读而能听懂）的人们有着精神上、情感上的密切联系。这种联系蕴藏着无形的能源，是推动出版事业发展的巨大力量。因此，不能消极等待这种共识的自然形成，而应积极争取，编辑理论工作的研究就包含向社会各界进行宣传的任务。

编辑学研究的基本任务应该是从国内外出版的历史和现状出发，探索编辑工作的一般规律，并根据马克思主义的基本原理，研究我国社会主义初级阶段出版编辑的特点，寻求开拓出版事业的新路子。如果我们在这方面能够卓有成就，编辑学的框架就能构成，编辑的素质就会有突破性的提高，对健康发展我国出版事业的重要性是不言自明的。

我国的出版事业有悠久的历史，当代也称得起是出版大国。但是，出版理论和编辑理论的研究，相对地说是比较落后的。近些年来，我总是在思考产生这种矛盾现象的种种原因，正好有一个机会引起我的共鸣。

那是在 1987 年底，山东大学刘光裕副教授应邀参加了山东省出版工作者协会举办的编辑学术论文写作研讨会，做了关于编辑学理论研究的专题报告，使到会人员耳目一新。转过年，又看到他发表在几家刊物上的论著。这期间，由于刘光裕副教授的推荐，又拜读了复旦大学王华良副教授几篇有关编辑工作的学术论文。这使我产生了极大的兴趣，并萌发了使这些论文结集成书的念头。经过几位同道的酝酿，征得两位作者的同意，最后选定了 16 篇论文，结集编订出版。

使我最感兴趣的是，这些文章在立论上和研究方法上都有新的突破，特别是较之我读过的某些专业编辑工作者的论著来说，更是如此。专业编辑工作者当然写有不少好文章，但有些总留有某种一般工作经验总结的痕迹，有的则仍属于工艺性的研究。这大约是编辑工作者"职业病"带来的局限性造成的，在当前是难免的，甚至是必要的。但从构筑编辑学理论基本框架的角度看，则是很不够的。刘、王两位的几篇主要论著突破了这种局限性。他们首先从确立编辑工作的独立社会地位入手，展开自己的研究工作。长期以来，编辑工作这个行当，被认为是一种附属性的工作，附属于著作者，附属于阅读者，甚至是"简单劳动"。这种雕虫小技还需要有"学"吗？这当然是一种误解。从社会大文化活动方面来观察，编辑是一种无可代替的创造性的劳动，具有独立的社会精神产品生产者的地位，不仅应当有"学"，而且是一门难以轻而易举就能掌握的学科。书稿作者从理论和实践的结合上论述了编辑的社会本质，编辑的社会作用，编辑的社会价值等等涉及编辑学领域的一些基本问题。这是一种升华，是编辑同行胸中郁结日久感性认识的升华。读过之后，堪可振聋发聩，打开禁锢思想的阀门。

这部《编辑学论稿》所收集的文章，按内容大致可分三个部分，一类属于方法论范畴，一类属于编辑社会学范畴，一类属于编辑史范畴。虽然如此，全书仍可用一条主线把16篇文章串联成一个整体。这条主线就是两位作者一致主张把编辑工作真正当作一种社会文化现象来研究，编辑学的建立首先要注重研究它的理论基础。这条主线的确定，可能是建立编辑学主体结构的关键所在。

书稿编成之后，作者约我作序，盛情难违，只得借题发点议论，聊以塞责。读者的兴趣自然是要读作者的文章，而不是序言。

1989 年 1 月

（刘光裕、王华良合著《编辑学论稿》，山东教育出版社1989 年版）

二、宋原放《编辑学理论研究·序言》

趁这本书再版的机会，作者要我说几句话。

在学术著作出版难的今天，这本书居然能够增订再版。这个消息使出版理论工作者感到欣慰和振奋。因为这不仅是对两位作者的支持，而且也是对出版理论研究工作和人民出版事业做出了贡献。人们对山东教育出版社的目光远大和慷慨大度，表示敬佩和感谢。

十年来，由于作者和我都热心于出版学、编辑学的研究，我们成了相知较深的同志和好友，两位作者的不少文章在发表之前我有幸得以优先拜读。他们讨论的问题涉及编辑学基本原理的各个方面，这是前人从没有做过的事业。他们勤奋地、勇敢地做了很有价值的探索，取得了开拓性的成果，特别对近代编辑和编辑学，很有创见。也许作者有的观点你不一定能接受，但是作者认真的治学态度使你敬重，文章的逻辑力量使你不能不承认言之成理。我们从《再版后记》中可以看到两位作者所下的功夫，他们在研究工作中，坚持从实际出发、理论联系实际的马克思主义学风，坚持用唯物辩证法，对具体问题进行科学的分析，有时也借用社会学、文化学、传播学的方法。十年辛苦，十年攀登，他们这种不畏艰险的治学精神，是值得称赞的。

他们两位都在高等学府执教，有过编辑实践的经历，比较熟悉马克思主义，受过逻辑思维的基本训练，具有从事理论研究工作十分有利的条件，衷心希望他们继续努力，取得更大的成就。

作者《再版后记》，对我们了解作者从事研究工作的思路和背景很有帮助。不是说要知己知彼吗？我以为，争论的双方不仅要各执一词、据理力争，而且要互相尊重、互相了解，这样才有利于探求真理，有利于编辑学科的建设。

我相信，作为马克思主义者，诚实的做人，认真的治学，坚持真理，修正错误，坚持下去，必有成效。愿与作者共勉之。

1994 年 12 月于上海

（刘光裕、王华良合著《编辑学理论研究》，山东教育出版社 1995 年版，标题为《再版序》）

三、《编辑学论稿·后记》

尽管编辑在我国历史上出现相当早，可是编辑学却是近几年出现的新兴学科之一。记得 1955 年进大学中文系读书时，并未听说编辑学，大学毕业后留校教书，还是懵然不知有编辑学。我国自进入 80 年代后，出版界开风气之先，办讲座，开学术讨论会，出刊物，建立专业性出版机构，逐渐形成编辑学研究的热潮。随着出版业迅猛发展，产生了人才青黄不接问题。于是中国一些最有名望的高等学府，如北大、复旦、南开、清华、中国科技大学等纷纷办起编辑专业。万事开头难。现在不管怎么说，编辑学毕竟是"热"起来了，它总能为历史留下一些令人注目的业绩。

　　编辑学对我个人来说，接近它是一件偶然的事。在大学教书，我的专业是文艺学。在想入非非的青少年时代做过的各种梦中，大概就是没有梦想以后做编辑。1973 年，山东大学吴富恒校长（当时是学校副职）主持《文史哲》复刊事宜，派我襄助，从此才与编辑有缘。以后曾离开《文史哲》一段，1979 年重新主持《文史哲》编务至 1984 年底。其间有两件事令人难忘：一是复刊号订户有 70 余万（实际印 20 万）；二是 1981 年和 1982 年两年这个综合性学术刊物订户增加计 1 万。这两件事曾经使我好生高兴了一阵。这可能是因为自己不能免俗，可也与备尝了办刊甘苦有关，因此编辑之事便在头脑里刻下了很深的印记。编辑一般都忙于编务，无暇顾及编辑之学，何况我是学校里的教师，还恋着自己原来的专业。1984 年夏天，碰上教育部高教一司在黑龙江大学举办学报编辑讲习班，邀我和本书的另一位作者王华良去讲课。翌年六月，我们又同在上海讲课。既有编辑之任，又做讲课之事，由此对编辑学逐渐产生了兴趣，自己竟觉得欲罢不能。因此，当我辞掉编务去从事研究和教学工作时，一面埋头翻检历史材料，为古人立传，一面却又对编辑学好作门外之谈，弄出读者所见的这些文章。

本书另一位作者王华良的情况与我有所不同。他从大学出来后，50年代便在上海出版界做编辑，以后回到他母校复旦大学任学报副主编，主持常务。所以他可以说是老编辑，有关编辑的经验和学识，无疑要比我丰富，使我得益甚多。我们一在上海，一在山东，但都在学校里主持过刊物编务，又都在给大学生讲编辑理论，这是我们合作的原因之一。此外，我们都主张把编辑真正当作一种社会文化现象来研究，又认为在编辑学中应当重视研究基本原理。这种共同想法促使我们商量了写作计划，分头去写。计划虽未完全实现，但读者现在可以发现我们两人的文章中存在着相同的或相联系的东西。就文章字数而言，我的稍多一些，这大致是因为近年来我可支配用于写作的时间较多。其实，我的文章大都先寄去征求意见，做修改后才拿出来给刊物发表，所以未尝不可视为共同努力的结晶。

本书中所有文章，都曾分别在《编辑学刊》《编辑之友》《出版发行研究》《出版史料》等刊物上登载，多蒙各方的鼓励和鞭策。这次结集，大都做了文字上的润色，有两篇改动较多。为求统一，有几篇文章的题目与刊物登载时稍有区别，希读者鉴谅。

当前编辑学研究的主要力量，当然是在人才济济的出版界。我国高等学校里似乎总是更加重视在悠久历史中积累起丰富知识的古老学科，编辑学目前为人们所陌生，因此还是显得相当孤独和寂寞，研究中感到缺乏资料，缺乏经费，缺乏理解，缺乏切磋琢磨。不过，想来这也是暂时难免的现象。我们的文章所以能够问世，又所以能够结集出版，并非仅仅针对我们个人，又是为了建设编辑学。以后谨愿继续奉献绵薄，以图报于万一。我们文章中存在的错误和不足，更是期待大家批评指正。

刘光裕谨志
1988 年 9 月于山东大学望云斋

（刘光裕、王华良合著《编辑学论稿》，山东教育出版社1989 年版）

四、沧海十年不是梦，风斜雨茫总惆怅

——《编辑学论稿》再版后记

谨呈于读者之前的这本《编辑学理论研究》，是我和王华良合作《编辑学论稿》的增订再版。其中，保留了《论

稿》16篇中的15篇，增加的20篇是从1989年以后发表的论文中挑出来的；总计35篇。易名原因，是有友人告曰"论稿"可能被理解为"教科书"，而我辈尚不敢忝列教科书，并无他意。谭天先生所赐《编辑学论稿·序》，今称"原序"，以示仍旧。付梓前，请宋原放先生赐再版序。我辈区区布衣，谭、宋两位长者始终如一的拳拳之情，皆在铭记中。自1984年涉足编辑学以来，除书评、论编辑教育以及其他的十来篇文章，我俩十年辛苦，皆在于此。

《编辑学论稿》出版于1989年。编辑学著作读者面窄，摆在书店无人问津。不料在书店之外，京、津、辽、鄂、湘、闽、鲁等地，皆有同好因不可得《论稿》而示书求售的事。因此，1990年底谭天先生曾提起可否再版；不过，这件事后来搁下了。敝帚不敢自珍，也是原因之一。今年七月，在郑州召开中国编辑学理论研讨会，颇有人以我往日旧作作为议题。我携15000字的《三论何谓编辑》，参加郑州之会；酷暑中欢聚数日，相争数日，深得切磋琢磨的教益。其实早在4年前，1990年8月在衡山召开编辑学理论研讨会，我已经有幸成为众矢之的。诸同道好友于南岳会上研讨的昂奋与激越，编辑学界盖属首次；我和王华良欣欣然作奋力争辩，尚无理屈词穷的困难。数年来，观点相左与我相商者依然不少，观点相合与我呼应者渐渐多起来。郑州会议以后，山东教育出版社的热心人，终于很快为我玉成增订再版之事。出版者当然知道是要赔钱的，意在以学术为重，关心学界讨论，促进学科建设。我辈三生有幸，世态炎凉中岂无暖暖情意？出版社把再版消息正式通知我时，老友王华良已去国赴美。文稿的增订工作，只得由我来做完；并且写这后记，向读者絮叨10年来有关文稿写作的一些情况。

关于编辑概念的讨论

在编辑学界的学术讨论中，编辑概念的讨论涉及人数多，影响范围广，而且历时数年犹未见尽期。其起因，就是我刊于1987年《编辑学刊》上的《论编辑的概念》。回想当年情况，此为始料所不及。起初写这文章的动机，其实主要是为自己的研究做准备。

最早，我毫无界定编辑概念的想法。1984年，应邀为全国学报编辑讲习班授课，派给我的题目是"编辑的业务修养和道德修养"。授课以后，头脑一时颇为发热，忽然想起可否针对流行的"编辑无学"说和"编辑简单劳动"说做一些研究工作。产生这种想法，并非仅仅因为自己主编《文史哲》，备尝其中甘苦，还因为受到与我交往甚密以至相濡以沫的高校学报界朋友的影响。当年学报编辑因工作不被理解而遭受的白眼和歧视，肯定不在出版界编辑之下。1981年我被推举出来筹建全国学报编辑研究会，同行们异口同声嘱我谋求改善社会地位。为此，四出奔走半年而未果，研究会因故流产，思想上却留下很深印象。如今既怀此研究的想法，照例要去读一些书。读了书以后，立刻发现我面对的是完全陌生的困难课题，自己却是过于浅薄，思想上被迫从大意轻敌转变为谨慎从事。在此情况下，不得不一再鼓足勇气，去读当年能找到的几乎所有编辑学论著；去读自己根本不熟悉的社会学、传播学、社会心理学、符号学、文化学等著作；去读本来并无兴趣的版本学、目录学、校雠学、书籍史、出版史资料等作品。为避免日后在见解上自己与自己打架，我希望先形成对编辑学的基本观点，然后再作文发表。所以开始时，一面是有点着迷地埋头读书，一面是小心翼翼地苦苦思考，心里不急于多写文章。思考的重点，一是编辑价值论，此为针对"简单劳动"说；二是编辑业务论，此为针对"无学"说。这般过程和心态，大概与当时许多人是相似的。我所作第一篇编辑学论文是《编辑与作者和读者的关系》，从编辑的一种社会关系出发去考察其地位及工作，是以社会价值论作为立论基础的。此文作于 1985 年夏。可是，第二篇便是《论编辑的概念》，作于 1986 年夏。这表明我是中断了价值论的探讨，去研究编辑概念的。那是为什么呢？

　　起因在 1985 年夏，应邀在上海师大讲编辑学，首次听一位朋友谈编辑史，把孔子等人皆视为编辑。对此，我尚无明确见解，甚至还来不及去想中国编辑史是什么样子，却马上意识到，这是探讨价值论和业务论无法回避的一个问题。因为孔子等人皆是历史上的著名人物，如果他们是编辑，就必须根据有关他们的材料去思考编辑学中的道理；如果不是，就不能把这类材料作为根据。研究过程中的材料根据不一样，得出的结论，亦即从中抽象出来的概念及其系统，也就随着不一样。这对于我来说，牵涉到今后如何去收集材料，以及根据什么样的材料得出结论等问题。利害关系非常实际，这一步走错，有可能劳而无功。总之，当时只明确一点：编辑概念不清楚，研究工作无法起步。因此，1985年夏天临时转而去研究什么是编辑，希望获得一个明确而完整的认识，至少在处理研究资料时，可以使我不凭肤浅的感觉去东倒西歪地瞎摸瞎碰。

我关于界定编辑概念的设想，马上得到王华良的热情支持。他在信中不断督促我，并且提供包括学术信息和材料等的切实帮助。我们很快在孔子是不是编辑的问题上取得一致的看法。我本喜欢哲学和史学，所以处置孔子等人材料，尚不十分为难。颇费斟酌的是，如何表述出版业或传播业与编辑的关系。好在王华良对现代出版业比我熟悉得多，他在上海获取有关资料比我在济南也方便一些。这使我对编辑概念的思索从模糊逐渐趋于清晰，受益匪浅。半年后到1986年初，我已经弄出一个初稿，置于自己抽屉之中。1986年暑假前夕，借机拿到一个讲习班的开幕式上去讲了半天，听众数十人，一两日内对何谓编辑议论不息。有了听众的反应，利于我完善论证。讲课回来，一鼓作气写成文章；不过，以后又改了一遍，到年底才敢呈送刊物发表。此文便是《论编辑的概念》，即本书中的《怎样理解编辑的概念》。

此文惹得学界同好颇多议论的事，我到1990年夏天才有耳闻。大致是蛰居斗室，又是交往过少的缘故。邵益文《编辑学研究在中国》一书中有一文副题曰："复某先生的一封信"，"信"中所议内容无疑是拙作引发出来的。学者的书札议论其事，在读邵先生1992年底赠我大作之前，并无所闻。就我而言，作文但求其尽兴，评说当任凭他人；对待学问上的事，常常是兴之所至，乐于自行其道，不愿意轻易委屈自己。当年写这篇文章时，一接触学界情况，便可知道持此论者，除了我自己，或许中国只有王华良了。要么是我一个人错了，要么是别人错了，二者必居其一。我不能不反复斟酌，不能不小心求证。因此，断断续续地经历一年半时间，不改初衷，几易其稿。这正是兴之所至，自行其道。作文时的尽兴，在于把自己的道理讲清楚。这篇文章的主旨在界定概念，进而明确学科的对象、范围。因此一再琢磨，最后把编辑概念归结为三点：一是"在利用传播工具的传播活动中"；二是"处于作者和读者之间"；三是"种种出版前期工作"。此仅就书刊编辑而言。这种对编辑概念的非描述性的表述，首先是为我自己研究基本原理做准备的。据我个人的体会，它对抽象一些的研究可以提供方便。文章中第一部分论孔子不是编辑，意在说明孔子这一类型皆不是编辑；挑选孔子作个案，而不选别的人，仅仅因为孔子最具代表性，便于说明文意罢了。此处无法回避辩论，然而对事不对人，依然只求达意尽兴而已。

王华良比我更关心学术事业。他认为，编辑概念的原理在编辑学中是最基本的，又是足以牵动全局的，编辑学的大厦需在此基础上建立起来。因此，他坚信，解决学术界在编辑概念中的混乱是学科建设中的当务之急，否则，便是事业的前途堪忧，屡次与我谈及此事，总是忧心忡忡。我赞同他的看法，并且自从写了《论编辑的概念》，便认为学术界对编辑概念的理解是错位的、偏离的。实际上，往后愈演愈烈，如认为"编辑的产生先于文字"等等，并且获得诸多喝彩。恕我直言冒犯，这是一种不幸，而且是属于幼稚病的不幸。所以，相信学术界在付出代价以后，迟早是一定要回头的，只需等待便了。而我手里除了编辑学，另有一摊子工作。自己门前有扫不完的雪，无暇他顾。王华良并非不忙，然而忧心更重，于是在1990年刊出《试论界定"编辑"概念的方法论问题》。此文刊出前，华良拿着草稿去当面征求辩友意见，可见诚意。学术界经过几年议论酝酿，这次终于首次在刊物上公开讨论，颇有点轰动效应。又过了4年，到1994年夏天，在郑州把编辑概念列为全国会议的正式议题，至少在讨论该问题的重要性上取得共识。可是，4年前针对王华良那篇文章，辩友们认为提出编辑概念问题本身就是多此一举，不乏出言不逊之人。诚然，身处于多数派中的辩友们，自以为比我等气势旺盛，也是难免的。辩论既起，有的文章是主动批评我的，我非常乐意招架，很快写成《再论何谓编辑》，以作答辞。不料重新引起兴趣，又忙里偷闲写了《三论何谓编辑》等。今后，并非不可能写"四论""五论"。这里用得着孟子那句名言："予岂好辩哉？予不得已也。"就观点而言，与我以前文章并无差异，可谓一以贯之。

专论编辑概念之作，两人合计7篇，约6万余字，归为一栏，置于本书之首。深知一家之言而已；读者讨论，聊供参考之便。

关于对象、范围和方法

讨论编辑概念，对建设编辑学的意义，首先在于借此才可确定本学科的对象、范围；然后在这对象、范围的基础上，才能形成理论范畴和内容体系。我在《怎样理解编辑的概念》中说，编辑概念的混乱可能造成"一笔糊涂账"。这首先就是对象、范围方面的"糊涂账"，然后就是理论范畴和内容体系方面的"糊涂账"。认为讨论编辑概念是无谓的"概念之争"，正是出于"糊涂"。因为，一旦编辑概念具体化，比如把"收集材料、整理成书"这个编辑概念具体化，就是认定孔子、司马迁是编辑家，认定删诗、作《春秋》和创作《史记》是编辑活动，这样就立刻成为学科的对象和范围方面的问题。换句话说，编辑概念问题，不可能不成为学科的对象、范围问题。8年前研究编辑概念时，编辑学界都认定孔子和司马迁是编辑家，我从学科的对象、范围角度很容易看出其中毛病。其一，编辑学的对象、范围不在出版业或传播业之内，而在其外，岂不违反常理？其二，历史学、文献学、图书馆学等皆不认为孔子、司马迁是编辑，相反认为是作者。经学史家周予同认为六经是孔子的"著作"；《史记》是司马迁的著作，在学术界从来无人怀疑。把公认的著作家和著作活动拉过来作为编辑学的对象，岂不"糊涂"？后来，批评我的人提出，像《史记》那样由收集材料、整理加工而成的"书"不可称"著作"。察其原因，却是不知"著作"有广义概念这个汉语常识，此属"糊涂"之最。如此情况，看来是学术上缺乏准备而又急于求成所犯的幼稚病。所以，与编辑概念的混乱同时出现的一件事，就是学科的对象和范围被搞乱了。就像东汉末年的刘备没有地盘而想割据称雄那样，编辑学没有找准自己的对象、范围，学科建设怎能不受损害？这是十分可惜的事。

就书刊编辑学而言，我认为其学科对象，简单说就是出版业中编辑的专业活动，其学科范围据此去划定。再具体地看，我认为可以分为编辑活动过程和编辑活动赖以存在的社会关系两部分。编辑活动过程包括从选题、组稿、审稿、加工到编后的一系列工作。编辑活动赖以存在的社会关系，主要有三：一是编辑与印刷、发行的关系，此为出版业内部的关系；二是编辑与作者和读者的关系，此为编辑从事专业活动与社会直接形成的特殊重要关系；三是编辑与社会的文化、经济、政治等的关系，此为编辑与社会环境的关系。这三方面社会关系，既制约或规定编辑活动的内容和方式等，又为编辑活动创造业绩提供广阔的舞台。学科对象包括编辑活动过程，还包括其赖以存在的社会关系，因此，王华良曾将我这一再说明的观点，概述为学科对象中的"关系说"。我以为注意其社会关系，便于跳出以往研究工艺过程的老套路，去作更深一点的理论概括。

关于研究方法，1987 年曾撰专文。我主张不对编辑活动做孤立的和静止的考察，而是从其赖以存在的诸社会关系中去考察；又认为编辑活动及其赖以存在的社会关系都是历史的和具体的，换句话说是发展变化的，不是一成不变的。这种方法论，其实就是唯物辩证法。它与我在学科对象中提出的"关系说"是一致的，这便形成学科中的方法论与对象论的统一，比如，据此去研究编辑的历史，首先需在对象、范围方面划定为历史上出版业中的编辑活动。再从历史过程中看，造纸技术和印刷技术的出现和改进，文化教育的不断普及，为出版业也为其中编辑的产生和发展提供社会条件；编辑在出版业中与印刷、发行的分工是从不明确逐渐走向明确的；编辑活动的内容最初以翻刻古籍和出版选集、总集、别集、类书为多，选题范围由经部、史部逐渐向子部、向科技、向小说戏曲方面拓展；编辑的作者最初以前代名家为多，同代作者比重的增加相当缓慢；编辑的出版质量观念素受重视，经营观念逐步加强，版权观念十分薄弱；官僚、宗教家、藏书家和士大夫是最早的出版者兼编辑者，又是最重要的读者；读者的范围，由几个大城市逐渐扩展到民间；出版业以及其中的编辑活动对中国文化教育的普及和提高、对民族文化的发展和繁荣、对统一国家的巩固、对中华文明在周边国家的传布等，皆起过不可估量的巨大作用；如此等等。这样去研究，是把学科的对象、范围、方法三者统一起来，从而使编辑学的内容丰富生动，别开生面；它与文献学、编纂学、图书馆学、历史学等有交叉现象，而无重复雷同之弊。这成为我对自己研究工作提出的要求。

上面所说的唯物辩证法是作为哲学方法，即思维的基本出发点的；在此基础上，研究时尚需结合一些具体方法。例如，有位先生评我为"传播学派"，就是因为拙作中传播学方法应用较多。此外，我对社会学、文化学的方法同样是重视的；版本学、目录学等方法偶有袭用。

本书第二栏凡7篇，内容大体以学科的对象、范围和方法为主。我在这方面的看法，与我对编辑概念的见解是同时形成的，只是文章写作时间有先后。

关于价值论和业务论

关于编辑学的探讨，我和王华良皆偏重于基本原理。我于1984年以后，有两三年读书思考的时间，所以至1986年仅作文3篇。1987和1988两年内用于写作的时间较多，作文8篇，约11万字。以后因忙于他务，四五年内只能断断续续地写作，文字反较前两年为少，其中9篇收入本书。本书35篇文章中，15篇为王华良所作。本书内容，由于是论文汇集，只能作大体的区分。第一、第二部分，就是前面所说的编辑概念和学科的对象、范围、方法；下面依次是编辑价值论、编辑业务论、精神生产和编辑工作；最后一部分，是编辑史研究。古代部分只是描述轮廓，重点是研究张元济。凡研究理论，不可不了解历史。我不愿意也不可能以孔子、司马迁等人作为研究历史的个案，同时认为张元济最具代表性。通过研究张元济，我懂得了现代出版业和现代编辑的许多知识，成为理论思考中重要的感性材料。所作张元济三论，曾得王绍曾、宋原放、张树年诸先生帮助和鼓励。编辑史部分内容比较集中，不另做介绍。

编辑价值论我侧重研究其社会价值。从价值是主体对客体需要的满足这一观点去看，编辑价值是编辑主体对社会客体需要的满足。就编辑主体而言，实现其社会价值并不是任意的或随心所欲的。它必须与印刷、发行形成三方相依为命的出版共同体，此为《编辑与印刷、发行的关系》中的基本观点；它必须在社会上的作者和读者之间圆满地担当这两方矛盾中介的角色，此为《编辑与作者和读者的关系》中的基本观点；它还必须协调自己与所处社会环境中的文化、政治、经济等的关系。再者，编辑个人尚需具有业务能力和道德修养。凡此，皆是其实现社会价值的条件，而且是缺一不可的必备条件。

编辑的社会价值，我着眼其不可替代的特殊性，特别重视与作者的价值地位和价值标准相区别。具体说有以下几点：第一，编辑价值必然包含在传播业中，出版编辑价值必然包含在出版业中。离开传播业或出版业谈其价值，即便天花乱坠，并无实际意义。第二，在传播业中，编辑通过对传播内容的导向、净化、协调，促使媒介传播由无序变为有序、低效变为高效、有害变为有益，进而在社会上建立起以"大范围、多方面、多层次"和"高速度、高密度"为特征的传播场。在全社会看，非编辑不能当此重任。编辑在社会中的价值地位首先在此。对书刊编辑来说，就是为多方面和多层次的读者及时地并且不断地提供有益的和有用的出版物。再简言之，就是出好书和多出好书。这是其基本的价值标准或价值取向。所谓"基本的"，就是编辑的其他价值作用，都需在此前提下形成。比如，编辑对作者的发现和培养，必须以多出好书为其价值目的；否则便与教师的价值取向相类或无异了。第三，编辑在传播业中的如此价值地位，足以使古今中外的无数作者和当代的所有读者通过媒介传播联系在一起，从而形成作者—编辑—读者三方面互动的信息交流格局。在这三方互动格局中，编辑一方面在作者那里促成生动活泼、持久有力的创造活动，一方面在读者那里促成丰富多彩、健康有益的阅读活动。因此在当代社会，文化的普及和提高，文化的繁荣和发展，文化的积累和延续，皆需编辑参与其间，成为不可缺少的重要力量。所以，创造当代社会的文化，不仅靠作者，也不仅靠作者和读者，而是靠作者、编辑、读者共同来创造。第四，编辑在社会文化中的这种价值地位，必定进而影响人们的文化生活的质量，影响政治的进步，影响经济的发展。以上见解，请参见《编辑的社会本质》《编辑在传播中的作用》《编辑与传播场》《编辑的信息观念与信息功能》等。

关于编辑业务论，我比较注意编辑的专业业务。编辑这种职业，要求谙熟社会科学或自然科学方面的知识。所以，编辑本人成为科学家是很好的事，但是，要求编辑人人都去做科学家是不现实的，也是不必要的。重要的是，编辑人人应该争当精通自己专业业务的编辑家，科学家只有精通编辑业务才是编辑家，否则便不是。我撰《编辑的业务观念》认为，编辑家必须具有文化战略观念、社会传播观念、商品经营观念。此文曾在《出版工作》连载。有关内容又在论张元济时屡屡涉及，然而专论鲜少。王华良的《选题论》《审稿论》诸作，皆专论业务，可以弥补我的不足。

无论是价值论还是业务论，读者当能发现，我是根据自己对编辑概念的理解，根据自己对学科的对象、范围、方法的见解，去思考和写作的，自以为并无龃龉。这无非是作者常有的自得其乐之病，幸读者有以教我。

关于精神生产与编辑工作

包括出版业在内的传播业，如今海外称为文化产业。当年马克思把社会生产一分为二，便是物质生产和精神生产两部分；他称思想家是生产思想的精神生产者。文化产业是专门生产文化产品的，无疑属于精神生产部门。编辑处于传播业中，是精神生产过程中的一个重要环节。王华良研究编辑学理论，除与我有共同之处外，一开始就是从精神生产这个角度去考察编辑工作，从而形成一种特色。他的第一篇编辑学论文，就是《精神生产的特点及其与编辑工作的关系》，该文获上海编辑学会颁发的一等奖。几年前，见有刊物披露，某编辑学著作一字不改地大段抄袭这论文中的文字，颇令一些朋友扼腕，不过，倒可见其影响不小。王华良的思路大致是，在有别于物质生产的精神生产过程中，编辑一方面联系着文化生产，一方面联系着文化消费，处于这种特殊地位的编辑，游刃其中而施展其能。所以，他颇能从宏观上去把握编辑的地位和作用；即便研究选题、审稿之类编辑业务，依然如此作风。

精神生产领域有各行各业，编辑只是其中之一。编辑工作与这里的许多行业相比，既有共同性，又有特殊性。王华良的研究，一般是结合着共同性的考察，而把重心放在特殊性上。他有两篇论文谈编辑的创造性。编辑的创造如果只有与其他行业共同之处，而无其本身的特殊之处，那么，编辑这个行业不是可以被取代，也就是可有可无的了。王华良所论编辑劳动的创造性，是其不可为其他行业所取代的特殊之处，编辑的价值作用主要在此。《论编辑创造的特殊性》一文，曾获全国出版科研优秀论文奖。

年过花甲的王华良，长我几岁；身躯何瘦枯？"兀兀以穷年"，对事业总是不减热心和勤奋。去国未归，我擅自把他有关论精神生产与编辑工作的几篇归为一栏，读者谅有得焉。

在后记中谈这些，本是考虑这论文集内容芜杂，借此为读者稍作条理，附带介绍些许情况，以便观览。可是，我早已不知不觉地陷进学术纠葛中去，谈自己未免自以为是，涉争执深恐伤及他人。晚年的杜甫慨叹说："文章千古事，得失寸心知。"（《偶题》）我想，作者对于作文的甘苦，不难自知；对于文章的得失，却是难以自知的。至于杜甫所说"文章"，是指诗歌还是别的，且不去管它。记得东汉王充，写过

《问孔》《刺孟》；孔子犹可"问"，孟子犹可"刺"。看来对于自己文章，圣人也是未免不可自知得失，遑论我辈，岂不是更有可"问"可"刺"之处？既然如此，我姑妄言之，请姑妄听之。杜甫有言："文章一小技，于道未为尊。"此话颇可慰我写不出好文章的惭愧。可是，我更喜欢白居易诗中这名句："天意君须会，人间要好诗。"出版科学需要编辑学有好文章纷至沓来，"天意"若此，而我抛砖引玉之意便在其中了。

1994 年 11 月于山东大学望云斋

　　（原载《编辑学刊》1995 年第 3 期。《编辑学论稿》增订再版，更名为《编辑学理论研究》，山东教育出版社 1995 年出版，该文为此书后记，标题为《再版后记》）

编后记

　　这本文集是刘光裕先生（1936—2024）编辑学研究成果的总结。

　　刘光裕先生是我在山东大学攻读硕士学位时的导师。硕士毕业后，我一直跟随刘老师从事中国古代出版史研究。这本文集，是按照老师要求进行的整理，并受老师之托，写这样一篇后记，交代一下文集编纂的来龙去脉，也简略谈一点自己的体会。

　　《刘光裕编辑学文集》以刘老师撰写或发表于二十世纪八九十年代的文章为主体，分正文与附录两部分，正文31篇，附录4篇。最早一篇文章发表于1987年，最晚一篇改毕于2010年。所收文章大都在《编辑学刊》《出版科学》《编辑之友》等刊物发表过。

　　刘光裕老师的编辑学文章有过结集，是与他的学界好友王华良先生合著的《编辑学论稿》，1989年由山东教育出版社出版，1995 年该书增订再版，更名为《编辑学理论研究》。1995 年后，刘老师还陆续发表过一些编辑学论文。这次整理，老师从所有相关文章中，选定了 31 篇，按主题分为三个板块：讨论"编辑"概念，出版业与编辑学，出版家与编辑史。附录的 4 篇文章是与编辑学研究相关的序言和后记。

　　二十世纪八九十年代，关于"编辑"概念，学界有过十分热烈的讨论。刘光裕老师是此次讨论的发起人，更是重要一派——"两种编辑"论的代表，与此相关，"孔子是不是编辑""司马迁是不是编辑"等问题也成为论争对象。这场论争绵延十数年。刘光裕老师一方提出，要区分"作为著作方式一种"的编辑与"作为出版工作一部分"的编辑；编辑学的研究对象应是出版工作一部分的编辑。文集的第一个版块——"讨论'编辑'概念"，集合了刘光裕老师在论争过程中最为重要的数篇文章。除正面论述的文章外，刘老师还特意选录了两篇应答和辩论文章——《批评与事实——就"两种编辑"答陈仲雍先生》《我赞成"科学"与"求实"——答李明伟先生》，更清晰地展现出论争的面貌。

　　文集的第二个版块——"出版业与编辑学"收录刘光裕老师编辑理论与实务方面的文章。这些文章论述了编辑学的研究方法、对象与范围；编辑与作者和读者的关系；编辑与印刷、发行的关系；编辑的业务观念、职业道德、社会本质；编辑的产生与发展等问题。刘老师两度主持《文史哲》，在他任主编期间,《文史哲》杂志的发行量跃居全国同类刊物之首。丰富的编辑实践使得刘老师所撰编辑理论与实务方面的文章更具针对性和实用性。他基于传播学理论对书刊编辑工作进行阐释,视野开阔,在二十世纪八九十年代的编辑学研究中令人耳目一新。

文集的第三个版块——"出版家与编辑史"主要辑录刘光裕老师研究张元济先生的三篇长文及编辑史方面的文章。张元济先生在今天已是人所共知的出版大家,研究论作众多,但在二十世纪八九十年代,对他的研究才刚刚起步。刘老师之所以关注到张元济先生,缘于他与王绍曾先生的交往。王绍曾先生曾任职商务印书馆,协助张元济先生校勘《百衲本二十四史》,后在山东大学工作,他撰写了第一部系统评述张元济生平事迹的著作——《近代出版家张元济》(商务印书馆 1984 年出版)。王绍曾先生对张元济先生有着深厚的感情,常与刘老师谈论,从而引发了刘老师的研究兴趣,也使得刘老师对张元济先生产生了深深的敬意。刘老师分别于 1987年、1988 年、1992 年撰写了三篇长文,讨论张元济先生的历史地位与影响,并第一次称张元济先生为"二十世纪中国最伟大的出版家"。现在来看,这些评述文章依然充满着激情与活力,在推动张元济研究走向深入的过程中起到了重要作用。

二十世纪九十年代中期,刘光裕老师将研究重心转向中国古代出版史。此后的 20 余年间,老师发表了 50 余篇文章,出版了两部出版史著作——《先秦两汉出版史论》《蔡伦造纸与纸的早期应用》，成为这片领域的拓荒者与奠基人。在我看来，由编辑学到出版史，刘老师的这一学术转向可谓水到渠成。对编辑概念、编辑学研究对象和方法、编辑史等领域的长期深入研究，不可避免地引发他深度思考出版史问题。老师也曾数次跟我谈到，与编辑学相比较，中国古代出版史更值得下大力气去研究。应该说，编辑学研究是刘老师投身于出版史领域的重要推动力。

刘老师对这部文集十分看重，已是高龄，但一直坚持要自己整理修订。2022 年年初，他刚刚改订完成《蔡伦造纸与纸的早期应用》一书的前言，就投入到《刘光裕编辑学文集》的编订过程中。他亲自选定篇目、分类文章。我曾劝老师将书稿交给我来整理，但他认为自己可以在校订过程中做一些修订，同时，也要写一个前言。但 2023 年年初，老师的身体出现了问题，数次入院。在此情况下，2023 年 6 月，刘老师把我叫到他的家里，拿出数本刊物，并将目录及部分录入的文本交给了我，让我全权处理此事。我不敢懈怠，立即着手收集文本，校订文字，核对引文，修订之处，均与老师进行过讨论。经过近半年的努力，文集最终定稿，交给了出版社。但没想到老师的病情发展太快，2024 年年初已卧床不起，在我将清样送呈老师后不久，2024 年 4 月 2 日，老师病逝于家中，最终也没能看到这部文集的正式出版。作为学生，我感到深深的愧疚与遗憾。

刘光裕老师参与和见证了中国编辑出版学发展过程中的许多重大事件，这部文集从一个侧面反映出中国编辑出版学的发展历程。刘光裕老师及他那一代学者所探讨的编辑概念等问题，迄今仍未得到完全解决；刘光裕老师开启的中国古代出版史研究方向，也期待着更多后学的参与。

书稿的出版得到了时任山东大学文学院院长杜泽逊教授的大力支持，将之纳入《山东大学中文专刊》丛书的出版计划。杜老师一直关注这部书稿的出版。在书稿编订过程中，齐鲁书社刘强主任提供了很多帮助，最终保证了这部书稿的顺利出版。在此请允许我代表刘老师，向他们致以诚挚的感谢！

陈 静

2024 年 4 月 7 日

山东大学中文专刊目录

《杨振声文集》

《黄孝纾文集》

《萧涤非文集》

《殷孟伦文集》

《高兰文集》

《殷焕先文集》

《刘泮溪学术文集》

《孙昌熙文集》

《关德栋文集》

《牟世金文集》

《袁世硕文集》

《刘乃昌文集》

《钱曾怡文集》

《葛本仪文集》

《董治安文集》

《张可礼文集》

《郭延礼文集》

《曾繁仁学术文集》

《中国诗史》（陆侃如、冯沅君）

《诗经考索》（王洲明）

《先秦著述史》（高新华）

《战国至汉初的黄老思想研究》（高新华）

《蔡伦造纸与纸的早期应用》（刘光裕）

《刘光裕编辑学文集》（刘光裕）

《挚虞及其〈文章流别集〉研究》（徐昌盛）

《王小舒文集》（王小舒）

《苏轼诗文评点研究》（樊庆彦）

《中国古典小说互文性研究》（李桂奎）

《中国当代戏曲理论建设史述》（刘方政）

《中国电影新生代的轨迹探寻》（丁晋）

《莫言小说叙事学》（张学军）

《景石斋训诂存稿》（路广正）

《古汉字通解 500 例》（徐超）

《简帛人物名号汇考》（王辉）

《瑶语方言历史比较研究》（刘文）

《语音学田野调查方法与实践——黔东苗语（新寨）个案研究》（刘文）

《石学蠡探》（叶国良）

《因明通识》（姜宝昌）

《袁昶年谱长编》（朱家英）

《孙吴文学系年》（徐昌盛）

《明代文学论丛》（孙学堂）

《立言明道——战国士人的语言观念与思想表达》（刘书刚）

《姜宝昌语言学、墨学论文集》（姜宝昌）

《基于人工神经网络和向量空间模型的汉语体貌系统研究》（刘洪超）

《面向构式知识库构建的现代汉语"A＋—＋X，B+—+Y"格式研究》（刘洪超）

《众包与词汇计量研究》（王世昌）

《欧美文学的讽喻传统》（刘林）

《清华简〈五纪〉篇集释》（侯乃峰）

《郁达夫的生平与诗词》（刘晓艺）

《中古阳声韵韵尾在现代汉语方言中的读音类型》（张燕芬）

《一得文存》（唐子恒）

《稗海蠡测集》（王平）

《方言音韵稿存》（张树铮）

《马龙潜美学——文艺学文选》（马龙潜）

《马瑞芳研究资料》（李剑锋、丛新强）

《牛运清文集》（牛运清）

《吠陀梵语语法：语音、变格及变位》（徐美德）

《门第、才学之争与中唐文学》（刘占召）

《〈史通〉校勘名著四种整理与研究》（刘占召）

《槐枫阁语言文化丛稿》（吉发涵）

《耿建华文艺评论集》（耿建华）